Louis Bertrand
Ludwig XIV.
Eine Biographie

SEVERUS Verlag

Bertrand, Louis: Ludwig XIV. Eine Biographie. Mit 16 Bildtafeln. Aus dem
Französischen übertragen von Gertrude Aretz. 2019
Neuauflage der Ausgabe von 1927
ISBN: 978-3-96345-301-4

Umschlaggestaltung: © SEVERUS Verlag

Bibliografische Information der Deutschen Nationalbibliothek: Die Deutsche
Nationalbibliothek verzeichnet diese Publikation in der Deutschen National-
bibliografie; detaillierte bibliografische Daten sind im Internet über
https://dnb.de abrufbar.

Der SEVERUS Verlag ist ein Imprint der Bedey & Thoms Media GmbH,
Hermannstal 119k, 22119 Hamburg

SEVERUS Verlag, 2019
http://www.severus-verlag.de
Gedruckt in Deutschland

Louis Bertrand

Ludwig XIV.

Eine Biographie. Mit 16 Bildtafeln.
Aus dem Französischen übertragen
von Gertrude Aretz

BERTRAND · LUDWIG XIV.

Louis Le Grand

LUDWIG XIV.

Stich von Pierre Drevet

LUDWIG DER VIERZEHNTE

VON

LUDWIG BERTRAND

MITGLIED DER FRANZÖSISCHEN AKADEMIE

AUS DEM FRANZÖSISCHEN

ÜBERTRAGEN VON

GERTRUDE ARETZ

MIT

SECHZEHN BILDTAFELN

PAUL ARETZ VERLAG · DRESDEN

VORWORT

ANNE D'AVTR. PAR LA GRACE DE DIEV ROYNE DE FRA. ET DE NAVAR

Ce vilage diuin, plein de Majeſté ſaincte,
Rendant à ſa vertu tout courage ſoubmis
Conuertit les eſprits, & en chaſſe la crainte,
Et promet aux François tous les Deſtins amis.

KÖNIGIN ANNA

Stich von Leonard Gaultier

Vorwort

—

BERTRAND SAGT IN SEINER EINFÜHRUNG
zur französischen Ausgabe: Griechenland hatte Homer,
Rom hatte Virgil, England hatte Shakespeare, Deutschland hatte Goethe — alles Dichter und Intellektuelle. Frankreich aber hatte Ludwig XIV., einen Mann der Tat, der
in sich alle Dichter und Intellektuellen seines Landes ver-
einigte, denn er verschaffte dem Leben ihren Geist und ihre
Dichtkunst. Er ist der typischste Vertreter des modernen
Lateiners, wie der Heilige Augustinus der Typus des
afrikanischen Lateiners ist. Was mich bei dem einen an-
zog, führte mich zum andern hin[*].
Ludwigs Wahlspruch hieß: Allein gegen alle! Dieser
französische Herrscher, der, abgesehen von den letzten Jahren seines Lebens, da er krank und verbraucht, von Mißgeschick und häuslicher Trauer heimgesucht und nieder-
gedrückt war, unter den schlimmsten Ereignissen und wi-
derlichsten Umständen eine so große Charakterfestigkeit
und bewunderungswürdige Entschlossenheit bewies, und
bis an sein Lebensende durchhielt, gibt uns Grund, über
seine Persönlichkeit nachzudenken. Mitten im Kriege mit
der Augsburger Liga bringt er es fertig, die nötigen Gel-
der aufzutreiben, um den Invalidendom vergolden zu lassen. Todestraurig und entmutigt fährt er fort, während
der Niederlagen von Ramillies und Malplaquet Bälle,
Konzerte und Feste zu geben, um angesichts des Feindes
seine Gleichgültigkeit gegen alles Mißgeschick, seine Ge-
dankenfreiheit und seine unerschütterliche Siegesgewißheit

---

[*] Bertrand schrieb auch eine Biographie des Heiligen Augustinus.

7

kundzutun. In einem solchen Verhalten liegt Heroismus. Das muß jeder zugeben.

Aber in diesem Staatsoberhaupt überwogen die administrativen Fähigkeiten noch die Feldherrntalente. Es gelang Ludwig XIV., den endlosen Krieg gegen Europa durchzuhalten, ohne Frankreich allzusehr zu erschöpfen, ohne dem Ansehen des Landes zu schaden und ohne es zugrundezurichten. Er machte es möglich, daß es fast achtzig Jahre lang in Wohlstand lebte; eine beispiellose Tatsache in der Geschichte Frankreichs. Von Anfang seiner Regierung an stellte er sich ein Programm auf, das für jeden anderen erdrückend gewesen wäre. Er aber führte es zum Teil aus, sofern er nicht auf unüberbrückbare Hindernisse stieß. Er gründete ein Finanzsystem, eine Armee, eine Flotte, Kolonien, brachte Handel und Industrie zum Aufschwung. Er organisierte sowohl die Verteidigung als auch den Angriff seines Staates. Schließlich verschaffte er dem französischen Geist durch die Gründung seiner Akademien, seiner Kunst- und Kunsthandwerkstätten ein europäisches Ansehen, ja ein Ansehen in der ganzen Welt. Wenn je das in der Renaissance ersehnte Ideal eines „vollkommenen Helden", der Typus eines Menschen mit allen Gaben und Talenten verkörpert wurde, so geschah es in Ludwig XIV. Man hat behauptet, er sei der erste Napoleon gewesen. Napoleon war sicher genialer, aber weniger vollkommen, weniger nuanciert, vor allem aber weniger positiv.

Und welcher Romanheld kommt diesem Administrator und Feldherrn gleich? Der so sehr beschäftigte Mann fand Zeit ein Galan zu sein, ein Liebhaber — manchmal sogar ein Don Juan! Er fand Zeit sich für die herrlichsten

Dinge zu interessieren, sich für schöne Schlösser, Gebäude, zauberhafte Gärten, kostbare Möbel, prachtvolle Gemälde und Skulpturen zu begeistern. Er liebte unsagbar die Musik und konnte buchstäblich ohne Geigenklänge nicht leben. Auch die Schönheit der Sprache entzückte ihn. Er verstand sich darauf als Meister des Stils. Ehrgeizig ist er bestrebt, für sich und Frankreich den größten Ruhm zu erwerben.

Dennoch ist Ludwig XIV. noch heute das Opfer der ungerechtesten und unverdientesten Mißachtung. Er hat sozusagen die ganze Welt gegen sich. Zuerst seine Feinde, die er besiegte, dann die Franzosen selbst, die Gegner der absoluten Gewalt, nicht nur Republikaner, sondern auch eine große Zahl Royalisten, die nicht imstande sind, die Schönheit und Großartigkeit des Werkes Ludwig XIV. zu begreifen. Und unter diesen Royalisten befinden sich die Anhänger des Feudalsystems, die ihm nicht verzeihen, daß er den Adel den andern Ständen gleichstellte. Dazu kommen die Regionalisten, die ihm die staatliche Zentralisierung und die Kämpfe gegen die bevorzugte Klasse nicht vergessen, die Katholiken wegen des langen Widerstandes, den er dem Papst entgegensetzte, ferner wegen der Erklärung der gallikanischen Kirchenrechte und wegen seiner antiklerikalen Richtung. Die Protestanten endlich sind gegen ihn wegen der Aufhebung des Edikts von Nantes und der Verfolgung, die sie unter seiner Regierung erleiden mußten. Zu diesen natürlichen und offenen Feinden, kommen noch die unterirdisch Wühlenden, die Neidischen, Unbedeutenden, denen Ruhm und Größe ein Greuel sind.

So entstand jene Böswilligkeit, die die Person und das Werk Ludwigs XIV. umgibt. Die meisten Historiker waren geforscht, was ihn erniedrigen und bloßstellen konnte. Sein größter Feind aber, dessen übelwollende Kritik sozusagen in fast allen Urteilen unserer Historiker zu finden ist, war Saint-Simon. Saint-Simon jedoch ist nicht nur ein Unzufriedener – der Sohn eines Unzufriedenen, der in der Fronde beinahe ein Rebell war, jedenfalls ein Feind Annas von Österreich und Mazarins –, sondern er ist auch maßlos eitel auf seinen neuerworbenen Herzogstitel, seine Pairschaft und hält sich deshalb der höchsten Ämter für würdig. Hauptsächlich aber ist Saint-Simon ein Zuspätgekommener. Da er 1675 geboren wurde, kannte er nur die letzten Jahre der Regierung Ludwigs XIV., die Jahre des Verfalls und des Unglücks. Der Ludwig, den er kannte, war nicht mehr jener geniale Herrscher, der das moderne Frankreich schuf. Er war nur noch der große Mann, der sich selbst überlebt und sich von seinem Werk überflügeln läßt. Saint-Simon fälscht alle Augenblicke die Geschichte und zwar dermaßen, daß die schöne von Boislisle herausgegebene Gesamtausgabe seiner Werke eine einzige Widerlegung des Herausgebers ist.

Um eine solche Ungerechtigkeit gegen Ludwig XIV. wieder gut zu machen sind die folgenden Seiten geschrieben worden.«

Die Übersetzerin fügte dem Werke noch ein ausführliches Namenregister bei.

ERSTER TEIL

DIE GEBURT LUDWIGS XIV.

Wenn Sie glaubten, es wäre leicht und angenehm,
König zu sein, so haben Sie sich sehr geirrt.

Ludwig XIV. an Philipp V.

Nicht nur, daß unter seiner Regierung große Dinge ge-
schahen, sondern er war es, der sie vollbrachte.

Voltaire, Brief an Lord Harvey.

Erstes Kapitel

CUI NON RISERE PARENTES

Die Ehe der Eltern. — Die Geburt des Königs ein Wunder. — Vermutungen über die Vaterschaft. — Die Mutter, Anna von Österreich. — Vereinsamte Kindheit. — Langsame geistige Entwicklung Ludwigs. — War er ein Idiot? — Seine ersten Erzieher. — Der Kardinal Mazarin. — Die Liebschaft Annas von Österreich mit dem Kardinal. — Die Stellung des jungen Königs zu Mazarin und seiner Mutter. — Seine große Kindesliebe. — Psychologische Betrachtung seines Charakters als Kind. — Anekdoten aus der Kindheit des Königs. — Die Familienbäder des Hofes.

NACH DEN AUSSAGEN MANCHER ZEITGENOSSEN WAR der Sohn Ludwigs XIII. und Annas von Österreich ein ernster, gesetzter, ja sogar strenger Fürst. Das erstaunt uns um so mehr, als wir an die Verleumdungen der Schmähschriften, an die abgedroschenen Phrasen der Historiker des vergangenen Jahrhunderts gewöhnt sind, die uns das Leben Ludwigs XIV. als eine ununterbrochene Kette von Ausschweifungen schildern. Die Legende sieht ihn beständig in den Armen einer La Vallière oder Montespan. In Wahrheit aber führte er das geregeltste und ernsteste Leben, das ein Mensch führen kann. Dazu besaß er ein sehr angenehmes Wesen. Er war liebenswürdig, ja sogar gütig, außerordentlich höflich und in seinen Umgangsformen ungemein vornehm und von allem Zwang befreit. Das einzige, was ihm vielleicht fehlte, war die Gabe des Lächelns. Und daran mochten wohl seine ersten Kinderjahre schuld sein. Kein lachendes Gesicht, kein freundliches Auge neigte sich über seine Wiege. Seine früheste Kindheit war traurig und einsam, wie die jenes unglücklichen Kindes des Virgil, dem seine Eltern niemals zulächelten. Ludwigs Eltern verabscheuten einander; wenigstens waren sie uneinig und lebten getrennt. Wie entsetzlich für ein Kind, das gleich bei seiner Geburt Haß zu fühlen bekommt, einen Haß, der im Elternhaus geräuschvoller auftritt, als selbst sein kleines, dürftiges Leben es vermag. Zank und Streit umgeben es, und wie ein hilfloses Vögelchen wird es vom Sturm erfaßt und emporgetragen.

Als die Mutter diesem Erstgeborenen nach zwanzigjähriger unfruchtbarer Ehe am 5. September 1638 das Leben schenkte, glaubten die Franzosen an ein Wunder. Es hatte auch einer wahren Verschwörung bedurft, an der sich Klosterschwestern, Mönche, Beichtväter und die Freundin des Königs beteiligten, um zwischen den beiden Gatten eine Annäherung zustande zu bringen, die diese Geburt rechtfertigte. Endlich ward er geboren!—Ein Wunder, ein wahres Gottesgeschenk für das französische Königshaus! Und darum nannte man ihn Louis-Dieudonné. Als Anna von Österreich später aus Dankbarkeit die herrliche Kirche Valde-Grâce bauen ließ, mit dem weißen und malvenfarbenen Dom, in dem sich die untergehende Sonne golden spiegelt mit den gestickten Liliengewinden, goldenen Gefäßen, himmlischen Statuen und mit ihrer über dem Portal angebrachten Inschrift „JESU NASCENTI VIRGINIQUE MATRI", da mußte dieser fromme Spruch den Zeitgenossen wie eine abscheuliche Ironie vorkommen.

Der kranke und bereits dem Tode nahe Vater beachtete den Neugeborenen kaum. Aber es schmeichelte ihn doch, einen Nachkommen zu haben, und er freute sich aufrichtig darüber, obwohl seine Vaterfreude vielleicht durch Zweifel vergiftet wurde, die für Anna von Österreich schimpflich waren. Später, kurz vor seinem Tode, brachte man ihm seinen kleinen Sohn ans Bett, und als er ihn fragte: „Wie heißt du?", antwortete Dieudonné unbesonnen: „Ludwig XIV." Zweifellos war er von seiner Umgebung zu dieser Antwort abgerichtet. — „Noch nicht", seufzte der sterbende König und wandte sich voll Bitternis auf die andere Seite.

War Ludwig XIII. wirklich der Vater dieses Kindes? Man hat es in Abrede stellen und aus der Geburt des Dauphins ein historisches Rätsel machen wollen. Sogar zu Lebzeiten Annas von Österreich wurden Namen genannt und Schmähschriften in Umlauf gebracht. Jene Gerüchte kamen auch während der ganzen Regierungszeit Ludwigs XIV. nicht zum Schweigen. So veröffentlichte die antifranzösische Offizin von Pierre Marteau in Köln eine kleine Broschüre unter dem Titel: „Die Liebschaften Annas von Österreich mit C.D.R. (Comte de La Rivière), dem wirklichen Vater Ludwigs XIV., heutigen Königs von Frankreich, worin man sieht, wie es gemacht wurde, um dem Throne einen Erben zu schenken... usw." Übrigens ein ganz platter, von den gemeinsten Verleumdungen strotzender Roman, in dem jede Zeile falsch ist.

Mazarin, von dem man vermutete, daß er der Vater sei, kommt nicht in Frage, denn er war, als Louis-Dieudonné geboren wurde, bereits seit zwei Jahren wieder in Rom. Wenn man übrigens die Bilder des Vaters und des Sohnes aufmerksam betrachtet, kann kein Zweifel bestehen, daß Ludwig XIV. mindestens ebensosehr seinem Vater wie seiner Mutter ähnelt. In unendlich vielen kleinen Zügen ist die Vererbung augenscheinlich.

Was die Mutter betrifft, so ist im Übermaß bewiesen worden, wie glücklich sie war, endlich ein Kind zu haben. Und das ist leicht verständlich, denn von nun an konnte der König sie, wie man ihr immer drohte, nicht mehr wegen ihrer Unfruchtbarkeit verstoßen. Auch nach dem Tode des Königs konnte man sie nun nicht mehr schimpflicherweise nach Spanien zurückschicken. Wieviele Tränen, welche Trübsal, welch heiße Gebete zum Himmel, wieviele Gelübde und Pilgerfahrten aber hatte sie dieses Kind gekostet, das ihr nun endlich geschenkt wurde! Die Unfruchtbare hatte in ihrer Not vor allen Altären auf den Knien gelegen und die Mutter Gottes um ihre Hilfe angefleht; von Notre-Dame in Paris bis zu Notre-Dame von Chartres war sie gepilgert. Und als sie sich endlich schwanger fühlte, da stand sie noch unter dem Einfluß einer fürchterlichen Begebenheit, die sich im Sommer vorher, zu Mariä Himmelfahrt, im Kloster von Val-de-Grâce zugetragen hatte. Von Richelieu beschuldigt, sie verrate Frankreich zugunsten ihres Bruders, des Königs von Spanien, wurde damals Anna von Österreich wie eine Verbrecherin behandelt und mit einigen Nonnen, die man als ihre Mitverschworenen verdächtigte, einem Verhör unterzogen. Wie man behauptet, wagte sogar der Kanzler Séguier an ihr, wie bei einer Spionin, eine Leibesvisitation vorzunehmen... Dann, zwei Tage nach ihrer Niederkunft, traf die Nachricht von einer Niederlage der französischen Truppen ein. Condé war vor Fontarabia geschlagen und gezwungen worden, die Belagerung aufzuheben. Zwei Jahre zuvor hatte die Einnahme von Corbie durch die Spanier und

der Marsch des Infanten auf Paris die französische Hauptstadt in Schrecken versetzt. Man urteile selbst, ob eine Königin spanischer Abkunft, die — übrigens nicht mit Unrecht
— des Einvernehmens mit dem Feinde beschuldigt wurde,
unter einer derartigen Verkettung unangenehmer Umstände,
frohen Herzens sein konnte.

Endlich, nach vier Jahren, starb Ludwig XIII., nachdem ihm
sein Minister Richelieu im Tode vorangegangen war. Die
Frau, die nun von ihren beiden gefürchtetsten Feinden und
Wächtern befreit, Regentin und absolute Herrscherin im
Reiche war, entschädigte sich jetzt für die lange Enthaltsam-
keit, in der sie gelebt hatte. „Sie besaß im höchsten Grade
die Eitelkeit ihres Volkes", sagt der Kardinal de Retz. Vor
allem aber dürstete sie nach Liebe. Aus der Königin, die
bis dahin fast ein Klosterleben geführt hatte, wurde nun eine leidenschaftlich liebende Frau. Kein Zweifel, daß sie den
Kardinal Mazarin, den schönen Italiener, der vom Infanterie-
hauptmann zum Diplomaten und Kirchenfürsten aufstieg,
glühend liebte. Ihr Gemahl selbst hatte ihn in seinem Testament zu ihrem Premierminister bestimmt.

Es war die heiße Liebe der Vierzigjährigen; sie flammte um
so glühender auf, je geheimer sie gehalten werden mußte.
Denn das muß man den beiden Liebenden zugestehen: sie
wahrten in ihren Beziehungen stets den äußeren Anstand und
hüllten sie in das tiefste Geheimnis. Wären die bösen Zungen und Verleumdungen nicht gewesen, man würde nie etwas davon gemerkt haben. Die Königin liebte aber in Mazarin nicht nur einen ihr treuergebenen Geliebten, sondern
auch den Beschützer ihres Sohnes, der, wenn es galt, ihren
Thron und beider Leben verteidigte. Wenn man bedenkt,
welchen Gefahren die Witwe mit ihren zwei Kindern ausgesetzt war, kann man es ihr da verübeln, daß sie sich ver-
trauend einem liebenden und ergebenen Herzen zuwandte,
und daß sie in den schwersten Zeiten die Hilfe dieses Mannes annahm? Noch einmal sei es gesagt: sie liebte den schönen Fremden von ganzem Herzen! Ihre zahlreichen Briefe legen Zeugnis davon ab. Liebte sie ihn mehr als ihren Sohn?
Es ist anzunehmen. Sie wollte ihn immer in ihrer Nähe haben und richtete ihm im Palais-Royal neben ihren eigenen

16

Gemächern eine Wohnung ein. Wenn er abwesend war, überschüttete sie ihn mit ihren Briefen, besuchte Kirchen und Klöster und lebte in frommer Zurückgezogenheit in ihrem geliebten Kloster Val-de-Grâce, denn nach Art der Spanierinnen fiel es ihr nicht schwer, Galanterie und Frömmigkeit miteinander zu vereinen. Sie schmückte sich mit schönen Kleidern, pflegte ihre herrlichen Hände, auf die sie sehr stolz war, trug, um sie noch mehr zur Geltung zu bringen, die feinsten mit Moschus oder Ambra parfümierten Handschuhe, die der Kardinal eigens für sie aus Spanien mit Orangen aus Portugal kommen ließ. Als bessere Zeiten kamen und die königliche Tafel etwas reichlicher bestellt werden konnte, gestattete sie sich und ihren Damen kleine lukullische Diners, denn sie war sinnlich und genußsüchtig. Dieser Feinschmeckersinn und ihre angeborene Trägheit trugen dazu bei, daß sie sehr bald dick wurde. Zur Zeit der Fronde, erzählt der grobe Kardinal de Retz, habe sie ausgesehen wie „eine dicke Schweizerin". Ihre Züge waren verschwommen, und ihr allzu lebhafter Teint war verdorben. Aber noch immer besaß sie die schönsten Hände — Hände, die „zur Augenweide geschaffen waren", versichert Frau von Motteville, „und ein Szepter zu halten und bewundert zu werden." Hände, vor denen man in, wenn auch gespielte Extase geraten mußte, wollte man die Gunst der Königin erwerben.

*

Fern von dieser amourösen und eitlen Mutter wuchs Louis-Dieudonné ganz verlassen mit seinem um zwei Jahre jüngeren Bruder Philipp auf. Philipp war feinsinniger, aber auch körperlich viel kraftloser und schwächer als Ludwig. Ein anonymer Kommentator der „Memoiren" Briennes, die in Amsterdam bei Frédéric Bernard im Jahre 1720 erschienen, erwähnt folgenden seltsamen Fall: „Ludwig XIV. kam wie Herkules mit Zähnen auf die Welt. Dieser Fall wurde seinerzeit viel besprochen, und der später berühmte Grotius, der sich damals in Frankreich aufhielt, schrieb darüber einen langen Brief an seinen Herrscher."
Wahrscheinlich aber ist es eine später entstandene Legen-

de, um nicht allein den guten Appetit dieses Vielessers, sondern vor allem auch seinen großen Eroberungshunger zu erklären. Die zeitgenössischen Pamphletisten stellen ihn sogar als Menschenfresser hin, der seine Nachbarn verspeist. Auf jeden Fall ist es bekannt, daß diese vorzeitigen Zähne außerordentlich schlecht, immerhin aber stark genug waren, um die Ammen in die Brüste zu beißen. Es erging Ludwig nämlich wie dem jungen Gargantua: er biß seine Ammen und hatte ihrer zehn. Daß dieser gesunde Appetit mit seinem Temperament in Beziehung stand, ist eigentlich ganz natürlich. Derselbe Herausgeber der Memoiren Briennes fügt außerdem noch hinzu: „Ludwig XIV. scheint sehr früh schon Interesse für Damen bewiesen zu haben. Als er kaum vier oder fünf Jahre alt war, ließ Anna von Österreich sein Horoskop stellen. Der Astrologe wollte den Prinzen ganz nackt sehen, und als dies geschah, erklärte er sofort, daß Ludwig großen Hang zur Liebe haben würde. Man wandte auf ihn den Vers an: ‚Mars ad opus veneris, martis arma venus'".

Der zukünftige junge Held, der alle äußeren Zeichen des Heldentums an sich trug, schlummerte indes langezeit in einer Art Betäubung des Geistes und der Intelligenz. Er hatte nichts von der Lebhaftigkeit seines Bruders Philipp, der wegen seines Ungestüms und seiner drolligen kindlichen Einfälle die Freude seiner Mutter und der sie umgebenden Damen war. Der „kleine Monsieur", wie man ihn nannte, war ihr erklärter Liebling, während das schlafmützige Wesen des Dauphins sie abschreckte und keine großen Hoffnungen für seine Zukunft erweckte. Primi Visconti spricht ganz offen darüber: „Als der König noch ein Kind war, hielten die Franzosen ihn für einen Idioten, und da sie nur lebhafte Kinder schätzen, so glaubten sie ‚Monsieur' werde es weiter bringen als er." — Stets machen Eltern und Erzieher denselben Fehler. Sie urteilen falsch. Sie verwechseln die Intelligenz mit der Ausdrucksfähigkeit, mit der Gabe der Aneignung, der Schlauheit oder angewandten Geschicklichkeit. Ihre glänzendsten Schüler sind in der Regel taube Früchte. Die zum Marsch Frühaufgestandenen machen meist schon nach der ersten Etappe schlapp. Die andern jedoch, die wahren Herren und Könige, brauchen länger, um ihre Kräfte zu sammeln. Wie die großen Tiere brauchen auch sie eine längere Zeit der Trächtigkeit. Alltagsmenschen irren sich beständig in dieser Beziehung. Nie ahnen sie die höhere Bestimmung eines Menschen. Flaubert sagte einmal, große Kunstwerke wirkten auf den ersten Blick dumm wie große Landschaften, die erhabenen Werke der Natur. Und er übertrieb kaum.

Als Louis-Dieudonné ungefähr acht oder neun Jahre alt war, begann er diese geistige Erschlaffung von sich abzuschütteln. Der Herzog von Vendôme besitzt unter seinen Familienandenken aus jener Zeit von ihm ein Bild. Es zeigt uns ein reizendes, edelrassiges Kind, das gewiß nichts mit einem Idioten gemein hat. Große sanfte, zärtlichblickende Augen, ein unschuldsvolles Lächeln, ein guter kleiner Junge, der ebenso artig wie aristokratisch und vornehm zu sein scheint. Besonders angenehm berührt der Ausdruck des guten und liebevollen Kindes. „Als sein Vater im Sterben lag", berichtet der Kammerdiener Dubois, „fragte ihn der diensthabende Türhüter: ‚Monseigneur, wenn Gott den König, Ihren lieben Vater zu sich nähme, möchten Sie dann an seiner Stelle König sein und regieren?'—Sofort begann der Knabe zu weinen und rief: ‚Nein, nein, ich will nicht! Mein guter Papa soll nicht sterben. Wenn er stirbt, stürze ich mich ins Grab.'" Es ist zwar nur der Ausspruch eines wohlerzogenen Kindes, dessen sich seine Erzieherinnen rühmten, immerhin aber ist die Sanftheit des kleinen Dauphins für die Zeitgenossen ein unerschöpflicher Gegenstand, dessen sie sich nicht genugtun können. Als er sich auf seine erste Kommunion vorbereitete, schrieb der Pater Paulin, sein Beichtvater, an den Jesuitenprior in Rom: „Es gibt kein sanfteres, kein besser zu leitendes Schäflein (der Herde Jesu) als unsern König."— Auch Frau von Motteville, die ihn durchaus nicht liebte, bewundert seine Sanftmut, seine Geduld und sein liebes Wesen, als er als Neunjähriger an den Pocken erkrankte. „Er sprach leutselig mit denen, die ihn pflegten, und schickte sich in alles, was die Ärzte von ihm verlangten." Er war nicht im geringsten stolz auf seinen Rang, gar nicht von sich eingenommen. Wie alle ohne Liebe aufgewachsenen Kinder übertrug er seine Zuneigung auf die Dienerschaft. Er küßte seinen Kammerdiener La Porte. „Wenn er schlafen wollte," schreibt La Porte, „mußte ich meinen Kopf neben dem seinen auf das Kissen legen. Und erwachte er des Nachts, so stand er auf, kam zu mir und legte sich neben mich, so daß ich ihn öfter festeingeschlafen in sein Bett hinübertragen mußte."

Dieser vollkommene Mangel an dünkelhafter Zurückhaltung beunruhigte besonders die dem Kardinal feindlich gesinnte Partei. Man behauptete, Mazarin wolle ihn absichtlich zur dienenden Kreatur machen und war sich darüber einig, daß Ludwig viel zu bescheiden, viel zu ergeben, ein viel zu guter Kerl sei und nicht fühlte, was er seiner Würde schuldete. Er selbst erzählte später der Frau von Maintenon, er habe in seiner Kindheit keine andere Gesellschaft gehabt als die Dienerinnen der Kammerfrauen seiner Mutter. Und die hätten nicht einmal ihre Reverenz vor ihm machen wollen. Ohne Frage erinnerte er sich später dieser Erniedrigung, wenn er, der Selbstherrscher, als den wir ihn kennen, vor keinem, nicht einmal dem geringsten Kammermädchen vorüberging, ohne vor ihr den Hut zu ziehen. Frau von Maintenon fügt noch hinzu: „Seine gewöhnliche Gespielin war das Töchterchen der Zofe der Kammerfrau der Königin gewesen. Ludwig nannte sie nur ‚die Königin Marie', weil sie immer bei ihren Spielen die Königin sein mußte. Er hingegen war ihr Page oder ihr Lakai, der ihr die Schleppe trug, sie in einem Stuhl durchs Zimmer fuhr oder den Armleuchter vor ihr hertrug."

La Porte, der den Kardinal nicht leiden konnte, war der Meinung, man mißbrauche die Gutmütigkeit des kleinen Königs und erzöge ihn zu einer seiner Stellung unwürdigen Demut. Als er daher bemerkte, daß der König in seinen Spielen immer die Rolle des Dieners übernahm, beschloß er, ihm eine Lehre zu erteilen. Um seinen jungen Gebieter zu beschämen, setzte er sich in des Königs Lehnstuhl und bedeckte seinen Kopf mit dem Hute. Natürlich beklagte Ludwig sich sofort bei der Königin, worauf der Kammerdiener erwiderte: „Da der König meinen Beruf ausübt, ist es ganz richtig, daß ich den seinen übernehme..."

Wie seltsam! Der Mann, der bald ganz Europa erzittern

ließ, der bald ein Herrscher werden sollte, wie man noch keinen vor ihm gesehen hatte, liebte es in seiner Jugend als Untergebener behandelt zu werden. Er, der Stolze, wird von seinem Kammerdiener über königliche Würde und Haltung belehrt!

Und man sehe darin nicht etwa eine einfache Kinderlaune oder den Scherz eines jungen Edelmannes, der sich gern einmal gemein machen möchte. Nein, Louis-Dieudonné war im Grunde genommen ein wirklich bescheidener und sanfter Mensch. Er fürchtete wehzutun, zu verletzen und sich zum Schaden anderer allzu sehr hervorzutun. Der getreue La Porte erzählt folgenden bezeichnenden Zug von ihm. „Eines Tages, es war im Schlosse von Compiègne, trat der Prinz (Heinrich) von Condé in das Zimmer des Königs, um sich von dort aus zu Seiner Eminenz zu begeben. Sofort stand der junge König auf, um ihn zu begrüßen, und beide unterhielten sich eine zeitlang am Kamin, währenddessen der König immer entblößten Hauptes dastand... Ich näherte mich seinem Hauslehrer und flüsterte ihm ins Ohr, er möchte dem König doch bedeuten, seinen Hut aufzusetzen, aber er antwortete mir nicht. Da sagte ich es dem zweiten Hofmeister; der aber hatte auch nicht den Mut. Schließlich ging ich selbst zum König und flüsterte ihm ganz leise zu, er möchte sich bedecken. Der Prinz von Condé hatte es bemerkt und sagte ebenfalls: ,Sire, La Porte hat recht. Eure Majestät müssen Ihren Hut aufsetzen. Es ist schon genug Ehre für uns, wenn Sie uns begrüßen.'—Vier Tage nach dem Tode seines Vaters sah derselbe Knabe beim ersten großen Gerichtstag, den er im Parlament abhielt, den Vertreter des Generalprokurators Omer Talon im roten Talar zu seinen Füßen knien und ihn mit den Worten anreden: ,Sire, der Sessel Eurer Majestät ist für uns der Thron des lebendigen Gottes. Die Stände des Reichs bringen Ihnen ihre Huldigung und Ehrerbietung wie einer sichtbaren Gottheit dar.' — Der kleine König aber schien von diesen hohen Dingen durchaus nicht durchdrungen zu sein, im Gegenteil, als wohlerzogenes Kind und wie der erste beste seines Hofstaats wagte er nicht einmal, vor all diesen erwachsenen Männern seinen Hut aufzusetzen."

Es ist möglich, daß La Porte die Unterwürfigkeit seines jungen Herrn aus Haß gegen den Kardinal etwas übertrieb. Jedenfalls aber erregte sie seinen Unwillen, ob nur scheinbar oder wirklich, bleibt dahingestellt. Er bemühte sich also, den jungen Prinzen gegen den Kardinal einzunehmen. Zweifellos war er es, der ihm die folgenden Worte eingab. Als nämlich eines Tages der Kardinal mit einem zahlreichen Gefolge die Terrasse des Schlosses von Compiègne überschritt, rief Ludwig: „Seht, da kommt der Sultan." Und als die Königin von ihm wissen wollte, wer ihm das gesagt habe, wollte der Knabe nie einen Namen nennen, sondern sagte das eine Mal, es sei ein Rothaariger, das andere Mal, es sei ein Blonder gewesen... Er log also, um seine Freunde nicht zu verraten. Und dabei waren es nicht einmal Freunde, auf die er sich verlassen konnte! In ihren Händen war er nichts als ein Spielzeug. Am Hofe gab es eine ganze Partei, deren einziger Gedanke es war, den jungen Prinzen gegen Mazarin zu erziehen, ihm gegen Premierminister im allgemeinen und besonders gegen die Minister Abscheu einzuflößen, die aus dem Priesterstande hervorgingen. Als Richelieu schon längst tot war, wurde er noch immer als Beschützer, als eine Art Entdecker Mazarins verflucht. Eines Tages bemerkte Frau von Sénecey, die Erzieherin des jungen Königs, in Chaillot das Bild Richelieus. „Da ist ja dieser Hund", rief sie. Und Ludwig war schnell dabei hinzuzufügen: „Geben Sie mir doch bitte eine Armbrust, damit ich auf ihn schießen kann." Sicher stammte seine Abneigung gegen die Kardinäle als Minister aus jenen Kindertagen. Sie währte sein ganzes Leben hindurch. Wenn später irgendeine wichtige Frage im Rat lebhaft besprochen wurde, scherzte der König oft: „Da wird uns gleich Colbert sagen, Sire, der große Kardinal Richelieu...' "
Mazarin wußte das alles durch seine Spione, denn er war gezwungen, seinen Zögling fortwährend überwachen zu lassen. Hätte er ihn indes besser gekannt, er würde gemerkt haben, daß von ihm nichts zu fürchten war. Auf diesen zum Herrschen geborenen Knaben konnte niemand Einfluß gewinnen, niemand konnte ihn zu etwas zwingen.

Mit jenem feinen Instinkt des zukünftigen Monarchen fühlte er, daß er von Feinden und untergeordneten Charakteren umgeben war. So wartete er, bis er der Stärkere war, um sich zu zeigen. Bis dahin schwieg er und duckte sich. Schon besaß er jene allen Fürsten eigene Verstellung, jene heilsame und ersprießliche Kunst, die eine der größten Herrschertugenden ist.

Und deshalb war Louis-Dieudonné in den Augen seiner Mutter und ihres Geliebten, ebenso wie in den Augen der Höflinge ein hoffnungsloser Tropf, ein kleiner dummer Junge, wie andere auch. Übrigens besaß er auch alle Eigenarten und Neigungen der Kinder seines Alters. Er liebte zum Beispiel leidenschaftlich Soldaten zu spielen. Ja, man kann sagen, daß dieser französische Königssohn eigentlich alle militärischen Eigenschaften im Blute hatte, und außerdem wurden sie ihm beinahe schon in der Wiege beigebracht. Bereits als ganz kleines Kind bekam er eine Ehrenkompagnie, die aus seinen Spielgefährten gebildet wurde. Unter anderen gehörten die beiden Söhne des Grafen von Brienne und der kleine Vivonne, der Sohn des Herzogs von Mortemart dazu. Diese Kompagnie war militärisch organisiert und stand unter den Befehlen der Frau von Lasalle, der Kammerfrau der Königin Anna. Sie trug zu diesem Zweck eine Art Generaluniform mit Ringkragen, schwarzem Federhut und Degen an der Seite. In dieser Ausrüstung ließ sie die mit Piken bewaffnete Kinderschar exerzieren und trommelschlagend vorbeimarschieren. Einige Jahre später wurde, zur großen Freude des Dauphins und seines Bruders Philipp, im Garten des Palais-Royal ein kleines Fort gebaut. Und der zukünftige Städteeroberer erhitzte sich bei der Belagerung seiner kindlichen Stadtfeste oft dermaßen, daß er einigemale beinahe ernstlich erkrankt wäre. Außerdem schoß Ludwig gern mit der Muskete, ritt und lenkte seine kleinen Ponys mit Begeisterung. Daher gefiel es ihm auch so gut auf dem Lande, wo er Platz genug hatte, sich auszutoben. Nie war er glücklicher als in Saint-Germain, Compiègne, Fontainebleau. Es lag in seiner Natur: sein ganzes Leben lang liebte er das Land. Wahrhaft wohl fühlte er sich nur dort, und zwar in dem Maße wohl, daß

später die Stutzer von Versailles hinter seinem Rücken spötttelten und sagten: „Hm! er ist ja nur ein Landjunker."
Gewöhnlich verbrachte der Hof den Sommer in Fontainebleau. Dort konnte man stundenlang im Wald herumlaufen und in der Seine baden. Frau von Motteville hat uns diese Familienbäder in einem kurzen Abriß überliefert. „Der kleine König badete auch, ebenso sein Hofmeister, der Marschall Villeroy, der ihn nie verließ. Die Königin und alle, die die Ehre hatten sie zu begleiten, trugen gewöhnlich lange graue Leinenhemden, die bis zur Erde herabhingen. Auch Villeroy trug ein solches, und so wurde der Anstand in keiner Weise verletzt." Man stelle sich den Marschall im grauen Leinenhemd und seinen Schützling ebenso herausstaffiert vor! Wie sie züchtig durch die Fluten der Seine waten, neben ihnen die Königin und ihre Ehrendamen, ebenfalls bis zum Hals in graues Leinen gehüllt! Ein Bild zum malen, wie es nur das alte Frankreich zeitigen konnte!

In dieser Vorliebe des kleinen Dauphins für körperliche Übungen zeigte sich bereits die spätere Tapferkeit des Mannes. Aber seinem feurigen, ungestümen Charakter waren viele ernstzunehmende Fehler eigen, die er sich allerdings mit der Zeit abgewöhnte, und zwar nur durch innere Beobachtung und Selbstzucht. Von Natur aus war er ein ruhiges und sanftes Kind, nicht gerade zum Zorne geneigt. Reizte man ihn jedoch bis zum Äußersten, so geriet er in maßlose Wut, bekam einen wahren Anfall und war dann so erschöpft, daß er noch einige Zeit an allen Gliedern zitterte. La Porte zitiert ein sehr amüsantes Geschichtchen, daß ich nicht umhin kann, mit großem Vergnügen wiederzugeben. Vorher bitte ich jedoch die prüden Leute untertänigst um Verzeihung:

„Es war während der Fronde im Jahre 1652. Der König war noch nicht vierzehn Jahre alt. Von Montereau begaben wir uns nach Corbeil. Dort wollte der König absolut, daß Monsieur mit in seinem Zimmer schlafe. Es war aber so klein, daß nur eine Person sich darin bewegen konnte. Am Morgen, als sie beide erwachten, spuckte der König, ohne es zu wollen, auf das Bett Monsieurs, der sofort wieder, aber absichtlich, zum König hinüberspuckte. Darüber wütend, spie Ludwig seinem Bruder ins Gesicht. Im Nu sprang Monsieur aus dem Bett und p.... in das Bett des Königs. Ludwig, nicht faul, tat dasselbe ins Bett Philipps. Und als sie beide nichts mehr zu spucken und zu p..... hatten, zogen sie sich gegenseitig die Laken weg und balgten sich schließlich regelrecht. Währenddessen versuchte ich alles mögliche, um den König zu beruhigen. Und als mir das nicht gelang, holte ich Herrn von Villeroy. Er kam und machte der Balgerei ein Ende. Monsieur war zwar schneller in Wut geraten, aber der König war viel schwerer zu beruhigen als sein Bruder."

Alle diese Eigenschaften — Hartnäckigkeit, Eigensinn, langsam in Wallung geraten — finden wir später bei dem gereiften Manne wieder. Ludwig XIV. nahm alles sehr ernst, selbst seine Spiele. Er war stets mit ganzem Herzen dabei, kostete, wie man sagt, alle Freuden bis zur Neige aus. Und nichts konnte ihn davon abbringen. Einmal machte er im Bett so tolle Sprünge, daß er herausfiel, auf die davor befindlichen Stufen mit dem Kopf aufschlug und sich beinahe getötet hätte. Ein andermal regte er sich bei der Belagerung seiner Kinderfestung im Palais-Royal dermaßen auf, daß er vollkommen in Schweiß gebadet war. Inzwischen hatte man ihm gesagt, die Königin begäbe sich ins Bad. „Da lief er eiligst zu ihr und wollte mit ihr baden," berichtet der Kammerdiener. „Als er mir befahl, ihn auszuziehen, wollte ich es nicht tun. Aber die Königin wagte ihn nicht abzuweisen, und er bestand darauf," — La Porte indes blieb standhaft, denn er sah, in welchem Zustand sich der kleine König befand. Es bedurfte jedoch erst der Macht des Arztes, um seine Hartnäckigkeit zu bekämpfen und ihn zu verhindern, daß er sich schweißüberströmt ins Bad stürzte.

Dieser Eigensinn deutete bereits auf einen unbeugsamen Willen. Der sonst so folgsame Knabe hatte manchmal wahre Krisen von Ungehorsam. Dann bedurfte es der Rute, um ihn zur Vernunft zu bringen. Zwar wurde er nur selten geschlagen, weil er im allgemeinen leicht zu leiten und sehr sanft war, aber einmal geschah es doch, in Amiens, wohin er seine Mutter begleitet hatte. Er sollte ein Band um-

binden, an dem ein kleines Reliquienkreuz hing, und wollte
es nicht. Darüber wurde die Königin ganz rot vor Zorn und
sagte: „Nun, ich werde Dir schon beweisen, daß Du keine
Macht hast, sondern ich. Es ist lange her, daß Du die Rute
nicht gespürt hast. Ich werde Dir zeigen, daß man in
Amiens genau so wie in Paris den Jungen die Hosen straff
zieht".

Ludwig gegenüber waren so harte und erniedrigende Er-
ziehungsmittel unnötig. Er war viel zu vernünftig und auch
viel zu stolz, als daß man sie oft anzuwenden brauchte.
„Stets nahm er Vernunft an", sagt La Porte, der ihn seine
ganze Kindheit hindurch beobachtete. — Vernunft annehmen! Welch schöne Eigenschaft für einen zukünftigen
König von Frankreich! Und mit den Jahren wird er immer
vernünftiger und entfaltet sich immer besser.

Dieses so vernünftige und ernste Kind machte aber weder
einen traurigen noch verdrießlichen Eindruck. Wenn Ludwig auch nicht so lebhaft war wie sein Bruder Philipp, so
hatte er doch sehr einnehmende Züge, und es lag ein großer
Reiz in seiner Erscheinung. Das Pariser Volk geriet in die
höchste Begeisterung und war stolz auf ihn, wenn er durch
die Straßen ritt. Zu jener Zeit war sein Haar sehr blond,
von einer fast österreichischen Blondheit, ganz golden
schimmerte es, als wollte es ahnen lassen, daß er einmal
„der Sonnenkönig" sein werde. Dazu trug er einen gold-
und silberbestickten Rock, einen Hut mit weißen Federn
und ritt ein kleines weißes Pferd, in dessen Mähne und
Schweif feuerrote Bänder geschlungen waren. Während
der Karwoche des Jahres 1647 begleitete er den Kardinal
zu den Nonnen des Karmeliterklosters im Faubourg Saint-
Germain, wo Mazarin der Rumpelmette beiwohnte. Durch
die Gitter sah das Volk in der Kirche das Kind um den
Altar herumlaufen, die Kerzen mutwillig auslöschen „und
alles tun, was ein Kind tut, das gern spielt", fügt Frau von
Motteville hinzu, die uns diese Geschichte erzählt.

Welch hübsches Bild: Der kleine königliche Schmetterling,
wie er in seinem schönen goldgestickten Rock zwischen den
brennenden Kerzen hin- und herflattert. Wie gut, daß wir
noch vor der Stunde der „Vergöttlichung" einen Blick auf

diese reizende Kindergestalt werfen können und, ehe wir
„Ludwig den Großen" kennenlernen, erst den „kleinen
Ludwig" des Pariser Volkes betrachten dürfen.

Dieser spielerische Knabe dachte bereits über alles nach,
worin diejenigen, die ihn gut kannten, ein glückliches Omen
für die Zukunft sahen. Das mehr oder weniger prunkvolle
Äußere des Hofes blendete ihn nicht. Er bemerkte oder
ahnte bereits, was darunter verborgen war. Wie hätten ihn
auch die Armut, das goldene Elend, die seine Mutter durch
die schlimmen Zeiten und den Geiz des Kardinals ertragen mußte, nicht befremden und kränken sollen? Nicht
immer aß man sich im Louvre und im Palais-Royal satt.
Ein schönes fettes Omelett war dort eine vom Himmel gesandte Gabe. Während der Fastenzeit aß man nur Milch-
brei, und die Hofdamen mußten sich mit den Resten be-
gnügen, die die Königin übrig ließ, wenn sie überhaupt
noch etwas übrig ließ. Der König und sein Bruder schlie-
fen in zerrissenen Leintüchern. Die seidenen Behänge ihrer
Karossen hingen in Fetzen herab.

Das alles machte einen schmerzlichen Eindruck auf ein
Kind wie Ludwig, dem der Sinn für Pracht und Größe angeboren war. Das Schlimmste für ihn aber war, fühlen zu
müssen, daß das Herz seiner Mutter einem andern gehörte.
Gewiß ahnte er damals noch nicht, welche Beziehungen
zwischen ihr und dem Kardinal bestanden. Aber an einem
Hofe ist man sehr bald über alles genau unterrichtet. Es gab ja
so viele Leute, die das größte Interesse hatten, Mutter und
Sohn zu entzweien und den König gegen den verhaßten
Günstling aufzuhetzen. Selbst angenommen, daß des Knaben Arglosigkeit durch niemand getrübt wurde, so begriff
er doch mit eifersüchtigem Schmerz, daß seiner Mutter
Liebe einem andern gehörte. Und tief in seinem Innern
begrub er diese erste bittere Enttäuschung, für ein Kind
die grausamste von allen. Er sagte nichts, sondern ver-
schanzte sich hinter einer Stummheit, die oberflächliche
Höflinge für Schwerfälligkeit oder Trägheit des Geistes
nahmen. Wer ihn aber näher beobachtete, mußte sehen,
daß der Knabe ein seltsames, rätselhaftes Wesen zur Schau
trug. Dieser stille Junge, aus dem nichts herauszubringen

ist, und dessen Geist doch fortwährend arbeitet, der alle möglichen Fragen stellt, sobald er zu jemand Vertrauen gefaßt hat, den alles interessiert, der alles wissen will, der plötzlich unbändig lustig sein und lachen kann, der alles Komische sofort erfaßt und selbst gern spottet und schäkert, mußte befremden. Der treue La Porte hat das alles aufgezeichnet. Tief im Innern dieser Kinderseele liegt ein fast undurchdringliches Geheimnis begraben, ein Geheimnis, das er fast seine ganzen Knaben- und sogar noch während der ersten Jünglingsjahre mit sich herumträgt. Wohl kann man versuchen, dieses Dunkel zu erhellen, immer aber werden es mehr oder weniger zutreffende Hypothesen bleiben. Er ahnt oder besser, er vermutet alles, und dennoch fährt er fort seine Mutter zu lieben. Es ist eine seltsame, ungewöhnliche Liebe, die er für sie empfindet, eine Liebe gemischt mit Bewunderung und Ehrfurcht. Vielleicht wird der Tod dieser dicken, lässigen und sinnlichen Frau einst zum größten Schmerz seines Lebens. Nie aber läßt er in seinen Gefühlen gegen sie etwas von dieser inbrünstigen Zuneigung, etwas von beleidigter Liebe merken. Er schweigt, er will nichts sehen — wie abwesend ist er. Höchstens kann man aus diesem eigenartigen Verhalten das Schmollen eines sehr persönlichen Kindes entnehmen, das bereits alles für sich in Anspruch nimmt und Qualen erleidet, sehen zu müssen, daß man es beiseiteschiebt und nicht ihm allein gehört.

Die Königin war viel zu sehr mit ihrem Geliebten beschäftigt, als daß sie derartigen Feinheiten der kindlichen Seele große Aufmerksamkeit hätte schenken können. Außerdem war sie nicht sehr klug. Natürlich hinderte sie das nicht, auf ihre Weise für ihren Sohn zu sorgen, allerdings rein äußerlich und oberflächlich. Sie wachte über die Erziehung und die Gesundheit dieses Sohnes, ohne den sie nichts gewesen wäre. Auch der Kardinal, der sowohl von seinen eigenen als auch von Staatsgeschäften in Anspruch genommen war, kümmerte sich nicht viel um einen jungen Thronerben, der so wenig intelligent zu sein schien. Er war ja gutmütig und leicht zu leiten. Dennoch war Mazarin viel zu scharfsinnig, um nicht zu fühlen, daß der kleine König

ihn im Grunde seines Herzens nicht liebte, und er eigentlich über ihn keine Gewalt hatte. Aber wie jedermann, durch
die scheinbare Gleichgültigkeit des Prinzen irregeführt, beruhigte der Kardinal sich schließlich damit, daß er sich sagte:
„Nun, und wenn — was hat es zu bedeuten, daß er dumm
ist?"

UNTER DER ZUCHTRUTE

Die geistige Erziehung eines Königssohnes. — Seine Lehrer. — Der Einfluß des französischen Volkes auf die Erziehung der „Kinder Frankreichs". — Der Haß der Franzosen
gegen Mazarin und die aus der Geistlichkeit hervorgegangenen Minister. — Der imperialistische Gedanke wird in ihm großgezogen. — Man vergöttert ihn. — Man hetzt
ihn gegen den Kardinal auf, der ihn streng bewacht. — Ludwigs Schweigsamkeit
wird als Dummheit ausgelegt. — Seine Überlegenheit. — Erste Erkenntnis
seiner Machtvollkommenheit.

SELBSTVERSTÄNDLICH LAG ES WEDER IN DER AB-
sicht des Kardinals noch in der der Königinmutter, daß
Ludwig unwissend blieb. Leider hat man auf Grund der
Memoiren Saint-Simons nur zu oft behauptet, die Erziehung und das Wissen des Königs seien absichtlich vernachlässigt worden. Lacourt-Gayet hat glücklicherweise diesem
alten Irrtum in seinem ausgezeichneten Werke „L'éduca-
tion politique de Louis XIV" ein Ende bereitet. Mazarin
wünschte nur nicht, daß man dem Knaben, unter dem Vorwand, ihn zu belehren, Widerstand gegen ihn, den Minister, einflößte. Deshalb ließ er so eifrig die den König umgebenden Personen und Erzieher überwachen und setzte so
viel wie möglich seine Kreaturen und Familienangehörigen
in den Hofstaat des zukünftigen Herrschers. Das hinderte
ihn aber ebensowenig wie die Königin, die Notwendigkeit
einzusehen, daß dieses scheinbar empfindungslose, geistig
schlafende Kind erweckt werden müsse. Auch die Erzieher,
die Mazarin ausgewählt hatte, fühlten das. Vielleicht sogar
noch mehr als er. Vielleicht mehr, als es ihm wünschens-
wert war, bemühten sie sich, dem kleinen König Würde,
Pflichtbewußtsein und Verantwortlichkeitsgefühl beizubringen. Und war nicht auch das französische Volk da? Das auf
seine ersten Siege über Spanien und das Deutsche Reich so
stolze Volk hatte die Blicke auf seinen Dauphin gerichtet
und verlangte einen seiner Krone und der großen Zukunft
Frankreichs würdigen Fürsten.
Als daher der kleine Ludwig in das Alter kam, da seine Erziehung Lehrern übergeben werden mußte, hielt es die Königin für nötig, zu Beginn des Jahres 1646 den Franzosen

in einem offenen Brief an den Herzog von Montbazon feierlich mitzuteilen, daß die Erziehung ihres Königs begonnen
habe. Eigens dazu sei von ihr das Amt eines „Oberinten-
danten zur Leitung und Führung des Königs" geschaffen
worden, und sie habe damit ihren Vetter, den Kardinal Mazarin betraut. Oberhofmeister war der Marschall de Villeroy und Oberhofmeisterin die Marquise de Sénecey. Gleichzeitig wurde ein ganzer Lehrkörper zum ausschließlichen
Unterricht des kleinen Königs eingerichtet. An seiner Spitze stand der erste Hauslehrer Abbé Hardouin de Beaumont
de Péréfixe, der zum Bischof von Rhodez und später zum
Erzbischof von Paris ernannt wurde. Unter dessen Befehlen
stand der Pater Paulin, Superior des Ordenshauses der Jesuiten in Paris. Paulin war auch der Beichtvater des Königs.
Außerdem hatte Ludwig einen Schreiblehrer, einen Lehrer
der Mathematik, einen Lehrer für fremde Sprachen, einen
Zeichenlehrer, einen Vorleser, einen Lautenspieler und einen Lehrer für Guitarre, schließlich noch einen Fecht-
meister, einen Reitlehrer und einen Tanzlehrer.
In welchem Pariser Gymnasium hätte Ludwig XIV. einen
vollständigeren Lehrplan und bessere Lehrer gefunden?
Unter ihnen sehen wir den Pater Paulin, den Superior der
„Großen Jesuiten", wie man sie damals nannte, der als Erzieher zu jener Zeit unübertroffen war. Der erste Hauslehrer Hardouin de Péréfixe war zwar kein Bossuet, aber doch
ein kluger Kopf und achtenswerter Schriftsteller. Um den
allzu frommen Einfluß dieser geistlichen Lehrer zu mildern,
gab man Ludwig XIV. eine Zeitlang den Skeptiker La Mo-
the-Le Vayer, einen zwar genußsüchtigen aber wissen-
schaftlich sehr gebildeten Mann, der die Literatur des sech-
zehnten Jahrhunderts ganz besonders liebte. Zweifellos hatte
Mazarin ihn mit Absicht dem König beigegeben. Betrachtet
man anderseits das Erziehungsprogramm genauer, so sieht
man, daß nichts vergessen worden ist, was auch heute noch
zu einer vollständigen Erziehung gehört, außer vielleicht
Geschichte. Aber Geschichte wurde damals in keinem Gymnasium gelehrt.
Dennoch besaß Ludwig XIV., obwohl er es später immer beklagte, daß man ihm nicht wenigstens die Geschichte seiner

Vorgänger beigebracht hatte, noch aus der frühesten Kindheit einige oberflächliche Geschichtskenntnisse. Sein Hauslehrer Hardouin de Péréfixe stellte für ihn eine „Geschichte Heinrichs des Großen" zusammen und sprach mit ihm nicht nur über diesen König, sondern über die ganze Geschichte Frankreichs. Er hatte, wie er selbst sagt, „daraus zum Gebrauche Seiner Majestät einen Auszug gemacht, worin der König täglich mit so großem Vergnügen las, daß man nicht annehmen kann, es wäre nutzlos gewesen". Ehe Hardouin kam, las der Kammerdiener La Porte im Einverständnis mit Anna von Österreich dem kleinen König jeden Abend vor dem Schlafengehen eine Stelle aus Mézerays „Geschichte Frankreichs" vor, dem größten Historiker der damaligen Zeit. La Porte las im „erzählenden Ton", um den Kleinen nicht abzuschrecken. „Ich machte ihn auf die lasterhaften Herrscher aufmerksam", sagt er, „um ihm Abscheu vor dem Laster einzuflößen, und bezeichnete ihm die tugendhaften, um ihn zur Nachahmung anzuspornen. Die Königin fand das ausgezeichnet. Der kleine König hatte großes Vergnügen daran und versprach, so zu werden wie der mutigste seiner Ahnen; dabei geriet er immer in großen Zorn, wenn man ihm sagte, er würde wohl ein zweiter Ludwig der Faule werden." — La Porte fügt noch folgendes hinzu, das deshalb von Wert ist, weil Saint-Simon und seine Anhänger das Gegenteil behaupten. „Herr von Beaumont, der Hauslehrer Seiner Majestät, gab sich große Mühe, ihn zu unterrichten, und ich kann mit voller Wahrheit aussagen, daß er in allen Stunden denen ich beiwohnte, nichts außer acht ließ, was seiner Aufgabe oblag." Schenken wir also diesem Augenzeugen mehr Glauben als den eigennützigen Verleumdern.

*

Hinsichtlich dieser königlichen Erziehung herrscht indes ein Mißverständnis, das ich gleich von vornherein aus dem Wege räumen möchte. Unsere heutigen Pädagogen haben keine Ahnung mehr, was die Erziehung eines Königs ist. Sie beurteilen den jungen Ludwig XIV. wie einen Gymnasiasten unserer Tage, und das ist ein grober Irrtum. Ebenso groß ist der Irrtum, wenn sie die Lebensführung des Königs ge-

LUDWIG XIII.

Stich von Jeremias Falck nach J. d'Egmont

nau so einschätzen wie die eines Privatmannes. Könige haben ihre eigene Erziehung und Moral. Aber für die Schulmänner kommt einzig und allein die Quantität des vom Schüler aufzunehmenden Stoffes in Betracht. Was sie Ludwig XIV. im Grunde genommen vorwerfen ist lediglich, daß er weder ein gelehrter Prahlhans, noch ein Intellektueller, noch ein Künstler war. Er hatte anderes zu tun. „Die Königswürde besteht fast ausschließlich in tätigen Handlungen", wie Hardouin de Péréfixe so vortrefflich in der „Rede an den König" sagt, die er seiner „Geschichte Heinrichs des Großen" vorausschickt. Die Hauptsache für einen König ist, klug zu handeln; ehe er aber handeln lernt, muß er wissen, was er selbst ist.

Natürlich weiß er das nicht. Wie sollte er es auch wissen? Ein König von Frankreich, wie ihn unsere Väter auffaßten, ist ein ganz besonderes, äußerst kompliziertes, einzigdastehendes und alle anderen Menschen überragendes Wesen. Nicht nur ist er das Werk von Jahrhunderten, sondern das Werk einer ganz speziellen Zucht, wovon wir nur einen unklaren Begriff haben. In seiner Vollkommenheit oder wenigstens annähernden Vollkommenheit ist er ein Meisterwerk der Erblichkeit, der Erziehung, des persönlichen Willens und der Intelligenz. Schon frühzeitig mußte der zu jenem fürchterlichen Beruf Bestimmte trainiert werden. Der kleine Ludwig schien in seinen ersten Kinderjahren nichts von seiner Bestimmung zu ahnen, denn wie wir gesehen haben, machte man sich in seiner Umgebung die größten Sorgen darüber, daß dieses Königskind am liebsten „Diener" spielte. Methodisch mußte ihm also der Begriff seines Ranges und der damit verbundenen Vorrechte beigebracht werden. Sein Schreiblehrer ließ ihn daher immer wieder den Satz abschreiben: „Den Königen gebührt Ehrfurcht. Sie tun, was ihnen gefällt." — Mit allen Mitteln bemühte man sich, ihm das Herrschergefühl beizubringen, besonders jene Intriganten, deren höchster Wunsch es war, diesen aus ihrer Hand hervorgegangenen jungen Herrscher gegen den allmächtigen Kardinal loszulassen. Aber Louis-Dieudonné tat als verstände er nicht.

Zu diesem Bewußtsein der persönlichen Machtvollkommenheit gedachte Hardouin de Péréfixe noch „die königlichen Tugenden", wie er es nannte, hinzuzufügen, das heißt, in Ludwig besonders die moralischen Qualitäten zu pflegen, während er es dem Kardinal überließ, in seinem Schüler die politischen Eigenschaften zu entwickeln. Bei seinem Amtsantritt hatte er ein „Institutio principis ad Ludovicum XIV Franciae et Navarrae regem Christianissimum" geschrieben, worin er den moralischen Unterricht „zum Gebrauche eines Dauphins von Frankreich" zusammenfaßt. Für den königlichen Schüler waren die lateinischen Sätze wie geschaffen zum Übersetzen. Täglich mußte er Stellen wie diese übertragen: „Alle meine Untertanen sind Kinder, die Gott mir aufgetragen hat zu behüten. Es ist die Pflicht eines Vaters, den Wohlstand seiner Kinder zu vermehren, ihr Vermögen zu schützen und über ihr Wohl zu wachen." Und man muß nicht etwa glauben, daß diese edlen Vorschriften von dem jungen Prinzen gleichgültig angehört oder als Gemeinplätze aufgefaßt wurden. Sie machten im Gegenteil auf ihn einen so tiefen Eindruck, daß wir sie später fast wörtlich in seinen „Memoiren" wiederfinden. Als er seine „Betrachtungen über den Beruf eines Königs" niederschrieb und ihn einen „köstlichen Beruf" nannte, wiederholte er nur in andern Worten das, was der gute Hardouin de Péréfixe ihm 20 Jahre vorher gesagt hatte. Nämlich: „Ein König muß die höchste Freude an seiner Pflicht haben und im wahren Sinne des Wortes regieren. Er muß wissen, daß regieren das Staatsruder selbst führen bedeutet." Nebenbei sei bemerkt, daß jener seltsame Ausdruck Ludwigs XIV: „Der Beruf eines Königs ist groß, edel und köstlich" nur dann verständlich ist, wenn man ihn mit dem Text des Bischofs von Rhodez vergleicht.

Um diesen theoretischen Unterricht lebendiger zu gestalten, führte der Lehrer dem Schüler den Idealtypus eines Monarchen vor Augen, der dafür galt, alle königlichen Tugenden besessen zu haben. Dieser Monarch war Heinrich IV. — ein konventioneller, für den Zweck der Sache zurechtgemachter und verbesserter Heinrich IV., den man dem Geschmack und den Begriffen des Volkes gemäß entstellt hatte. Bemerkenswert ist, daß alle Fehler Ludwigs XIV.

sich bereits bei seinem Großvater fanden und man diesem alles vorwerfen kann, was man auch seinem Enkel zum Vorwurf gemacht hat. Aber davon wollen die Franzosen nichts wissen. Ludwig XIV. ist der Mann, der das Edikt von Nantes aufhob — jenes Edikt, das Heinrich IV. wahrscheinlich auch aufgehoben haben würde, wenn er so lange gelebt hätte. Genug: alles, was beim Großvater nur eine kleine Sünde oder eine geniale Idee ist, wird zum Größenwahn oder furchtbaren Laster bei seinem Nachkommen. Der arglistige Bearner, der ebenso absolutistisch und eroberungssüchtig wie Ludwig XIV. war, ist nach seinem Tode der Freund der ganzen Welt geworden, und nichts hat seinem Ruhme und seiner Legende mehr gedient als sein früher Tod.

Im Namen dieses Idealherrschers ermahnte Hardouin de Péréfixe seinen Schüler zur Notwendigkeit einer „persönlichen Herrschaft, zum Abscheu vor Günstlingen und auch vor Mätressen" — was immerhin ein wenig stark ist — „zu einer guten Verwaltung der Finanzen, einer gerechten Justiz und zu einer gemäßigten, vernünftigen Tapferkeit."

Unter diesen Ermahnungen befanden sich auch solche, die dem Kardinal nicht unbedingt gefielen, ja sogar gegen ihn gerichtet waren. Er duldete sie trotzdem, weil das dem einstimmigen Wunsche des Volkes entsprach, und vielleicht auch, weil er es als unnützes Gewäsch ansah, das keinerlei Wirkung auf seinen Zögling hatte. Gleichwohl streckten seine Feinde nicht die Waffen, sondern verdoppelten ihre Schritte und Intrigen, um sich des Geistes ihres jungen Souveräns zu bemächtigen. Während er sich im Jahre 1651 in Brühl in der Verbannung befand, hatte man nichts eiligeres zu tun, als diesen günstigen Umstand auszunützen. Frau von Lansac, die erste Erzieherin des Königs, die den Kardinal haßte, schenkte dem jungen Ludwig XIV. drei Briefe der Katharina von Medici an ihren Sohn Heinrich III. Sie enthielten nicht nur eine politische Abhandlung, sondern auch eine bis ins kleinste geregelte Zeiteinteilung des königlichen Tagewerks. Auch Katharina von Medici schrieb ihrem Sohn die absolute und persönliche Herrschaft vor.

Wie es scheint, hatte der König gerade Unterricht, als

35

Frau von Lansac ihm die drei Briefe brachte. „Er ließ sie sofort, obwohl sie sehr lang waren, von seinem Lehrer vorlesen und hörte mit großer Aufmerksamkeit zu." Darauf drehte sich das Gespräch zwischen ihm, dem Bischof von Rhodez und Frau von Lansac noch einige Zeit um die darin enthaltenen Vorschriften.

Das ist äußerst bezeichnend. Es beweist, daß von dieser Zeit an in Ludwig XIV. der Gebieter sich zu regen begann. Mit Vergnügen nimmt er, wie es scheint, die Lehren von seinesgleichen, von seinen Vorgängern, von Leuten aus seinen Kreisen und seiner Familie, besonders aber von Leuten vom Fach an. Sobald es Katharina von Medici oder Heinrich IV. ist, die zu ihm sprechen, ist er ganz Ohr, denn er fühlt, daß ihm das zum augenblicklichen Vorteil gereicht. Vor seinen Lehrern hingegen, und wenn es sich um reine Schulaufgaben handelt, ist er gleichgültig und läßt sich gehen. Eines Tages, erzählt uns La Porte, beklagte sich Herr von Beaumont bei Seiner Eminenz, daß der König nichts lernen wolle. Worauf der Kardinal antwortete: „Machen Sie sich darüber keinen Kummer. Er wird noch viel zu viel lernen, denn wenn er dem Ministerrat beiwohnt, stellt er an mich tausend Fragen über alle möglichen Dinge, die gerade besprochen werden." Und Primi Visconti berichtet, um dieselbe Zeit habe der spanische Gesandte, Graf de Fuensaldagne gefunden, daß „im Wesen des jungen Königs etwas von einem reifen Manne läge", was er als erster überall verbreitete.

Ludwig XIV. war durchaus kein sogenannter Faulpelz, im Gegenteil, er war sogar ein ziemlich guter Schüler. Es existieren von ihm ganz nette Arbeiten, ja man konnte sogar unter seinem Namen eine französische Übersetzung des ersten Buches von Cäsars Kommentarien veröffentlichen. Er sprach Italienisch, lernte Spanisch, studierte Mathematik, Musik, Zeichnen, so daß er selbst den Plan eines Gartens oder Hauses entwerfen, oder mit Fachleuten über diese Künste und Wissenschaften sprechen konnte. Er hätte, wenn er nur wollte, ein ausgezeichneter Schüler sein können, wie er auch der erste Tänzer in seinem Königreich geworden wäre. Aber er fühlte instinktiv, daß das

nicht für ihn taugte. Und so wurde er weder das eine noch
das andere. Sowohl die Wissenschaft als auch die Literatur ist keine Beschäftigung für einen König. Seiner harrte
eine viel notwendigere Aufgabe, nämlich bis ins kleinste
die ungeheure Maschine zu kennen, die er zu führen hatte.
In dieser Hinsicht wie auch in bezug auf die Wissenschaften
und allgemeinen Kenntnisse wurde ihm die direkteste und
beste aller Erziehungsmethoden zuteil: er lernte durch die
Praxis und durch Gespräche! Geniale Männer waren seine
Lehrer. Seinem Wissensdurst bot sich das weiteste Feld
dar, das es für einen zum Ruhme geborenen jungen Mann
geben kann. Ist es nicht lächerlich, daß heute dieselben
Leute, die den praktischen Unterricht in den Schulen lobend hervorheben, Ludwig XIV. Unwissenheit vorwerfen?
Ihm, der im gewissen Sinn ein Vorbild und Meisterwerk
dieser praktischen Erziehungsmethode war?
Zu der praktischen Ausbildung gesellten sich noch die
verschiedenen Einflüsse seiner Umgebung, der öffentlichen
Meinung, die auf vielerlei Wegen zu dem jungen Herrscher
gelangte. Wie jede Geburt eines Thronfolgers, so gab auch
die Geburt Ludwigs XIV. Anlaß zu einer ganzen Erziehungs-
literatur. Der französische Königssohn war das Kind des
ganzen Volkes; ein jeder wollte es nach seinem Herzen
und seinen Ideen erziehen. Jede Partei gab ihr Schärflein
dazu: die Jesuiten; die Jansenisten, die Großen des Reichs,
die Höflinge. In den meisten Schriften ist ein kriegerischer,
siegesgewisser Nationalismus vorherrschend. Die letzten Siege Condés über die Spanier, die Einverleibung des Elsaß, der
Frieden von Münster, das alles erweckte den maßlosen Ehrgeiz der Franzosen. Übrigens kann man in Frankreich fast
während des ganzen siebzehnten Jahrhunderts, von Heinrich IV. bis ungefähr zum Frieden von Nimwegen ein beinahe
ununterbrochenes Fortschreiten des imperialistischen Ge-
dankens feststellen. Im Jahre 1641, als der Dauphin noch ein
Baby war, wurde ihm eine „Genealogie des französischen Königshauses" prächtig illustriert und herrlich gebunden dedi-
ziert. Auf der ersten Tafel stand der Titel: „Das französische
Europa." Es war eine Karte aller Staaten, die von Mitgliedern
der königlichen Familie einmal regiert wurden: Frankreich,

Neapel, Sizilien, Portugal, Navarra, Polen, Jerusalem, das Deutsche Reich und Konstantinopel. Fast ganz Europa war darin, außerdem ein gutes Stück von Asien. Der Sohn Ludwigs XIII. sollte sozusagen angeregt werden, alle jene von Frankreich verlorenen Provinzen wieder zu erobern. Um den zur Ausführung so gewaltiger Pläne nötigen Patriotismus aufrechtzuerhalten, verlangte der anonyme Verfasser einer ebenfalls zur Erziehung des Dauphins bestimmten Schrift „Les Codicilles de Louis XIII", daß jeden Sonntag ein Sieg gefeiert werde und zwar vom Siege Chlodwigs über die Deutschen und der Befreiung von Orléans durch Jeanne d'Arc an, bis zum Sieg von La Rochelle, der Eroberung des Elsaß und der Einnahme von Thionville. Chlodwig wird, wie Johanna und Ludwig der Heilige, eine Art Nationalheiliger. Als Vorbild königlicher Tugenden macht er Heinrich IV. Konkurrenz. Das geht so weit, daß der Verfasser der „Codicilles" vorschlägt, an jedem Sonntag nach Ostern ein Nationalfest zur Erinnerung an die Bekehrung Chlodwigs und seinen Sieg über die Deutschen zu feiern. Ludwig XIV. kommunizierte zum erstenmal am Weihnachtsabend und nicht, wie es üblich ist, zu Ostern, weil Chlodwig zu Weihnachten getauft wurde. Chlodwig besiegte übrigens die Deutschen noch vor seiner Bekehrung, wie Hardouin de Péréfixe in seinem „Institutio principis" wörtlich berichtet: „Clodovaeus, nondum christianus, vicit Alemaniam". Die Jungfrau von Orléans kam damals durch das Gedicht von Chapelain in Mode. Man feierte sie in Versen und stellte sie als römische Heldin dar, wie eine Art gallische Clölia. Noch heute existiert im Gerichtsgebäude von Rouen ein altes Gemälde aus dem siebzehnten Jahrhundert, auf dem sie in dieser Verkleidung dargestellt ist. Damals strebte Johanna danach, eine Nationalheilige zu werden . . . . . ! Und wer wagt da noch zu behaupten, daß Frankreich unter Ludwig XIV. keinen Patriotismus oder sogar keinen Chauvinismus gekannt habe?

Von klerikaler Seite aus regnet es Gedichte über Chlodwig und Ludwig den Heiligen. — „Ludwig der Heilige, oder der christliche Held". — Und nicht allein, daß man dem jungen König lange Reden über christliche Tugenden hält, sondern man muntert ihn auch dazu auf, einen neuen Kreuzzug zu beginnen, die Türken aus Europa und Palästina zu verjagen. Da Deutschland und Spanien erschöpft waren, kam es Frankreich zu, den Kampf gegen die Ungläubigen aufzunehmen.

Das waren die Ideen, die man einem Zwölfjährigen suggerierte. Das waren die Ratschläge, die ihm das Volk erteilte. Weil unsere Historiker den Ehrgeiz der Franzosen nach dem Westfälischen Frieden nicht in Erwägung gezogen haben, sind sie gegen Ludwig XIV. so ungerecht. Vergleicht man die imperialistischen Träume des französischen Volkes mit dem Programm, das dieser angebliche Mordbrenner Europas sich steckte, so kommt man zu der Überzeugung, daß Ludwig XIV. vernünftig und gemäßigt, Frankreich aber hoffärtig und eroberungssüchtig gewesen ist.

Es ist indes sehr wahrscheinlich, daß der junge König zu jener Zeit den Ermahnungen seiner Umgebung und dem fast einstimmigen Wunsch seines Volkes bereitwilligst zustimmte, aber wie immer ließ er davon nichts durchblicken. Auch die vollkommen äußerliche und zur Schau getragene Frömmigkeit seiner Mutter war nicht dazu angetan, so ehrgeizige Hoffnungen in ihm zu mäßigen. Prunkvolle kirchliche Feiern folgten prächtigen Hoffesten, um dem kleinen Prinzen den Begriff von Größe beizubringen und ihn im Gefühl seiner eigenen Macht zu blenden, ihn, der sich einen „lebendigen Gott" nennen hörte! Die Königin nahm ihn immer mit in die Pariser Kirchen und Klöster. Jeden Sonnabend wohnte sie in Notre-Dame der Messe bei. Sie versäumte weder eine Predigt noch eine Feier bei den Augustinern, im Kloster Val-de-Grâce, oder bei den Jesuiten in der Rue Saint-Antoine. Auf ihre Anordnung hin fand die erste Kommunion des Königs mit großem Gepränge in der Kirche Saint-Eustache statt, die zu Ludwigs Kirchspiel gehörte, weil er damals das Palais-Royal bewohnte. Zu Fronleichnam des Jahres 1651 empfing Ludwig feierlich im Garten des Palais-Royal die Pariser Prozessionen und begleitete entblößten Hauptes das Heilige Altarsakrament bis zu dem dazu errichteten großen Ruhealtar. Es mußte dem kleinen König, der schon durch die abgöttische Liebe eines ganzen Volkes so verehrt wurde, wie eine Vergötterung erscheinen. Nie hat er diese Prozession im Palais-Royal vergessen. Er schöpfte daraus die für einen Menschen wie er einzig mögliche Lehre, daß er sich in dem Grade, wie man ihn erhöhte, klein fühlte, vor der wahren Größe Gottes.

Noch liegen die Tage des wirklichen Ruhmes und der Siege für ihn in weiter Ferne. Inzwischen muß er unter der Aufsicht eines Abbés und eines Kammerdieners seine Schreibaufgabe machen. „Den Königen gebührt Ehrfurcht; sie tun, was ihnen gefällt". Fleißig schrieb es der kleine König ab und dachte dabei an die mageren Diners im Louvre, die zerrissenen Bettlaken, an seine in Fetzen hängenden Karossen, an seinen leeren Geldbeutel. Später blättert er im Diktionär nach Worten für seine lateinische Aufgabe — vor der Tür seines Zimmers grollt der Aufruhr! Er friert hinter den Fenstern ohne Scheiben in den ungeheizten Zimmern des Schlosses von Saint-Germain. Aber der imperialistische Traum spiegelt sich auf dem Grunde seiner undurchdringlichen Augen. Er schweigt noch immer. Man hält ihn für einen guten ungefährlichen Jungen ohne viel Verstand. Er aber lächelt im Stillen darüber. Zwar weiß er noch nicht, was aus ihm wird, aber daß er groß sein wird, das weiß er! Man möchte ihm schon jetzt Größe beibringen, und folgsam hört er seinen Lehrern zu. Wenn er auch kein glänzender Schüler ist, so ist er doch an Gehorsam gewöhnt und handelt mit Überlegung. Er lehnt sich in keiner Weise auf oder ist, wie Napoleon, ein Romanheld. Er sagt seine Lektionen bei Herrn von Beaumont oder beim Pater Paulin auf und schreit nicht: „Laßt mich in Ruhe! Ich weiß besser, was mir nottut". Dazu ist er zu fügsam. Aber er zieht aus allem Nutzen und nimmt mit vollen Händen. Er hat es nicht eilig, denn er weiß, er hat Zeit. Manchmal zuckt es seltsam in seinen malvenfarbenen Augen auf — der Traum des Imperialismus! Sobald er sich jedoch beobachtet fühlt, verblaßt der Schimmer. Dieses Kind mit den stummen Lippen und der feinen Spürnase eines Fuchses ist seiner sicher — sicher seines starken Charakters, den er von seiner Mutter hat. Er wird ihn nicht im Stich lassen.

ZWEITER TEIL

DAS ERWACHEN ZUR LIEBE
UND ZUM RUHME

Er hat das Zeug zu vier Königen und einem anständigen
Menschen. *Memoiren des Marschalls von Grammont.*

Drittes Kapitel

EINER, DER KEINEN GEDECKTEN TISCH FAND

Die harte Schule der Erfahrung. — Die Lehrjahre eines Königs. — Die große Liebe zur
Mutter. — Seine eigenen Äußerungen darüber. — Die Tage der Fronde. — Ludwig als
stummer Zeuge der Aufruhrszenen. — In höchster Gefahr. — Mazarins Einfluß auf
ihn. — Von Feinden und Heuchlern umgeben. — Er zieht seine Lehren daraus.
Die Entwicklung zum Autokraten.

MAN KANN VON LUDWIG XIV. NICHT GERADE SAGEN,
daß er nur auf die Welt zu kommen brauchte, um Krone
und Reich zu erhalten. Er war nicht der Sohn aus reichem
Hause, der bei seiner Geburt einen gedeckten Tisch findet.
Im Gegenteil, der verwaiste Knabe und Erbe eines großen Königreichs wäre beinahe gleich anfangs im Schiff-
bruch der Volksmonarchie zugrunde gegangen, denn zu
Beginn seiner Regierung war ihm das Glück hartnäckig
abgeneigt, und er mußte einen langen Kampf führen, ehe
er als Sieger hervorging.
Schon seine Geburt war, wie man sich erinnert, eine Art
Wunder, sozusagen eine dem Himmel und der Natur an-
getane Gewalt. Kindheit und Entwicklungsjahre waren
von allen möglichen Widerwärtigkeiten und Trübsalen
heimgesucht. Mitten im Kriegsgetümmel gegen Spanien
und das Deutsche Reich ward er geboren. Zwar wurde
dieser Krieg schließlich von großen militärischen Erfolgen
gekrönt, aber sie waren nicht entscheidend. Bald darauf
brach der Bürgerkrieg aus, eine Art Revolution vor dem
Feind, die den Spaniern neuen Mut einflößte und ihnen
gestattete, in Frankreich wieder ihre Intrigen und Versuche
zur Zersetzung des Volkes zu beginnen. Die Monarchie
war um Haaresbreite nahe am Zerbersten. Der kleine, aus
der Hauptstadt vertriebene Dauphin mußte sein Reich sozusagen Provinz für Provinz wiedererobern. Ohne die
Geistesgegenwart und die Geschicklichkeit Turennes, der
im Gefecht von Bléneau den Sieg wieder an sich riß, wäre
Ludwig ein zweiter König von Bourges geworden. Es war
einer der kritischsten Augenblicke für das noch nicht völlig
einige Frankreich, das vielleicht auch nie ganz einig werden
wird. Und doch erregte diese Einigkeit seit zwei Jahrhun-

derten die Bewunderung des Auslandes. Machiavelli sah in der monarchischen Zentralisierung die Hauptursache der Macht Frankreichs. Allerdings war sie zur Zeit der Fronde höchst gefährdet. Noch war es nicht lange her, daß die aufständigen Bauern in Burgund das Bild des Königs unter den Rufen „Es lebe der Deutsche Kaiser" verbrannten. Von deutschen Agenten bearbeitet, schien es ihnen vorteilhafter, sich an das Deutsche Reich anzuschließen. Spanien seinerseits liebäugelte beständig mit dem Plan, in Bordeaux eine Aquitanische und in Marseille eine Provenzalische Republik erstehen zu lassen. Währenddessen wollte England in Le Havre oder Rouen eine Normannische Republik unterstützen oder in Saintonge einen Hugenottenstaat einrichten, mit La Rochelle als Hauptstadt und Hafen.

Tatsachen wie diese erinnern an eine historische Wahrheit, die man nie vergessen sollte. Nämlich: wenn Frankreich auch nicht gerade gegen die Franzosen zu dem geschaffen wurde, was es ist, so geschah es doch oft ohne sie und ohne ihren Willen. Als Ludwig XIV. noch ein Kind war, wurde das Land von einer Spanierin und einem Italiener — Anna von Österreich und Mazarin — gerettet. Allerdings war Mazarin Mitwisser der politischen Ideen Richelieus.

Die Lehrjahre des Königsberufs waren also nicht leicht für den französischen Königssohn, der vom ersten Schritt an so harte Notwendigkeiten erdulden mußte. Sein Charakter blieb sein Leben lang davon beeinflußt. Wie aber, in welcher Weise reagierte er auf sie? Nichts ist packender zu beobachten, als das Werden eines Herrschercharakters.

*

Er mußte gleich anfangs begreifen, daß er beständig von Gefahren umgeben war. Ein Verhängnis, das damals über Königskinder im allgemeinen schwebte. Heute, da die Abkömmlinge alter Fürstengeschlechter sich „verbürgerlicht" haben, wissen wir gar nicht mehr recht, in welcher Lage sich ein Kind wie Ludwig XIV., ein echter Königssohn, befand. Viel wilder und ungestümer als heute machte sich um ihn herum unbändiger Ehrgeiz bemerkbar, den nur er zu befriedigen oder zu unterdrücken vermochte. Haß, wütender Haß umgab ihn und richtete sich entweder gegen ihn selbst oder gegen seine ergebensten Diener. Nicht einen Schritt tun zu können, ohne sich sagen zu müssen: gib acht, der Weg unter deinen Füßen ist unterminiert! Jung zu sein, Lust haben zu lachen, zu spielen, frei und ungehindert zu plaudern, einem Freunde sein Herz auszuschütten und gezwungen zu werden, einem jeden zu mißtrauen, seine Handlungen und Worte genau zu erwägen, seine Freuden und Leiden zu verbergen, immer sich zu verstellen und stets auf seiner Hut zu sein — daß muß einem zehnjährigen Jungen sehr schwer fallen. Und nehmen wir auch an, er habe die Sorglosigkeit seines Alters besessen, so konnte diese Sorglosigkeit nicht von langer Dauer sein. Seine Umgebung sorgte dafür, daß er alle Intrigen erfuhr, die um ihn herum gesponnen wurden. Einer war eifriger wie der andere bemüht, das Vertrauen des kleinen Königs zu genießen, um ihm dann um so leichter alles über seine Feinde oder Freunde zutragen zu können.

Unter all den Schurken und Intriganten, seinen mehr oder weniger direkten Feinden fühlte Louis-Dieudonné sich nur in Sicherheit bei seiner Mutter oder bei dem Kardinal. Zweifellos ahnte er, welcher Art Beziehungen beide miteinander verband; und da er ein sehr eifersüchtiges, individuelles Kind war, litt er darunter. Aber er wußte auch, daß beide ein Interesse daran hatten, ihm den Thron zu bewahren und sein Leben zu verteidigen. Und er war ihnen ewig dankbar dafür, besonders seiner Mutter, die er vielleicht am meisten in seinem ganzen Leben geliebt hat. Saint-Simon erzählt, daß man nach dem Tode Ludwigs XIV. seinen Leichnam öffnete und das Herz herausnahm, um es im Jesuitenkloster der Rue Saint-Antoine beizusetzen, und fügt hinzu: „Dieses Herz, das niemals liebte und so wenig geliebt wurde". — Saint-Simon nimmt es auch hier, wie immer, mit der Wahrheit nicht genau. Zum mindesten liebte Ludwig doch seine Mutter, und zwar mit tiefstem Gefühl von ganzem Herzen, bis ins Innerste seiner Seele und seines Denkens. So sehr liebte er sie, daß er an ihrem Totenbett vor Herzeleid ohnmächtig zusammenbrach. „Man mußte ihn stützen, sonst wäre er umgefallen" berichtete Frau von Motteville und fährt fort: „Er war mit ihr durch starke Bande verknüpft, durch jahrelanges Vertrauen, das Persönlichkeiten dieses Ranges nur selten kennen und genießen lernen. Daher ist der Verlust um so härter für die, die ein so seltenes Glück ihr eigen nannten."

Ludwig XIV. selbst hat in seinen „Memoiren" von ihrem Tod mit einem Edelmut und einer verhaltenen inneren Bewegung gesprochen, die sowohl den Herrscher wie den liebenden Sohn erkennen lassen. „Die Natur hatte die ersten Bande zwischen mir und meiner Mutter geknüpft, aber die Bande des Herzens, die durch seelische Beziehungen geschlossen werden, sind viel schwerer zu zerreißen als die Bande der Blutsverwandtschaft". Und etwas später meint er, wie um seinen Schmerz zu rechtfertigen, es sei nicht nur die Dankbarkeit, die ihn so traurig stimme, sondern „die Beschaffenheit seines Herzens". Sehr kurze Zeit nach dem Tode Annas von Österreich gab er einem etwas indiskreten Trostspender jene stolze Antwort, aus der indes wiederum viel mehr Zärtlichkeit als Hochmut spricht. „Herr Marquis", sagte er zum Marquis von La Vallière, „was ich beim Verluste der Königin, meiner Mutter, gelitten habe, übersteigt alle Begriffe. Um es Ihnen in kurzen Worten zu sagen: nur die Hand, die mir diesen harten Schlag versetzte, vermag ihn zu mildern."

Außer dieser koketten Mutter, die er so unendlich liebte und so gern für sich ganz allein gehabt hätte, außer dem ränkevollen Italiener, von dem er wußte, daß er ihm und seiner Mutter ergeben war, gab es niemand, dem er vertrauen konnte. Seine ganze Familie war mehr oder weniger gegen ihn. Sein Onkel Gaston, dem die Geburt eines Dauphins jede Hoffnung auf den Thron geraubt hatte, war nur darauf bedacht, ihn zu verraten. Die Familien Condé und Vendôme lagen miteinander im Streit und boten ihm keinen besseren Schutz. Das Gleiche galt für die Großen des Reichs: die Bouillon, die Montmorency, die La Rochefoucauld. Alle jene Leute wollten sich nur auf Kosten des Königs bereichern. Sie forderten von der Regentin Pensi-

onen, Statthaltereien, sichere Ämter, das Recht Privat-
truppen auszuheben usw. Und, um das Unglück voll zu
machen, schien auch der Dritte Stand, so wie die Großen
des Reichs, der Krone abgeneigt. — Jener Dritte Stand, der
bis dahin stets die treueste Stütze der Monarchie gewesen
war! In Paris ging eine richtige revolutionäre Bewegung
vor sich, die sich aber glücklicherweise nicht auch — abgesehen von einigen südlichen Provinzen — auf das übrige
Frankreich erstreckte.
Wie bei allen großen historischen Umwälzungen zweifelte
man auch damals an allem. Man verlangte, Abgaben, Staats-
papiere und Währung zu revidieren und schimpfte laut,
daß die Regierung zwei Fremden ausgeliefert sei. Dem
Premierminister warf man seine italienische und der Regentin ihre spanische Abkunft vor. Man beschuldigte Mazarin, er liefere Frankreich den Händen der Steuerpächter
aus und erschöpfe das Land durch die ungeheuren Abgaben.
Tatsache ist, daß die Regierung unbedingt Geld brauchte,
um den Krieg gegen das Deutsche Reich und gegen Spanien zu beenden. Das war in die Augen springend, und selbst
die wütendsten Gegner des Italieners mußten es zugeben.
Nun aber verbreiteten sie das Gerücht, er ziehe den Krieg
absichtlich immer weiter hinaus, um an den Heereslieferun-
gen zu verdienen. Eine ganz abgedroschene Verleumdung,
die in jedem Krieg immer wieder aufgetischt wird. Sicher
hatte der Kardinal großes Interesse für Geld, eine unersättliche Gier nach Vergrößerung seines und seiner Familie
Reichtums, aber er brauchte auch ein Kriegsbudget und verschaffte es sich, wie er es eben konnte. Es blieb ihm keine
Wahl der Mittel. Allem voran das Wohl des Staates! Darauf schrien die dicken, fetten Herren Würdenträger, die
sich selbst nichts entgehen ließen, daß die fremde Eminenz
„den Franzosen das Mark aus den Knochen sauge". Bald
würden die Armen so weit sein, daß sie „wie das Vieh Gras
fressen müßten". — Welch seltsame Ungereimtheit, von
der das Volk niemals geheilt werden wird! Man wollte das
erste Volk der Welt sein, wollte aber dafür weder einen
Mann noch einen Taler opfern. Und um darum herum-
zukommen, berief man sich auf die allgemeine Not des

Landes. Wohlverstanden war aber nur die italienische Eminenz dafür verantwortlich.

Außerdem verabscheuten ihn die Großen des Reichs, die hohen Würdenträger, Juristen und auch die Geistlichkeit, weil er nach Richelieus Muster die Neigung der französischen Regierung für die Gleichstellung der Stände allzu übertrieben hatte. Gewiß ist, daß er zur Bequemlichkeit einer sich mehr und mehr zentralisierenden Regierung es versuchte, alle gleichzustellen, den Klerus sowohl als den Adel und die Parlamentarier. Zu diesem Haß der oberen Klassen kam der Haß der Bürger und des Pöbels. Dieselben Pariser, die von einem Krieg gegen die Deutschen und die Spanier nichts wissen wollten, zeigten den schönsten Kriegseifer, sobald es sich darum handelte, den Stutzen zu nehmen und die Trommel zu rühren, um „gegen den Tyrannen zu marschieren". Die Pariser Bürger und das Volk raste gegen Mazarin. In jenen Tagen der Fronde brach ihr alter revolutionärer Instinkt los, es war wie eine Art Hauptprobe der kommenden Jahre 1789 und 1793. In gewissen Momenten war es ganz das Gleiche: dieselben Kulissen, dieselben Statisten! Das beweist uns folgendes, aus dem Leben gegriffene Frondelied:

> Le peuple fait les barricades.
> De tous côtés, on fait grand bruit.
> On court, on s'avance, l'on fuit.
> Maçons, charpentiers, étuvistes,
> Imprimeurs, relieurs, copistes,
> Garçons de postes et relais,
> Colporteurs et clercs du palais,
> Tailleurs, pages d'apothicaires,
> Maquignons, écorcheurs, libraires,
> Fourbisseurs, charrons, bateliers,
> Crocheteurs, doreurs, écoliers,
> Crieurs de noix et d'eau-de-vie,
> Moutardiers et vendeurs d'oublie...
> ....
> Porte-chaises, passeurs de bac,
> Vendeurs de pipes et de tabac,

LOVYS XIV PAR LA GRACE DE DIEV ROY DE FRANCE ET DE NAVARRE

Louys, qui nous promet le calme apres l'orage,
Joint desia des Lauriers a ses lys Triomphans,
Et par ses actions plus grandes que son aage,
Nous apprend que les Roys ne sont jamais enfans.

B. Moncornet excu cum Privilegio Regis

LUDWIG XIV.

Stich von Balthasar Moncornet

Cureurs de puits et de gadoue,
Charretiers qui mènent la boue,
Maréchaux, forgerons, selliers,
Partout s'épandent par milliers...
Aux halles les tripiers s'armèrent...
Chacun son compagnon réclame,
Fourbit son mousquet et sa lame,
Et, jurant sans cesse « Morbieu! »
Prend l'hallebarde ou quelque épieu...
Partout les chaînes sont tendues.
Des caves on sort des tonneaux,
On amène des tombereaux,
Des chariots et des charettes.
On apprête les escopettes...

Und über diese aufgeregten Massen hinweg zieht bisweilen
wie ein ferner, dumpfrollender Vorläufer der Marsaillaise
oder gar der Carmagnole jenes Lied:

Puisque c'est à nous les canons,
Avec les boulets et la poudre,
Bourgeois, si mes conseils sont bons,
Puisque c'est à nous les canons,
Pour immortaliser vos noms,
Allez partout porter la foudre,
Puisque c'est à nous les canons,
Avec les boulets et la poudre!
. . . .
Aux armes! Ils sont aux Faubourgs!
Laquais, mon pot et ma cuirasse.
Qu'on fasse battre les tambours.
Aux armes! Ils sont aux Faubourgs!

All diese rasende Wut brach los gegen den italienischen
Minister. Zuweilen richtete sie sich auch gegen den König,
meist aber gegen die Königin. Ein zeitgenössisches Pamphlet
besagt: „Die Königin glaubt sich am sichersten in Saint-Germain. Aber in Paris weiß man genau, wie machtlos sie auch
dort ist. Es wäre leicht, den König aus Saint-Germain zu

holen, ihn nach Paris zu bringen und das Schlimmste zu
tun, wenn die Regierung nur wollte. Dafür gibt es genügend
Beispiele." — Da haben wir sie ja: den Bäcker, die Bäckerin
und den kleinen Bäckerjungen, die der Pariser Pöbel aus Versailles fortschleppte. Und was das bedeutet, „das Schlimmste
zu tun", weiß man: nichts anderes als wie in England, den
König, die Königin und den Minister vor ein Tribunal zitieren und ihnen den Kopf abschneiden.

Die neueren Historiker haben uns daran gewöhnt, in den
Aufständen der Fronde nur eine ganz harmlose aufrühre-
rische Bewegung zu sehen, die allen Ernstes entbehrte. In
Wahrheit aber ging sie tiefer als man glaubt. Es gärte und
brodelte in allen Köpfen. Sogar Leute, deren Sinne alle gen
Himmel gerichtet waren, wie die Einsiedler von Port-Royal,
beteiligten sich nur zu offensichtlich an der revolutionären
Bewegung, Die meisten Pariser Geistlichen waren Anhänger der Fronde oder Jansenisten. Daher auch der berechtig-
te Groll Ludwigs XIV. gegen die Sekte. Es waren Aufrührer
wie die andern auch. Fast überall wurden die Ansprüche
des Staates einer Revision unterzogen, und man begann,
genau wie im Jahre 1789, die absolute Gewalt anzugreifen.
Man sagte, anfangs habe es nur Wahlkönigreiche gegeben.
Eine Regierung sei nur die ausfürende Hand der Volksge-
walt, man müsse die usurpierte Machtbefugnis durch ver-
fassunggebende Körperschaften beschränken, und das Volk
müsse seine Einwilligung zu den Steuerauflagen geben...!
Was fehlte diesen Forderungen noch, um einen völligen Um-
sturz der bestehenden Ordnung herbeizuführen? Nur etwas
mehr Zucht und ein vollständigeres Einverständnis der Parteien, vor allem aber eine genügende revolutionäre Vorbereitung und Organisation. Ohne Frage befand Frankreich
sich bereits im Jahre 1648 in voller Revolution.

Der junge König kam mit ihr als ohnmächtiger Zeuge der
Aufruhrszenen sehr stark in Berührung, Sicherlich über-
stiegen die theoretischen Erörterungen über die Rechte des
Königtums und seine Grenzen den Verstand des Kindes,
aber die Fronde legte ihm Erniedrigungen auf, und er erlebte
Dinge, die er nie vergaß: seine Flucht nach Saint-Germain,
die unverschämte Protektion Condés, die gemeinen Be-

schimpfungen gegen seine Mutter und den Kardinal, die Gewalttätigkeit des Pöbels. Kaum war die königliche Familie nach ihrer ersten Flucht wieder nach Paris zurückgekehrt, so zwangen der Hauptmann der Schweizergarde des Herzogs Gaston von Orléans und Männer aus dem Volke die Königin, ihnen den jungen König in seinem Bett zu zeigen, weil sie befürchteten, er könnte entfliehen. Man stelle sich die Angst und den Abscheu des Jungen vor, als er die bewaffneten Haudegen und die aufgedunsenen, nach Wein riechenden Kerle sah. Hundert Jahre später fürchtete sich der kleine Dauphin genau so, als er im Temple draußen die Sanskulotten ihre Runde abgehen hörte.
Als der Erste Präsident Mathieu Molé im Jahre 1651 von der Regentin „mehr als Gebieter denn als Bittender" forderte, sie solle die Prinzen wieder freilassen, hatte Ludwig Mühe, sich bei den kühnen Worten zurückzuhalten. Später sagte er zu seiner Mutter, wie uns Frau von Motteville berichtet, „am liebsten hätte er dem Präsidenten Schweigen geboten und ihn aus dem Zimmer gewiesen, nur habe er gefürchtet, ihr dadurch zu mißfallen."
Aber der kleine König wurde größer; im folgenden Jahre ist er schon Vierzehn und majorenn. Er ist fähig, selbst zu sehen, selbst zu denken. Gezwungen, aus seiner Hauptstadt zu fliehen, von Stadt zu Stadt irrend, überzeugt er sich selbst von allem, was die Anhänger der Fronde dem Reiche Übles getan. Er fühlt: durch sie ist Frankreich nahe daran sich aufzulösen. In Bourg an der Dordogne, während der Belagerung von Bordeaux, weint er vor seinem Spielkameraden Loménie de Brienne Tränen der Wut bei dem Gedanken, daß ein König von Frankreich gezwungen war, sich sein Erbe wiederzuerobern. Als der junge Brienne ihn so heftig schluchzen sah, fragte er ihn: „Was haben Sie, mein teurer Gebieter? Sie weinen?" — „Ich werde nicht immer ein Kind sein", erwiderte Ludwig. „Aber schweigen Sie. Niemand soll meine Tränen sehen. Diese Schurken, die Bordelaiser sollen mir nicht lange mehr Gesetze vorschreiben."
Es bedurfte also großer Schicksalsschläge, ehe ihm das volle Bewußtsein seiner Macht, seiner Verantwortlichkeit

und seiner Pflichten verständlich wurde und ehe er begriff, was es heißt, König zu sein. Und diese Erkenntnis überraschte ihn gerade im Wachstum und in der Entwicklung, die langsam vor sich ging, wie es einer starken Natur wie der seinen zukam. Im großen und ganzen führte der Knabe ein untätiges, verweichlichtes Leben, das mit Übungen in der Reitbahn, Spazierfahrten oder -ritten im Wald, Baden in der Seine, mit Ballet und Theater verging. Plötzlich sah er sich jedoch durch die Ereignisse mit einem Schlag gezwungen, König zu sein! Es bedurfte bei ihm dazu keines Sichfügens wie bei einem, der nur das gemütliche Privatleben liebt und alle öffentlichen Funktionen haßt. Nein, er war nicht nur als König geboren, sondern auch ein geborener Herrscher. Nur brauchte er Zeit, um es zu bekräftigen. Plötzlich in die gefährlichste Lage und Verkettung von Umständen gebracht, bemerkte er, daß sein Beruf durchaus nicht leicht war. Seine Lehrer hatten sich wohl über ihn lustig gemacht, als sie ihn immer wieder den schönen Satz abschreiben ließen: „Den Königen gebührt Ehrfurcht; sie tun was ihnen gefällt." Aber seine Untertanen, ja selbst die eigenen Verwandten, denen doch am meisten daran lag, ihn zu beschützen und zu erhalten, verweigerten ihm ja Ehrfurcht und Gehorsam? Und er konnte durchaus nicht tun, was er wollte. Ohne Mazarin und Turenne wäre er verloren gewesen. Was vermag auch ein zehnjähriges Kind, ja selbst ein vierzehnjähriger Jüngling!

Eins begriff er aber doch, nämlich, daß auch diese beiden Mentore nichts ohne ihn, ohne die Liebe, die das französische Volk ihm instinktiv entgegenbrachte, vermocht hätten. Man duldete den geizigen Minister und den harten Soldaten nur in Anbetracht des zukünftigen Königs. Die Gefahr öffnete ihm die Augen. Es hätte nicht viel gefehlt, so wäre er ins Exil oder vielleicht gar in den Tod gegangen. Da begriff er, auf welch schwankendem Boden die Dauerhaftigkeit des Staates begründet war, und daß es nur kurzer Zeit bedurfte, um das Werk von Jahrhunderten zu stürzen. Von da an bewahrte er die tiefste Abneigung gegen Aufruhr und Parteigeist, gegen alle Gewalthaber der

Unordnung, die durch ihr ungeschicktes, auf niedrigen Interessen aufgebautes Eingreifen die lange und schwere Arbeit der Regierung aufs Spiel setzen. Schließlich erwarb er sich auch dadurch eine große Menschenkenntnis, die frei von Illusionen, aber auch frei von Bitterkeit und Groll war. Früh schon erfuhr er, welche Gemeinheiten, ja welch furchtbare Verbrechen der Eigennutz im menschlichen Herzen entwickeln kann. Seine Weltanschauung wurde indes dadurch nicht verdüstert oder verbittert. Er war weder ein Hamlet noch ein Romanheld. Trotz der schlimmsten ihm angetanen Schandtaten und des gemeinsten Verrats wußte er sich sein moralisches Gleichgewicht, seinen gesunden Humor zu bewahren. Er war ein glänzender Spieler, der alle Spielregeln aufs genaueste kannte. Er war ein Lebensbejaher, der das Leben genießen will, was es auch Widerwärtiges und Häßliches bringen möge. Mit Freuden übte er seinen königlichen Beruf aus, ohne Menschenverachtung, ohne Groll gegen die Franzosen und Pariser, die ihm jetzt begeistert zujauchzten, nachdem sie ihn und seine Mutter so arg verleumdet hatten. Vergebens war die Warnung seines italienischen Ministers gewesen, daß er sich auf keinen Franzosen verlassen solle. Ludwig XIV. behielt von dieser furchtbaren Mahnung nur das im Gedächtnis, was mit der traurigen Wirklichkeit übereinstimmte. Natürlich hatte Seine Neapolitanische Eminenz dabei sein eigenes Interesse im Auge. Zum Nachteile der Franzosen pries Mazarin über die Maßen die Verdienste und Ergebenheit der fremden Minister. Man hatte ja schließlich auch den Beweis, daß die ärgsten Feinde Frankreichs jene Großen des Reichs, jene Prinzen und Prinzessinnen waren, die ganz offen mit den Spaniern unterhandelten und sich im Bois de Boulogne in Begleitung der spanischen Offiziere zeigten. Und noch einmal sei es gesagt: die meiste Zeit mußte Frankreich von der Regierung gegen die Franzosen gestützt und beschützt werden.

Das alles wußte der junge König, aber gleichzeitig kannte er auch sein Volk besser als der Italiener. Liebte er doch zu sagen: „Ich bin ebenso sehr Franzose als König." Er wußte, welch schwierige Aufgabe ihm bevorstand, und welch kostbares Material er zu bearbeiten hatte. Kurz, er liebte sein Volk ebensosehr als er es achtete, weil es ihn liebte, weil er die uralte, unvergängliche Liebe der Franzosen für ihre Könige kannte, in denen sie die Beschützer des Volkes sahen. Geliebt, der Vater seines Volkes zu sein, war gewiß der größte Wunsch seines Herzens.

Aber die furchtbare Lehre, die ihm die Ereignisse der Fronde erteilt hatten, bewies ihm, daß nichts schwerer war als das. Das Amt eines Königs kann nur dann „eine Lust" sein, wenn es der Herrscher selbst durch seine persönlichen Eigenschaften dahin bringt, daß ihm seine oft harte Aufgabe und Mühe selbst zur Freude gereichen. Und diesen Beruf, dessen Dornen er deutlich spürt, wollte er sich bemühen zu erlernen. Seine Unkenntnis, seine Schwäche, seine große Jugend, alles ist ihm klar. Dennoch sagt er sich, wie einst zu seinem Freund Brienne: „Geduld, ich werde nicht immer ein Kind sein. Aber schweigen wir!" — Schweigen ist seine größte Geschicklichkeit und die beste Verteidigung für ihn während der Jahre des Kampfes und der Lehrzeit. Er trägt die Maske und schweigt, bis endlich der Tag kommt, da er als Gebieter sprechen und sich ruhmvoll hervortun kann. Ehe er Ludwig der Große wird, ist er noch lange und aus freiem Willen Ludwig der Schweigsame!

Viertes Kapitel

DER KARDINAL ODER DIE SCHULE DER ELEGANZ UND DER POLITIK

Die genialen Charakteranlagen Ludwigs XIV. – Als Schüler Mazarins. – Mazarins Persönlichkeit als Mensch und Staatsmann. – Seine angezweifelte Herkunft. – Die dunklen Punkte in seinem Leben. – War er mit der Königin verheiratet? – Die Briefe Annas von Österreich und des Kardinals. – War er geweihter Priester? – Die Eleganz und der Geschmack Mazarins sind von großem Einfluß auf Ludwig. – Die Feste Seiner Eminenz. – Mazarins religiöser Glaube. – Seine Weltliebe. – Seine Krankheit und sein Tod. – Die Ähnlichkeit der Charaktere bei Ludwig XIV. und Mazarin. – Der Kardinal weiht seinen Schüler in die Staatsgeheimnisse und die Politik Frankreichs ein. – Wie der König die Lehren des Kardinals verwertete. Mazarin und der Imperialismus.

BEKANNTLICH TAT SAINT-SIMON DEN ABSOLUT UN-berechtigten Ausspruch über Ludwig XIV.: „Von der Natur mit einem unter Mittelmaß stehenden Verstand ausgestattet, der indes fähig war, sich zu bilden, abzuschleifen und zu verfeinern, außerdem alles von andern zu übernehmen, ohne daß es nachgeahmt schien, hatte er den großen Vorteil, sein ganzes Leben lang mit Menschen zusammenzukommen, die alle, gleichviel ob Männer oder Frauen, äußerst klug und geistreich waren". Dieser Ausspruch widerlegt sich durch sich selbst. Was heißt ein unter Mittelmaß stehender Geist? Soviel wie ein Idiot, eine Null, der fähig ist „sich zu bilden, sich zu verfeinern" und besonders: der von andern etwas übernimmt, ohne daß es eine Nachahmung ist! So etwas gibt es nicht und hat es nie gegeben. Der Mittelmäßige oder Dumme kann nur sklavisch imitieren, sich mit einer geliehenen Maske bekleiden, mehr oder weniger grob die feinen Nuancen des Geistes anderer kopieren, aber wirklich geistig fein und gebildet sein, das kann er niemals. Nun, wir werden sehen, was Ludwig XIV. von seiner eigenen Denk- und Handlungsweise dem Beitrag seiner Lehrer und Diener hinzufügte. Er war ganz einfach ein Genie, eine ganz persönliche und originelle Geistesschöpfung, ein Inbegriff des Königtums, was niemand, nicht einmal er selbst ahnte. Aber gewiß ist, daß er von allem profitierte, wie Saint-Simon sagt. Vor allem zog er großen Nutzen daraus, daß er immer mit geistig hochstehenden Menschen lebte. Er liebte geistreiche Menschen, alle Arten von Geist und Klugheit, verabscheute jedoch böse Zungen, Verleumder, neidische Krittler und vernichtende Zweifler. Er war ein Aufbauer im höchsten Sinne des Wortes. Im Geiste sah er ein prachtvolles Werk erstehen, und kam dann einer, der das Gelingen dieses herrlichen Plans in Zweifel zu stellen drohte, so ärgerte er sich maßlos. Um es gelingen zu lassen, scheute er vor nichts zurück. Wie alle wahren Herrschernaturen zog er aus den Menschen, was sie ihm zu geben vermochten, manchmal sogar noch etwas mehr.

Unter denen, die dazu beitrugen, Ludwig XIV. zu bilden, nimmt der Kardinal Mazarin einen bedeutenden Platz ein. Mazarin besaß kein Genie, aber er war für Ludwig derjenige, der ihm den Anstoß gab, ihn einführte in die Dinge — sein Führer war — und, bis zu einem gewissen Grade — auch sein geistiger Vater. Es war wirklich eine göttliche Vorsehung, die diese beiden Menschen zusammenbrachte.

Es sei gleich vorher gesagt: dieser mit dem Purpur bekleidete Italiener mit dem einschmeichelnden, glatten und ruhigen Wesen war eine äußerst verführerische Persönlichkeit, ein bezaubernder Mensch. Anna von Oesterreich erlag sehr bald diesem Zauber. Als Mazarin zum erstenmal im Rat erschien, waren die alten Minister Ludwigs XIII. von seiner Erscheinung wie geblendet. „Groß, ansehnlich, ein schöner Mann mit kastanienbraunem Haar, lebhaften, geistvollen Augen und unendlich sanftem Gesichtsausdruck..." — So beschreibt ihn Olivier d'Ormesson, der der Sitzung beiwohnte, in seinen Memoiren. Dieser Prälat, der einst Hauptmann der Infanterie im päpstlichen Heere gewesen war, besaß die weltmännischen Manieren der besten Gesellschaft. Nachdem er bei den Jesuiten in Rom erzogen worden war, hatte er seine Studien in Spanien auf der Universität von Alcala beendet, wohin er den Sohn seines Gönners, den jungen Girolamo Colonna begleitete. Er hatte in Rom, dem kosmopolitischen Zentrum der Künste und Bildung gelebt, war in Spanien, dem damals reichsten, prachtliebendsten und in unendlich vielen Dingen ver-

feinerten Lande gewesen. Mit einem sehr vornehmen, sehr
gewandten Benehmen verband er einen äußerst kultivierten
Geschmack für alles Schöne und Genußreiche. Er hatte
gelernt, das Leben auf besondere Art zu genießen, es auszuschmücken und einzurichten. Dazu besaß er die von
allen Vorurteilen freien, ungezwungenen Manieren eines
vielgereisten Mannes, der die Luft der „aufgeklärtesten"
und schönsten Länder geatmet hatte. Kurz, es war etwas
sehr Modernes, sehr Elegantes in ihm, das in den Pariser
Parlamentarierkreisen und bei den ungehobelten Haudegen
aus Katalonien, Deutschland und Flandern großen Anstoß erregte.
Anfangs wunderte man sich über diesen Ausländer, später aber verwandelte sich die Verwunderung in Haß und
Wut. Man wartete nicht erst die Fronde ab, um seine Vergangenheit aufzustöbern, sein Herkommen zu untersuchen.
Man wußte genau, daß Giulio Mazarini von ziemlich geringer Abkunft war. Bald aber gelang es der Verleumdung,
ihn noch tiefer herabzuwürdigen. „Wie man weiß", schreibt
ein Pamphletist der Fronde, „war sein Großvater ein armer
Hutmacher, ein Sizilianer von Geburt, der wegen Bankrotts
gezwungen wurde sein Land zu verlassen. Mazarins Vater
war damals noch sehr jung. Er mußte seiner Armut wegen
in Rom eine Stelle als Stalljunge annehmen und die Pferde
striegeln. Aber er arbeitete sich bald in die Höhe und wurde
Küchenmeister, später Haushofmeister einer Person von
Rang (Philippo de Colonnas, des Oberhaupts der berühmten
Familie dieses Namens), wo er seine kleinen Vorteile nutz-
bringend und geschickt verwendete; Vorteile, die man bei
uns „Taschenspielerkunststücke" nennt. Bald hatte er soviel Geld, daß er zwischen Rom und Neapel eine Posthal-
terei errichten konnte..."
Der kaufmännische Geist des Kardinals und die Lauheit
seines religiösen Glaubens ließen sogar vermuten, daß er jü-
discher Abkunft wäre. „Ich hörte es" behauptet ein Mönch,
Helfershelfer des Kardinals de Retz, „in unsern Klöstern in
Italien, wo das Gerücht von seinem ungeheuren Aufstieg
fast ebenso plötzlich die Erinnerung an seine Vorfahren bei
denen wachrief, die aus seiner Heimat stammten. Sie ver-

sicherten, er sei in Palermo geboren. Sein Vater, Pietro Mazarini, habe mit Rosenkränzen gehandelt und sei, nachdem er Bankrott gemacht hatte, aus dem Lande gezogen. Die Vorfahren dieses Pietro Mazarini aber waren aus der Stadt Mazarini (Mazzara?) in Sizilien gebürtig, wo sie den jüdischen Glauben abschworen."

Die Lüge ist offenbar. Schon die grobe Verwechslung mit dem Worte „marchand de chapelet" (Rosenkranzhändler) und „Chapelier" (Hutmacher) fällt ins Auge. Kennt man hingegen nur ein wenig die Psyche Mazarins, so ist die Anklage der jüdischen Abstammung außerordenlich seltsam und vielsagend. Sei dem wie es sei, gewiß ist, daß Mazarin von sehr niederer Herkunft war. Der Sohn eines Posthalters, der nicht nur zum Kirchenfürsten erhoben (das ist nichts außergewöhnliches), sondern der wirkliche Herrscher eines großen Staates, der Geliebte, ja vielleicht der Gemahl einer Königin wird, der seine Nichten mit regierenden Fürsten und Prinzen von Geblüt verheiratet, dieser Emporkömmling ist, neben vielen anderen, ein gutes Beispiel für die Klassenvermischung und den unbegrenzten Aufstieg der Bürgerlichen unter dem alten Regime.

So blendend aber auch das Glück des allmächtigen Ministers ist, seine Abstammung bleibt ziemlich dunkel. Selbst als er längst ins politische Leben getreten ist, bleiben gewisse Punkte unaufgeklärt. War er z. B. naturalisierter Franzose, wie behauptet wird? Hatte er die Priesterweihe empfangen? War er mit Anna von Österreich kirchlich getraut? Die meisten dieser Fragen scheinen unlösbar. Die Historiker versichern, er hätte im April 1639 den französischen Einbürgerungsbrief erhalten, der im Laufe des Juni gleichen Jahres im Parlament eingetragen wurde. Aber als Mazarin tot war, schrieb Guy Patin an einen Freund: „Hier hat man entdeckt, daß der Kardinal Mazarin nicht naturalisiert war. Einige behaupten, er habe die Absicht gehabt, Papst zu werden, und da wäre ihm seine Naturalisierung im Wege gewesen."

Das alles ist heute sehr schwer nachzuprüfen. Gleiches gilt auch für die Frage, ob er die Weihen erhalten hat. Die Gutinformierten halten es im allgemeinen für sicher. Sie weisen besonders darauf hin, daß Mazarin, ehe er Kardinal ward, vom Papst Urban VIII. zum Stiftsherrn von San Giovanni in Laterano ernannt worden war, ein Beweis, daß er Priester gewesen sein muß, denn in Rom wurden zu den Stiftstellen der Basiliken nur Priester zugelassen. Ferner versichert Daniel de Cosnac in seinen Memoiren, er habe gesehen, daß der Kardinal an seiner sterbenden Nichte, der Prinzessin von Conti, die letzte Ölung vornahm. Demnach hatte er also die Priesterweihe empfangen. Und doch glaubte ein jeder zur Zeit der Fronde, der Kardinal und die Königin seien durch eine sogenannte Gewissensehe miteinander verbunden, ja der Pater Vincenz — der spätere Sankt Vincenz von Paula — habe diese Ehe genehmigt und bestätigt. Wenn dem so ist, konnte Mazarin unmöglich Priester sein, es sei denn, er habe vom Papst Dispens erhalten. Sie wird aber nur ganz selten erteilt und dann auch nur in dringendsten Fällen.

Übrigens ist kein Beweis von dieser Vermählung vorhanden. Das einzig sichere, was wir wissen, ist, daß die Königin den Kardinal leidenschaftlich liebte. Waren sie Liebende im weltlichen Sinne des Wortes? Nach ihren Briefen ist es unmöglich, das so ohne weiteres zu behaupten, denn sie bedienen sich beide, so zärtlich oft auch ihre Ausdrücke sind, sehr konventioneller Andeutungen, deren Sinn nicht immer genau festzustellen ist. Die Königin war eine fromme Frau, der Kardinal ein Mann der Kirche. Die Liebesausdrücke, deren sie sich bedienten, konnten, wie in den frommen Büchern, ebensogut eine rein geistige Bedeutung haben. Dann wäre diese Liebe nur platonisch gewesen, wie die des Königs Philipp von Spanien, des Bruders der Königin, zur Schwester Maria von Agreda, die seine Vertraute war und von ihrem Kloster aus das königliche Gewissen leitete. Und doch hat die Sprache der Briefe Annas von Österreich und Mazarins eine andere Glut, einen anderen Klang als die Philipps IV. und der Schwester Maria. Sie schreiben oft „von unzerreißbaren Banden". Angenommen, daß diese Bande reine Freundschaft oder platonische Liebe waren, so ist es doch sicher, daß die Königin sich dieser Liebe von ganzem Herzen hingab. Mazarin scheint bedeutend zurückhaltender gewesen zu sein. Um ihre Leidenschaft in einem harmlosen Lichte erscheinen zu lassen, erwiderte Anna von Österreich ihren Freundinnen, die ihr die Neigung für den Kardinal vorwarfen, der schöne Mann mache sich gar nichts aus Frauen— eine Beschuldigung, die von den Pamphletisten und Zeitungsschmierern der Fronde immer wieder aufgetischt wurde.

Wie soll man in alledem Wahrheit und Verleumdung auseinanderhalten? Zum mindesten ist es augenscheinlich, daß Mazarin der Königin zum Dank für ihre große Liebe unbedingte Ergebenheit gelobte und darbrachte — wenigstens so weit ein so geschmeidiger Charakter dazu fähig war. Am 20. und 21. Mai 1643 schreibt er in sein Tagebuch: „Ich möchte ihr Diener sein, und Ihre Majestät muß es tun... Die Königin gedenkt mir das Amt ihres Dieners zu geben, damit ich mein Zimmer neben ihren Gemächern haben und mich um die Geheimfonds Ihrer Majestät kümmern kann..." — Er wollte also anfangs nichts weiter sein als ein Diener, der seiner Herrin unverbrüchliche Treue gelobt. Er bringt ihr eine Ergebenheit dar, nach der die in ihrer Machtvollkommenheit so isolierten Fürsten der damaligen Zeit förmlich lechzten. Und auf dieser fast sklavischen Ergebenheit und dem absoluten Vertrauen der Königin baut der scharfsichtige Neapolitaner sein Glück und seine Macht auf.

Wie verhielt sich der junge König diesem geschmeidigen, verschwiegenen Manne gegenüber? Man kann sich nur auf Vermutungen beschränken, denn Ludwig XIV., der mindestens ebenso verschwiegen war wie sein Minister, hat sich niemals über seine persönlichen Gefühle geäußert. Möglich ist es, daß er dem Kardinal innerlich grollte, weil er ihm das Herz seiner Mutter gestohlen hatte. Aber er wußte auch, daß er diesem Fremden unbedingt trauen konnte und ihm seinen Thron, vielleicht auch sein Leben verdankte. Er brachte ihm große Achtung und Ehrfurcht entgegen. Mazarin seinerseits ist dem Königssohne mit fast väterlicher Fürsorge geneigt. Er, die Königin und der König bilden ein unzertrennliches Trio, das durch eine Art Familienpakt verbunden ist. Wie auch der junge Prinz über

ihn denken mag, er ist ihm jedenfalls dankbar dafür, daß
er das Wohl des Staates über alles stellt. Und so verläßt
er sich vollkommen auf ihn. In den Briefen der Königin
und des Kardinals heißt Ludwig „der Vertraute". Er bewundert die Klugheit und Erfahrenheit des geschickten
Politikers. Als Mensch, dem der Sinn für Prunk und alle
Raffinements des Luxus, der Kunst und Lebensgenüsse
angeboren ist, fühlt er sich eins mit dem prachtliebenden
Italiener, dem glänzenden Kavalier, der in Rom und Madrid gelebt hat und mit seinem Kardinalspurpur in die ein
wenig spießbürgerliche und filzige Durchschnittlichkeit des
Pariser Lebens von damals einen strahlenden Schimmer
vom Glanze des Landes der Pracht und vom Lande der
Schönheit mitbringt.
Von Anbeginn seines Ministeriums wohnte Mazarin im Palais-Royal neben der Königin. Später hatte er seine Gemächer im Louvre über dem Zimmer des Königs, so daß
er eigentlich sehr wenig das prächtige Palais Tubeuf bewohnte, das er mit so großer Sorgfalt ausbauen und ver-
schönern ließ, und aus dem später das Palais Mazarin wurde.
Es war für ihn nur eine Art Buen Retiro, wo er sich bisweilen gern ausruhte inmitten der wunderbaren Schätze,
die er dort angehäuft hatte. Auch ließ er seine Nichten
dort wohnen.
So lebte der junge Ludwig XIV. sozusagen fortwährend in
engster Gemeinschaft mit seinem Minister, der für den
Königslehrling ein Vorbild war, das er ständig vor Augen
hatte. Wie groß muß das Erstaunen und die Bewunderung
des ein wenig geckenhaften Knaben gewesen sein, als er
das Zimmer des eleganten Mannes betrat und ihn damit
beschäftigt fand, zwei niedliche Äffchen als Hofdamen verkleidet auf seinen Knien tanzen zu lassen. In einer Ecke
des Zimmers dampfen Räucherbecken, in welche die Kammerdiener Ambra- und Jasminpastillen werfen. Im Sommer
stehen nach italienischer Sitte Eisgetränke, Sorbets, Zitro-
nen- und Orangensaft, Limonaden aller Art auf einem
Tische. Das Zimmer duftet nach den erlesensten Wohl-
gerüchen. Der Kardinal selbst übergoß sich förmlich mit
Parfüms. Er parfümierte sogar, wie man behauptete, seine

Affen. Es ging das Gerücht, daß er seine Essenzen, Pomaden und wohlriechenden Pasten von italienischen Nonnen zubereiten ließe. Seine spanischen Handschuhe rochen nach Moschus. Sein Schnurrbart war an den Spitzen gewichst und aufgewirbelt, wie ihn Philipp IV. in Mode gebracht hatte. Seine Bänder und Quasten reizten böse Zungen zur üblen Nachrede. Die sittenstrengen Bürger waren empört über seine Vorliebe fürs Theater und die Oper, für Ausstattungsstücke und Balletts. Er umgab sich mit Possenreißern, Sängern, Tänzern und Schauspielern.

Das alles liebte der junge König wahnsinnig, und er war seinem Paten sicherlich sehr dankbar, daß auch er für so viel Eleganz Sinn hatte. Aber die Pariser Spießbürger sträubten sich gegen eine solche Überflutung spanischer und italienischer Sitten. Sie beschuldigten den Kardinal, er führe ein sinnliches Genußleben. Man lese nur die Empörung darüber in den Briefen Guy de Patins. Sie strotzen von Verachtung für diesen feinen, parfümierten Kirchenfürsten. Es ist allerdings begreiflich, daß die, obwohl recht diskret an den Tag gelegte prächtige, raffinierte Lebensweise, die man damals in Frankreich noch nicht kannte, die Wut und den Neid der Quacksalber des Marais-du-Temple und der Beamten der Place Maubert erregten. Für jene Leute bestand der höchste Lebensgenuß darin, im Sommer Sonntags auf einer alten abgetriebenen Mähre nach ihren Gärten in Suresnes oder Bagnolet zu reiten und dort den Tag mit Beeren- oder Kirschenpflücken zu verbringen.

Der Kardinal lebte indes nicht nur seichten Vergnügungen. Er war ein sehr wohlunterrichteter, kunstverständiger Mann, ein Liebhaber schöner Bücher, Statuen und Bilder. Er interessierte sich für alle Kunstwerke und hatte eine wahre Leidenschaft für schöne Gebäude, wie übrigens alle seine Landsleute. Seine Bibliothek war berühmt. Ebenso waren es seine Ställe. Während der Fronde hatte er die Spitznamen „der Ställebauer" und „der Mann mit der Bibliothek". Aus dem von ihm angekauften Palais Tubeuf hatte er ein wahres Museum gemacht. Das warf man ihm im Parlament bitter vor. Die züchtigen Jansenisten redeten über die „schamlose Nacktheit" seiner Statuen und rechneten

genau aus, daß eine einzige dieser antiken Marmorstatuen
mehr als 10000 Franken gekostet hatte. Sie zählten seine
Ebenholzschreine, seine Marmortische auf, die mit herrlichen Schnitzereien versehen waren. Andere gab es, „bei
denen kostbare Steine und Gold im wunderbaren Einklang"
verwendet waren. Wieder andere waren „mit Mosaik ein-
gelegt". Seine Spiegel und Schalen aus venezianischem Glas,
seine Betten aus Elfenbein — alles wurde aufgezählt. Und
schließlich etwas ganz skandalöses, etwas teuflisches: einen
Stuhl, der in einem entlegenen Winkel des Hauses angebracht war, und der, wenn sich jemand hineinsetzte, mittels
eines Strickes durch eine geheime Feder bewegt wurde und,
je nach Wunsch, hinauf- oder hinabgelassen werden konnte!
Zweifellos handelte es sich um einen Aufzug, eine Art Lift,
den Mazarin sich hatte einbauen lassen. Der genußsüchtige
Italiener erfand also schon 200 Jahre früher als unsere Ingenieure den Lift!
Neben der Vorliebe für schöne Gebäude hatte der Kardinal
noch sehr viel Sinn für große Feste. Die in den letzten Jahren seines Lebens von ihm veranstalteten lassen bereits ahnen, wie glänzend die berühmten Feste von Versailles einige
Jahre später waren. So geizig Mazarin in seinem Privatleben
war, so sehr verstand er es, in der Öffentlichkeit Prunk zu
entfalten, wenn er es für angebracht hielt. Unter anderem
hat uns Fräulein von Montpensier etwas „außerordentlich
Galantes" überliefert, das der Kardinal im Winter 1658 er-
sann. Er veranstaltete nämlich zu Ehren Ihrer Majestäten
der Königin und der Prinzessin von England ein großes
Diner, dem eine reiche Tombola folgte. Der Saal des Schlosses war angefüllt „mit den seltensten, kostbarsten Steinen,
erlesensten Schmucksachen, Möbeln, Stoffen, Kästchen, chi-
nesischen Vasen, Kristalleuchtern, Silbergeschirr, Parfüms,
Handschuhen, Bändern, Fächern im Gesamtwerte von mindestens vier- oder fünfhunderttausend Franken". „Diese
galante Aufmerksamkeit", fügt Fräulein von Montpensier
hinzu, „erregte das größte Aufsehen in Frankreich und im
Ausland, denn sie war wirklich ganz außergewöhnlich."
Dem Kardinal kam es also gar nicht darauf an, viel Geld
auszugeben, wenn es sich darum handelte, die Welt zu blen-

den und zu verblüffen. Ludwig XIV. vergaß diese Tombola nie, eine ganz italienische Neuheit, die er sich vornahm, auch in Versailles einzuführen. Kurz, in diesen wie auch in vielen anderen Dingen, von der Vorliebe für Parfüms angefangen bis zum Sinn für schöne Gebäude, Bilder, Statuen, herrliche Möbel und auch bis zur Kunst, das Leben zu verschönen und köstlicher zu gestalten, ist der große König sicher der Schüler — wenn auch ein sehr genialer — aber doch ein Schüler Mazarins gewesen.

Auf einem weit intimeren Gebiet ist der Einfluß des Meisters nicht weniger sicher. Ohne Frage bestanden zwischen beiden Männern große moralische Ähnlichkeiten, obwohl die Verschiedenheit ihrer Charaktere in unendlich vielen Dingen scharf hervortritt. So ist zum Beispiel Ludwig XIV., was man auch darüber gesagt hat, ein tief religiöser Mensch. Die Frömmigkeit des Kardinals hingegen ist anzuzweifeln. Seine Feinde behaupten, er sei nur dem Scheine nach Christ, und seine sittliche Anschauung sei, wie seine Politik, ganz heidnisch gewesen. „Der Kardinal von Mazarin", schreibt Frau von Motterville, „stand in dem Verdacht, nicht sehr fromm zu sein. Auf seine Jugend fiel die entehrende Tatsache eines sehr schlechten Rufs, den er in Italien genoß. Auch hat er, wie ich bereits erwähnte, nie große Ehrfurcht vor den heiligen Meßopfern bewiesen."

Soll das heißen, daß er ein Wüstling war? Nichts in seiner Lebensführung berechtigt zu einer solchen Behauptung. Nur eins ist nicht zu leugnen: er war kein inbrünstig Frommer. Er starb auch ohne besonders Erbauliches zu sprechen, indes seinem Stande angemessen. Der Abbé de Choisy geht sogar so weit zu sagen: „Er starb mehr als Philosoph denn als Christ mit einer bewunderungswürdigen Festigkeit und Ruhe, die ihn, wie er selbst behauptete, wegen seines von aller Schuld freien Lebens überkam."

Mit ganz anderen Gefühlen schied Ludwig XIV. aus dem Leben. Wahrscheinlich aber verdankte er es dem Beispiel des Kardinals, daß er bis an sein Ende den größten Argwohn gegen Strenggläubige und Geistliche zur Schau trug und sich von ihnen fern hielt. Gleich zu Beginn seines Ministeriums waren die klerikalen Kreise gegen den Kardinal.

MAZARIN

Stich von Claude Mellan

In seinen Tagebüchern vermerkt er: „Alle Klöster sind gegen mich, besonders aber das Kloster Val-de-Grâce." — Und etwas später heißt es: „Die Fassungskraft aller Strenggläubigen ist schwach, und deshalb sind sie, unter dem Vorwand Gott zu dienen, in Wirklichkeit gegen das Wohl des Staates. Während einer Regentschaft, an die das Volk, die Großen des Reichs und das Parlament so außerordentliche Anforderungen stellen und in einer Zeit, da Frankreich den größten Krieg am Halse hat, den es je erleiden mußte, ist eine starke Regierung von unbedingter Notwendigkeit... Aber die Königin ist wankelmütig. Sie ordnet die Staatsgeschäfte ihren häuslichen und privaten, besonders aber ihren religiösen Angelegenheiten unter, und gerade das Gegenteil sollte sie tun... Die Regierung und die Erziehung des Königs wäre die erste Pflicht, zu deren Erfüllung sie sich vor allen anderen befleißigen sollte. Und sie kann überzeugt sein: es ist Gott gefälliger, wenn sie dieser Pflicht einen Augenblick opfert, als wenn sie stundenlang betet, in die Kirchen läuft und Predigten und Vespern anhört."

Das klingt zwar furchtbar ketzerisch, politisch aber hatte Mazarin zweifellos recht, daß er gegen die fromme Kabale Stellung nahm. Wollte man ihn doch dazu bringen, daß Frankreich sich wieder mit Spanien aussöhnte und einen Kreuzzug gegen die Türken und Protestanten unternähme. Die einige Christenheit gegen die Heretiker und Ungläubigen wieder herzustellen, das war ihre offen zugestandene Absicht. Aber der Nachfolger Richelieus hatte einen viel zu nüchternen Verstand, um sich in ein so gewagtes Abenteuer zu stürzen. Und Ludwig XIV. dachte genau so wie er. Nach dem Beispiel des Kardinals hütete er sich sorglich vor den Unternehmungen der kirchlichen Partei und verteidigte energisch den weltlichen Staat gegen die ultramontanen Einflüsterungen und Einmischungen. Aber zum Unterschiede von dem Kardinal war Ludwig sehr fromm. Ja, er neigte dermaßen dazu, in die mütterliche Frömmigkeit zu verfallen, daß Mazarin ernstlich beunruhigt war. Sein Zögling sollte kein Mönch werden. Am Heiligen Ludwigstage des Jahres 1648 wohnte der König in der Jesuitenkirche einem Panegyrikus bei, den der Koadjutor von Paris

65

zu Ehren des Heiligen hielt. Der Priester hatte seiner Predigt den Text zugrunde gelegt „Audi, fili mi, disciplinam patris tui," und im Laufe der Predigt ermahnte er schließlich den jungen Prinzen, nur das zu tun, was die Kirche ihm vorschriebe und niemand anderen in seinem Königreich und seinem Herzen regieren zu lassen als Jesus Christus. Diese Predigt war sehr wenig nach dem Geschmack Mazarins, ja, er hielt sie sogar für aufrührerisch. Allerdings war der Redner der zukünftige Kardinal de Retz, und die Zeitverhältnisse gaben dieser Lehre einen besonders bedrohlichen Charakter. Aber dieser kleine Zwischenfall ist neben so vielen anderen deshalb doch ein sehr wertvoller Fingerzeig für die psychologische Beurteilung Mazarins.

Alle diese Neigungen und geistigen Veranlagungen gingen an der Erziehung des Königs nicht spurlos vorüber. Es bestehen auch noch andere Übereinstimmungen zwischen Lehrer und Schüler, die von einem mehr oder weniger bewußten Einfluß des einen auf den andern herrühren. Der so wenig fromme Kirchenfürst hing außerordentlich an irdischen Gütern, besonders aber am Geld. Brienne schildert uns in seinen Memoiren, wie Mazarin eines Tages, kurz vor seinem Tode, krank und elend, auf seinen Stock gestützt, in Pantoffeln ein letztes Mal durch seine herrliche Gemäldegalerie schlich, vor diesem oder jenem wertvollen Meisterwerk stehen blieb und seufzte: „Und das alles muß ich nun bald verlassen!"

Unter all den vergänglichen Schätzen aber liebte der Kardinal am meisten seine Gesundheit. Sein Leben lang pflegte er sich aufs sorgsfältigste. Er war der Sklave seiner Ärzte und vertraute ihnen blindlings. Schließlich gelang es ihnen ja auch, den Kardinal genau wie Ludwig XIV. vorzeitig unter die Erde zu bringen. Wie den König, so schwächten sie ihn durch fortwährende Aderlässe und Abführmittel. Der bleiche Mann hatte keinen Tropfen Bluts mehr in seinen Adern. Sein kraftloses Fleisch war der Zersetzung nahe. Seine Beine waren mit großen bleifarbenen Flecken bedeckt, die Füße von der Wassersucht angeschwollen. Man machte ihm, wie Guy de Patin bemerkt, „Kompressen von Pferdemist um die Beine. In seiner letzten Krankheit ließ der

Leibarzt Vallot ihn sechzigmal mittels zwei Gros Senes-
blättern und zwölf Unzen Manna purgieren!" Sechzigmal
abführen! Man glaubt zu träumen, wenn man diese er-
schreckenden Einzelheiten liest, und begreift, daß Mazarin auf seinem Sterbebett dem Doktor Vallot vorwarf, er
sei schuld an seinem Tode.

Wenn Ludwig XIV. nun ebenfalls die Vorschriften der Ärzte
zu genau befolgte und der Heilkunde ein wenig zu blind
vertraute, so muß man gestehen, daß das Verhalten seines
Ministers in dieser Beziehung nicht dazu angetan war, ihn
davon abzubringen. Und daß er das Geld liebte, dazu neigte,
Schätze zu sammeln, leidenschaftlich allen Genüssen der
Welt nachjagte, ist auch wieder durch die Art gerechtfertigt, wie der Kardinal davon Gebrauch machte.

*

Bei Mazarin und Ludwig XIV. handelt es sich jedoch nicht
nur um einen mehr oder weniger direkten, mehr oder weniger bewußten und gewollten Einfluß, sondern sogar um
ein regelrechtes Magistertum. Der Minister erteilte seinem
Souverän im wahren Sinne des Wortes politischen Unterricht, und der König war der gelehrige Schüler eines solchen Meisters.

Im Jahre 1660 schrieb der venezianische Gesandte an seine
Regierung über den König: „Sein ganzes Wohlwollen
scheint dem Kardinal zugewandt. Es wäre zu wenig, wollte
man sagen, der König betrachte ihn nur als einen sehr
brauchbaren, unentbehrlichen Minister, dem er seine Gunst
nur aus Interesse schenkt und ihm die Macht aus Notwen-
wendigkeit überläßt. Nein, man muß gestehen, es existieren zwischen beiden geheime Zusammenhänge, eine Abhängigkeit des Geistes und der Intelligenz, durch die ein
großer Fürst von dem Genie eines einfachen Privatmannes
in seinen Neigungen beeinflußt wird... Der König sieht
daher seinen Minister mehrmals am Tage. In allen, auch
den kleinsten und persönlichsten Dingen holt er seinen
Rat, ja man kann sagen, seine Vorschriften ein. Spricht
man mit ihm von Geschäften oder bittet man ihn um eine

Gunst, so verweist er einen an den Kardinal. Das Höchste, was er vermag, ist, sich bei ihm für jemand verwenden... Sobald der König aufgestanden ist, besucht er den Kardinal, gleichviel ob dieser sich im Louvre befindet oder in sein Palais zurückgezogen hat. Und alles geschieht ohne Förmlichkeit und ganz vertraulich. Der Kardinal geht weder dem König zum Empfang entgegen noch geleitet er ihn beim Abschied bis zur Tür. Ist der Kardinal beschäftigt, so geruht der König im Vorzimmer zu warten. Findet Ministeraudienz statt, so verweilt der König einen Augenblick, sagt dem Kardinal guten Tag und geht. Im allgemeinen aber dauern ihre Unterredungen eine gute Stunde, und im Laufe dieser Gespräche unterrichtet der Kardinal den König von allem, belehrt ihn, prägt ihm seine Ideen ein, so daß Seine Majestät mit so genauen Kenntnissen und so soliden Grundsätzen aus der Hand eines so bedeutenden Mannes zweifellos einst als ein sehr großer Herrscher hervorgehen wird, das heißt, wenn er nicht noch einmal unter die Fuchtel eines andern Ministers kommt."

Diese Briefstelle ist in bezug auf alles, was sie uns vom Charakter des Königs enthüllt, merkwürdig und neu. Sicherlich sahen die venezianischen Fremdlinge klarer und tiefer als die Franzosen jener Zeit. Es bestanden zweifellos „geheime Zusammenhänge" zwischen dem König und dem Kardinal, eine Verwandschaft des Geistes und des Charakters. Der Sohn Annas von Österreich und Enkel der Maria von Medici hatte etwas vom Italiener und etwas vom Spanier in sich. Dadurch konnten sich Mazarin, der Neapolitaner, der Untertan Seiner Katholischen Majestät und dieser französische Königssohn besser verstehen. Und auch „Abhängigkeit des Geistes" war zwischen beiden. Das ist nicht erstaunlich, wenn man bedenkt, daß der junge Herrscher einesteils von seiner Würde und seinem persönlichen Werte durchdrungen, anderseits aber bescheiden war und wenig Selbstvertrauen besaß. Es ist nur allzu selbstverständlich, daß ein junger zweiundzwanzigjähriger Fürst, der seinen Beruf erlernen möchte, sich in die Schule eines der größten Politiker seiner Zeit begibt. Aber Ludwig ist ein ungeduldiger Schüler. Er kann es kaum erwarten, bis er selbst regiert. Ganz Frankreich verlangt es von ihm. Eine Menge Feinde des Kardinals hetzen ihn auf. Trotzdem überläßt er ihm die Macht uud hört gehorsam auf seine Lehren. Der venezianische Gesandte spielt darauf an, es geschehe vielleicht aus Angst oder Notwendigkeit; der König befürchte, wenn sein Minister nicht mehr da wäre, begänne die Fronde von neuem. Nein, auch aus Dankbarkeit, aus tiefer Ehrfurcht und Bewunderung für die politischen Talente des Kardinals behält ihn der König. Noch einmal sei die gutmütige, einfache Art hervorgehoben, in der der zukünftige Autokrat mit seinem Minister verkehrt. Geduldig wie ein guter Junge wartet er im Vorzimmer seines eigenen Schlosses. Wie der erste beste geht er beim Minister aus und ein und scheint allen Dünkel und alles Selbstbewußtsein von sich abgestreift zu haben. Das ändert wesentlich unsere Meinung über den Ludwig XIV., den uns die konventionelle Geschichtschreibung vor Augen führt. Und jene Ehrfurcht, jene Nachgiebigkeit in allem, die er einem Greise gegenüber aufrecht erhält und zugestand—dem er ja übrigens unendlich viel verdankte—machen seinem Charakter die größte Ehre.

Ferner sei bemerkt, daß die von dem venezianischen Gesandten erwähnten Einzelheiten sich auf das Jahr 1660 beziehen, also ein Jahr vor dem Tode des Kardinals. So hätte Mazarin sich erst im letzten Augenblick entschlossen, seinem Herrn die Geheimnisse des Staates auszuliefern. Alle zeitgenössischen Zeugnisse stimmen übrigens darin überein, daß es in der Tat sehr spät geschah. Soll man deshalb daraus schließen, daß Mazarin die politische Erziehung Ludwigs XIV. vernachlässigt habe, wie seine Erziehung überhaupt? Wie es um diese Erziehung stand, haben wir bereits gesehen. Bei einem so feinnüancierten Charakter wie dem des römischen Prälaten muß man sich indes hüten, allzu entscheidende Behauptungen aufzustellen. Man kann diese Frage mit einem „Nein", aber auch mit einem „Ja" beantworten. Das Verhalten des Ministers scheint sich dadurch zu erklären, daß seine Stellung als Ausländer am Hofe Frankreichs sehr heikel und unsicher war. Seine ganze Macht beruhte auf der Liebe der Königin und der Dankbarkeit des Königs, zwei sehr vergänglichen und unbeständigen Gefühlen. Die ganze persönliche Politik des Kardinals aber bestand darin, sich seinen Wohltätern unentbehrlich, ja vielleicht gefürchtet zu machen. Es war daher für ihn von Wichtigkeit, daß der König nicht so bald ohne seine Ratschläge auskam. Mazarin hatte sogar daran gedacht, im Fall er die Gewalt aus den Händen legen müsse, seinem Zögling eine Art Mentor zu geben, der von seinem Geiste und seinem System völlig durchdrungen war. Es war sein Neffe, der junge Alfonso Mancini. Aber der Tod raffte ihn zu früh dahin und machte die kühnen Hoffnungen des Kardinals zuschanden. Andererseits war Mazarin ein viel zu guter, viel zu scharfsichtiger Menschenkenner, um unter der Maske des Schweigens und der Fügsamkeit des jungen Königs nicht das gebieterische Bedürfnis nach Macht zu erraten. Eines schönen Tages würde dieser sich entscheiden, ihn zu verabschieden. Das wußte er. War es da nicht besser, seinen Wünschen nachzukommen und mit dem König das zu tun, was dieser früher oder später gegen ihn tat?

Übrigens war er mit der Zeit dem Geheimnis des spätreifenden Charakters Ludwigs XIV. auf den Grund gekommen. Er ahnte, was aus dieser langsamen Trächtigkeit des Geistes hervorgehen würde. Seine Bemerkung gegen den Marschall de Villeroy ist bekannt. Eines Tages, als der König den Abgeordneten der Stände von Bourg Audienz erteilt hatte, sagte Mazarin zum Gouverneur des Prinzen: „Haben Sie bemerkt, Herr Marschall, wie der König es versteht, als Gebieter zuzuhören und als Vater zu sprechen? Er wird ein wenig spät seinen Weg machen, aber weiter kommen als ein anderer." — Bei dieser Gelegenheit sei auch an den andern Ausspruch erinnert, den der Kardinal dem Marschall Gramont gegenüber tat. Wahrscheinlich hatte auch dieser sich von der scheinbaren Erstarrung des königlichen Geistes irreführen lassen. „Ach, Herr Marschall" rief Mazarin, „Sie kennen ihn nicht. Er hat das Zeug zu vier Königen und einem anständigen Menschen." —

Ludwig XIV. hatte ohnehin nicht gewartet, bis der Kardinal

ihn aufforderte, sich mit den Staatsgeschäften zu befassen
und sich mit seinem Beruf als Herrscher bekannt zu machen. Aus eigenem Antrieb erkundigte er sich nach allem,
befragte alle kompetenten Leute, bot alles auf, den fremden Gesandten ihre Geheimnisse zu entlocken, und suchte
aus allem und von jedem Nutzen zu ziehen. Er war also
gut dazu vorbereitet, die allerdings ziemlich späten Lehren
seines Ministers zu empfangen.
Es war für Ludwig XIV. ein großes Glück, einem solchen
Lehrmeister zu begegnen. Niemand kannte besser als Mazarin das politische Europa von damals, die sogenannten
Geheimnisse der Höfe, niemand wußte besser Bescheid darüber, wie die geheimen Fäden der immer ein wenig mystischen Diplomatie des Papstes gesponnen waren. Als geborener spanischer Untertan, der seine Studien an der Universität von Alcala beendete, der die Sprache des Landes beherrschte, hatte er sich schon früh mit dem System und den
Kniffen der spanischen Diplomatie vertraut gemacht, die
damals die gewissenloseste und durchtriebenste der ganzen
Christenheit war. Mazarin war stellvertretender Botschaf-
ter des Papstes in Avignon und später Nunzius in Paris
gewesen. Sozusagen in der päpstlichen Regierung aufgewachsen, kannte er genau deren Wendungen und Winkel-
züge. Er weihte daher seinen Schüler in einige der wesent-
lichen Grundsätze jener päpstlichen Politik ein, die eine
tausendjährige Erfahrung hinter sich hatte, und deren Weis-
heit einzig und allein auf dem geistigen Ansehen beruhte,
wodurch die brutale Gewalt in Schach gehalten wurde.
Sehen wir, ob Ludwig XIV. daraus Nutzen zog.
Der junge Herrscher lernte von der italienischen Eminenz
alles, was man durch vorsichtiges Abwarten der Zeit, durch
Beharrlichkeit der Ansichten, durch kluge Voraussicht, die
nichts dem Zufall überläßt, vermag. Er lernte ferner, daß
die großen, lange und gründlich überlegten Staatspläne oft
durch die Umstände und durch praktische Erfahrungen
verbessert werden und endlich zum Siege führen. Mit dieser echt römischen Geschmeidigkeit und Zähigkeit verband
der Kardinal den kraftvollen italienischen Realismus. Seine
Feinde warfen ihm Machiavellismus vor, und in der Tat

71

war er auch im besten Sinne des Wortes ein Schüler Machiavellis. Jene gesunde und robuste Realpolitik war für Ludwig XIV. ein gutes Gegengewicht zu dem gefährlichen Einfluß der ungeschickten französichen Politik, besonders gegen den kraft- und saftlosen Idealismus, den Mißbrauch einer allzu abstrakten Logik, einer unangebrachten Gefühlsduselei, die im Grunde genommen viel grausamer ist als die schlimmste Unerbittlichkeit.

Ludwig XIV. hatte Gelegenheit sich mehr als einmal zu wundern, was für ein unglaublich geschickter Staatsmann dieser Geistliche war. Mazarin kannte nicht nur die Welt, sondern hatte als Prälat auch in Rom, dem religiösen Mittelpunkt, in dem die Fäden aller Angelegenheiten der gesamten Christenheit zusammenliefen, sich daran gewöhnt, die Dinge sozusagen vom Weltgesichtspunkt aus zu betrachten. Gleichwohl verstand er es wunderbar, seine Politik dem französischen Gesichtspunkt anzupassen. Das hinderte indes nicht, daß Mazarin in Frankreich ziemlich unpopulär war. Das Volk hatte ein altes sehr starkes Vorurteil gegen die geistlichen Staatsmänner überhaupt. Schon der junge Richelieu, der damals noch Bischof von Luçon war, protestierte in einer Rede während der Schlußsitzung der Generalstände von 1614 energisch dagegen. Unter anderem sagte er, die Geistlichen seien infolge ihrer Erziehung und ihrer Stellung die allerbesten Staatsmänner. Sie besäßen Intelligenz, eine vielseitige Bildung, verständen mit Menschen umzugehen und wären als Minister meist unparteiisch. Aber alle Vernunftgründe der Welt vermochten das Mißtrauen der Franzosen nicht zu mindern. Ludwig XIV. hatte auch niemals, dem Wunsche der Nation gemäß, Geistliche zu Ministern. Er hatte genug von Mazarin und fürchtete eine Macht, die seine eigene umstoßen konnte. Außerdem hielt er die Kardinäle, die doch zu einer auswärtigen Macht in Beziehung standen, in ihren Gesinnungen nicht für französisch genug. Aber mehr als alles andere flößte ihm die Erinnerung an die lange Unterwürfigkeit, die Mazarin ihm aufzwang, einen heiligen Schrecken vor den Rothüten ein.

Worin bestanden nun die Lehren, die der Kardinal dem Kö-

nig wirklich erteilte? Die Feinde Mazarins behaupten, daß
sie sehr unbedeutend gewesen wären. Der Abbé de Choisy
schreibt in seinen Memorien: „Ich habe vom Marschall de
Villeroy gehört, der dabei war, daß der Kardinal seinem
Schüler nur allgemeine Grundsätze beibrachte, zum Beispiel die Großen des Reichs, die Prinzen von Geblüt sehr
niedrig zu schätzen, sich nicht mit den Höflingen gemein
zu machen, allen Bittstellern gegenüber hart zu sein, die
königliche Gabe der Verstellung zu kultivieren — die ihm
die Natur in so reichem Maße verliehen hatte —, strengstes
Geheimnis der Staatsangelegenheiten zu bewahren, viel zu
versprechen und wenig zu halten, nicht grausam zu sein.
‚Nehmen Sie Geld, Majestät, aber sparen Sie ihr Blut‘,
hatte der Kardinal gesagt.“
Es ist viel abgedroschenes Zeug in alledem, aber auch
mancher gute und nützliche Rat. Was Ludwig XIV. am
meisten beherzigte war, daß er die Großen und besonders
die Prinzen sehr niedrig schätzte. Der Nachkomme der
Bourbonen und Habsburger war im Grunde ein Anhänger
der Gleichheit, wie auch der Kardinal, jener aus dem
Stalle eines Posthalters hervorgegangene Plebejer, der später in sein Wappen das Liktorenbündel und die Axt aufnahm. Lange vor 1793 hing dieses Revolutionssymbol über
dem Portal des Palais Mazarin und hängt heute noch vor
dem Collège des Quatre Nations. Nur daß der Kardinals-
hut die Jakobinermütze ersetzt.
Immerhin ist es besser anzunehmen, daß Mazarin sich
nicht auf diese allgemeinen Vorschriften beschränkte. Es
ist sogar sehr wahrscheinlich, daß der junge König in seinem Wissensdurst mehr verlangte, und daß er in Wirklichkeit unter der Leitung des Kardinals nicht nur in die
laufenden Geschäfte Einblick erhielt, sondern auch die
großen Fragen kannte, die damals Europa bewegten. Es
ist bekannt, daß er die Ratschläge, die ihm Mazarin noch
auf dem Totenbett erteilte, zu Papier bringen ließ. Daraus sieht man, daß die letzten Instruktionen seines Meisters
doch nicht ganz so unbedeutend und allgemein gewesen
sein können.
Der König legte also den größten Wert auf die kluge Politik

seines Beschützers, ja er zeigte sich ihm bis zuletzt in allem willfährig. Und doch fühlte auch er in sich das Zeug zu einem Herrn, einem Meister. Dazu erfuhr er über den Kardinal Dinge, die ihn hätten empören und ihn ganz von ihm abbringen müssen, zum Beispiel Mazarins Gaunereien, seine verdächtigen Geschäfte mit den Steuerpächtern, seine Spekulationen bei den Armeelieferungen, seine unerlaubten Schachergeschäfte, denn er betrieb den Antiquitätenhandel und verkaufte Bilder und Edelsteine. Der König indes war klug und dachte, es käme vor allem darauf an, daß ein Minister die Staatsgeschäfte gut führe. Was hatte es im Grunde auch zu bedeuten, daß dieser Italiener sich etwas in die Tasche machte? Hatte er nicht den Thron gerettet und Frankreich zu größerer Macht verholfen? —

Nichtsdestoweniger war der junge Herrscher dieser Bevormundung etwas satt, und alle Zeitgenossen stimmen darüberein, es sei Zeit gewesen, daß Mazarin starb. Er starb, wie man behauptet, „in der Einbildung, Papst zu sein". Die Tiara sich aufs Haupt zu setzen wäre für ihn die ruhmvollste Art gewesen, aus dem Ministerium auszuscheiden. Einige Zeit vorher hatte er mit dem Gedanken gespielt, Ludwig XIV. in Frankfurt zum Deutschen Kaiser ernennen zu lassen. Und einen Augenblick sah der junge König mit seinem Minister den Traum des Mittelalters verwirklicht, nämlich als „Papst und Kaiser, den beiden Gottähnlichen", die Christenheit zu regieren! Aber es war nur ein Traum. Der König von Frankreich konnte nicht Deutscher Kaiser sein. Ludwig XIV. wußte es genau. Und Mazarin konnte auf dem päpstlichen Stuhl kein französischer Papst sein. Sei es wie es sei, jedenfalls hinterließen all die prächtigen, schnellverfliegenden Bilder ihre Spuren im Geiste des Königs. Sie milderten etwas die Alltäglichkeit der Realpolitik Mazarins. Stets wußte der Allerchristliche König seine Rechte und eine hoheitsvolle Haltung vor dem römischen Pontifex zu wahren, und wenn er auch einsah, daß der imperialistische Traum ihm teurer zu stehen kam als er wert war, so ließ er Mazarin doch in dem Glauben — wenigstens anfangs—daß er der Kaiserkrone würdig sei.

MARIA MANCINI ODER DIE SCHULE DER LIEBE

UNTER DER LEITUNG DES KARDINALS UND SEINEM eigenen Charakter zufolge schien der König an Verstand und Klugheit zuzunehmen. Seine harte, freudlose Kindheit an der Seite einer gleichgültigen, eitlen Mutter und eines nur für die Staatsgeschäfte leidenschaftlich entflammten Ministers; die Demütigungen, die er während der Fronde erleiden mußte, seine Flucht nach Saint-Germain, das rastlose Umherirren in einem der Auflösung nahen Lande, die häßlichen Verrätereien seiner eigenen Verwandten und der Großen des Reichs, das alles hatte dazu beigetragen, ihn zu einem ernsten Menschen zu machen. Immer dringender fühlte er das Bedürfnis, sich für die schweren Pflichten seiner Aufgabe vorzubereiten. Unter der Leitung des Marschalls Turenne machte er sich mit seinen Pflichten als Soldat und Befehlshaber vertraut. Er besah sich das Elend des Kriegs in der Nähe, und da er bemerkte, mit welchen Opfern eine gewonnene Schlacht oder die Eroberung einer Stadt erkauft wurden, lernte er mit dem Blute, das für ihn vergossen wurde, sparsam umgehen. Mazarin seinerseits weihte ihn in die geheimen Triebfedern der Politik ein. Wenn auch Frankreichs Ansehen vor der Welt durch die neuesten Friedensverträge gefestigt worden war, streckten seine Feinde deshalb doch noch nicht die Waffen. Spanien, der gefürchtetste Feind, bedrohte noch immer die Nordgrenzen in nächster Nähe der Hauptstadt. Condé, der seinen König und sein Land verraten hatte, war zu den Spaniern übergegangen. Das alles mußte den jungen Herrscher zu ernstem Nachdenken bewegen.

Um diese Zeit — er war achtzehn Jahre alt — stand er fast ununterbrochen im Felde. Er zeigte sich seinen Truppen, ging in die Schützengräben und setzte sich entschlossen allen Gefahren aus, denn es lag ihm daran, zu beweisen, daß er ein guter Soldat war und keine Furcht kannte. Das kriegerische Leben in der frischen Luft hatte eine merkliche Veränderung in seinem Äußeren bewirkt. Als im Jahre 1657 Fräulein von Montpensier während der Belagerung von Stenay und Montmédy nach Sedan kam, um sich mit der königlichen Familie auszusöhnen, hatte es Anna von Österreich für nötig gehalten, sie darauf aufmerksam zu machen, daß Ludwig nicht mehr ein so hübscher Junge wie früher sei. „Die Königin", schreibt sie in ihren Memoiren, „sagte mir, ich würde den König sehr verändert finden. Er wäre sehr dick, sehr groß und sehr häßlich geworden." — Bald darauf traf Ludwig XIV. in Sedan ein. „Die Königin", fährt Mademoiselle fort, „erwartete ihn zum Diner. Er sprengte im Galopp herbei und war dermaßen durchnäßt und über und über mit Kot bespritzt, daß die Königin, die ihn vom Fenster aus kommen sah, zu mir sagte: ‚Mir wäre es lieber, Sie sähen ihn erst, wenn er sich umgezogen hat.' Ich antwortete, das sei für mich nicht von Bedeutung. Er kam also, und obwohl er sehr vernachlässigt war, fand ich ihn doch außerordentlich gut aussehend."

Indes, der junge Held, der sich gern in schmutzigen Reitstiefeln zeigt, nach Stall und Pulver riecht, war nicht nur für die Reize militärischen Ruhmes empfänglich. Seine starke Sinnlichkeit quälte ihn, und er hatte bereits einige vorübergehende Liebschaften gehabt. Es lag ihm daran, sich im Umgang mit Frauen gute Manieren anzugewöhnen, denn er wollte ein vollkommener Kavalier, der galanteste Mann seines Reichs sein. Deshalb verkehrte er viel bei den Nichten des Kardinals Mazarin im Louvre. Sie traten sehr vornehm auf und empfingen die beste Gesellschaft bei sich. Nichts ist natürlicher, nichts normaler und verständlicher als dieses Verhalten des jungen Königs. Plötzlich aber wird sein so ruhiges, im großen und ganzen züchtiges Leben von einer furchtbaren Leidenschaft aufgerüttelt, einer Leidenschaft, die fähig ist, alles umzustürzen, nicht nur in seinem Herzen die größte Verwirrung hervorzubringen, sondern auch die schlimmsten Katastrophen über Frankreich herbeizuführen. Ja, diese Liebe wäre imstande gewesen, die Fronde von neuem erstehen, alle Früchte der Politik Mazarins zunichte werden zu lassen, den König und ganz Frankreich in einen Abgrund von Leid und Unglück zu stürzen. Der sonst so starke, vernünftige junge Mann war drauf und dran, sich in die Arme des überspanntesten, gefährlichsten und verderbenbringendsten Geschöpfes zu werfen, das er je kennen lernte.

*

Die Geschichte ist zur Genüge bekannt; wir wollen sie daher nicht noch einmal erzählen, sondern uns darauf beschränken, die inneren Zusammenhänge und die beiderseitigen Empfindungen der Liebenden zu ergründen, ferner klarzulegen, welchen Einfluß diese Leidenschaft auf das fernere Liebesleben des Königs hatte.
Bekanntlich lernte Ludwig XIV. Maria Mancini während der Krankheit ihrer Mutter kennen, die bald darauf starb. Als der König eines Tages der Kranken einen Besuch machen wollte, ging er auf dem Wege zu ihr durch ein Zimmer, in dem Maria sich wie zufällig befand. Ludwig hatte bereits zur älteren Schwester Marias, der herrlichen Olympia, eine starke Neigung empfunden, aber Olympia, die ein Jahr später den Grafen von Soissons heiratete, war ebenso dumm als schlecht. Man nannte sie „die Gans". Ihr dreistes und hochmütiges Wesen entfernte den König von ihr. Er hatte Sinn für sprühenden Geist und Witz und war sofort in Maria Mancini verliebt, weil er sie für sehr klug — und vielleicht auch für sehr unglücklich hielt. Geschickt verstand sie es, sich zuerst bedauern, dann anbeten zu lassen, und schließlich wurde daraus die wahnsinnigste Liebesleidenschaft.
Was für eine Frau war diese, durch die Legende allzu idealisierte königliche Geliebte, die ihr ganzes Leben als tolle Abenteurerin verbrachte und nach Intrigen und Skandalaffairen förmlich lechzte? — Sie selbst erzählt uns in ihrer

„Apologie", daß sie in Rom als Tochter der Marguerita Mazarini und des Lorenzo Mancini zur Welt kam. Ihr Vater war ein römischer Edelmann, dem die Gattin acht Kinder, fünf Töchter und drei Söhne schenkte. Maria war die dritte Tochter und, wie es scheint, die häßlichste. Gleich vom Tage der Geburt an mochte die Mutter das Kind nicht leiden. Es mögen wohl unerklärliche, dunkle Gründe gewesen sein, die mit den tiefsten Tiefen des Charakters und der Seele zusammenhängen, die Frau Mancini zu dieser Abneigung veranlaßten. Jedenfalls scheint die Häßlichkeit der kleinen Maria nur ein Vorwand dazu gewesen zu sein. Wie um den Haß der Mutter zu rechtfertigen, prophezeite der Vater, ein eifriger Astrologe, nachdem er das Horoskop des Kindes gestellt hatte, es werde die Ursache großen Unglücks sein. Und so war Maria vom ersten Lebenstag an als ein Wesen von höchst schädlichem Einfluß gekennzeichnet.

Wahrscheinlich zeigte sich schon sehr früh ihr schlechter Charakter, denn ihre Eltern dachten daran, das Kind so bald wie möglich aus dem Hause zu geben. Maria kam in ein Kloster des Campo-Marzio, wo eine ihrer Tanten Vorsteherin war. Eine Zeitlang hoffte die Familie, sie werde einmal Nonne werden. Gegen ihren Willen wurde sie also dem Klosterleben geweiht. Es war, als wenn ein Fluch auf ihr lastete. Die Welt wollte nichts von ihr wissen, und Maria liebte gerade nur diese Welt. Die meiste Zeit ihres Lebens hatte sie gegen die zu kämpfen, die sie in eine Klosterzelle einsperren wollten. Immer wieder entfloh sie und betrat ein Kloster nur, um so schnell als möglich wieder das Weite zu suchen. Seltsamerweise aber hatte sie auch Stunden, in denen sie aufrichtig wünschte den Schleier zu nehmen, ohne daß sie gerade starke Neigung zum klösterlichen Leben in sich spürte. Es genügte, daß man sie dazu zwingen wollte, um ihr den größten Schrecken davor einzuflößen. Aus Trotz lehnte sie sich gegen das auf, was sie vorher selbst gewünscht hatte. Sobald jemand Gewalt auf sie ausüben wollte, geriet sie in rasende Wut und Starrköpfigkeit. Sie war ebenso eigensinnig wie eitel und hochmütig. Kein Mensch vermochte etwas gegen ihren Willen. Lieber hätte sie sich töten lassen als nachgegeben.

Als dreizehnjähriges Mädchen kam Maria Mancini mit ihrer Mutter, ihren jüngeren Schwestern, ihrer Tante Martinozzi und deren Tochter Laura, der späteren Herzogin von Modena, nach Frankreich. Der Onkel Kardinal hatte der ausgehungerten Verwandtschaft die Wege geebnet, und nun kamen sie, um sich im eroberten Gebiet am reichbesetzten Tisch niederzulassen. Mazarin hielt es indes für unbedingt nötig, daß die kleinen braunen Fräulein ihre allzu italienischen Manieren ablegten, ehe er sie bei Hofe vorstellte. Sie kamen daher zuerst nach Aix zu ihrer ältesten Schwester Vittoria, die mit dem Herzog von Mercoeur, Gouverneur der Provence verheiratet war. Dann erst ließ er seine Nichten nach Paris kommen und übergab sie zur Erziehung dem Kloster „Mariä Heimsuchung" im Faubourg Saint-Jacques. Unter der Leitung der Vorsteherin, Mutter Lamoignon, machte Maria unglaublich rasche Fortschritte im Französischen. Sie lernte die Sprache so schnell und so wundervoll, daß der Kardinal sich mit dem Gedanken trug, sie mit dem Herzog de la Meilleraye zu verheiraten. Der Herzog aber, wahrscheinlich durch die Häßlichkeit Marias abgeschreckt, erklärte, er sei unsterblich in ihre jüngere Schwester Hortensia verliebt. Maria war damals „mager, knochig und schwarz wie eine Backpflaume". Dieses Unglücksmädchen schien entschieden nur da zu sein, ihrer Familie Sorgen und Unannehmlichkeiten zu bereiten, was die Mutter noch mehr gegen sie erbitterte. Und wiederum machte sie den Versuch, sich das unheilvolle Geschöpf vom Halse zu schaffen. Von Mazarin unterstützt, der sehr bald herausbekommen hatte, welch unbequemen Charakter seine Nichte besaß, drang die Mutter darauf, daß ihre Tochter in ein Kloster ging. Maria weigerte sich hartnäckig. Außer sich über so viel Starrsinn, verhängte die Mutter über sie eine harte Strafe. Um ihren Widerstand zu brechen, sperrte man Maria lange Zeit in ein Zimmer ein und stellte sie unter Aufsicht einer alten Kammerfrau. Sie hieß Rosa und war eine wahre Spionin für die Gefangene. Währenddessen gingen die Schwestern Marias frei umher, besuchten Bälle und Gesellschaften. Besonderes Vergnügen bereitete es Olympia, die im Begriff war, sich mit dem Grafen von Soissons zu verheiraten, der eingesperrten Schwester von ihren Erfolgen, von den Festen und Bällen bei Hofe zu erzählen, an denen Maria nicht mit teilnehmen durfte. Noch war sie nicht so schlecht wie Olympia, und sicher legte die Bosheit dieser Schwester in Marias Herz den ersten Keim zum Bösen, das später in ihrem Charakter so stark entwickelt war.

Jedenfalls haßte sie von dieser Zeit an ihre Mutter und Schwestern, die ihr die Abneigung reichlich vergalten. Der Onkel mißtraute ihr und haßte sie ebenfalls. Eine reizende Familie! Maria aber bot allen die Spitze. In ihrer maßlosen Wut, als Aschenbrödel behandelt zu werden, nahm sie sich fest vor sich zu rächen. Je mehr man sie kränkte desto größer ward ihr Widerstand. Sie war wie eine schlechte, tausendfach verzweigte, im Wege stehende Wurzel: man verschneidet sie, versucht sie auszurotten, immer wieder wächst sie und bohrt sich um so hartnäckiger in die Erde.

Maria war also eine Gefangene im Louvre, wo ihre Schwestern in prächtigen Hofkleidern einhergingen. Nun, — auch sie wollte bald im Louvre erscheinen, aber — mit dem Purpurmantel um die Schultern! Sie würde einst Königin sein und alle jene Frauen, die jetzt so hochmütig auf sie herabsahen, sollten vor ihr knien. Ihr Onkel setzte ihr zu? Sie würde ihn schon später vom König, ihrem Gemahl absetzen lassen. Ihre Schwester kränkte sie? Auch an ihr wollte sie sich rächen, indem sie ihr den Geliebten stahl. Wie aber wollte es dieses häßliche Ding anfangen, eine so glänzende Eroberung zu machen? Noch wußte es Maria nicht. Sie vertraute einzig und allein ihrer Klugheit und ihrem unbezwinglichen Willen. Und außerdem glaubte sie dafür bestimmt zu sein.

Zur Zeit, als sie diese Rachepläne schmiedete, erschien am Hofe von Paris plötzlich wie ein Wirbelwind oder wie ein unheilverkündendes Meteor eine Abenteurerin, die viel Ähnlichkeit mit Maria Mancini hatte. Es war die Königin Christine von Schweden. Sie hatte der Krone entsagt, weil sie nicht von einem Gatten abhängen wollte, und war nach Paris als der Stadt gekommen, wo die Frauen die meiste Freiheit genießen. In Brüssel hatte sie durch ihre Aus-

schweifungen den größten Skandal hervorgerufen, und in
Paris hatte sie den Hof durch die Ermordung ihres Geliebten Monaldeschi in den furchtbarsten Schrecken versetzt.
Sie zeigte ihren Gesinnungsgenossinnen, wie man die Männer behandeln müsse. Ungeachtet der öffentlichen Meinung
und aller Gesetze und Sitten, trat sie offen mit ihren Ansichten hervor und lebte auf ihre Weise. Wie die ganze damalige Gesellschaft, so war auch Maria Mancini außerordentlich überrascht über das unverschämte Auftreten der auf-
rührerischen Frau. Niemand aber war besser als Maria darauf
vorbereitet, die gleichen Anschauungen anzunehmen. Auch
sie war wie Christine entschlossen, immer in Frankreich zu
leben, und zwar aus demselben Grunde wie die schwedische
Königin, weil es das Land der Freiheit war. „Maria hatte",
wie sie selbst zugestand, „einen angeborenen Widerwillen
gegen alles Italienische. Das Leben in Rom, wo Haß und
Heuchelei unter den Familien mehr als an einem andern
Hofe zu Hause waren", fand sie abscheulich. Auch sie wollte, wie jenes Ungeheuer im Unterrock, das ihre ungetreuen Geliebten einfach erdolchte, „ihr Leben leben".
Jeder Laune nachgeben, alle Genüsse und jede Liebschaft
bis zur Neige auskosten, leben wie sie wollte, zügellos, ohne
jede Hemmung, das war der Grundcharakter dieser tollen
Frau. Ihr Onkel, der sie nicht aus den Augen ließ, und sie
im gewissen Sinne fürchtete, nannte sie „eine leichtfertige
Dirne, ein überspanntes Frauenzimmer". Und noch einmal
sei es gesagt: Der Trieb zur Auflehnung und zum zügellosen Leben war Maria Mancinis wahrer Charakter. Die
Liebe des Königs war für sie nur Mittel zum Zweck.
Sie wollte Königin sein — aus Ehrgeiz — aber auch noch
aus anderen Gründen, — Gründe, die sie nicht sagen kann
und die mit ihrer Veranlagung im engsten Zusammenhang
stehen. Mehr oder weniger bewußt bereitete sie sich auf
ihre zukünftige Rolle vor. Da sie wußte, wie sehr der König geistreiche Frauen schätzte, traf sie ihre Maßnahmen,
ihn in dieser Hinsicht zu verblüffen. Sie lernte so viel sie
konnte. Sie verschlingt die Dichter und Schriftsteller der
Zeit, liest „Astrea" und die „Diana enamorada" von Monte-
mayor. Und die überspannten Schäferromane verdrehen

ihr noch vollends den Kopf. Sie wird sogar ein wenig superklug. Nachdem sie die schöne Literatur durchgewälzt hat, stürzt sie sich auf die Philosophie. In der Einsamkeit in Brouage nimmt sie bei einem arabischen Arzt astrologischen Unterricht, dann rezitiert sie Ovid, sucht Trost bei Seneca und Philostratus.

Soviel Ehrgeiz bleibt nicht unbelohnt. Endlich zieht das häßliche aber kluge Mädchen die Blicke Ludwigs XIV. auf sich. Bald ist es Liebe. Ihr Traum ist der Erfüllung nahe! Sie wird Königin von Frankreich werden! Und das nimmt sie weiter nicht wunder, so sehr ist sie von sich eingenommen. Von der Vorsehung glaubt sie sich für die höchsten Dinge bestimmt. Ihre verheirateten Schwestern sind genau so. Sie finden ihr Emporkommen vollkommen in der Ordnung. Jene kleinen „Mazarins", die die schönsten Paläste und Schlösser Frankreichs bewohnen, sind die Vorläuferinnen der Schwestern Napoleons. Herzogtümer, Fürstentümer, Throne und Reiche, nichts ist prächtig genug für diese Italienerinnen mit dem kaiserlichen Charakter.

Als Maria ihrem Ziele endlich oder beinahe nahe ist, geht mit ihr eine merkliche Veränderung sogar in körperlicher Beziehung vor. Sie ist fast eine Schönheit, zum mindesten in den Augen ihres Geliebten. In Wirklichkeit ist sie natürlich sehr häßlich gewesen, das ist die Ansicht aller ihrer Zeitgenossen. Einer der Verfasser des „La France galante" schildert sie uns als „klein, dick und häßlich, wie ein Schenkmädchen aussehend". Das stimmt, wenn man ihre Bilder betrachtet. Madame D'Aulnoy jedoch, die ihr später in Madrid begegnete und sie äußerst nachsichtig beurteilt, läßt gewisse Vorzüge an Maria gelten. Sie sei außerordentlich angenehm gewesen, sagt sie, obwohl sie nicht mehr in der ersten Jugend gestanden habe. „Maria hatte lebhafte, geistvolle, tiefblickende Augen, herrliche Zähne, volles schwarzes Haar, eine schöne Gestalt und sehr gut geformte Beine..."

Das alles macht indes noch keine Venus. Gewöhnlich billigt man solche Eigenschaften denjenigen zum Trost zu, die in Ungnade gefallen sind. Maria aber besaß Geist, der alles andere verdunkelte, obwohl sie nicht geistreich im Sinne des Wortes war, wie die Franzosen es verstehen. Sie war vor allem äußerst intelligent und neigte ein wenig zum Blaustrumpf. Sie war in ihrer Unterhaltuug lebhaft und klug, oft aber auch von einer ungeheuren Schärfe und dadurch ziemlich unangenehm. Frau von Lafayette versichert: „Maria Mancini besaß keinerlei persönlichen und sehr wenig geistigen Charme, obwohl sie äußerst klug war. Sie trug ein überspanntes Wesen zur Schau, ihre Ausdrücke waren gewagt, derb, ausschweifend und entbehrten allen Taktes und aller Rücksicht". — Ein so freches, gewalttätiges und losmäuliges Frauenzimmer hatte allerdings viel Ähnlichkeit mit einem Schenkmädchen oder einer Kellnerin, wie weiter oben erwähnt wurde. Tatsache ist, daß in Maria Mancinis Charakter viel von dem Überschäumenden und Lauten der Italiener gewesen sein muß. Sie war ein etwas roher, ungeschliffener, ganz äußerlicher Mensch, ohne Feinheiten und Zartheit.

Außer diesen eklatanten Fehlern besaß sie noch einen weniger sichtbaren aber um so größeren, der sich bald sehr bemerkbar machte. Sie war unglaublich egoistisch und daher unfähig, sich für etwas anderes als für ihre eigene Person, ihre Launen und ihre ehrgeizigen Pläne zu interessieren. Aus diesem Ehrgeiz entsprang auch ihr unerträglicher Hochmut. Sie ist überzeugt, daß die ganze Welt sich nur um sie dreht. Hat sie Erfolg, so geschieht es, weil die Vorsehung Großes mit ihr vorhat. Erleidet sie einen Schicksalschlag, so ist es das Verhängnis, das sie verfolgt. Sie ist ein Unglückskind. Ihr Vater hat es ihr ja nach dem Horoskop geweissagt. Und so hat sie beständig das Bedürfnis, alle tragischen Ereignisse mit ihrem Leben zu verknüpfen. Später nimmt diese Hysterie ungeheure Ausmaße an. Sie wird zum Größen- und zum Verfolgungswahn. Es ist stärker wie sie: sie *muß* Skandal hervorrufen, sie *muß* die öffentliche Meinung herausfordern, die Staatskanzleien zum Narren halten, die Minister und Monarchen außer Fassung bringen, die Gesandten des Papstes irreführen und alle Leute gegeneinander hetzen. Und so geht es bis in ihr hohes Alter. Länger als ein halbes Jahrhundert sieht man Maria Mancini in beständiger Unruhe und Auf-

regung, fortwährend intrigieren, Verschwörungen aufdekken und selbst welche anzetteln. Sie ist eine unverbesserliche Zänkerin, die sich freiwillig in verwickelte Abenteuer stürzt und sich ihrer tollen Streiche mit einer Sittenlosigkeit rühmt, die alle Begriffe übersteigt. Und da ihre reizbare Empfindlichkeit beständig Qualen erleidet, sobald sie mit anderen Menschen in Berührung kommt, so hat sie ein fast krankhaftes Bedürfnis, ihrerseits wehzutun und die Personen ihrer Umgebung unglücklich zu machen. Ihr grausamer Charakter grenzt beinahe an Sadismus, denn sie ist im Grunde nicht wahrhaft böse. Sie rächt sich nur für persönlich erlittene Leiden und gehorcht irgendeinem inneren Dämon, wovon sie sich selbst nicht Rechenschaft ablegen kann. Schließlich wird aus ihr ein unerträglich dummes Weib. Mazarin, der sie nur in ihren Anfängen kannte, hatte sie ganz richtig beurteilt und den König vor ihr gewarnt. Aber auch er konnte nicht ahnen, bis zu welchem Grade sich dieser maßlose Ehrgeiz, diese wahnsinnige Herrschsucht, die Unlogik und Ungereimtheit jener wunderlichen überspannten Frau, die obendrein noch nach allen möglichen Abenteuern lechzte, sich entfalten würde.
Ihr, der Liebestollen, kam es nur darauf an, sich auszuleben. Zum Karneval von Venedig erschien sie regelmäßig. In einer Gondel, tief maskiert, jagte sie Liebesabenteuern nach, die sie anderwärts nicht erlebte. In Madrid läuft sie nachts als Zigarettenmädchen verkleidet über den Prado, die weiße Spitzenmantille tief ins Gesicht gezogen und spricht die vorübergehenden Herren an. Am Tage fährt sie in ihrem Wagen durch die ganze Stadt, belästigt die Leute mit ihren Besuchen, erzwingt sich in allen, selbst in den sittenstrengsten Häusern Zutritt und erscheint in einem tiefdekolletierten Ballkleid, das sie unter ihrem Nonnenmantel trägt. Fortwährend befindet sie sich auf Reisen in der Schweiz, in Deutschland oder in Belgien. Manchmal reist sie zu Pferd, manchmal mit der Postkutsche. Das einemal wohnt sie in einem Palast, das anderemal in einer armseligen Herberge, oder sie übernachtet lieber in der Kirche — wie einst in Brüssel —, als daß sie sich ins Kloster schleppen läßt. Endlich aber ist sie verheiratet. Sie haßt

ihren Mann, obwohl sie ihn, wie sie selbst gesteht, nichts vorzuwerfen hat. Der Connetable Colonna, den man ihr nach der Liebschaft mit dem König zum Gemahl erkor, scheint übrigens ein höchst anständiger Mann gewesen zu sein. Er liebte seine Frau und war ihr gegenüber äußerst galant. Das erzählt uns Maria selbst. „Nie ließ er etwas außer acht, was mich erfreuen konnte." Und dennoch machte sie ihn unglücklich. Ihr erschien dieser neapolitanische Edelmann, der sich nur mit seinen Gütern beschäftigte, äußerst brutal, aller höheren Gefühle und Zärtlichkeiten bar. Er war ein guter Ehemann, durfte sich seiner Frau aber nur nähern, wenn er ihr Nachkommenschaft versprach. Sie gebar ihm vier Kinder. Nach einer Fehlgeburt erklärte sie ihrem Gatten, er werde sie mit seiner robusten Gesundheit zugrunderichten, und von da an verweigerte sie ihm jegliche Annäherung. Angeblich, um sich vor seinen Angriffen zu schützen, floh sie mit ihrer Schwester Hortensia, der Herzogin von Mazarin, die ebenfalls behauptete, unglücklich verheiratet zu sein, nach Rom. Dann mieteten sich beide Flüchtlinge ein Fischerboot und landeten unter den größten Gefahren in Frankreich.

Der wahre Grund dieses rastlosen Lebens indes war, daß Maria Mancini bis an ihr Ende untröstlich darüber blieb, durch eigene Schuld sich die Liebe des Königs verscherzt zu haben und nicht Königin von Frankreich geworden zu sein. Nun stand sie wieder vor dem Ungewissen. War sie denn nicht vom Schicksal dazu ausersehen? Hatte man ihr nicht prophezeit, daß sie die Ursache großen Ungemachs sein werde? Bis zu ihrem Ende versucht dieses unglückselige Weib, das beinahe eine Romanheldin ist, ihr Glück.

*

Eigentlich ist es unerklärlich, warum der König, der doch bereits so vernünftig, so ruhig und ausgeglichen war, sich in ein so überspanntes Geschöpf verliebte, das aus einer Extase in die andere verfiel und von Launen und Hirngespinsten besessen war. Obwohl es nicht den Anschein hatte, so spielten wahrscheinlich doch die Sinne keine geringe Rolle

dabei. Marias Augen müssen ein Feuer ausgestrahlt haben, das selbst die Kältesten zum Erglühen bringen konnte. Dazu kam, daß Ludwig XIV. mit achtzehn Jahren noch nicht das volle Bewußtsein seiner Überlegenheit hatte. Noch bewunderte er naiverweise an anderen die Talente und die feinen Sitten, die er nicht zu besitzen glaubte. Dieser große Junge, der sich bis dahin fast nur mit Pferden und Hunden beschäftigt hatte, betrat mit einer gewissen Bewunderung und ehrfurchtsvollen Scheu jene Welt, der die Damen des Schlosses von Rambouillet ihren Stempel aufgedrückt hatten. In ihren Salons schätzte man liebenswürdige Unterhaltung, die Dichtkunst und Redekunst, alle Finessen des Geistes und des Empfindens. Es war eine Welt, in der Maria und ihre Schwestern die Königinnen zu sein schienen. Dem jungen Prinzen gefiel es, sich in gewählten Ausdrücken mit der Nichte Seiner Eminenz zu unterhalten, und bald kam es zu einem regelmäßigen reizenden freundschaftlichen Verkehr. Man las gute Bücher zusammen, wechselte zärtliche Briefe und erwies sich allerlei liebenswürdige Aufmerksamkeiten. Kurz, man tändelte in süßem Liebesspiel miteinander. Nachdem aber Ludwig eines Abends im Zimmer seiner Mutter die Geliebte mit sprühenden Augen eine Stelle aus Corneille deklamieren und dann irgendeine rührende Szene des „Cyrus" oder der „Clölia" hatte vorlesen hören, war er in höchstes Entzücken geraten. Trunken vor Glück überließ er sich von da an dem unwiderstehlichen Zauber des fremden italienischen Mädchens, der Heißblütigen, die ihn in ein Märchenland entführte. Gemeinsam wollten sie die Romane erleben, die sie gelesen hatten, die Personen und Geschehnisse nachahmen, kurz, in langen Zügen das süße literarische Gift trinken. Von nun an sollte das Leben für sie nur noch eine Wiederholung dessen sein, was sie in Büchern gelesen hatten, und umgekehrt sollte in den Büchern nur das stehen, was das Leben am Hofe bot mit seinen Turnieren, Ringstechen, Stockfechten, seinen Theateraufführungen, Balletts und Festen. Man wollte dem erstaunten Publikum zeigen, welches Leben der Wonne sie beide jeden Tag führten.
Anfangs war die Neigung des Königs zu seiner neuen Freun-

din eine rein platonische. Es war jene Liebe, wie sie die zierlichen Dämchen des siebzehnten Jahrhunderts liebten. Alles andere verachteten sie. Für diese Art Liebesleute ist die Ehe ein Unding, ein etwas lächerlicher Zufall, den man nach Möglichkeit vermeidet. Oder, wie die jungen Gecken von damals sagten; das Grab der Liebe und etwas schmutziges, unsauberes. Ist man verheiratet, so weiß man nicht mehr, was Liebe ist. In Wahrheit freilich sind das alles nur schöne Gefühle und Reden, denn eine so empfundene Liebe ist eine fortwährende Anspannung aller geistigen und seelischen Fähigkeiten, sie ist rein dekorativ und von alltäglichen Plattheiten beherrscht. Sie nimmt all unser Denken in Anspruch; alles dreht sich nur um sie, und daher ward sie in dem flachen und nichtstuerischen Hofleben zur einzigen und höchsten Beschäftigung.

In diese Mysterien der Liebe weiht jenes schwärmerische, leidenschaftliche Geschöpf mit den blitzenden Augen, mit der leise vibrierenden Stimme den König ein. Natürlich gibt sich der junge sinnliche, aber noch beinahe unverdorbene Mann den Täuschungen dieses Wunderlandes mit Begeisterung hin. Um dem Zauber vollends zu erliegen, braucht er sich nur an die Bücher seiner Kindheit zu erinnern. Das erste, das er in die Hand bekam, war einer jener ritterlich-sentimentalen Erziehungsromane, der den Titel trug „Erzählung von königlichen Vergnügungen, Neigungen und Vorzügen". Der Verfasser war ein gewisser Potier de Morais. Die Geschichte handelte vom Prinzen Alkimedes, der eines Tages im Walde jagte und in diesem „für die Liebe so geeigneten Ort" der schönen Amelis begegnete, die ebenfalls auf die Jagd ging. Da ward der Jäger die Beute der Jägerin! – Der Roman begann mit den für den jungen König äußerst lehrreichen Zeilen: „Ein mit allen Vorzügen ausgestatteter Prinz muß lieben und geliebt werden. Die keusche Liebe erzeugt im Menschen viele gute und seltene Eigenschaften, denn sie ist nichts anderes als eine Art geistiger Leuchte, die die Liebenden aufklärt." – Man urteile selbst, ob der Geliebte der La Vallière geeignet war, einen solchen Aufruf zur Liebe zu verstehen.

Die Fortsetzung des Romans brachte eine Folge von Wechselfällen, alle mehr oder weniger heldenhaft und wunderbar. Duelle, Entführungen, Überfälle von Seeräubern und so weiter standen auf jeder Seite. Aber auch die Romane, die Ludwig und Maria Mancini seit ihrer Bekanntschaft miteinander lasen, waren in diesem Stil geschrieben. Da gab es nur Ritterturniere, Jagdszenen, Kämpfe mit Drachen und Riesen, Verfolgung der Geliebten, absolute Treue der Liebenden, in die Rinde der Bäume geritzte Namen, und nicht zu vergessen das Echo lieblicher Täler, das eigens den Auftrag erhielt, den Namen der abwesenden Geliebten zu wiederholen... Wie entzückt und erstaunt war der gelehrige Schüler Maria Mancinis über alle diese schönen Dinge! Dank dieses romantischen Mädchens sollte das alles Wirklichkeit werden!

So ist also die erste Phase seiner Leidenschaft vollkommen im Romanhaften befangen. Es liegt dem jungen König besonders daran, sich, wie jene Romanhelden, vor seiner Schönen auszuzeichnen. Während der Belagerung von Montmédy, im Jahre 1657, bemüht er sich daher auch, gewisse Heldentaten zu begehen mit dem offenbaren Wunsche, Maria zu imponieren. Sie war außer sich vor Freude und Stolz. „Der König", schrieb sie, „bewies im Felde ungeheuren Mut. Er kümmerte sich nicht im geringsten um die Gefahren und drang viel weiter vor, als es nötig gewesen wäre; aber er wollte beweisen, wie wenig er der Gefahren achtete, und außerdem den ihn beobachtenden Soldaten mit gutem Beispiel vorangehen. Als man in meiner Gegenwart davon sprach, vermochte ich meine Freude darüber nicht zu verbergen, obwohl ich gleichzeitig auch um ihn besorgt war. Aber der König hatte die Güte, mir zu sagen, daß er um meiner strahlenden Augen willen am liebsten noch viel mehr getan hätte." —Wie hübsch!

Eine andere Anekdote aus späterer Zeit beweist uns, welch zarter Empfindungen Ludwig XIV. fähig war. „Es war," berichtet Maria, „wenn ich mich recht erinnere, im Bois-le-Vicomte. Wir gingen beide durch eine Allee. Da ich sehr schnell lief, wollte Seine Majestät mir die Hand reichen. Dabei stieß ich nur ganz leicht mit der meinigen an seinen Degenknauf. Da wurde er sehr unwillig, daß ich mir wehgetan hatte, zog den Degen aus der Scheide und warf ihn mit einer unbeschreiblichen Bewegung weit von sich." — Diese beiden Begebenheiten lassen genau erkennen, welche Gefühle Ludwig XIV. in der ersten Zeit seiner Liebe zu Maria Mancini bewegten: heißspornige Ritterlichkeit mit einer kleinen Dosis eitlen Ruhmes.

Während des Winters nach diesem Feldzug fanden in Paris und am Hofe zahlreiche Festlichkeiten statt. Der König, als glänzender Tänzer und Kavalier, tat sich besonders auf den Bällen und in den zur Aufführung kommenden Balletts hervor. Auch das trug dazu bei, die ehrgeizigen Pläne, die Maria zu Beginn des Abenteuers gehegt hatte, in Liebe zu verwandeln. Immer aber beherrschte sie noch der Ehrgeiz. Sie wollte absolut Königin sein, wollte den Kardinal demütigen, der sie hart behandelte, wollte Olympia und Hortensia erniedrigen, die sich allzuviel auf ihre bereits geschlossenen oder in Aussicht stehenden großen Heiraten einbildeten. Kurz, Aschenbrödel wollte sich an ihren Schwestern rächen.

Da, im Jahre 1658, trat ein Ereignis ein, das die Gefühle der beiden Liebenden ungemein vertiefte. Nach der Schlacht an den Dünen von Calais erkrankte der König, und es war nicht das Verdienst seiner Ärzte, daß er damals mit dem Leben davonkam. Schon war am Hofe alles in Bewegung um den Herzog von Anjou, den einzigen Bruder des Königs und etwaigen Nachfolger. Wie groß muß die Angst gewesen sein, die Maria unter diesen Umständen ausstand! Starb der König, so waren alle ihre Zukunftsträume dahin. Mit Schaudern dachte sie daran. Solange ihr Freund in Lebensgefahr schwebte, „weinte sie bittere Tränen", berichtet Fräulein von Montpensier. Natürlich erfuhr Ludwig, sobald er wiederhergestellt war, von der schrecklichen Verzweiflung seiner Geliebten. Das war ja die Hingebung, die Liebe, die stärker als der Tod war, das war das vollkommene Vertrauen zu einem anderen Wesen, das er so heiß ersehnte und sein ganzes Leben lang in vielen anderen Liebschaften suchen sollte! Und so liebte er dieses häßliche, kluge Mädchen, weil er meinte, sich ihm ganz vertrauen zu können. In gegenseitiger Begeisterung entflammten sie sich und liebten sich schließlich beide, weil sie sich geliebt fühlten oder es wenigstens meinten. Und das war vielleicht der schönste Augenblick ihrer Liebe.

Ende des Herbstes und den ganzen folgenden Sommer hindurch sahen sie sich ununterbrochen in Fontainebleau. Feste folgten auf Feste: Ausflüge in den Wald, Balletts, Bälle, Fackelzüge am Kanal, Picknicks auf dem Wasser unter den sanften Klängen der Geigen. Mehr als einmal werden sich die Liebenden in den dunklen Gebüschen verloren und ihre Namen in die Rinde der Buchen geritzt haben!

Plötzlich tritt eine zum Glück verhinderte Katastrophe ein: die Reise des Königs nach Lyon. Wie man sagt, handelte es sich um eine Heirat mit der Prinzessin Margarete von Savoyen. Aber es war nur eine List des Kardinals, der dadurch den Neid der Spanier erregen und sie veranlassen wollte, Ludwig XIV. die Hand der Infantin anzutragen. Es ist sehr wahrscheinlich, daß der König im Innersten seines Herzens die Liebe zu Maria und die politische Notwendigkeit einer Heirat mit einer Prinzessin vollkommen nebeneinander bestehen lassen wollte. Wie in den Romanen waren es in seinen Augen zwei sehr verschiedene Dinge. Maria jedoch dachte anders. Ihr lag durchaus daran, den König zu heiraten, und als die savoyische Verbindung auf dem Plan erschien, verhehlte sie ihm nicht ihren Unwillen darüber. „Wie, Sie schämen sich nicht, eine so häßliche Frau zu heiraten?" sagte sie. Und ohne es zu wollen, förderte sie dadurch die Heirat mit der Infantin. Die Verbindung mit der savoyischen Prinzessin kam aber doch nicht zustande.

Von neuem brach die Leidenschaft der beiden Liebenden durch. So lange sie in Lyon weilten, trennten sie sich nicht einen Augenblick. Jeden Abend begleitete der König das junge Mädchen in ihre Wohnung. Man unternahm Mondscheinpromenaden auf der Place Belcour, oder fuhr die Ufer der Saône entlang, wobei der König die Ritterlichkeit soweit trieb, daß er den Wagen der Geliebten selbst lenkte. Man schwor sich ewige Liebe. Maria war selig. Nun war sie sicher, daß sie Königin von Frankreich werden würde. Ihr Geliebter hatte ihr sein königliches Wort gegeben.

Und in diesem wie bis zum letzten Augenblick meinte er es aufrichtig. Denn hätte man ihn tun lassen wie er wollte, er würde sicher Maria Mancini geheiratet haben. Er besaß keinerlei Standesvorurteile, sondern war eigentlich ein Mensch für Klassengleichheit. In seinen Augen unterschieden sich, abgesehen von ihm selbst, die übrigen Menschen durch nichts voneinander in ihrer Durchschnittlichkeit. Und schließlich befand er sich ja auch noch im ersten Feuer seiner Jugend. Er ließ weder eine Hemmung seiner Leidenschaft noch eine Einschränkung seiner Freuden gelten. Hatte doch die Königin von Schweden ihm damals, als sie bemerkte, daß er in die Italienerin verliebt war, einen sehr schlechten Rat ins Ohr geflüstert. „Heiraten Sie eine Frau, die Sie lieben," hatte sie gesagt. Und er, der Maria Mancini leidenschaftlich liebte, fand das ganz in der Ordnung.
Es hieß also das Wagnis unternehmen. Sofort nach der Abreise der savoyischen Prinzessin wurden die Unterhandlungen zur spanischen Heirat angeknüpft. Als Anhänger der spanischen Verbindung setzten der Kardinal und die Königin den Plänen der beiden Liebenden natürlich den größten Widerstand entgegen. Mazarin wünschte seine Nichte nicht zur Königin von Frankreich, denn er wußte, daß sie ihn haßte, und Anna von Österreich, die mit Leib und Seele Spanierin war, sah nur in der Vermählung ihres Sohnes mit der Infantin einen Ausweg, den Krieg mit Spanien zu beenden. Sie stellten beide dem König vor, was es bedeute, eine Frau aus Bürgerkreisen, eine Ausländerin wie Maria Mancini zur Gattin zu nehmen. Erstens würde man sich damit an allen Höfen Europas lächerlich machen, zweitens sei es eine grobe Beleidigung gegen Frankreich, die in der ganzen Welt Widerhall fände, ferner hieße es, das ganze Volk wie zur Zeit der Fronde empören, und den französischen Prinzen würde es zum Vorwand dienen, ihre Ruhestörungen von neuem zu beginnen. Außerdem würde man dadurch Spanien aufs tödlichste beleidigen und den Krieg ins Endlose hinausziehen, der doch bereits so schwer auf beiden Völkern laste.
So hatte der unglückliche Liebhaber den Widerstand zweier Staaten gegen seine Neigung zu bekämpfen. Er war aber

bereits ein viel zu guter Politiker, um nicht einzusehen, wie wertvoll alle diese Einwände für ihn waren, und in welch verwickeltes Liebesabenteuer er sich Hals über Kopf gestürzt hatte. Obwohl er sich den Anschein gab, vom Gegenteil überzeugt zu sein, so fühlte er nur zu gut, wie recht der Kardinal und die Königin hatten. Von diesem Augenblick an war es in seinem Innern beschlossen, Maria Mancini nicht zu heiraten. Nur seine verliebte Unvernunft wollte sich noch nicht in diesen Gedanken finden. Aus Ehrgefühl vertrat er gegen seine Mutter und den Kardinal hartnäckig seinen Standpunkt. Nur mit Gewalt konnte man ihm das Versprechen entreißen, die Infantin heiraten zu wollen. Innerlich jedoch rechnete er damit, daß die Verbindung nicht zustande kommen werde, denn er kannte die Kleinigkeitskrämereien und den maßlosen Dünkel der Spanier. Sie würden tausend Schwierigkeiten in den Weg legen.

Dieses doppelte Gewissen des jungen Königs ist ein höchst charakteristisches Zeichen. Man kann ihn weder der Lüge noch des Betrugs beschuldigen, denn er beugt sich vor der Notwendigkeit und willigt in die spanische Heirat, ist aber gleichzeitig überzeugt, daß diese Verbindung unmöglich stattfinden kann, und so hält er das Maria Mancini gegebene Versprechen. Und als er schließlich doch mit todestraurigem Herzen die Infantin heimführen und auf seine große Liebe, die tiefste, aufrichtigste, ja vielleicht einzige seines Lebens verzichten muß, da schwört er, im Herzen ewig der Geliebten angehören zu wollen. Immer wieder versucht er mit ihr die Beziehungen fortzusetzen, bis zu dem Tage, da er das Spiel Marias klar durchschaut und sich überzeugen muß, daß sie eine maßlos berechnende und ehrgeizige Frau ist, die nur nach seiner Krone trachtet. Auch dann noch zeigt er wahrhaft königlichen Edelsinn, der seinem Charakter zur größten Ehre gereicht. Bis zuletzt, ja bis zu seinem letzten Atemzuge bewahrt er seiner ersten und einzigen Liebe die größte Achtung. Trotz ihres Zerwürfnisses behandelt er Maria Mancini, die inzwischen die Frau des Connetable Colonna geworden war, mit der größten Rücksicht und Auszeichnung. Wie einer fremden Prinzessin gestattet er auch ihr, sich in seiner Gegenwart zu setzen und nennt sie „meine Cousine". Als sie nach Italien abreist, begleitet er sie bis zu ihrem Wagen. Maria und ihre Begleiterinnen saßen bereits reisefertig darin, als Ludwig nochmals an den Wagenschlag trat. Ein tiefer Seufzer entrang sich seiner Brust, aber er sprach kein Wort. Dann beugte er sich tief zum Fenster nieder, wie um Maria zu grüßen, die still vor sich hin weinte. — Dann fuhr der Wagen davon.

So endete der Liebesroman des Königs — beinahe keusch, wie der erste Liebestraum eines Jünglings. Als Maria zum erstenmal ihrem Gatten angehörte, war er sehr erstaunt, in dem so wenig unschuldigen und bereits in Liebesangelegenheiten so erfahrenen Mädchen eine Jungfrau zu finden. „Der Herr Connetable", schreibt die Schwester Hortensia, „hatte es nicht für möglich gehalten, daß die Liebe des Königs keusch gewesen war. Und er war so glücklich darüber, daß es ihm nichts ausmachte, nicht auch der erste im Herzen meiner Schwester gewesen zu sein." — Wenn dem so ist, so waren die langen nächtlichen Zusammenkünfte im Zimmer des Louvre, die einsamen Spazierritte auf der Landstraße von Lyon oder im Walde von Fontainebleau rein platonisch, ein ewiges Spiel zwischen zwei jungen verliebten Leuten, die nicht müde werden, sich immer und immer wieder zu sagen, wie leidenschaftlich sie sich lieben.

Darnach scheint der König nie wieder wahrhaft geliebt zu haben. Was er an Maria geliebt hatte, war ihre Hingabe und ihr Geist gewesen. Nun hatte ihn die Grausame für immer enttäuscht. Er glaubte nie mehr an die aufrichtige Liebe und Aufopferung seiner Mätressen, und möchte doch so gern daran glauben. Deshalb schließt er sich so eng an die La Vallière an. Aber er läßt sich mehr von ihr lieben, als daß er sie liebt. Immer möchte er, selbst bei dem flüchtigsten Liebesabenteuern aus einem edlen Gefühl heraus etwas von seinem Herzen hinzutun. Ein wenig Sentimentalität, ein paar Tränen und Rührszenen kann er nicht entbehren. So war er es von seiner Liebe zu Maria her gewöhnt. Aber noch etwas anderes lernte er, nämlich: daß Könige durchaus nicht, wie es seine Erzieher ihm beigebracht hatten, immer das tun konnten, was sie wollten. Sie gehören

dem Staate und müssen ihm nicht nur ihr ganzes Leben,
sondern auch ihr Herz zum Opfer bringen.

Einige Jahre später sollte Ludwig XIV. sich in einem besonders tragischen Fall dieses grausamen Opfers erinnern.
Wie Mazarin und seine Mutter ihm aus Staatsgründen das
Herz zerbrachen, so war auch er aus denselben Gründen gezwungen, das Herz seiner Kusine, Mademoiselle de Montpensier, zu brechen und ihr die Heirat mit Lauzun zu
verweigern. Ihm hatte man damals gesagt, „das Volk sei
dagegen", und nun wiederholte er das gleiche. Dabei durchmaß er das Zimmer mit großen Schritten und schrie fast:
„Fürsten müssen vor allem das Volk zufriedenstellen!" Und
so blieb der armen Prinzessin nichts weiter übrig, als diese
Liebe aus ihrem Herzen zu reißen. Weinend warf sie sich
ihm zu Füßen und sagte: „Sire, es wäre besser Sie töteten
mich, als mir dieses Leid anzutun." Darauf bekam Ludwig
so großes Mitleid, daß er neben ihr niederkniete und sie
küßte. „Lange hielten wir uns umschlungen," erzählt sie,
„Wange an Wange gedrückt, und der König weinte ebensosehr wie ich."

Da haben wir die wundervollste Rührszene. Der Sonnenkönig auf den Knien, Wange an Wange in Tränen mit
einer verzweifelten, unglücklichliebenden Frau, bemüht, sie
zu trösten. Diese Zärtlichkeit in seinem Wesen verdankte
er Maria, dem „Schenkmädel", die, ohne es zu wissen, das
weiche Herz ihres Geliebten erschlossen hatte.

Sechstes Kapitel

DES KÖNIGS GEHEIMNIS

Der Beginn der persönlichen Regierung. – Abschaffung des Premierministers. – König
von Gottesgnaden. – Er wird mit Frankreich vermählt. – Die unsichere Lage Frankreichs. – Der Scheinfrieden der Spanier. – Ludwigs XIV. Haß gegen die Spanier. –
Seine Ruhmesliebe und seine Vorsicht. – Er verbirgt seine Kriegspläne unter
einem frivolen Äußern. – Der Lebenskünstler.

ER IST ZWEIUNDZWANZIG JAHRE ALT, MÜNDIG,
seit langem zum König gesalbt und gekrönt. Sein Erster
Minister ist tot. Das Beispiel der italienischen Eminenz
hat ihn mehr noch als die mündlichen Unterweisungen gelehrt, wie man die Menschen regiert und einen politischen
Plan durchführt. In seiner tragischen Leidenschaft zu Maria
Mancini hat er sein Herz und seinen Charakter prüfen können. Er scheint nun reif zur Tat. Was wird er tun?
Lange schon legte er sich selbst diese Frage vor. Später,
in seinen „Memoiren" fragte er sich, ob er nicht einen
Fehler begangen habe, daß er nicht sofort die Führung
seines Staates selbst in die Hand nahm. „Wenn es aber ein
Fehler war," sagte er zu seinem Sohne, „so habe ich ihn
längst wieder gutzumachen versucht. Und ich kann Sie versichern, es geschah weder aus Schwäche noch aus Nachläs-
sigkeit meinerseits. Schon als ganz kleines Kind bereitete
es mir Schmerz, wenn ich von faulen oder von Schatten-
königen hörte. Mein größter Herzenswunsch ist, selbst wenn
ich mein Leben dafür hergeben müßte, im hohen Ansehen
der Welt zu stehen... Gleichzeitig aber begriff ich auch,"
fügte er hinzu, „daß meine ersten Handlungen entweder
den Grundstein zu diesem Ansehen legen oder es mich
hoffnungslos verlieren lassen konnten, und so strebte ich
mit innerem Drange danach, Ruhm zu erwerben. Nur kam
mein Entschluß etwas spät zur Ausführung. Ich unterließ
es indes nicht, mich im geheimen und ohne Zeugen auf
die Probe zu stellen. In meinem Innern überdachte ich alle
eintretenden Ereignisse und war dann voller Hoffnung und
Freude, wenn ich schließlich entdeckte, daß auch geschickte
und erfahrene Leute die gleichen Ansichten und Meinungen
darüber aussprachen, die ich anfangs selbst gehabt hatte. Nun

war ich innerlich überzeugt, daß ich nicht auf den Thron gelangt und ihm erhalten worden war, ohne die Mittel zu finden, recht zu handeln, was ich so heiß ersehnte... Kurz, es vergingen einige Jahre auf diese Weise. Da wurde ich durch den allgemeinen Frieden, durch meine Vermählung, durch den Tod des Kardinals Mazarin gezwungen, das längst Ersehnte und Gefürchtete nicht länger aufzuschieben."

Wiederum bemerken wir, wie bescheiden der König ist. Er glaubt nicht im entferntesten daran, daß er zum Regieren berufen ist, ohne etwas gelernt zu haben, und daß das Regieren eine so leichte Sache für seinesgleichen sei. Mit Furcht und Mißtrauen gegen sich selbst nimmt er die Leitung der Geschäfte in die Hand. Aber es hilft kein Zaudern. Er weiß, das Volk beschwört ihn, seinen Staat selbst zu regieren. Es soll also keinen Premierminister mehr geben. Das verkündet er mit lauter Stimme seiner Umgebung. Anfangs wollte man es nicht glauben. Sogar die Königin-Mutter behauptete, dieser große Eifer sei nur Strohfeuer; ein Beweis, wie wenig sie ihren Sohn kannte. Schon verbreiteten die neunmalklugen Höflinge, Leute, die glauben das Gras wachsen zu hören, das Gerücht, daß der damals in der Verbannung lebende Kardinal de Retz Mazarins Nachfolger werden würde. Inzwischen, so sagte man, beabsichtige der König, ihn zu seinem Gesandten am Vatikan zu ernennen. Um diesen tendenziösen Gerüchten sofort den Hals zu brechen, beeilte sich Ludwig XIV. den Kardinal zu zwingen, seinen Abschied als Erzbischof von Paris einzureichen, und bestimmte sofort einen Nachfolger für ihn. Jedenfalls hielt er ihn von der Hauptstadt fern, und von diesem Augenblick an war es klar, daß die Zeit der Premiers und geistlichen Minister vorüber sei.

Zu einem solchen Entschluß des zweiundzwanzigjährigen jungen Mannes gehörte ein Heldenmut, den man heute nicht genug bewundern kann. Unter dem alten Königtum waren die Premierminister dazu da, alle Fehler und alle Unbeliebtheit der Regierung auf ihre Schultern zu nehmen. Sie waren sozusagen die Blitzableiter für den König. Mehrmals hatte Ludwig XIII. heucheln müssen, alle Verantwortlichkeit für gewisse Maßnahmen, die dem Volke und den

MARIA MANCINI

Stich von R. Reyher

Großen des Reichs schimpflich erschienen, träfe Richelieu, obwohl der König sie im geheimen gutgeheißen hatte. Sein Sohn bewies demnach großen Mut, daß er sich selbst dem Haß und der Wut des Pöbels aussetzte und alle Gefahren seiner Stellung auf sich nahm.

Freiwillig tritt er also an seine Aufgabe heran. „Ich begann damit," sagte er, „meine Augen auf jeden einzelnen Teil meines Staates zu richten — und zwar nicht mit gleichgültigen Blicken, sondern mit den Augen des Gebieters. Und mit höchstem Erstaunen sah ich, daß es nicht einen einzigen Teil gab, der nicht verdient hätte, daß man eiligst Hand anlegte." Vor allem aber ging er mit seinem eigenen Gewissen ins Gericht. Er prüfte sich selbst. Er, auf dem alles ruht, wer ist er denn?

Er ist der König! Das heißt ein Ausnahmewesen, der Vermittler zwischen den Menschen und Gott, Verweser der göttlichen Gewalt. Die Mitglieder des Parlaments und die Protestanten (aus Opposition gegen den Heiligen Stuhl) erinnerten ihn beständig daran, daß er seine Macht direkt von Gottes Hand erhalte, und daß keine andere Gewalt als die Allmacht Gottes seine Untertanen von der ihm schuldigen Treue entbinden könne. Sie nannten ihn einen „leibhaftigen Heiland" einen „verehrungswürdigen Meister". Das alles vergißt man, wenn man davon spricht, wie unerhört hochmütig Ludwig XIV. gewesen sei. Man vergißt, daß das Volk es direkt verlangte, daß er sich für einen Gott hielt, um ihn gegen den Papst auszuspielen, der die gleichen Vorrechte für sich in Anspruch nahm. Wie der Papst und die Bischöfe so ist auch er Priester und geweiht, denn nachdem er zum König gesalbt worden war, hatte er nach der Krönung die Tunika, die Dalmatika und den Mantel angelegt, die symbolisch die „Kleidung der Diener der Kirche und das Meßgewand der Priester" darstellen. Wie Christus vollbringt er Wunder, berührt die Aussätzigen und heilt Kranke. Er ist ein Mensch, auf dem die furchtbarste Verantwortung lastet. Fünfundzwanzig Millionen Untertanen erwarten von ihm nicht nur, daß er für ihr Wohl sorgt, sondern auch für ihr Lebensglück und ihren Lebensgenuß. Er ist viel mehr ihr Vater, denn ihr Gebieter. Alle diese

Titel und Pflichten hatte ihm die Krönungsliturgie ins Gedächtnis gerufen. Besonders lebhaft erinnert er sich an einen der ergreifendsten Vorgänge dieser Feier, nämlich, als der Erzbischof von Laon ihm einen Ring an den Finger steckte und ihn „mit Frankreich vermählte". — „Dieser Hochzeitsritus", sagte ein Zeitgenosse, „symbolisiert die enge Gemeinschaft, die unsere Könige mit dem Staate eingehen, und wie ein Ehemann keine andere Liebe haben soll als zu seiner Gattin, so versichern auch unsere Monarchen öffentlich, daß sie ihre Untertanen lieben und in ihren Schutz nehmen wollen."

Unter allen französischen Königen nahm keiner das Symbol so ernst wie Ludwig XIV. Auch er hatte sich, wie seine Vorgänger, mit Frankreich vor dem Altar in der Kathedrale von Reims vermählt. Und unter den Ausgaben, die die Krönung verursachte, wird ausdrücklich der ›Diamantring zur Vermählung mit Frankreich‹ erwähnt. Da der Staatsschatz zu jener Zeit indes gerade leer war, hatte man von Anna von Österreich einen Ring leihen müssen, der ihr nach der Zeremonie wieder zurückgegeben wurde. Sein Lebenlang vergaß der Geliebte der La Vallière, der Gatte der Infantin und Tochter des größten Königs der Welt, nicht diese mystische Vermählung unter den Klängen der schmetternden Trompeten in der wundervollen Basilika. Hoch über seinem Kopfe rauschten die Flügel der losgelassenen Tauben unter dem hochgewölbten Dom, als wenn plötzlich die steinernen Engel der Kirche Flügel bekommen hätten und in den Lüften schwebten. Nun war er durch den herrlich funkelnden Diamanten mit Frankreich aufs innigste verbunden! Was waren dagegen seine Mätressen von Fleisch und Blut, was war seine leibliche Gemahlin? Seiner Ruhmesgattin hatte er sein Herz geschenkt ... Was wird nun dieser junge, noch im ersten Rausche seiner Mannbarkeit stehende Mann für diese Gattin tun, die gleichzeitig so anspruchsvoll und gefährlich ist?

Mit den Augen des Herrschers und des Geliebten betrachtet er die Lage Frankreichs der Welt gegenüber. Trotz einer langen Reihe von Siegen und des vor noch nicht langer Zeit geschlossenen Pyrenäischen Friedens, der ziemlich günstig für Frankreich ausfiel, scheint die Lage ebenso unsicher wie der Zustand Europas. Jedermann fühlt, daß dieser Friede nichts anderes als ein Waffenstillstand ist, der beim geringsten Zwischenfall gebrochen werden wird. Jedenfalls ist für Frankreich das große Problem, das seit zwei Jahrhunderten seine auswärtige Politik beherrscht, nicht gelöst. Seine Grenzen im Norden und Osten sind nicht geschützt, und seine Hauptstadt ist beständig bedroht. Im Süden haben die Franzosen wohl Roussillon, Conflent und die Cerdagne erworben, aber die ›Miquelets‹ Seiner Katholischen Majestät beunruhigen das Land, in dem der Adel und die Bauern sich gegen Frankreich verschwören. Die Franche-Comté, die, wie auch Flandern, noch zu Spanien gehört, ist wie Flandern ein Intrigennest, ein Mittelpunkt der antifranzösischen Propaganda. Das Elsaß gehört Frankreich nur dem Namen nach. Jedenfalls besitzt es nicht Straßburg. Lothringen bleibt seinem Herzog treu, den geschmeidigen und immer tätigen Karl IV. Zwar hat er keinerlei Macht mehr, aber vor noch nicht allzu langer Zeit — Ludwig weiß es noch genau — hat er ein Heer bis vor die Mauern von Paris geführt. Selbst im geschleiften Nancy hört Karl IV. nicht auf, mit Deutschland zu unterhandeln, um wieder in den vollen Besitz seiner Staaten zu gelangen.

Im Norden gehört Frankreich nicht einmal das ganze Artois. Es besitzt weder Dünkirchen, noch Lille, noch die hauptsächlichsten Städte von Flandern. Die in dieser Gegend von den Franzosen eroberten Plätze waren nur Vorposten, dazu bestimmt, später einmal den Vormarsch der Truppen zu stützen. Diese Tatsachen vergißt man immer, wenn man Ludwig XIV. eines maßlosen Ehrgeizes beschuldigt. In Wahrheit war er gezwungen, die sehr unsicheren Eroberungen, die man ihm immer wieder streitig machte, zu verteidigen und um jeden Preis zu vermehren, um dem Volke Ruhe und Frieden zu sichern. Weit entfernt, daß alles bereits fix und fertig war, als er die Staatszügel in die Hand nahm, lag noch die schwerste Aufgabe vor ihm. Er mußte das eroberte Gebiet erweitern, um es für immer zu behalten. Das erwähnt er ausdrücklich in seinen „Memoiren". Von seinem Regierungsantritt an ist er bemüht „sich bei seinen Untertanen durch seine Macht und auch durch seine Güte" Ansehen zu verschaffen und gleichzeitig den Vorwurf verstummen zu lassen, den man den Franzosen seit langem machte, „daß sie wohl zu erobern, aber nicht das Eroberte zu behalten verstehen."

Gewiß schien damals alles ruhig zu sein, und der König gab es auch zu. Der Deutsche Kaiser stand mit dem Türken im Kampfe, in England wütete die Revolution. Es war zwar Frankreichs Verbündeter, aber ein sehr bestechlicher und unzuverlässiger. Spanien aber, seit mehr als einem Jahrhundert der größte Feind Frankreichs, rüstete nicht ab. Es fügte sich nicht in den Pyrenäischen Frieden, der zwar nicht unvorteilhaft aber auch nicht gerade glänzend für die Franzosen war. Alle Augenblicke erhob Spanien Grenzschwierigkeiten, verhaftete die französischen Kuriere, belästigte die Kaufleute und die Reeder. An allen Höfen arbeiteten seine Diplomaten gegen Frankreich. Schließlich war es immer noch die reichste Nation der Welt, die, wenn es ihr einfiel, Heere dingen konnte. Dieses Antagonismus waren sich sowohl die Spanier wie die Franzosen bewußt. Es war ein Kampf auf Leben und Tod. Einer mußte das Feld räumen. Ehe man aber den Krieg mit Kanonen weiterführte, bekämpfte man sich mit Spottgedichten, Flugschriften und Karikaturen. Mit bitterem Groll erinnerten sich die Franzosen noch immer der Gefangenschaft Franz' I. in Madrid. Sie glaubten die Schande auslöschen zu müssen und hielten den Revanchekrieg gegen Spanien auch nach dem Frieden von Münster und dem Pyrenäischen Frieden noch lange nicht für beendet.

Mehr als ein anderer fühlte Ludwig XIV. die Ungeduld des Volkes, mit so anmaßenden Nachbarn abzurechnen. Er fühlte es um so mehr, als die Spanier ihn bei seiner Vermählung mit Abscheu und Verachtung erfüllt hatten. Schon als Kind war er außer sich, wenn seine Mutter vor ihm beständig ihr Land und ihre Familie rühmte. Schließlich empfand er den größten Widerwillen gegen seinen Onkel, die Katholische Majestät, und besonders gegen die Spanier selbst. Seine Kusine, Fräulein von Montpensier, erzählt uns eine sehr merkwürdige und amüsante Anekdote in bezug auf diese Abneigung. Es war auf der Reise nach Lyon, als noch nicht die Rede davon war, daß der König die Infantin heiraten sollte. Ehe der König den Wagen bestieg, stritt er sich mit der Königin-Mutter über die Größe des französischen und spanischen Königshauses herum und begann dann, zu mir gewendet: „Vor einigen Tagen hätte ich mich beinahe mit der Königin geschlagen wegen der Größe und Vornehmheit unserer beiden Familien." Darauf sagte die Königin: „Ja, es ist wahr. Aber wie soll man auch Ihren unglaublichen Dünkel ertragen?" Worauf der König erwiderte: „Ich habe einen guten Verbündeten in meiner Kusine, denn sie ist ebenso stolz auf ihre Abstammung wie ich." Und die Königin sagte: „Ihr seid einer wie die andere gleich hochmütig." Da mußte ich lachen, worauf der König zu mir sagte: „Nicht wahr, liebe Base, die vom Hause Österreich waren nur Grafen von Habsburg, während wir von den Königen von Frankreich abstammen?" Ich antwortete, es käme mir nicht zu, meine Meinung zu äußern und es wäre überhaupt schwierig, darüber zu reden. Das Haus Österreich sei groß und berühmt, aber es habe uns weichen müssen. — Da erwiderte der König: „Nun, wenn der König von Spanien und ich miteinander in Streit gerieten, würde ich ihn auch zum Weichen zwingen. O, wie froh wäre ich, wenn er sich mit mir schlüge, damit der Krieg endlich ein Ende fände. Aber er wird sich hüten. Von dieser Rasse tritt keiner zum Zweikampf an. Karl V. wollte sich niemals mit Franz I. schlagen, obwohl der ihn dringend dazu aufforderte." Tausenderlei solcher Geschichten erzählte Ludwig auf die angenehmste Weise. Seine Mutter indes meinte: „Obwohl wir nur scherzen und Sie sich nicht im Ernst mit meinem Bruder schlagen wollen, so liebe ich solche Reden nicht. Sprechen wir von etwas anderem."

Und da soll noch einer sagen, Ludwig XIV. habe keine Geschichtskenntnisse besessen! Zum mindesten wußte er, daß er die Schmach zu rächen hatte, die man einem seiner berühmtesten Vorgänger angetan hatte. Auf alle Fälle geben Stellen, wie diese, zu denken. Man kommt schließlich zu der Überzeugung, welch nationaler König Ludwig XIV. war, und daß er den Ruhm seines Volkes fast ebenso wie seinen eigenen liebte.

Ruhm! Welcher Dichter hat leidenschaftlicher davon gesprochen als er? Der berühmte Ausspruch in des Königs „Memoiren" ist bekannt: „Die Ruhmesliebe ist ebenso zart, ja ich wage zu sagen, ebenso schüchtern wie die allerzärtlichste Liebe... So glühend ich wünschte, mich hervorzutun, so sehr fürchtete ich, irgendeinen Fehler zu begehen. Und da ich die Schande, die jeder begangenen Dummheit folgt, als ein großes Unglück betrachtete, gebrauchte ich in meinem Verhalten lieber äußerste Vorsicht." Da haben wir die ganze Denkungsweise des Königs! Er gebraucht die äußerste Vorsicht! So sehr es ihn auch drängt, zu handeln und den Wunsch seines Volkes zu erfüllen, seinen Ruhmesdurst und alle persönlichen Wünsche zu stillen, so will er Frankreich doch nicht in unbesonnene Abenteuer stürzen. Übrigens lechzt das Land, in dem der Krieg seit fast einem halben Jahrhundert wütet, nach Ruhe und Frieden, wie groß auch der Wunsch sein mag, die spanische Gefahr aus dem Wege zu räumen. Deshalb verhält Ludwig XIV. sich auch ziemlich lange ruhig. Zuerst muß er seinen Untertanen etwas Erleichterung schaffen, das ist in seinen Augen das Allernötigste. „Was mir bei dieser ‚Privatmusterung' inner- und außerhalb meines Staates am meisten zu Herzen ging und meinen Geist am lebhaftesten beschäftigte, war die Erkenntnis, in welch erschöpftem Zustand mein Volk sich nach den ungeheueren Lasten befand, die es zu tragen hatte... Ich unterließ daher nicht, sofort drei Millionen auf die Kopfsteuer des nächsten Jahres zu erlassen, überzeugt, daß ich nicht besser beginnen könne, das Land zu bereichern, als wenn ich verhinderte, daß meine Untertanen dem Ruin verfielen, der sie so nahe bedrohte."

Der erste Gedanke dieses „herzlosen Tyrannen" also war, seinem Volke Erleichterung zu schaffen. Nichtsdestoweniger aber muß ein Herrscher soviel als möglich um des Volkes Sicherheit und Wohlfahrt besorgt sein. Zu diesem Zweck jedoch ist ein Krieg unvermeidlich. Man kann sich nicht früh genug darauf vorbereiten. Ludwig XIV. versucht daher sofort, Geld und Truppen zu sammeln, um Krieg führen zu können. Alles aber geschieht unauffällig, um nicht den Feind darauf aufmerksam zu machen. Will man, daß das Unternehmen gelingt, so muß man es bis zum letzten Augenblick geheimhalten. Und so bemüht sich der König, seine Kriegspläne unter einem frivolen Äußern zu verbergen. Wer nicht um das Geheimnis weiß, meint, er sei vor allem mit galanten Abenteuern, Mätressen, Pferden und Hunden, Paraden, Bällen, Balletts, ländlichen Festen, Illuminationen und Feuerwerken beschäftigt. In Wirklichkeit aber kreuzen sich tausend Pläne in seinem Gehirn. Er tut, als stürze er sich Hals über Kopf ins Vergnügen, während er in Wahrheit an ganz andere Dinge denkt.

Übrigens eignet er sich wunderbar zu dieser Rolle. Er ist von Natur aus sinnlich und genußsüchtig. Er liebt Pracht, Luxus, herrliche Schlösser, alles Schöne. So beginnt er denn das Leben zu genießen, das ganze volle Leben, wie es ein Souverän jener Zeit verstand, wenn er Sinn für Schönheit und Größe, für alle Freuden der Welt besaß. Ludwig dachte an die Lehren des Kardinals, an die wunderbare Lektüre mit Maria Mancini. Tief in seinem Innern aber liegt sein Geheimnis verborgen, das er für die Zukunft aufspart. Ehe er für den Ruhm lebt, will er sich ganz dem Genusse der Sinne hingeben, in Reichtum und Glanz leben.

DRITTER TEIL

DAS GENUSSLEBEN

Der König würde alle Frauen für Versailles hergeben.
Correspondance de Bussy - Rabutin.

DIE PLÄNE DES KÖNIGS

DIE STRENGKATHOLIKEN, DIE ZU BEGINN DER REGIE-
rung des Königs es so heiß ersehnten, daß der Enkel Ludwigs des Heiligen nach diesem berühmten Vorfahren gerate,
wurden in der Folge grausam enttäuscht. Gewiß, keiner
zeigte sich des Titels „Allerchristlichster König" würdiger
als der Sohn Annas von Österreich. Seine Frömmigkeit
war aufrichtig, tief und ernst. Dennoch besaß er nichts von
einem Ludwig dem Heiligen. Es bestand sozusagen nicht
die geringste Gemeinschaft im Charakter dieser beiden Könige derselben Linie. Ihr Niveau war grundverschieden. Auf
den ersten Blick scheinen die Gedanken Ludwigs XIV. durchaus nicht gen Himmel gerichtet. Im Gegenteil, er hatte,
um mit Nietzsche zu reden, ein ausgesprochenes „Erdge-
fühl". Kein Herrscher war so überzeugt wie er, daß sein
Reich von dieser Welt, aber auch nur von dieser Welt war.
Und gerade deshalb nahm sich dieser Wollüstige, dieser
Liebhaber von Gärten, Schlössern und allem Schönen
kühnentschlossen vor, aus der Welt und besonders aus
seinem Königreich alles, was es ihm an Schätzen, Überfluß
und Genüssen bieten konnte, herauszuziehen. Man klage
ihn nicht voreilig des Egoismus an, denn er wünschte diesen
Überfluß und alles materielle Glück vor allem seinem Volke
zuteil werden zu lassen. Niemals hat dieser Übermensch
sein Geschick von seinem Staate getrennt. Ein von Lebrun
für ihn entworfener Wandteppich, auf dem der Sommer
mit all seinen Früchten und reifen Feldern dargestellt ist,
trug die lateinische Devise: „Viae melioris in usum." Dieses
bessere Leben wünschte der König seinem ganzen Lande.
Für ihn und für alle sollte es ein Leben der Freude und
Wonne sein. Daß er das von ganzem Herzen wünschte und
erstrebte, geht nicht nur aus seinem Verhalten deutlich her-

vor, sondern auch aus allen Erklärungen, die seine Minister abgaben und aus allen allegorischen und symbolischen Darstellungen der Künstler und Schriftsteller jener Zeit. Unter tausenden von Zeugnissen lohnt es der Mühe, die Aussagen des braven André Félibien einer Betrachtung zu unterziehen. Er kannte Ludwig als Genießer von Festen und eines verschwenderischen Lebens am besten, und doch kommt er, nachdem er das Symbol des sommerlichen Wandteppichs erklärt hat, zu dem Schluß: „So ist Seine Majestät Frankreich geschenkt worden, um seine Bewohner so glücklich zu machen, wie noch nie."

Um diesen Traum eines glücklichen Lebens zu verwirklichen, hatte Ludwig XIV. sich schon sehr früh einen festgesetzten Plan zurechtgelegt. Taine, der die Fähigkeiten des napoleonischen Gehirns in einem einzigen Wort zusammenfassen wollte, verglich es mit einem großen Folianten, den er Napoleons „Atlas", eine Sammlung von Plänen, Landkarten, Zeichnungen nannte, ein ungeheures Repertorium alles Wissens, aller Ideen und Absichten, die in diesem gewaltigen Geiste aufgespeichert waren. Ebenso könnte man von einem „Atlas" Ludwigs XIV. sprechen. Die Wißbegierde des Königs, seine Sucht, alles zu kennen, seine persönlichen Erfahrungen, seine tiefe Kenntnis aller Zweige der Verwaltung und der Staatsgeschäfte, endlich die kluge und beständige Mitarbeit von Fachleuten erster Ordnung — das alles gestattete Ludwig XIV., seinem „Atlas" ungeheure Ausdehnung zu verleihen. Von ihm gingen alle Ideen aus, wie auch alle Geschäfte in seinen Arbeitskabinetten zusammenliefen. Es ist sogar sicher, daß Ludwig einen weiteren wissenschaftlichen Horizont hatte als Napoleon, dessen Geist den Künsten und der Literatur nahezu verschlossen blieb. Ludwig XIV. hingegen verstand sich wunderbar darauf. War er wirklich der König der Sprache, wie der Abbé de Choisy ihn nennt? Man müßte ihn gehört haben, um darüber urteilen zu können. Eins jedoch ist sicher: er war der erste Kunstliebhaber, Kunstkenner und Künstler seiner Zeit!

Während dieser ersten „Untersuchung aller Teile des Staates", die er nach dem Tode Mazarins vornahm, und die er uns selbst in seinen „Memoiren" überliefert hat, entwarf

er zweifellos einen allgemeinen, wenn auch nur flüchtigen
Plan von Reformen und Neuerungen. Das erste, was er
tat — es ist bereits gesagt worden aus welchem Grunde —,
war, den Reichtum und Wohlstand seines Volkes zu vermehren. Mißgeschick aller Art und vor allem die Notwendigkeit der Kriege zwangen ihn bisweilen, seine Pläne ein-
zuschränken, ja sogar manchmal ganz fallen zu lassen.
Aber seit er zum erstenmal als Herrscher an dem geöff-
neten Fenster seines Arbeitszimmers im Louvre nachdachte
und seine Blicke den schönen Fluß, die prachtvollen Gebäude an den Ufern streifte, als er die breiten Kais vor
sich liegen sah, auf denen Waren aus aller Herren Länder
aufgestapelt waren, da schon träumte er davon, sein und
seines Volkes Leben zu einem ununterbrochenen Feste zu
gestalten.

*

Es galt, Frankreich gleich anfangs davon zu überzeugen,
daß es reich sein müsse. Und in diesem Punkte verstanden
Ludwig XIV. und sein Minister Colbert sich ausgezeichnet.
Zum mindesten war es nötig, daß die Franzosen das Bewußtsein ihres Wohlstandes oder wenigstens Aussicht darauf hatten. Der König kannte sein Land sehr genau, denn
er durchreiste es kreuz und quer, nicht nur einmal, sondern fortwährend bis ins hohe Alter. Keins der französischen Staatsoberhäupter hat zu irgendwelcher Zeit Frankreich so gut gekannt, wie Ludwig XIV. Mit eigenen Augen
überzeugte er sich von der Fruchtbarkeit des Bodens, dem
Überfluß an Menschen und Naturprodukten. Frankreich
war damals das meist bevölkerte und am besten bebaute
Land Europas. Die Fremden staunten darüber. Um Spanien gleichzukommen, das mehr Gold besaß, brauchte
Ludwig nur das Bargeld in Frankreich zurückzuhalten und
das der Nachbarn hereinzuziehen. Auf das Gelingen dieses
Plans setzte er und Colbert große Hoffnung. Dem jungen
Herrscher schien alles erlaubt, denn es glückte ihm alles.
Er war der Erbe einer langen, anstrengenden monarchi-
schen Arbeit, die schließlich zur fast vollständigen Einigung des Reiches geführt hatte. Sie bildete Frankreichs

Stärke und wurde vom Ausland ebenso sehr bewundert und noch mehr beneidet wie seine Fruchtbarkeit. Außerdem stand Ludwig an der Spitze einer ausgezeichneten jungen Generation von Soldaten, Beamten, Gelehrten, Schriftstellern, Künstlern und Handwerkern. Alle diese „Jungen" verlangten sehnlichst danach, sich vor den Augen eines Herrschers auszuzeichnen, der, jung wie sie, ihre Hoffnungen und Träume teilte und in der Lage war, sie mit seiner Macht und klugen Teilnahme zu unterstützen. Zur Zeit der Vermählung des Königs, um das Jahr 1660, fühlte Frankreich sich wie neugeboren. Es war aus den schlimmsten Katastrophen siegreich hervorgegangen und befand sich nun in einer Art jugendlichen Rausches. Die jungen Männer waren stolz auf ihre Jugend. In seinen Gärten und Schlössern ließ Ludwig XIV. durch Maler und Bildhauer Statuen und Bilder, die die Jugend verherrlichten, als Symbole der Fruchtbarkeit aufstellen. Er wollte in Versailles nur jugendliche Statuen haben. Und das ganze Volk war dabei sein Helfershelfer. Man wußte, es stand eine lange Zukunft bevor, man verfügte über Eroberungsmittel, die früheren Zeiten unbekannt waren. Stolz verglich man sich mit den Alten, deren sicher überschätzte Kultur die Schulmeister aus Gewohnheit rühmten. Mit wahrer Wonne gab man sich für sehr „modern" aus und zählte gern die neuesten Erfindungen und Entdeckungen auf, durch die die Macht der Menschen verzehnfacht, ihre Kenntnisse erweitert und ihr Wohlstand vermehrt worden war. Dazu gehörte die Erfindung des Kompasses, des Schießpulvers, des Chronometers, des Spiegels, des Teleskops und Mikroskops und aller Art Maschinen. Ferner die Entdeckung neuer Länder, Indiens, Chinas, Japans, Nord- und Südamerikas, die nun dem Handel, dem Unternehmungs- und auch dem Forschergeist der Kultur- und Sittenhistoriker und der Philosophen offenstanden. Und nicht zu vergessen die völlig neue Richtung in Kunst und Wissenschaft. Auch das Schauspiel und die Dichtkunst suchten neue Wege.
Waren die Alten Erfinder gewesen, so wollte man es ihnen gleichtun und ebenfalls erfinden, ja Besseres erfinden als sie. Und nicht nur wollte man es besser machen als die Alten,

sondern auch besser als andere moderne Völker. Man wollte
Spanien und Italien in den Schatten stellen, die bis dahin
dem ganzen Europa als Vorbild in bezug auf Eleganz,
Schönheit, Verfeinerung der Sitten und Mode gedient hatten. In diesem Streben lag eine Sublimierung des Geistes,
ein Hunger nach Neuem, Unentdeckten, die bereits das
enzyklopädische Zeitalter ahnen ließen, nur viel nationaler,
französischer und vielleicht auch menschlicher. Denn jene
Neuerer waren durchaus keine Umstürzler. Die so sehr
mit dem Erdenleben verknüpften, an irdischen Genüssen
hängenden Menschen leugneten auch nicht Gott. Und so
kam in dem damaligen Frankreich ein Zustand der Aus-
geglichenheit zwischen Vernunft und Glauben, zwischen
nüchternen und mystischen Trieben der französischen Rasse zustande, wie man ihn nie wieder erlebte.
Mehr als ein anderer fühlte Ludwig XIV. diesen Rausch
des ganzen Volkes, dieses stürmische Verlangen nach Reichtum und Ruhm. Er selbst hatte ja den gleichen Drang,
und es wäre unverzeihlich gewesen, wenn er mit einem so
schönen Lande und einem solchen Volke nichts Großes
vollbracht hätte. Er erinnerte sich noch sehr gut an seinen
braven Kammerdiener La Porte, der ihm, als er klein war,
jeden Abend die Stelle aus Mézeray zu lesen empfahl: „Sire,
wollen Sie ein müßiger König sein?" — Nein, er wollte
nicht faul sein. Da er an sich selbst die höchsten Anforderungen in der Arbeit stellte, war er für das Volk alles
andere als ein Verführer zur Untätigkeit. Im Gegenteil
er war für die Franzosen unermüdlich anregend und belebend. Ja, man kann wohl sagen, daß Frankreich niemals
wieder zu so großen Arbeitsleistungen angespornt worden
ist, wie unter seiner Regierung.
Die großen Linien des königlichen Programms sind bekannt. Es lag Ludwig XIV. besonders daran, die noch inten-
sivere Bebauung eines an sich fruchtbaren Bodens vorzunehmen und zu den inländischen Erzeugnissen auch noch
ausländische hinzuzufügen. Aus fremden Ländern sollte
alles das bezogen werden, was in Frankreich nicht zu haben
war, wie Kolonialwaren und Gewürze: Kaffee, Tee, Chinarinde, Kakao. Dazu Porzellan, Bronzen und Lackwaren

aus China, Teppiche aus dem Orient. Später sollte versucht werden, alles nachzuahmen und selbst zu produzieren, schließlich sich ganz des Auslands zu entschlagen und, wie ein venezianischer Gesandter schrieb, „von allem, was es auf der ganzen Welt gab, das Beste zu nehmen". Auf diese Weise gedachte man zu Reichtum und Wohlstand zu gelangen, und das französische Volk konnte dann ein schwelgerisches Leben führen.

Bereits 1664 bot der König dem Hofe in Versailles mit dem „Feste der verzauberten Insel" ein Schauspiel, das diesen herrlichen Traum zu verwirklichen schien. Im Park des Schlosses waren zu einem Mahl im Freien Tische gedeckt, auf denen man das Seltenste und Kostbarste, was es an goldenem und silbernem Tafelgerät gab, bewundern konnte. Und dazu wurden die verschiedensten und erlesensten Leckerbissen aus aller Herren Ländern gereicht. Unter dem Kupferstich, der dieses Prunkmahl im Freien darstellt, ist zu lesen: „Festmahl des Königs und der Königinnen, an dem alle Gerichte und Gaben der Götter und der vier Jahreszeiten gereicht wurden". So trägt alles zur Freude des Königs und seiner Gäste bei. „Das Beste der ganzen Welt" — um mit den Worten des venezianischen Gesandten zu reden — wird ihnen von den Göttern dargeboten, die eigens ihnen zu Ehren vom Olymp herabstiegen.

Dieses großartige Genußleben verlangte indes auch größere, luftigere Räumlichkeiten. Die alten dumpfen französischen Wohnungen wurden heller. Man öffnete weit die Fenster, um die Welt zu beschauen, erweiterte Gärten und Parks und gab ihnen schöne Ausblicke in die Ferne. Im Innern der Häuser gab es mehr Bequemlichkeit, mehr Hygiene, oder, wie man damals sagte, mehr Reinlichkeit. Die einfache Lebensweise genügte der neuen Generation nicht mehr. Man sehnte sich nach Freuden und Genüssen. Man wollte Luxus treiben und ein Leben in Schönheit führen. Zum erstenmal fiel den Franzosen ein, wieviel Schönes die französische Landschaft bot, die viel abwechslungsreicher, viel üppiger und feiner als die italienische ist. Dazu hatte man Steine, Marmor und Holz im Überfluß. Diese

Schätze des französischen Bodens, die herrlichen Wälder, die großen Flüsse, den blauen Himmel machte man sich zunutze, schuf eine neue Kunst und gab dem Lande ein vollkommen anderes Äußere. Hatte Italien seine Paläste, so sollte Frankreich Schlösser im Überfluß haben. Überall sollte geschmackvolle Einheitlichkeit herrschen. Die zu engen mittelalterlichen Städte bekamen größere Ausdehnung. Um aber dies alles zu bauen, auszuschmücken, kurz, alles in Bewegung zu setzen, was zur Annehmlichkeit und Schönheit des Lebens beitragen konnte, brauchte man jene Menge Künstler und Handwerker, die nichts lieber taten, als unter den Augen eines Meisters zu arbeiten, der ebenso wie sie selbst für alles Schöne begeistert war. Es wurden Zünfte gebildet, die liberaler als die früheren waren und jedem offen standen. Mit dem materiellen Wohlstand waren Ehren und Würden verbunden, die Künstler und Handwerker in ihren eigenen sowohl als auch in den Augen des Publikums zu Ansehen brachten. Es entstanden königliche Akademien der Musik, der Malerei, der Bildhauerkunst, der Architektur, nicht zu reden von den vielen Kunsthandwerkstätten, die für den König im Louvre, in Saint-Germain, in Versailles und Marly während seiner ganzen Regierung hindurch beschäftigt waren. Und es waren nicht, wie heute, kasernenmäßige, mechanische staatliche Fabriken. Die Künstler arbeiteten wirklich mit dem König, und der König arbeitete mit ihnen. Er war der große Beseeler, oft auch der Inspirator. Länger als ein halbes Jahrhundert übte Ludwig XIV. das Amt eines Arbiter der Schönheit aus. Nie wieder ist er erreicht worden!
Endlich wollte er, als Höchstes von allem, das geistige Leben seines Volkes verbessern. Die Gelehrten sollten Gelegenheit haben, zusammenzukommen, ihre Ansichten und Entdeckungen gegenseitig auszutauschen, ihre Erfindungen zu verwerten. Vor allem aber sollte die französische Sprache, die Trägerin des französischen Geistes, und die feine geistige Lebensart gepflegt werden, ohne die selbst die besten Ideen von Schaden sein können.
So verschaffte Ludwig XIV. Frankreich ein Ansehen, das einzig in der Welt dastand. Aber das genügte nicht. Es

sollte auch von Sympathie und Bewunderung umgeben sein. Die Fremden wurden herbeigezogen, und der König wünschte, daß Frankreich ihnen außer den Annehmlichkeiten des Landes auch die Vorteile ihrer Heimat böte. Darin liegt bereits der Gedanke unserer heutigen Weltausstellungen. Aus Frankreich, besonders aber aus Paris den Mittelpunkt der Welt zu machen, das war sein einziger Gedanke. Perrault zitiert in seiner „Parallèle des anciens et des modernes" in bezug darauf einen sehr merkwürdigen Plan Colberts, den der König sicher gebilligt hat, jedenfalls stimmte er mit seinem ganzen Streben überein. Es war nämlich sein Lieblingswunsch, in dem endlich fertiggestellten Louvre eine Art „Völkerpalast" einzurichten. Es sollten verschiedene Säle nach dem Geschmack aller Völker der Welt gebaut und ausgeschmückt werden, „ein italienischer, ein spanischer, ein deutscher, ein türkischer, ein persischer, ein mongolischer, ein chinesischer. Und die Gegenstände, womit die verschiedenen Nationen ihre Schlösser ausschmücken, sollten nicht etwa in genauer Nachahmung hergestellt, sondern die ganze Einrichtung und alle ihr eigenen Bequemlichkeiten sollten aus den betreffenden Ländern selbst herbeigeschafft werden, so daß jeder Fremde das Vergnügen hätte, in Frankreich seine Heimat wiederzufinden, und daß alle Pracht der Welt in einem einzigen Palast vereinigt wäre".

Aber man wollte nicht nur die Fremden nach Frankreich ziehen, sondern auch zu ihnen kommen und sie durch Pracht und Reichtum bezaubern und in Erstaunen setzen. Man bemühte sich, die europäische Meinung günstiger für Frankreich zu beeinflussen, ihr die Richtung zu geben, die man wünschte, indem man jeden, der irgendwelchen Einfluß darauf hatte, durch Schmeicheleien zu gewinnen suchte und auch, im Notfall, mit Geld unterstützte. Man gab den Künstlern, Gelehrten und Schriftstellern Lebensrenten, bezahlte die größten Schulden irgendeines Grandseigneurs oder Ministers. Dadurch waren diese Leute dem König von Frankreich verpflichtet, waren seine Schuldner. Heute heißt es, „man bekommt Anweisung auf eine Bank"; früher sagte man, „man stellte die Freigebigkeit Seiner Allerchristlichsten

Majestät auf die Probe". Und in dieser Freigebigkeit lag eine gewisse Größe.

Dieses Blendwerk diente zweifellos dem Interesse Frankreichs. Selbst als Colbert in Rom das Bas-Relief der Trajans-Säule nachbilden ließ, tat er es nur mit einem politischen Hintergedanken. „Man muß nur bedenken," sagt Charles Perrault bei dieser Gelegenheit, „was es zu bedeuten hatte, auf einem Platz, wo Menschen aller Herren Länder täglich spazieren gehen, ein ungeheures Gerüst um eine sechsundzwanzig Fuß hohe Säule errichten zu sehen, auf dem zahllose Arbeiter emsig wie die Ameisen beschäftigt sind, während der Herrscher, für den sie diese Arbeit leisten, an der Spitze von hunderttausend Mann steht und allen Städten, die er angreift oder auch nur bedroht, Gesetze diktiert. Glauben Sie, sage ich, daß dieser Anblick, so angenehm er auch war, für die meisten Fremden nicht gleichzeitig schrecklich sein mußte und sie zu Betrachtungen veranlaßte, die für Frankreich hundertmal ehrenvoller waren als der Ruf, daß es sich auf die herrlichen Werke der Bildhauerkunst verstand?"

Aber die Reklame, die Ludwig XIV. ins Werk setzte, hatte nichts Aggressives an sich. Sie ging nur darauf aus, zu gefallen, mehr noch als zu blenden. Noch ein anderes Beispiel, das ebenfalls Perrault berichtet: Während des Krieges in Flandern verhafteten die Spanier einen französischen Kurier, der sicher Befehl erhalten hatte, sich verhaften zu lassen. Er war nämlich der Überbringer mehrerer Zahlungsanweisungen, worunter sich auch eine für die spanischen Schauspieler befand, die am französischen Hofe vor der Königin Komödie spielten. Man kann sich das Erstaunen des feindlichen Generals über eine so unerhörte Ritterlichkeit vorstellen. „Welches Gesicht, ich bitte Sie, mag der General gemacht haben, der wußte, daß seine Soldaten halb nackt herumliefen, während der Fürst, den er zu bekämpfen hatte, die spanischen Komödianten bezahlte, die er nur um der Königin willen zurückgehalten hatte unter der Bedingung, daß sie niemals ihre Stücke aufführten."

Dem Volke nützlich zu sein, Frankreich zu dienen, war das eigentliche Ziel, das Ludwig XIV. bei allen diesen verschwenderischen Ausgaben verfolgte. Das persönliche Ansehen des Herrschers trug zu dem Triumphe seiner Waffen bei, und das Genußleben, das er führte, verschaffte einen höheren Begriff von seiner Macht. Um diesen Traum zu verwirklichen, schuf er ein neues Leben, verbesserte und verschönte es, bis alles den Stempel seiner Künstler und seines eigenen Geistes trug. Auch die Menschen zwang er in seine Gewalt und verstand es, sie für sich arbeiten zu lassen, und steigerte bis ins Heroische ihre schöpferischen Fähigkeiten. Deshalb wollte er auch um sich herum nur Bilder der Tapferkeit und Schönheit haben. Wenn er in seinen Gärten von Versailles oder Marly mitten unter den mythologischen Statuen spazieren ging, die die herrlichen Rasenbeete und Terrassen belebten, konnte er wohl mit seinen Dichtern meinen, er habe wirklich den Olymp auf die Erde herabgezaubert.

Achtes Kapitel

DIE ORGANISATION DES MODERNEN LEBENS

Ludwig XIV. als geistiger Arbeiter. — Der König als Sportliebhaber. — Das Leben auf
seinen Landschlössern. — In Marly und Saint-Germain. — Des Königs Gestüte. — Seine
Reisen. — Ludwig XIV. als Neuerer der Wohnungshygiene. — Der alte Louvre. — Das
neue Schloß Saint-Germain unter Ludwig XIV. — Die hängenden Gärten. — Die Blu-
menpracht in den Schlössern. — Die prachtvolle Inneneinrichtung. — Der moderne Tafeldienst. — Die Feste. — Der verfeinerte Lebensstil. — Der Tag des Königs.

DER WOLLÜSTLING IST ALSO IM GRUNDE GENOMMEN
ein sehr tüchtiger Arbeiter. Nur aus Staatsgründen glaubt
er seine Arbeit geheimhalten zu müssen, wie er auch seine
Kriegsvorbereitungen verbirgt. Wiederum ist es ihm auch
nicht unlieb, wenn seine Höflinge ihn bei der Arbeit wissen,
während sie vielleicht ihre Zeit beim Kartenspiel oder im
Theater verbringen. Seine Arbeit soll indes das Leben am
Hofe nicht verdüstern. Noch glaubt man übrigens in seiner
Umgebung nicht daran, daß der junge König, der tausend
verliebten Blicken ausgesetzt ist, ernsthaft und lange die
harte Aufgabe der persönlichen Regierung seines Staates
durchführen kann. Er aber hält trotz aller unliebsamen
Voraussagungen standhaft durch und legt sich selbst täglich
acht bis neun Stunden Arbeitszeit auf, in denen er die Berichte der Minister liest, sie mit seinen eigenhändigen Bemerkungen versieht, die umfangreiche Korrespondenz diktiert oder auch manchmal Briefe eigenhändig beantwortet.
Von den Herrschern wie von den Privatleuten fordert das moderne Leben einen täglich mehr und mehr anwachsenden und
erschöpfenden Fleiß- und Kräfteverbrauch. Auch die kräftige
Veranlagung Ludwigs XIV., seine „heldenhafte Natur", wie
sich sein Arzt Vallot ausdrückte, würde derartigen Anforderungen nicht genügt haben, wenn er nicht gleich anfangs zwischen seiner geistigen und körperlichen Tätigkeit
ein Gleichgewicht hergestellt hätte. Um einen solchen Ver-
brauch geistiger Kraft aufzubringen, mußte der animalische
Mensch in ihm durch Ausarbeitung und Bewegung in freier
Luft das Verlorene wiedergewinnen. Daher die Vorliebe
des Königs für alle Leibesübungen und besonders für das
Leben auf dem Lande. Dieser „Landjunker", wie man ihn

117

spöttisch nannte, ist im wahren Sinne des Wortes ein
„König der Lüfte" gewesen. „Er liebte sehr die frische Luft",
sagt Saint-Simon. Und Dangeau schreibt: „Ludwig dem Vierzehnten war nicht wohl, wenn er einen Tag mal nicht aus-
gehen konnte, und dieses Bedürfnis war noch stärker, wenn
irgendwelche Gedanken ihn quälten." Er liebte die frische
Luft dermaßen, daß er immer, trotz Kälte, Regen und
Staub, alle Wagenfenster herunterließ, wenn er reiste. Frau
von Maintenon, die sehr leicht fröstelte, konnte sich nicht
daran gewöhnen; sie reisten daher gewöhnlich getrennt.
Natürlich hatte der König das Bedürfnis, seine Lungen zu
weiten, den Kopf freizubekommen und seine Muskeln zu
strecken, wenn er aus den von Kerzen und Fackeln über-
hitzten Sitzungssälen, Kabinetten oder aus Räumen kam,
in denen die Luft durch eine Menge Menschen verdorben
war. Er brauchte Gärten mit weiten Rasenflächen, Terrassen, von denen aus man eine weite Fernsicht hatte und
reine Luft atmete, er brauchte die ungeheuren Parks und
herrlichen Wälder, in denen man den ganzen Tag jagen
und reiten konnte. Man denke sich diesen tätigen, lebhaften,
nach Luft und Freiheit gierigen Mann eingesperrt im Louvre
und dem ungesunden Paris des siebzehnten Jahrhunderts!
Er würde siech und elend und allen heimtückischen Seuchen
der Zeit verfallen gewesen sein. Das ist meiner Ansicht
nach der Hauptgrund, warum er fast sein ganzes Leben auf
dem Lande in Saint-Germain, Versailles und Marly verbrachte. Auf diese Weise führte er in Frankreich das Schloßleben ein, wie es ungefähr heute noch besteht. Gleichzeitig
war er auch der Gründer des modernen Lebens.

*

Im siebzehnten Jahrhundert erscheint das Leben auf den
Schlössern wie eine Erweiterung, eine Lüftung der engen,
eingekerkerten und nahezu erstickenden Lebensweise der
Menschen des Mittelalters. Man sehnte sich vor allem nach
Freiheit, und dann auch nach etwas mehr Gemütlichkeit.
Man wollte in seinem Heim ungezwungen leben, alle mög-
lichen Bequemlichkeiten und Annehmlichkeiten genießen,

von denen man bis dahin noch keine Ahnung hatte, oder die man von weit her holen mußte. Warum ein so modernes Staatsoberhaupt wie Ludwig XIV. sich so sehr nach dieser ungebundenen Freiheit sehnte, ist nicht schwer zu erraten: Sorgen, Geschäfte und Repräsentationspflichten lasteten auf ihm, und mit allen Kräften kämpfte er dagegen an, nicht dem automatischen Leben seiner Stellung zu verfallen. Es gehörte allerdings ein gewisser Mut dazu. Aber die modernen Historiker scheinen davon keine Ahnung zu haben, denn gewöhnlich stellt man sich den großen König als feierliche Königsmumie vor, die in den goldstrotzenden Salons von Versailles wie in einem prächtigen Mausoleum eingesargt ist, fest umwickelt von allen Bandagen der Etikette. Man hat es allzu wörtlich aufgefaßt, wenn Saint-Simon in übertriebenem Sinne von dem „Mechanismus" des Lebens des Königs sprach. Dieser Mechanismus ist gewiß nicht von Ludwig XIV. erfunden worden. Er war vor ihm da und fast ebenso kompliziert, als die Valois auf dem Thron saßen. Der König mußte ihn ertragen, aber er tat alles, um sich ihm so viel als möglich zu entziehen, schon um nicht selbst durch diesen Mechanismus zur Maschine zu werden. Sehr oft durchbrach er die maschinelle Etikette. Die Stunde der Tafel oder der Messe wurde entweder früher oder später angesetzt, je nachdem ihn die Sitzungen des Kabinettsrats oder der Aufbruch zur Jagd und die Abreise aufs Land in Anspruch nahmen.

Gleich nach der Mittagstafel, gegen zwei Uhr nachmittags, entschlüpfte der König gestiefelt und gespornt durch den Marmorhof, schwang sich aufs Pferd oder bestieg mit dem Jagdgewehr über der Schulter seinen Wagen. Zweimal in der Woche nahm er an der Parforcejagd teil, und fast täglich jagte er in seinen Parks. Er war ein außergewöhnlich guter Reiter und Jäger. Zur Zeit seiner Liebschaft mit der La Vallière legte er in einem Tag die Strecke von Versailles nach Fontainebleau zu Pferd zweimal zurück, wobei er über Vincennes und Saint-Cloud ritt, was nahezu 150 Kilometer Wegs ausmachte. Und im Alter hatte er noch so gute Augen und eine so sichere Hand, daß er niemals einen Fehlschuß tat.

Eigentlich waren es aber weder das Wild noch die Pferde, die ihn zu diesem Sport begeisterten. Einer der venezianischen Gesandten hatte ganz richtig beobachtet, als er schrieb: „Der König macht sich Bewegung aus Gesundheitsrücksichten. Er geht auf die Jagd, aber man merkt, daß es weniger aus Neigung als darum geschieht, einen freien Kopf zu bekommen und seine beginnende Körperfülle zu bekämpfen." Wirklich konnte Ludwig sich in solchen Augenblicken etwas absondern und einmal all den zudringlichen Fratzen der Hofleute entgehen, sich ausruhen und seinen Gedanken überlassen, besonders wenn er, wie Dangeau meint, „von irgendwelchen Ideen gequält wurde". Nur während dieser vier bis fünf Stunden am Tag oder auch einmal während eines halben Tages ein- oder zweimal wöchentlich gehörte er sich selbst. Sonst war er nur noch im Bett, hinter den zugezogenen Gardinen seines Alkovens Herr seiner Gedanken. Aber gerade hier überlegte er die großen Staatsangelegenheiten oder kombinierte er die großen Kriegsoperationen. Während des Spanischen Erbfolgekriegs wurde er von Alpdrücken und wüsten Träumen geplagt; er gestikulierte und sprach laut im Schlaf...

Es war ihm also, wenn er in seinen Schlössern auf dem Lande wohnte, hauptsächlich darum zu tun, sich in frischer Luft zu bewegen, seiner Gesundheit zu leben und seinen Gedanken freien Lauf zu lassen. Dennoch ist es nicht zu leugnen, daß ihm die Jagd, das Reiten und die Wagenfahrten außerordentliches Vergnügen bereiteten. Er jagte, wie jeder Jäger, um seine überschüssigen Kräfte zu verausgaben und seine Geschicklichkeit zu beweisen; ferner, um seine Beute zu zeigen und damit Geschenke zu machen. Er verteilte sie unter die Prinzessinnen und Hofdamen, die dann mit einer Reihe von Rebhühnern an ihrem Gürtel ins Schloß zurückkehrten. Auch liebte er es, als Schloßherr durch seine Parks und Gärten zu wandeln, bald vor dieser, bald vor jener Anpflanzung, vor diesem oder jenem neuen Gebäude stehenbleibend. Dabei unterhielt er sich gern mit seinen Architekten, seinen Unternehmern und Gärtnern. In solchen Augenblicken war er ganz einfach, gutmütig, ja sogar ungezwungen. Eines Tages ließ er sich sogar von Le Nôtre,

der von plötzlicher Begeisterung erfaßt wurde, im Laufe
einer Unterhaltung umarmen und küssen. Derselbe Le Nôtre
hatte allerdings auch, als er in Rom war, sich dem Heiligen
Vater in die Arme geworfen und ihn geküßt. Als ein Hof-
mann diesen Vorgang Ludwig XIV. erzählte und ihn für un-
glaubhaft hielt, sagte der König: „Warum nicht? Le Nôtre
küßt doch auch mich!"
Ein solches Schloßleben setzte natürlich auch die Leichtigkeit des Reisens voraus. Man kann nur dann auf dem Lande
leben, wenn man weiß, daß man sich jederzeit woanders-
hin begeben kann. Man macht Ausflüge in die Umgegend,
besucht einen Nachbar. Zu diesem Zwecke aber braucht man
Ställe mit guten Pferden, tadellose Wagen und gutunter-
haltene Straßen. Ludwig XIV. ist beständig unterwegs. Er
kannte fast alle Wege und Straßen seines Landes auswendig.
Abgesehen von seinen großen und längeren Reisen verging
keine Woche, in der er sich nicht nach Meudon, Saint-
Cloud, Marly, Rambouillet oder Saint-Germain begab. Gewöhnlich reist er zu Pferd, oder er sitzt allein in seinem
Wagen, teils aus Furcht vor dem indiskreten Geschwätz
seiner Begleiter, teils auch, um in Ruhe nachdenken zu
können. Sein großer und kleiner Marstall werden zur wahren Staatsangelegenheit, denn sie sind ungeheuer groß und
beinahe ebenso prächtig als das königliche Palais. Nichts
ist schön und gut genug für die Pferde des Sonnenkönigs!
Tragen nicht auch sie zur Göttlichkeit ihres Herrn bei?...
Aber zu diesen wunderbar schönen ausgesuchten Reit- und
Wagenpferden gehört auch eine Menge Fahrzeuge, vom
geräumigen Reisewagen, einer Art fahrenden Salons, worin man Karten spielen, essen und schlafen kann, angefangen bis zu dem Fahrstuhl, in dem der König, als er alt
und krank war, in seinen Gärten spazierengefahren wurde.
Es ist nicht zuviel gesagt, wenn man behauptet, daß durch
die Notwendigkeit, in der sich der Hof Ludwigs XIV. befand, beständig von Paris nach Saint-Germain, nach Versailles oder nach Fontainebleau zu reisen, die französische
Wagenfabrikation entstanden ist. Bis dahin hielten Italien
und Spanien in dieser Beziehung den Rekord. Seit Ludwig XIV. werden in Frankreich die bequemsten, prächtig-

sten, die am besten gefederten und schnellsten Wagen gebaut, was ohne seine Beihilfe niemals geschehen wäre, denn
er hatte den festen Willen, Frankreich auf jedem Gebiete
die erste Stelle einnehmen zu sehen. Sicher ist es seinem
persönlichen Beispiel zu danken, daß die Wagenfabrikation
so großen Aufschwung nahm, nicht nur in Paris, sondern
in ganz Frankreich. La Bruyère, der sehr oft spießbürgerliche Ansichten hat, scheint darüber empört zu sein, während Perrault als Moderndenkender, der sogar noch fort-
schrittlicher ist als der König selbst, bei dem bloßen Gedanken an alle diese Neuerungen frohlockt. „Unter Heinrich IV.", sagte er, „gab es in ganz Paris kaum zwölf Wagen — und was waren das für erbärmliche Kutschen! Heute
hat jeder wohlhabende Bürger einen Wagen." Damit die
Equipagen alle bequem fahren konnten, wurden neue Straßen angelegt oder die alten ausgebessert. Die stumpfsin-
nigste Provinz wurde auf diese Weise durch den tätigen
Antrieb Colberts und Ludwigs XIV. aus ihrem Schlaf ge-
rüttelt und neu belebt.

Natürlich hemmte der Krieg leider nur zu oft diesen Aufschwung. Die Straßen waren zum großen Teil miserabel,
die Wagen und besonders die Landkutschen in höchst ver-
nachlässigtem Zustand und äußerst primitiv. Man mache
sich nur mal ein Bild von dem damaligen Frankreich: bo-
denlose Straßen, umgestürzte oder im Schlamm stecken-
gebliebene Kutschen, schmutzige Gasthöfe voll Ungeziefer,
wo man zu sechs in einem Zimmer und manchmal auch
in einem einzigen Bett übernachtete! Doch beruhigen wir
uns: die nach uns kommende Generation wird sich genau
so über unsere Eisenbahnkatastrophen, die gefährdeten
Reisenden, unsere unhygienischen, schlecht geheizten und
schlecht beleuchteten Züge, unsere windig gebauten Palast-
hotels, das Gewirre auf unsern Straßen und über den furchtbaren Staub, in den sie gehüllt sind, lustig machen.

*

Ganz Neues aber schuf dieser genußsüchtige und moderne
Herrscher in der Kunst der Inneneinrichtung. Da er ent-

schlossen war, auf dem Lande zu wohnen, wollte er Luft, Licht und Wasser haben. Aus diesem dreifachen Grunde wählte er Marly und gab sowohl der Ästhetik wie der Architektur eine vollkommen neue Richtung.

Manche strenge Beurteiler werfen ihm vor, daß er den Louvre aufgab, um in Saint-Germain oder Versailles zu leben. Mit Unrecht. Denn erstens war der Louvre seit langem unbewohnt gewesen, als Ludwig XIV. mit Anna von Österreich ihn bezog, und zweitens bewies eine Menge bedauerlicher Beispiele zur Genüge, daß der König sich nicht weit genug entfernt von der Hauptstadt aufhalten konnte, wollte er nicht der Gnade oder Ungnade der Parteien ausgeliefert sein oder sich von dem leicht zu Aufruhr geneigten Pöbel gefangennehmen lassen. Renan fiel dieser Umstand sogar auch für die Regierungen des neunzehnten Jahrhunderts auf, die sozusagen der Pariser Volkspartei ausgeliefert waren. Er meint, die Hauptstadt oder vielmehr die Residenz der Regierungsgewalt müsse eine Mittel- oder Kleinstadt sein, die sich nicht weit vom Zentrum des Landes befände, wie zum Beispiel Bourges oder Poitiers, die gleichzeitig auch vor einer Invasion des Feindes und vor revolutionären Bewegungen der Großstädte geschützt wären. Ludwig XIV. zog gewiß alle diese Nachteile in Betracht, denn ihm waren die Zeiten der Fronde nur allzu lebhaft noch in Erinnerung. Nie verzieh er es dem Parlament und den Parisern, daß er gezwungen gewesen war, mit seiner Mutter und seinem Minister zu fliehen. Offenbar war das der tiefere Grund, warum er sich so wenig wie möglich in seiner Hauptstadt aufhielt. Außerdem muß in Erwägung gezogen werden, daß der Louvre damals nahezu unbewohnbar war und lange leergestanden hatte. Er bestand zu jener Zeit nur aus dem östlichen Hauptflügel, dem Apollosaal und einem nach der Seine zu gelegenen halb zerfallenen Nebengebäude. Der heutige große viereckige Hof existierte noch nicht. Dort lagen große Stein- und Schutthaufen, und es stand noch einer der ehemaligen Mitteltürme des alten Louvre. Nach allen Seiten hin, außer nach der Seine zu, war das Schloß von allen möglichen Gebäuden und Häusern eingeschlossen und von den Tuilerien getrennt. Eine übelriechende und schlecht beleumdete Straße führte an die Seine, wo sich heute die Colonnade befindet. Das Schlafzimmer des Königs war so dunkel, daß man am Tage nichts sehen konnte. Ludwig XIV. mußte sich auch in dem unvollendeten Schlosse äußerst beengt fühlen, denn nicht nur er und seine Frau bewohnten es, sondern auch seine Mutter, sein Bruder, der Kardinal, dessen Schwester und Nichten. Und jeder von ihnen hatte einen mehr oder minder zahlreichen Hofstaat. Außerdem war der Louvre damals von Wassergräben umgeben, die, sobald die ersten heißen Tage kamen, widerlich rochen und Krankheitsstoffe ausdünsteten. Dazu die verpestete Pariser Luft des übervölkerten, schmutzigen Hallenviertels: es war ein Gestank, von dem man sich heute keine Vorstellung macht. Jedenfalls genug Gründe — gar nicht von den ganz persönlichen zu sprechen —, um einen etwas empfindlichen Menschen aus der Stadt zu entfernen. Wenn man die Wahl hat zwischen dem mit hohen Steinmauern umgebenen Louvregarten, der durch die Nachbarschaft von Jauchengruben und verpesteten Gewässern mit dem abscheulichsten Gestank erfüllt war, zwischen diesem düstern Schloß ohne Ausblick und der schönen luftigen Terrasse von Saint-Germain, konnte man wohl keinen Augenblick darüber im Zweifel sein, welches von beiden man bevorzugte.

Saint-Germain selbst hatte keine anderen Vorzüge als eben die herrliche Lage, seine reine Luft und, was für einen Jäger und Verliebten am meisten in Betracht kam, die Nähe des Waldes. Chateau-Neuf, das heute zerstört ist, begann schon damals baufällig zu werden. Abgesehen von seinen herrlichen nach der Seine zu gelegenen Terrassen und Gärten war es übrigens ein sehr bescheidenes Gebäude mit nur einem Stockwerk. Auch das altertümliche und schlecht erhaltene alte Schloß bot nicht viel mehr Bequemlichkeit wie der Louvre, und daher beschloß Ludwig XIV., es zu seinem Gebrauch umzubauen und ein sehr modernes, äußerst prächtiges Schloß daraus zu machen. Das jetzige Gebäude erinnert nur noch sehr wenig an das Schloß Ludwigs XIV. Es hat etwas schulmeisterlich Strenges, Düsteres und ist nichts als ein schlechter Versuch, den französischen Renaissancestil wiederzugeben. Man bedauert nur, wenn man dieses Schloß mit seinen finsteren Sälen sieht, daß alle Veränderungen und Verschönerungen, die Ludwig XIV. darin vornahm, verschwunden sind.

Nach wenigen Jahren seines Aufenthaltes in Saint-Germain war aus dem alten Königssitz Franz' I. ein vollkommen modern eingerichtetes und ausgebautes Schloß geworden. Die Zeitgenossen waren begeistert. Was aber ganz besonders ihre Bewunderung erregte, waren die Terrassen, die Ludwig XIV. an den beiden nach dem Walde und nach der Seine zu gelegenen Hauptfassaden hatte anbringen lassen. Man nannte sie die neue Terrasse. Ein offizieller Besucher schrieb begeistert darüber an Fräulein von Scudéry: „Herr Lebrun führte uns auf diese Terrasse, und die ganze Gesellschaft war entzückt und erstaunt über die unvergleichlich schöne Aussicht. Jeder von uns glaubte sich in das alte Assyrien oder das alte Ägypten ... und in die berühmten hängenden Gärten versetzt ... Von dieser Terrasse aus gelangt man in das Zimmer des Königs, der sich gerade ankleidete ... Der Weg führte uns zwischen zwei Reihen Kirschlorbeerbäumen, zwischen Nelken, Jasmin und Tuberosen hindurch ...“

Derselbe Besucher, der ohne Frage das Echo des Herrn Lebrun ist, klärt uns in seinem Brief auch darüber auf, was der König vor allem in Saint-Germain suchte: Freiheit, das heißt Gemütlichkeit; das Recht zu leben wie er wollte, ohne von allen Seiten bewacht zu sein und ohne das Gewirr der Höflinge. Ferner die herrliche Lage, die weiten ausgedehnten Wälder, die grünen Ebenen, die sanften Hügel, die damals noch nicht wie heute von Fabriken verunstaltet waren. Ludwig XIV., der Herrscher, liebte seinen Blick über weite Gebiete schweifen zu lassen, als fühle er sich wohler beim Anblick der unbegrenzten Flächen. Das Gefühl seiner Größe wurde in ihm gehoben, denn sicher konnte man in Versailles oder in Saint-Germain einen höheren Gedankenflug haben als im Louvre. Ferner liebte der König unendlich die herrliche Lage. Ein Beweis, daß er dafür äußerst empfänglich war, ist, daß er sich auf der ma-

lerischsten Seite der Terrasse ein kleines Zimmer einrichten ließ mit der Aussicht auf den Garten von Chateau-
Neuf und auf die Türme von Saint-Denis. Von seinem
Arbeitszimmer aus betrachtete er die springenden Fontänen, die herrlichen Blumenbeete und das wogende Grün
des ungeheuren Waldes von Saint-Germain.
Er liebte die Blumen und ließ überall welche anpflanzen.
— Blumen, die stark dufteten, Blumen, die berauschten und
die Sinne benahmen, beinahe sinnliche Blumen, wie Jasmin
und Tuberosen! Er schmückte die Zimmer seiner Mätressen mit Blumen und ließ vor ihren Fenstern und Türen
Blumenbeete anpflanzen. Die Terrassen von Saint-Germain
waren ewige hängende Gärten. Auch exotische Sträucher
und Pflanzen liebte er, wie Rosenlorbeer, Zitronen- und
Orangenbäumchen. Besonders die letzteren galten als großer Luxus. Saint-Germain und Versailles waren damit über-
füllt. Ludwig hatte eine wahre Leidenschaft dafür. Mitten
im Feldzug in der Franche-Comté macht er sich Sorgen,
ob wohl die neugesetzten Orangenbäume in Versailles fort-
kommen würden. Und wie die Blumen, so liebt er auch
die Vögel. Überall hat er große Vogelhäuser, sogar im
Marmorhof von Versailles läßt er welche aufstellen . . .
„Es waren meist sehr seltene und aus fernen Ländern
stammende Vögel“, erzählt uns der gute La Fontaine, der
mit seinen Freunden Racine, Boileau und Molière vor der
königlichen Menagerie vor Freude außer sich war. „Was
ihnen aber am allermeisten gefiel, waren die numidischen
Jungfern und andere Reihervögel mit dem außerordentlich
langen Schnabel.“ — Der König liebte die Blumen wegen
ihrer schönen Farben und ihres herrlichen Duftes, die Vögel aber wegen ihrer lauten Lebendigkeit. Er liebte alles
Lebhafte und alles Farbenschillernde. Er brauchte anmu-
tige Tiere, Jugend, Leben und Freude um sich. Als Land-
edelmann will er auf seinen Schlössern von allen Annehmlichkeiten und dem größtmöglichen Luxus umgeben sein.
Er stellte die höchsten Anforderungen an seine Kunst-
handwerker, Landschaftsgärtner und Architekten. Vor allem verlangte er in den großen luftigen Räumen viel Licht,
hohe Decken, weite Fenster- und Türöffnungen, einen wei-

ten Ausblick. Ludwig XIV., der Sonnenkönig, braucht ebenso Licht, wie er Luft braucht. Ja man kann sagen, er brachte überall da Helle hinein, wo er einmal gewohnt hatte. Man braucht nur seine Schlösser mit denen der Renaissance zu vergleichen. Mit Versailles verglichen ist Blois ein düsteres Schloß mit kleinen Fenstern, niedrigen Türen und dunklen Gängen. Der dort lebende Prinz hatte beständig Angst, in seinen Zimmern von Mördern oder Aufrührern angefallen zu werden. Für Ludwig XIV. existiert eine solche Angst nicht mehr. Alles ist offen und weit. Luft und Licht dringen ungehindert durch die hohen Fenster in die durch Fresken und Goldverzierungen heiter gestimmten Salons.

Zu diesen schönen neuen Zimmern aber gehört auch eine moderne Einrichtung. Und der König ist ein ebenso guter Tapezierer und Schreiner wie Architekt und Gärtner. Gleich zu Beginn seines Aufenthaltes in Saint-Germain hat er es mit vollkommen neuen Möbeln ausgestattet. „Alle Wände und Decken", heißt es in dem Brief an Fräulein von Scudéry, „sind mit Kristall und Spiegeln bedeckt, die mit kostbaren Rahmen eingefaßt sind; das Gold ist der geringste Reichtum daran. Man geht auf Fußböden, deren Pracht des schönsten Domes würdig wäre. Es ist alles aus farbigem Marmor mit eingelegter Mosaik, oder auch das herrlichste Parkett. An allen Ecken und Enden stehen große silberne Vasen mit Blumen, silberne Pfeiler und Säulen mit Goldfiligran ..." Besonders verschwenderisch hatte man Silber verwendet. Man wollte Spanien damit in den Schatten stellen, das damals das reichste Goldland der Welt war, und da man Gold nicht erschwingen konnte, hielt man sich ans Silber. Die Kübel der Orangenbäume waren, wie auch alles Speise- und Trinkgerät, aus massivem Silber. In dieser ein wenig plumpen Reichtumsentfaltung lag etwas Parvenühaftes, womit die Spanier oft gefoppt wurden, aber auch Ludwig XIV. war nicht frei von diesem lächerlichen Aufwand.

Neben dem Luxusbedürfnis hatte er jedoch mindestens ebensoviel Sinn für Bequemlichkeit. Als Sommeraufenthalt soll Saint-Germain besonders frisch sein, und deshalb läßt er überall, wo es nur möglich ist, Brunnen und Fontänen anbringen. Im runden Zimmer im Eckturm, der zu den „kleinen Gemächern" gehört, befindet sich in der Kaminöffnung ein großes silbernes Becken, aus dem hundert kleine Fontänen springen, was im Sommer zur Erfrischung des Raumes beiträgt. In der Mitte des Mittelsalons, den man wegen seiner Felsendekoration die „Grotte" nennt, springt eine Fontäne und spiegelt sich in den Wänden und an der Decke wider, auf der ein kleiner Liebesgott gemalt ist.

Mit dem Reichtum und der Neuheit der Gemächer und ihrer Einrichtung stimmt auch eine reichbesetzte Tafel überein, obwohl Ludwig XIV. darin nicht gerade Exzesse beging, denn gewisse Menüs seiner Tafel erscheinen uns heute recht bescheiden und gewöhnlich. Man scheint bei Hofe mehr reichlich als raffiniert gegessen zu haben. Immerhin hatte der Tafeldienst im Vergleich zu dem vorhergehenden Jahrhundert schon bedeutende Fortschritte gemacht. Ebenso wie Blumen und Sträucher liebte Ludwig XIV. exotische Früchte und Gemüse: Schoten, Melonen, frische Feigen, Granatäpfel und Orangen. Unter der Leitung La Quintinies besaß der König einen Gemüse- und Obstgarten, der dem ganzen Lande zum Vorbild diente. Er hatte auch Konditoren, die besonders in bezug auf die Bereitung von Sorbets und anderen Eisgetränken und -speisen mit den Italienern und Spaniern konkurrieren konnten. Zu dem allem kam die außerordentliche Pracht des Tafelgeschirrs und eine Menge unbekannter Bequemlichkeiten, worunter hauptsächlich der Gebrauch der Wachskerzen in allen möglichen Arten: als Wandleuchter, Kronleuchter, Armleuchter und Kandelaber. Es war eine wahre Umwälzung in der Beleuchtung der Wohnungen und — woran man heute nicht mehr denkt — auch eine Umwälzung des ganzen gesellschaftlichen Lebens. Denn durch die Einführung der Wachskerzen hat Ludwig XIV. Abendgesellschaften und Feste glänzender gestaltet; man konnte sie sich auch öfter gestatten, weil sie weniger kostspielig waren. Man brauchte nicht mehr, wie das bisher auf den einsamen Edelsitzen Sitte war, mit den Hühnern zu Bett zu gehen. An Stelle der rauchenden und stinkenden Öllämpchen und Talglichter hatte man Wachskerzen. Damit konnte man den Spieltisch, den Gesellschafts-

LUDWIG XIV.

Gemälde von Simon Vouet

saal und auch den Salon anständig erleuchten. Auch dieser Fortschritt in der Beleuchtung war eine Umwälzung der Sitten.

Der „Sonnen- oder Lichtkönig" will in seinem Schloß natürlich auch das höchste Raffinement der Bequemlichkeit und „Hygiene" haben. Der Stuhl — man errät schon, welcher gemeint ist — war damals nicht nur ein großer Fortschritt, sondern auch ein großer Luxus. Man empfing Besuche auf ihm, ebenso wie man ein Klistier in aller Öffentlichkeit nahm. Klistiere und Nachtstühle waren damals außerordentlich beliebt. Wenn man die Liste des Kroninventars durchliest, wird man bestätigt finden, daß das Schloß von Versailles außer einem wahren Heer von Nachtstühlen auch eine ungeheure Menge von diskreten Gegenständen besaß, die in Frankreich zu jener Zeit noch sehr wenig verbreitet waren. Da gab es Badewannen, silberne Waschschüsseln und Wasserkannen, Löschhörner und Lichtputzscheren, silberne Bettflaschen, Schwammbehälter, Spucknäpfe — für den König einen aus vergoldetem Silber in Marly — und endlich kleine Parfümzerstäuber mit Griffen aus Ebenholz und Silber.

Das war für die Bequemlichkeit. Zur Freude der Augen und Sinne gab es Gartenfeste, Picknicks, Wasserfahrten mit Konzert, ländliche Tanzunterhaltungen, Bälle, Theater und Opern, Gondelfahrten, Spiele im Park — wie das Ringelspiel, das Kammerspiel, Schaukeln, Kämmerchenzuvermieten, Rutschbahn und wie sie alle heißen. Und wenn es regnete oder zu kalt war, spielte man Karten oder Lotterie oder musizierte in den Salons.

*

Der König war der große Veranstalter dieses ganzen Genußlebens. Seine Zeitgenossen lobten ihn entweder oder tadelten ihn deswegen, jedenfalls posaunten sie es in der ganzen Welt aus. Fénelon bezeichnet ihn in seinem „Examen de conscience sur les devoirs de la royauté", das nichts weiter als eine lange Anklagerede gegen Ludwig XIV. ist, geradezu als für die Sittenverderbnis verantwortlich. „Es gibt heute in Paris mehr sechsspännige Karossen, als es vor hundert Jahren Maultiere gab. Es hatte auch nicht jeder ein Zimmer für sich, sondern ein Zimmer mit mehreren Betten genügte für eine ganze Familie. Heute glaubt jeder eine geräumige Wohnung mit einer Flucht von Zimmern haben zu müssen. Ein jeder will einen Garten mit Springbrunnen, Statuen, ausgedehnte Parks oder Häuser besitzen, deren Unterhalt oft die Einnahme aus dem Ertrag des Bodens übersteigt. Woher kommt das? Nur durch das Beispiel eines einzigen!" Wohlverstanden ist damit der König gemeint. Nebenbei sei bemerkt, daß dieser tugendreiche Zensor in seinem Erzbistum in Cambrai offene Tafel hielt und auf fürstlichem Fuße lebte! Wie es scheint, war die Einfachheit nur für Versailles gut genug.

Wie indes schon Voltaire bemerkt, gehören derartige Ausfälle gegen den Luxus zur geistlichen Beredsamkeit. Der König sah in dem verfeinerten Lebensstil nur ein Mittel, die Arbeitskraft seiner Untertanen in Industrie und Handel anzuregen. Außerdem sagte er sich, daß er als unermüdlicher Arbeiter sich auch wohl dieses Vergnügen gestatten könne. Er hatte Zerstreuung nötig, um sich von den Verdrießlichkeiten der Geschäfte zu erholen. Schließlich war er ebenso genußsüchtig wie sinnlich; und zieht man noch seine Ruhmesliebe in Betracht, so hat man kaum den Mut, diesen jungen Mann zu tadeln, der sich vor keiner Aufgabe seines königlichen Berufs scheute und in allen jenen Vergnügungen nur die nötige Ruhe suchte, um große Dinge zu vollbringen.

Das Leben auf den Schlössern, wie er es organisiert und ersonnen hatte, war in Wirklichkeit nichts weiter als eine Folge von Veranstaltungen, die seine tägliche Arbeit vom Augenblick seines Erwachens am Morgen an bis zu dem Zeitpunkt, da er dem Diener den Leuchter übergab, um sich zu Bett zu begeben, angenehm unterbrach. Zu einer bestimmten Stunde am Morgen schlug der Kammerdiener leise die Fensterläden des königlichen Schlafzimmers zurück. Die Amme des Königs näherte sich seinem Bett und gab ihm einen Kuß, damit er aufwachte. Welch reizende Sitte! Und warum soll man von einem Tag, der mit einem, wenn auch nur fast mütterlichem Kuß beginnt, nichts Glückliches erhoffen!...

Darauf folgte die Messe, wobei stets eine Motette gesungen wurde, wie Saint-Simon sagt. Dann fand Mittagstafel mit Geigenmusik statt, wonach man sich entweder zur Jagd oder zu einer Spazierfahrt rüstete, oder man nahm das Vesperbrot im Park auf dem Rasen ein. In den Sälen schimmerte es von reichen Frauentoiletten, es wurde Komödie gespielt, die Zehn-Uhr-Soupers, bei denen wiederum die Geigen spielten, waren sehr berühmt. Dazu die Fülle an erlesenen Speisen und Früchten, der Reichtum des Tafelgerätes und die unvergleichliche Pracht der Umgebung! Sogar die ganz intimen Konzerte und Soupers des Königs waren zauberhaft. Frau von Sévigné, die einmal in die kleinen Gemächer der königlichen Mätresse eingeladen war, versichert uns, sie habe dort „Sphärenmusik" gehört.

DIE AUFSTELLUNG DER KULISSEN

Trianon. — Des Königs Vorliebe für schöne Bauten. — Seine Sparsamkeit und seine
Verschwendungssucht. — Sein Sinn für das Leichte, Graziöse, Vergängliche. — Ludwigs XIV. Einfluß auf die Kunst des siebzehnten Jahrhunderts. — Der König als Mä-
zen und Sammler. — Sein auserlesener Geschmack. — Versailles und seine Erbauer. —
Die herrlichen Wasserkünste der königlichen Schlösser. — Marly, das Zauber-
schloß. — Das Genußleben mit der Arbeit vereint.

WÄHREND DER SPANISCHE ERBFOLGEKRIEG WÜTETE,
das heißt in der traurigsten und beängstigendsten Zeit der
ganzen Regierung Ludwigs XIV., schrieb Frau von Maintenon an die Prinzessin von Ursins: „Wir befinden uns an
einem köstlichen Ort. Ich weiß nicht, gnädige Frau, ob Sie
Trianon zu dieser Jahreszeit gesehen haben...." Es war im
Juni, der schönsten Zeit für Versailles. Es mußte wohl ein
ganz besonderer Zauber über dem schönen Schloß liegen,
daß jene trockene und pedantische Person es bemerkte, und
besonders in einem solchen Augenblick. Trotz des vorgeschrittenen Alters des Königs, trotz aller Niederlagen
seiner Truppen und trotz der zunehmenden Frömmigkeit
ging das Genußleben weiter.
Zu diesem zauberhaften Dasein war indes auch ein seiner
und dem Ruhme des jungen Herrschers würdiger Rahmen
nötig. Das hatte Ludwig sofort gefühlt. Er begriff auch,
daß der von seinen Vorgängern errichtete architektonische
Rahmen nicht mehr den Anforderungen eines modernen
Lebens, das ganz auf Vergnügungen und Feste gestimmt
war, genügte. Die alten Schlösser waren für das mächtige
Frankreich und für seine eigenen ehrgeizigen Bestrebungen
nicht mehr gut genug. Wie schon gesagt, er hatte eine leidenschaftliche Vorliebe für prächtige Bauten. Er besaß dieselbe Leidenschaft dafür wie ein italienischer Edelmann
oder ein Pontifex oder ein römischer Kaiser. Ja, man kann
sagen, es war die größte Leidenschaft seines Lebens, ein
Gegengewicht für seine Sinnlichkeit und Galanterie, und
schließlich überwog sie auch diese. Während desselben grausamen Krieges schrieb wiederum Frau von Maintenon, daß
die schönen Schlösser des Königs einzige Freude, sein ein-

ziger Trost seien... Und Bussy ging sogar so weit zu sagen: „Der König gäbe alle Frauen für Versailles her."
Aber auch diese Leidenschaft ist, wie im Grunde alle Passionen des Königs, geregelt. Er ist sicherlich der typischste Vertreter des siebzehnten Jahrhunderts. Die Prachtliebe wird bei ihm durch eine strenge Sparsamkeit eingeschränkt. Hat man ihn doch sogar des Geizes beschuldigt. Die Venezianer und Italiener, wie Primi Visconti, zögern nicht zu behaupten, daß der König geizig gewesen sei. Es geschah indes nur, um der Neigung zur Verschwendung entgegenzuarbeiten, die eventuell zum Ruin hätte führen können. Auf jeden Fall suchte er immer zu sparen und so viel wie möglich davon zu verwenden, was seine Vorgänger gebaut hatten. Wie zum Beispiel in Versailles, wo er das ziemlich ärmliche Schloß seines Vaters beibehielt und sich bemühte, es der Pracht der neuen Gebäude anzupassen. Er möchte die höchste Wirkung mit den geringsten Mitteln erzielen, das charakteristischste Streben des klassischen Geistes.
In seinem Charakter aber waren auch noch andere sich widersprechende Neigungen vereint, die indes sehr gut ausbalanciert wurden. Er möchte gern alles im großen Stil, reich und schön haben, möchte, wie Colbert sich ausdrückt, quasi unvergängliche Denkmäler errichten, die an die großen Werke der Römer erinnern. Andererseits wieder will er für seinen persönlichen Gebrauch und zur Befriedigung seines eigenen Geschmacks, nicht um die Bewunderung der Nachwelt zu erregen, ganz vergängliche Kunstschöpfungen, die die Laune eines Augenblicks entstehen ließ. Durch den Sinn für das Vergängliche, Leichte, Graziöse, ja vielleicht Frivole gleicht er in seinen großen architektonischen Schöpfungen das wieder aus, was sie vielleicht Schweres und allzu Strenges an sich haben.
Und so gibt er dem prunkvollen Leben seines Hofes eine doppelte Dekoration: die eine dauerhaft und prächtig wie die Werke der Antike, die andere leicht und vergänglich, für das Fest eines Tages oder einer Nacht geschaffen, die er vor seinen Augen, wenn er will, mit derselben Geschwindigkeit verändern kann wie die Blumenbeete in Versailles, wo der Gärtner nur die Pflanzentöpfe zu wechseln braucht, um

eine neue Flora vorzutäuschen. Der König selbst sagte eines Tages zu dem venezianischen Gesandten: „er habe Versailles für den Hof, Marly für seine Freunde und Trianon für sich selbst geschaffen". Also schuf er zwei verschiedene Arten von Schlössern: die einen zu seinem Privatgebrauch, die anderen für die Öffentlichkeit, oder, wenn man sich so ausdrücken will, zum universellen Gebrauch.

*

Diese zwei Arten von Schöpfungen sind die persönliche Erfindung des Königs. Seltsamerweise muß man auch noch heute diesen Standpunkt energisch vertreten, denn seit dem romantischen Zeitalter ist das Vorurteil, die großen Werke der Kunst und Literatur seien nur das ursprüngliche Produkt des Genies des Volkes, stark eingewurzelt. Kathedralen und Heldengedichte seien von ganz allein entstanden. Das Jahrhundert Ludwigs XIV. sei nur eine Ansammlung von bedeutenden Künstlern, Gelehrten, Staatsmännern und Feldherren gewesen. Der König habe nur seinen Namen für ihre Werke hergegeben und sich gewissermaßen ihren Ruhm angeeignet. Was man in Versailles zu sehen bekomme, sei alles nur von Mansart, von Le Nôtre, Lebrun, Coysevox und ihren Nacheiferern. Und doch ist es nicht schwer, in allem des Königs Einfluß zu sehen, der überall in die Augen fällt. Man muß sich schon damit abfinden, einzugestehen, daß er auf alle jene Wunderwerke den größten Einfluß und an ihrem Zustandekommen seinen Anteil gehabt hat. Aber diesen Anteil sucht man so viel man kann zu schmälern und seinen Einfluß auf die Kunst als null zu erklären. Er habe, so sagt man, in bezug auf Kunst gar keinen Geschmack gehabt. Alles, was schlecht sei, käme von ihm, nur das wirklich Schöne und Künstlerische stamme von seinen Architekten und Künstlern.

Andere wieder halten ihn für einen ausgesprochenen ästhetischen Schwärmer. Dieser Ausdruck paßt gleich gar nicht für ihn. Ein König kann kein ästhetischer Schwärmer sein. Und Ludwig XIV. war viel zu sehr von seiner Würde und den damit verknüpften äußeren Formen überzeugt, um sich auf diese

Weise lächerlich zu machen. Aber er ist für die Kunst
seiner Zeit derart anregend und belebend gewesen, wie man
es noch nicht gesehen hatte.

Er war es, der die Aufträge erteilte und sie bezahlte. Er
war der Aufbauer mit dem weiten Blick des Kenners. Die
Künstler und Handwerker, die für ihn arbeiteten, wußten,
daß sie nicht nur königlich belohnt wurden, sondern auch,
daß ihre Arbeit von jemand geschätzt wurde, der etwas davon verstand, der ihre Kunst, ihr Handwerk und sie selbst
liebte, kurz, der ihnen wirklich in Freundschaft geneigt
war. Wie sehr fühlten sie sich durch diese kluge Sympathie
des Herrschers verpflichtet, stets das Höchste zu leisten.
Ein Volk hat immer die Kunst, die es verdient. In Zeiten,
da die Machthaber der Schönheit gleichgültig gegenüber-
stehen, wird die Kunst etwas Bürokratisches, Mechanisches,
oder sie hat mit dem Leben des Volkes nichts zu tun, sie
wird paradox und persönlichen Launen unterworfen. Ludwig hat durch seine Liebe zur Kunst und zu den Künstlern
sich das Verdienst erworben, daß er als Erster alle herrlichen
Dinge genießen konnte, die unter seiner Regierung entstanden. Man könnte meinen, La Fontaine habe an ihn gedacht, als er die wundervolle Stelle in seiner „Psyche" niederschrieb: „Er liebte über alles die Gärten, die Blumen
und den Schatten der Bäume. Polyphil ähnelte ihm darin,
aber der liebte alles. Diese Neigungen erfüllten sein Herz
mit einer gewissen Zärtlichkeit"… Auch Ludwig XIV. liebte
alles und das „erfüllte sein Herz mit einer gewissen Zärtlichkeit". Wie man gesehen hat, ließ er sich von Le Nôtre
küssen. An einen seiner Beauftragten, der für ihn in Italien
und Spanien Seltenheiten aufstöberte, schrieb er: „Lieber
Herr Abbé Elpido Benedetti, ich habe den Grafen von
Brienne gebeten, Ihnen besonders wegen der Medaillen und
Ringe aus der Sammlung Gualdi zu schreiben, mit denen
Sie Héron beauftragt haben. Über die Lage gemalten Seiden-
stoffes, die derselbe Bote mir in Ihrem Namen überreichte,
habe ich mich sehr gefreut, noch mehr aber über die Liebe,
mit der Sie es mir zukommen ließen. Da diese Handlung
jedoch eine meiner würdigere Antwort verdient als nur eine
einfache Danksagung, so habe ich Herrn von Colbert ge-

beten, dafür zu sorgen...." Dem König genügt es also nicht, daß man für ihn arbeitete, sondern es sollte auch mit Liebe geschehen. Er schätzt die schönen Dinge ebensosehr wie die Menschen, die sie ihm verschaffen.

Aber er sammelte nicht nur kostbare Antiquitäten, Bilder, Statuen und Teppiche, sondern auch einfache, seltene Kleinigkeiten fanden seinen Beifall. Nicht immer richtete sich sein Sinn auf das Große, Prächtige. Das Hübsche, Zierliche, ja auch modische Nichtigkeiten interessierten ihn. An seinen Vetter, den Herzog von Beaufort, der eine Expedition nach Nordafrika vorbereitete, schrieb er, er möchte auch an die königlichen Menagerien und Vogelhäuser denken. „Ich werde Ihnen Geld zur Verfügung stellen, damit Sie für mich in den Ländern, die Sie besuchen, seltene Tiere kaufen können. Vögel möchte ich gern so viel wie möglich haben. Auch Orangenbäume erwarte ich auf dem besten Transportwege zu erhalten." — Und Colbert, den er mit der Zusammenstellung einer Tombola beauftragt, empfiehlt er: „Versuchen Sie so schnell wie möglich in Paris alles was hübsch und nett ist zu finden.... Der Hauptgewinn soll fünfhundert Pistolen kosten. Für die anderen Gewinne setze ich keine bestimmten Preise an, nur wäre es mir am liebsten, wenn Sie das Allerschönste zu einem mäßigen Preise bekämen. Man könnte Ringe, Armbänder, Uhren, Spangen, Etuis usw. kaufen... Und dazu eine Kassette, um alles hineinzutun..." — Nebenbei sei auf die königliche Sparsamkeit aufmerksam gemacht. „Zu mäßigem Preise!" Er will das Schönste und Beste haben, aber so wenig wie möglich dafür ausgeben.

Ludwig XIV., der Liebhaber der Künste, Seltenheiten und allerlei Zierats, hat übrigens manches überliefert bekommen. Früh schon kam er durch das Beispiel seiner Vorgänger, der prunkliebenden Valois, die für alles Künstlerische Geschmack besaßen, und auch durch das Beispiel seines eigenen Großvaters, Heinrichs IV., in Versuchung und wurde zum Luxus mit fortgerissen. Andererseits hatte auch Mazarin als Sammler einen nicht zu leugnenden Einfluß auf ihn. Es ist nicht so einfach, in Schlössern geboren und aufgewachsen zu sein, die die reinen Museen waren.

Von frühester Kindheit an hatten seine Augen nur Kunstwerke gesehen. Später lebte er beständig in Gemeinschaft mit den bedeutendsten Künstlern und drang in die geringsten Einzelheiten eines jeden Handwerks ein.

Welcher Kunstliebhaber hat je eine solche Schule durchgemacht? Seine Lehrer waren die ersten Künstler der Zeit, und er selbst hatte Geschmack. Er verstand zu beurteilen, was wirklich große Kunst und wirkliche Schönheit war. Seine Wahl verriet stets einen auserlesenen Kunstsinn. Zwar behauptet Saint-Simon, daß ihm alles von Le Nôtre oder Mansart eingetrichtert worden wäre. Mansart habe ihm absichtlich fehlerhafte Pläne vorgelegt, damit der König das Vergnügen haben sollte, die in die Augen springenden groben Fehler selbst zu entdecken. Dann habe Mansart so getan, als verbessere er seine Pläne nach den Angaben Ludwigs XIV., und sei noch obendrein so gerissen gewesen, ihn nach scheinbarem Widerstand und allen möglichen fingierten Einwendungen etwas genehmigen zu lassen, was er längst in seinem Innern beschlossen hatte. Ludwig XIV. jedoch war viel zu schlau und viel zu sehr auf seiner Hut, als daß er diese Manöver nicht gemerkt haben würde. Wenn er daher doch schließlich den Plan seines Architekten billigte, so geschah es eben, weil er der beste war. Übrigens vertraute er durchaus nicht so unbedingt seinem Urteil. Weit entfernt, sich für unfehlbar zu halten, war er sehr geneigt, auch sich selbst zu korrigieren. Der beste Beweis dafür sind die fortwährenden Veränderungen in Versailles. Daß man die letzten Spuren des schlechten italienischen Geschmacks verschwinden sah, daß man die Grotte und Figuren aus buntem Blei, die die Äsopschen Fabeln darstellten, entfernte, daß man die Springbrunnen und Wasserkünste auf der großen Terrasse vereinfachte, ist sicherlich auf den Rat seiner Gärtner und Architekten geschehen, aber, daß er sich ihrer Meinung anschloß und sie in ihren Plänen unterstützte, das ist das alleinige Verdienst des Königs.

Sicherlich wußte er über Kunst besser Bescheid und besaß er mehr Kenntnisse und Erfahrung als ein Schüler unserer heutigen Kunstakademien oder ein Hörer unserer Kollegs über Kunstgeschichte und Ästhetik. Manchmal fiel es ihm sogar ein, die Pläne für seine Arbeiter selbst zu entwerfen. Seinem Enkel, Philipp V., riet er, als dieser nach Spanien kam, im Retiro einen Garten nach französischem Muster anzulegen. „Er wird einen Plan entwerfen und Ihnen einen Gärtner suchen", schrieb Frau von Maintenon darauf be-bezüglich, „er will auch den Marschall d'Harcourt fragen, ob Ihr Terrain sich für Anpflanzungen eignet..." Wenn Versailles zu dem wurde, was es in seiner höchsten Blütezeit war, so hat sicherlich auch der König dazu bei-getragen, der sich nicht nur darauf beschränkte, es aus der Erde wachsen zu sehen. Noch einmal sei darauf hingewie-sen, daß es seine eigenste Schöpfung war. Es ist jedenfalls sehr erstaunlich, daß man in diesem Schloß, dem Kunst-werk, das er geschaffen hat, nirgends seinen Namen findet, nicht einmal auf dem Sockel seiner Büste, und daß man in diesem nationalen Heiligtum, das „dem Ruhme Frankreichs" geweiht ist, Ludwigs XIV. Ruhm vergißt.

*

Das neunzehnte Jahrhundert war verblendet durch die Vor-urteile der Romantikerzeit und ist infolgedessen gegen Ver-sailles höchst ungerecht gewesen. Scheinbar wollte es noch die albernen Verleumdungen Saint-Simons überbieten. Der böse Mensch geht sogar so weit, die herrliche Lage von Versailles und Marly und die Schönheit dieser beiden Land-schaften abzustreiten. Das eine ist seinem Erachten nach eine Sandwüste ohne Wasser, das andere ein dunkles, sump-figes Krötenloch ohne Aussicht. Wer von beiden, derjenige, der den Platz von Versailles und Marly auswählte, oder der-jenige, der ihn tadelte, der Philister war, ist nicht schwer zu erraten: Saint-Simon. Denn allein schon die Wahl die-ser beiden Gegenden ist die Tat eines Künstlers. Man kann schon das ein architektonisches Kunstwerk nennen, wenn ein schönes Gebäude in einer schönen Landschaft steht. Die außerordentliche Schönheit des Parthenon beruht zum gro-ßen Teil auf seiner Lage. Das gleiche gilt für den stren-gen und grandiosen Bau des Eskurial: es ist der Rahmen, der ihn umgibt. Es war eine geniale Idee Philipps II., für

sein großartiges und zugleich klösterliches Schloß jenen
kolossalen Felsensockel gewählt zu haben, der die ungeheure weite und kahle kastilianische Steppe beherrscht.
Ludwig XIV. hatte eine nicht weniger glückliche Inspiration
für Versailles und Marly. Denn, abgesehen von Saint-Germain, konnte er im ganzen Departement Ile-de-France
keine herrlichere Landschaft inmitten von Wäldern und
Hügeln finden wie diese beiden. Schließlich auch keine
so ausgedehnten Flächen, wie er sie liebte.
Versailles ist also vor allem herrlich gelegen. Zweitens war
es zur Zeit seines Entstehens etwas vollkommen Neues.
Das Neue bestand darin, daß man mit der Architektur die
Natur verband und sich die Elemente zunutze machte:
Wasser, Erde, Licht, Luft und Feuer. Gewöhnlich sieht man
in Versailles nur Rasenplätze, Laubengänge, „kleine alte
Taxushecken, die wie die Zwiebelreihen dastehen", geome-
trisch bepflanzte Blumenteppiche, kurz eine zurechtge-
stutzte, verbesserte und zum Hausgebrauch hergerichtete
Natur. Was man indes außer acht läßt, ist, daß diese künst-
lich zurechtgemachte Natur dazu bestimmt ist, einen un-
merklichen Übergang von den architektonischen Massen zu
den ungeheuren Laubwäldern, die es umgeben, sozusagen
zu der wahren Natur zu schaffen. Zuerst kommen die Steine und der Marmor des Schlosses, dann die Blumen und
symmetrisch angepflanzten Sträucher der Gartenanlagen,
dann die großen und edlen Bäume des Parks, schließlich
das ungeheure wogende Laubmeer des Waldes und zum
Schluß der weite Himmel. In Versailles befindet man sich
wie in einem Salon, der mit den erlesensten Kunstschätzen
angefüllt ist, und doch auch wieder mitten im Walde. Auf
der großen Terrasse des Schlosses, zwischen den ruhenden
Statuen der Flüsse und den schönen Bronze- oder Ala-
bastervasen kann der Jäger nicht einen Augenblick vergessen, daß nur einen Flintenschuß von ihm entfernt, dort in
jenem Dickicht oder auf den großen Wiesen und Feldern,
der Hase oder das Rebhuhn auf ihn warten.
Die französischen Gärtner der damaligen Zeit begriffen
sehr bald, daß die Landschaft Frankreichs noch lange nicht
ausgebeutet war und die südlichen Länder, wie Spanien

und Italien, nicht im entferntesten so reich an Üppigkeit und Schönheit waren, denn sie besitzen weder die ungeheure Menge von Flüssen noch die ausgedehnten Wälder. Wer einmal einige Zeit in Südfrankreich gelebt hat, weiß Wunder von der herrlichen Natur zu erzählen. Mit den französischen Schlössern verglichen, sind die italienischen Landsitze mager und trocken. Der aus dem Norden kommende Reisende ist erstaunt und entzückt von dem saftigen Grün der Wälder und den wirklich stolzen und im Überfluß vorhandenen Flüssen. Nicht umsonst hat man unsern Flüssen und Gewässern eine mythologische Bedeutung zugeschrieben. Der genialen Idee eines Le Nôtre ist es zu danken, daß er die Architektur durch die Natur ergänzte und Flüsse und Wälder zu diesem Zwecke benutzte. Rings um die Steinpaläste schuf er grüne Laubengänge und amphitheatralische Anpflanzungen, deren allzu üppiges Wachstum und Emporschießen durch sorgfältiges Verschneiden in Schranken gehalten wurde. Inmitten dieses Grüns ließ er Brunnen und Wasserkünste springen, oder er legte stille kleine Seen an, in denen sich der goldene Himmel in tausend Lichtern spiegelte. Wenn die Sonne zur Ruhe gegangen war, erglühten die Konturen der Schlösser in einem einzigen Flammenmeer, und die springenden Wasser sprühten in der magischen Beleuchtung eines ungeheuren Feuerwerks... Charles Perrault preist die Schönheit von Versailles mit den Worten: „Wenn das Wasser wirklich die Seele der Gärten ist, wie langweilig und tot müssen dann die anderen Gärten im Vergleich zu diesem erscheinen." Und heute noch, da die Springbrunnen und Wasserkünste auf den Terrassen und unter den reizenden Bosketts nicht mehr so laut und lebhaft plätschern, empfindet man das.

Ludwig XIV. kommt das Verdienst zu, diese originelle Schöpfung ins Leben gerufen zu haben, denn er tat alles, um jene zur Zierde Frankreichs entstehenden Pläne aufs großzügigste und prächtigste zu verwirklichen. Wäre er nicht gewesen, hätte er nicht als kluger und leidenschaftlicher Kenner, für den man arbeitete, alles mit eigenen Augen überwacht, wäre er nicht von der Wichtigkeit sei-

ner königlichen Stellung so überzeugt gewesen, hätte er
nicht ganz Frankreich in seiner Person verkörpern wollen,
kurz wäre er nicht so vollkommen König gewesen, für den
nichts schön, nichts großartig genug ist, — nicht eines dieser Wunderwerke wäre ins Leben gerufen worden!
Aber besonders in Marly — mehr noch als in Versailles —
zeigte Ludwig XIV., was er als Gartenkünstler und als Architekt konnte. Marly ist für den König und seine Freunde
erbaut worden. Nach den ersten zaghaften Versuchen in
Saint-Germain, nach den sieghaften Erfolgen, die er mit
Versailles errungen hatte, ist Marly die vollkommene Übertragung des Geistes Ludwigs XIV. und sicher sein Meisterwerk. Und es ist nicht genug zu beklagen, daß dieses Wun-
derwerk durch die Roheit der Revolution zerstört wurde.
Von allen Schöpfungen des großen Jahrhunderts fehlt uns
vielleicht gerade das Hauptstück.
Soweit man nach den Kupferstichen der Zeit urteilen kann,
scheint Marly in der Tat besser geglückt zu sein als Versailles. Der Mittelbau ist wunderbar freigelegt, während in
Versailles die Hauptfassade des Schlosses ein wenig durch
die außerordentlich große Terrasse erdrückt zu werden
scheint. Das Ganze macht einen viel imposanteren und
harmonischeren Eindruck, der nirgends durch frühere, äl-
tere Baustile gestört wird. Auch die Aussicht und Lage ist
schöner. Der Herzog von Luynes sagt in seinen Memoiren:
„Der König beauftragte Herrn Mansart, ihm einen Platz
in der Nähe von Versailles auszusuchen, wo er Wasser,
Wälder und eine schöne Aussicht fände." Und man muß
gestehen, daß Ludwig XIV. vortrefflich bedient wurde. Die
Aussicht, die sich den Blicken von dem großen Vorplatz
des Schlosses aus darbietet, ist vielleicht die größte Schönheit von Marly. Die im Vordergrund stehenden riesenhaften
Bäume teilen sich wie eine Theaterkulisse, und plötzlich
entdeckt das Auge das geschlängelte Band der Seine und die
reizenden Hügel von Saint-Germain. Schließlich hatten die
Gärtner des Königs Wasser und Wälder im Überfluß, die
Natur stellte ihnen alles zur Verfügung, was sie brauchten,
und sie verwendeten es nach ihrem Geschmack und zur
Freude ihres königlichen Auftraggebers.

Ludwig XIV. gedachte aus Marly ein Lustschloß zu machen, einen Sommeraufenthalt, der ihm Kühle und Frische böte, ein Wasserpalais. In den Augen der Höflinge galt Marly als ein zauberhaft schöner Ort, und man stritt sich um die Gunst, dort empfangen zu werden, ja man flehte den König fast wie im Gebet an: „Sire, bitte Marly!" — Dieses Wasserpalais war wie ein großer Salon im Freien, wo die Kunst der Gärtner im Verein mit der Natur die glücklichsten und erstaunlichsten Wirkungen hervorgezaubert hatte. In das dichte Laub des Waldes hatten sie Nischen und Einfassungen geschnitten, in die man Statuen aufstellte, Laubengänge angelegt, deren Bogen mit Vasen und Feuerpfannen geschmückt waren, die abends zur Illuminierung dienten. Die Lauben sahen mit ihren Kuppeln aus wie kleine Dome, zu denen Wege führten, die von beiden Seiten mit grünen Laubwänden und Säulen umsäumt waren. Es gab einen Nordsaal, einen Saal der aufgehenden Sonne, einen Bacchusthron, ein Schattenkabinett mit bäurischen Tischen und Bänken, buchsbaumgeschnitzten oder aus anderem Holz geschnitzten Paravents, ein Damenkabinett, ein Prinzenkabinett, den Grünen Saal, das Cereskabinett, das Amphithritenkabinett — und noch viele andere.

Nichts aber kam den Wasserkünsten von Marly gleich. Es war eine ganze Welt von Teichen, Springbrunnen und Kaskaden. Neptun feierte einen wahren Sieg mit Muscheln, Dreizacken, Seefahrzeugen, Meerungeheuern, Nereiden, Seejungfern und Meergöttern. Unter all diesen Wundern ragte die große Kaskade des „Grünen Teppichs" wie ein kristallheller Obelisk am dunklen Hintergrund des Waldes empor. Diese lebende glitzernde Wassersäule floß aus einer großen flachen Schale, die von Tritonen aus vergoldeter Bronze gestützt wurde, ergoß sich in ein Becken, stürzte und überstürzte sich über die Marmorstufen, und diese weißschäumenden Wassermassen bildeten einen seltsamen Kontrast zu dem stillen dunklen Grün der Sträucher, die sie etagenweise umrahmten. Das sprudelnde Wasser schillerte im Sprühregen von tausend regenbogenfarbenen Wassertropfen. Es schien wie aus einer Quelle hervorzubrechen und sich über den ganzen Garten zu verbreiten. Denn an allen Ecken und Enden sprangen Brunnen und Fontänen, bald in Gestalt von schlanken Säulen, breiten Strahlenbuketts oder in Form von Pilzen, Kaskaden, baumartig aufschießenden Wassergarben. Dann gab es herrliche Grotten, an deren Wänden das Wasser kristallhell tropfte, und die dem Spaziergänger erfrischende Kühle spendeten. Es gab auch Wasserkünste, deren Strahl sich zu Lüstern und Armleuchtern, zu Sträuchern formte, oder sich wie ein diamantenglitzerndes Tuch über die Rampe auf einen Rasenplatz ergoß. Man kann sich denken, wie feenhaft herrlich der Anblick gewesen sein muß, wenn alle diese Wassermassen am Abend bei der Illumination in tausend Farben schillerten. Ludwig XIV., der Wasser- und Sonnenkönig, hatte die Vermählung des Wassers und des Lichts verwirklicht. Niemals hatte man es bis dahin verstanden, derartig wunderbare Effekte mit dem Wasser zu erreichen. Aber jenes Zauberland ist mit der Sonne des Königtums erloschen: niemals mehr werden unsere Augen solche Feste zu sehen bekommen!

Und doch sollte alles einfach, ja bäurisch sein. Die große Kaskade des „ Grünen Teppichs " mit ihren Marmorstufen und vergoldeten Tritonen und Vasen hatte den Namen „ ländliche Kaskade ". Für den König war es nur ein schönes Schmuckstück, das schon morgen einer neuen Laune geopfert werden konnte, das auf alle Fälle ihn nicht überdauern sollte und keine andere Bestimmung hatte, als das Fest eines Tages oder einer Nacht zu verschönen. Der große Mittelpavillon von Marly und die zwölf anderen, die ihn umgaben, waren wie Theaterkulissen auf frischem Kalk bemalt. Obwohl alle diese nur dem Augenblick dienenden Pavillons keine hundert Jahre überdauerten, kann man sich davon doch nach den alten Stichen der Zeit noch ein Bild machen. Wo aber finden wir die entzückend feinen Wunderwerke wieder, die Tischler, Drechsler, Goldschmiede und Schlosser zuwege brachten, und die unter den Trümmern des Schlosses begraben liegen? Wohin sind die Freilichttheater, die Ball- und Speisesäle, vergängliche, leichte Bauwerke aus Moos, Stoff, Holz und Laub, die wie auf ein Zeichen mit dem Zauberstab plötzlich entstanden und das Entzücken einer Nacht bildeten? Davon scheinen unsere modernen Wohnungskünstler keine Ahnung mehr zu haben. Dennoch waren diese luftigen, wie hingehauchten Schöpfungen auf solider Grundlage aufgebaut, genau wie Versailles. Aus den noch vorhandenen Stützmauern allein kann man die ungeheure Arbeit beurteilen, die darauf verwendet wurde: es sind die reinen römischen Ruinen.

Deshalb hatte auch Marly, das einfache Landhaus, in dem Ludwig XIV. Ruhe und Erholung suchte, dasselbe Äußere von fürstlicher Größe wie Versailles. Der König war stolz auf diese Großtaten menschlicher Kunst und Geschicklichkeit. Überall, wo er hinkam, verbreitete er Pracht und Schönheit um sich. Er verwandelte das Äußere der Stätten, wo er einmal verweilte, gab ihnen nicht nur schöne, großzügige Linien und Formen, sondern brachte auch eine Farbe und einen Glanz hinein, die das Auge des Künstlers entzückten. Er war im höchsten Grade farbensinnig. Alles mußte farbenschön sein, selbst die Gondeln, die auf dem Kanal von Marly schaukelten, und die Segel und Netze der Kähne, ja sogar die Karpfen in seinen Teichen. Die Gondeln waren rot, grün, weiß, gelb, blau und rosenrot. Um sie auszuschmücken und zu behängen, enthielt die königliche Gerätekammer die herrlichsten Seidenstoffe: Brokate in Gold und Silber, Atlas aus Brügge, Samt aus Genua, Florenz, Mailand, purpurroten goldgestickten und goldbefransten Taft. Wie sehr Liselotte von der Pfalz über die schönen Karpfen von Marly entzückt war, ist bekannt. Es gab „rotgesprenkelte, solche mit gelben, goldenen, blauen und schwarzen Tupfen". Und diese lebende Farbenpracht schwamm in dem klaren, durchsichtigen Wasser der Teiche.... Heute ist von jenen alten Königsschlössern fast nichts mehr übrig. Um sich eine richtige Vorstellung von dem zu machen, was Versailles zur Zeit des Sonnenkönigs war, müßte man es sich mit seinen vergoldeten Bleidächern, den goldenen Statuen, den Brunnen und Wasserkünsten, den vergoldeten Karossen und Chaisen, der Vielfarbigkeit der Kostüme, den goldbestickten Röcken und Fräcken, den mit rosenroten oder feuerroten Federn geschmückten Filzhüten denken. Sogar die sehr spießerhafte Frau von

Maintenon, der aller Wahrscheinlichkeit nach der König
alle Raffinements des Lebens beigebracht hatte, empfand
schließlich, welche Wirkung ein prachtvoller Stoff unter
dem Grün eines Gartens oder Parks hervorbringen konnte,
denn sie schrieb an die Prinzessin von Ursins: „Alle unsere Kardinäle kommen nach Fontainebleau, und es wäre
auch schade, wenn sie nicht kämen, denn sie tragen sehr
zur Zierde des Hofes bei, und ihr Feuerrot paßt herrlich
zu dem Grün von Marly."
Dieser Sinn und diese Leidenschaft des Königs für die Kunst
und alles Schöne vereinbarten sich wunderbar mit der Sorge um die Pflichten seines Herrscherberufs. Trotz des wol-
lüstigen Genußlebens von Marly vergaß er auch dort nicht,
daß er König von Frankreich war. So erzählt de Sourches
in seinen Memoiren folgendes: „Am Morgen des 4. August
1693 wollte der König sich zur Messe begeben und bemerkte auf seinem Wege als erster den Brigadekomman-
deur der Infanterie Albergotti, der ihm im Namen des Marschalls von Luxembourg ausführliche Nachricht von der
Schlacht von Neerwinden überbrachte. Der König blieb
einen Augenblick stehen, um von ihm zu erfahren, ob er
die Standarten und Fahnen mitgebracht habe. Da Albergotti ihm sagte, er überbringe fünfundfünfzig Standarten
und zwei Fahnen, befahl ihm der König, sie im Salon von
Marly auszubreiten, denn es schmeichelte ihm, sie den fremden Ministern und fremden Fürsten zu zeigen, die an dem
Tage anwesend waren...."
Verdrießliche Leute versagen sich das Vergnügen, jenes
dekorative Monumentalwerk Ludwigs XIV. zu bewundern.
Sie ziehen vor, ängstlich zu berechnen, was das alles gekostet hat. Aber wie es scheint, wurden alle die wundervollen Gebäude zu einem sehr annehmbaren Preise errichtet. Ich möchte heute eine Regierung sehen, die imstande
wäre, wie Ludwig XIV. einen vierzigjährigen Krieg zu
führen und außerdem so ungeheure Bauten auszuführen,
die das Äußere Frankreichs völlig veränderten. Selbst wenn
diese Wunderwerke der Baukunst noch mehr gekostet hätten, müßte Frankreich Ludwig XIV. dankbar dafür sein,
daß er in dem Maße zur Schönheit des Landes beigetragen

hat. Versailles hat Millionen und aber Millionen von Besuchern mehr Freude gemacht und macht sie noch, als nützliche Arbeiten, die von neuen Erfindungen sehr bald überflügelt sind, einer oder zwei Generationen Bequemlichkeit verschaffen. Außerdem sollten wir es niemals vergessen, daß man leiden muß, um der Schönheit würdig zu sein. Und der König ging als erster mit gutem Beispiel voran.

Ich kenne nichts Pöbelhafteres, als dem König das Geld vorzuwerfen, das er für Versailles ausgegeben hat. Zum Beispiel bringt es Diderot fertig, Marly zu verherrlichen und seinen Gründer anzuschwärzen. „Welch prächtiger Ort!" ruft er aus. „Was für ein gescheiter Kopf muß diese Gärten entworfen haben!... Vor meinem Geiste erschienen Heinrich IV. und Ludwig XIV. Ludwig zeigte Heinrich das wundervolle Schloß und Heinrich sagte: ‚Ja, mein Sohn, es ist sehr schön. Aber ich möchte einmal die Häuser unserer Bauern von Gonesse sehen.'... Was würde Ludwig XIV. gesagt haben, in nächster Nähe jener großen prächtigen Schlösser Bauern zu finden, die kein Dach über ihrem Haupte, kein Bett und kein Brot hatten?" — Das nennt man Hundedank. Es wird immer Bauern geben, die durch eigene oder die Schuld anderer nichts zu essen haben oder auf Stroh schlafen müssen. Aber es gibt nur *ein* Versailles, nur *ein* Marly und nur *einen* Menschen, der fähig war, das zustande zu bringen.

Man spricht auch von Menschenleben, die diesen Kolossalbauten zum Opfer fielen. Dennoch findet man es ganz natürlich, daß heute Millionen an Geld und Existenzen in den großen modernen Industrieunternehmungen draufgehen. Ist denn die Schönheit nicht auch einiger Opfer wert? Niemand macht irgendwelches Aufheben, wenn ein Erdarbeiter oder Bergmann in einem Schacht oder bei der Arbeit in einem Tunnel verschüttet wird. Daß hingegen ein Maurer oder Arbeiter in Versailles von einem Gerüst fiel oder am Sumpffieber starb, darüber regt sich alle Welt auf. Alle Historiker wärmen mit wahrer Wonne die bekannte Geschichte von der alten Frau auf, die dem König die gröbsten Beleidigungen ins Gesicht schleuderte, weil ihr Sohn an den Folgen eines Sturzes von einem Gerüst in

Versailles gestorben war. Keiner aber läßt auch nur ein
Wort darüber verlauten, welche Vorsichtsmaßregeln sowohl in Versailles wie in Marly getroffen wurden, damit die
Arbeiter hygienisch lebten und gut ernährt wurden. Auch
die Entschädigungen werden nicht erwähnt, die der König
den Verunglückten oder ihren Familien bewilligte. Warum
erzählt man nie etwas von Barbe Cornet und seinem Esel?
In den „Rechnungsbüchern der Gebäude" steht bescheiden
verzeichnet: „Elf Livres für Barbe Cornet, dessen Esel
während der Arbeiten in Marly getötet wurde!"
Das alles ist lächerlich und bedauerlich. Ludwig XIV. hat
Frankreich unvergleichliche Schönheit gegeben, und es ist
höchst geschmacklos, über den Preis zu feilschen, den ein
solches Geschenk gekostet hat.

DAS LIEBESFEST

JENES GENUSSLEBEN, WIE ES DEM KÖNIG NACH KURZER Zeit seiner Regierung gelang zu verwirklichen, fand seine höchste Vollendung in der Liebe und Galanterie. Und wenn behauptet wird, daß Versailles für die Mätressen Ludwigs XIV. geschaffen wurde, so kann man ebensogut sagen, die schönsten Frauen der damaligen Zeit schienen zur Zierde von Versailles geschaffen zu sein. Der König war stolz darauf, ein Dandy zu sein. Er war galant, vergnügungssüchtig, sinnlich und gleichzeitig sentimental. Nicht im entferntesten vermochte die kleine spanische Infantin, die er geheiratet hatte, ihm die geistigen und sinnlichen Genüsse zu verschaffen, die er suchte. Sie war häßlich, ziemlich dumm, sprach nur gebrochen Französisch und war obendrein körperlich so schwächlich, daß sie nicht einmal imstande war, die Thronfolge zu sichern. Von ihren sechs Kindern blieb nur eins am Leben: der Dauphin. Die andern starben sehr bald nach der Geburt. Ein kleines Mädchen, eine Frühgeburt, kam als kleines, schwarzbehaartes Ungeheuer zur Welt. Daß ein so sinnlicher Mann wie Ludwig XIV., der mit einer solchen Frau verheiratet war, sich in den Armen anderer, schönerer Frauen zu trösten suchte, kann kaum wundernehmen. Er hat eine Anzahl Mätressen gehabt, indes viel weniger, als man annimmt, und darüber entstand allgemeine Entrüstung, die noch heute anhält. Ist sie gerechtfertigt? Es handelt sich durchaus nicht darum, den König als unschuldiges Lamm hinstellen zu wollen. Wenn sich ein verheirateter Mann eine Mätresse nimmt, so ist das ohne Frage eine sündige Handlung, die nur durch regelrechte Buße vergeben werden kann. Aber selbst ohne ihn entschuldigen zu wollen, ist es nur recht und billig, zu untersuchen, wie groß die Vergehen wirklich waren, deren Ludwig XIV. sich in dieser Beziehung schuldig machte, und wie er in Wirklichkeit seine Mätressen behandelte; ferner zu untersuchen, woraus sich sein Verhalten ihnen gegenüber erklärt, das uns offengestanden bisweilen befremdet.

*

Wie kommt es vor allem, daß Ludwig XIV. von allen französischen Königen der einzige ist, der jenes züchtige Entrüstungsgeschrei herausfordert? Sein Großvater, Heinrich IV., hatte viel mehr Mätressen als er. Und dieser Frauenjäger legte sowohl bei seinen vorübergehenden Liebschaften, wie bei denen, die ihn länger fesselten, eine Ungeniertheit, eine Verachtung der öffentlichen Meinung und oft auch einen Zynismus an den Tag, die seinen Enkel sehr abgestoßen hätten. Der Liebeswahnsinn, der den Fünfzigjährigen plötzlich zur Prinzessin von Condé erfaßte, hätte beinahe das schrecklichste Unglück über Frankreich gebracht. In diesem Alter war Ludwig XIV. bereits vernünftig. Und doch nimmt man dem Teufelskerl, dem Heinrich, der die Entrüstung seiner Zeitgenossen so unverfroren herausforderte, nichts übel. Hätte er aber das Edikt von Nantes aufgehoben, was für ein Zetergeschrei wäre da gegen den „unzüchtigen" Fürsten erhoben worden! Gleiches gilt von Franz I. und von Heinrich II. Mit diesem, der unter dem Pantoffel der alten Geliebten seines Vaters stand und ein schlechter Ehemann war, hat man beinahe Mitleid. Diane de Poitiers, die unersättliche Dirne, wird zum poetischen Wesen. Aber Frau von Maintenon, die mit Ludwig XIV. durch eine kirchliche Ehe verbunden ist — welche Schande! Vor der ganzen Welt hat Heinrich IV. seine außerehelichen Kinder anerkannt, und zwar unter derartigen Bedingungen, daß unter seinen Erben die größte Rivalität entstehen und dies zu den schrecklichsten Kriegen führen konnte. Man verzeiht ihm diese Unvorsichtigkeit und erwähnt sie kaum. Die gesetzmäßige Anerkennung der außerehelichen Kinder Ludwigs hingegen wird, seitdem Saint-Simon das Wort ergriffen hat, als eine unerhörte Schande der öffentlichen Moral hingestellt. Übrigens werden wir später sehen, welche politische Hintergedanken — abgesehen von seinen ganz persönlichen Gefühlen — Ludwig XIV. damit verband.

Er tat also nichts anderes, als was seine Vorgänger auch getan hatten. Nur tat er es mit so großer Verschwiegenheit, unter so ängstlicher Bewahrung des Anstands und Vermeidung jeden Skandals, daß es höchst ungerecht wäre, ihm das nicht zugute zu rechnen. Man stelle sich nur einmal vor, wie schwer es für einen König ist, sein Privatleben zu verheimlichen. Ludwig XIV. wußte nur zu gut, daß das unmöglich war. Dennoch lag ihm daran, daß seine Fehltritte, selbst wenn sie in der Öffentlichkeit bekannt waren, wenigstens mit Anständigkeit entschuldigt werden konnten. Keinerlei Herausforderung, keinen Verstoß gegen die guten Sitten und gegen die Wohlanständigkeit. Wenn er zu Ehren seiner Mätressen Feste gab, so folgte er damit nur der Mode: so verlangte es das Gesetz der Ritterlichkeit. Wurde ein Fest für die La Vallière oder die Montespan veranstaltet, was jeder zweifellos wußte, so mußte es doch offiziell ein Geheimnis zwischen den beiden Liebenden bleiben, so stand es in den Romanen der Zeit. Keiner galt für galant, der es nicht für nötig hielt, seiner Herzensflamme öffentliche Huldigungen darzubringen; aber die andern durften nicht wissen, wem diese Huldigungen galten, für wen die Serenaden, Gastmähler, Geigenkonzerte, Madrigale und Sonette bestimmt waren... Es lag also durchaus nichts Herausforderndes in dem Verhalten des Königs. Er war gerade das Gegenteil von einem Wüstling, einem ausschweifenden und lasterhaften Menschen. Gewiß trieb ihn seine kräftige sinnliche Veranlagung stark zur Liebe hin, aber er war ein Gewohnheitsmensch, der in allem sehr regelmäßig lebte. Eigentlich hat er nur wenige Mätressen gehabt, die unschwer aufzuzählen sind. Wenn man ehrlich sein will, muß man zugeben, daß Ludwig XIV. in seinen Liebesfreuden gemäßigt war. Kein Mensch nimmt die Liebesabenteuer eines jungen Mannes ernst; bei einfachen Privatleuten kommen sie überhaupt nicht ans Tageslicht, während die kleinste Sünde des Sonnenkönigs grell beleuchtet wird. Außerdem war er als König verpflichtet, mit gutem Beispiel voranzugehen.

Er selbst gesteht in seinen „Memoiren" bescheiden seine Fehler ein. Die meisten Historiker scheinen indes die Memoiren und Briefe Ludwigs XIV. als völlig belanglos zu behandeln. Das ist sehr erstaunlich, denn selbst wenn er schuldig wäre, hätte kein Richter das Recht, die Verteidigung des Angeklagten nicht anzuhören. Seine Memoiren aber sind mehr als nur eine persönliche Verteidigungsschrift. Sie enthüllen uns die geheimen Triebfedern der Politik und auch des Privatlebens des Königs. Ich für meinen Teil kenne keine offeneren und genaueren Erklärungen der großen Staatshandlungen und Ereignisse als diese meisterhaften Berichte des Hauptteilnehmers und Hauptzeugen. Da die modernen Geschichtschreiber diesen Kommentar verschmähen, sind sie leider nur zu oft geneigt, Ungereimtheiten zu schwätzen.

Ludwig XIV. sagte also in sehr bescheidener und ehrlicher Weise zu seinem Sohn: „Ich hätte es mir ersparen können, Ihnen von dieser Neigung (seiner Liebe zur La Vallière) zu erzählen, denn sie ist nicht zur Nachahmung zu empfehlen. Da ich jedoch selbst aus den Verfehlungen anderer manche Lehre zog, wollte ich Ihnen nicht meine eigenen Fehler vorenthalten, aus denen Sie vielleicht auch Belehrung schöpfen können. Vorerst möchte ich Ihnen indes sagen, daß ein Fürst stets das Vorbild aller Tugenden sein sollte. Es ist daher besser, er hütet sich vor den menschlichen Schwächen überhaupt, um so mehr, da seine Fehler nicht verborgen bleiben können. Geschieht es dennoch, daß wir, ohne es zu wollen, auf Irrwege geraten, so soll man wenigstens zweierlei Vorsichtsmaßregeln beachten, die ich stets anwandte und mich sehr wohl dabei befand.

Erstens darf die Zeit, die wir unseren Liebesaffären widmen, nicht zum Nachteil unserer Arbeit vergeudet werden, denn wir müssen stets unsern Ruhm und unsere Macht als Erstes im Auge behalten, die sich nur durch angestrengteste Arbeit aufrechterhalten lassen. So groß auch unsere Leidenschaft sein mag, so dürfen wir doch niemals im Interesse unserer eigenen Liebe außer acht lassen, daß wir durch die Verminderung des öffentlichen Ansehens auch die Achtung derjenigen verlieren, für die wir unsere Geschäfte vernachlässigt haben. Die andere Vorsichtsmaßregel ist weit schwieriger. Wenn wir auch unser Herz verschenken, so müssen wir doch immer Herr unseres Verstandes bleiben und die Herzensangelegenheiten des Liebhabers von den Entschlüssen des Souveräns zu trennen wissen! Die schöne Frau, die unser Herz erfreut, darf niemals mit uns über Staatsgeschäfte reden, ebensowenig wie die uns Dienenden. Liebe und Staatsgeschäfte müssen zwei völlig getrennte Dinge sein. Sie erinnern sich, was ich Ihnen in bezug auf den Einfluß der Günstlinge gesagt habe: der Einfluß einer Mätresse aber ist viel gefährlicher."

Diese mutigen Auseinandersetzungen wurden aller Wahrscheinlichkeit nach in den Jahren 1667 oder 1668 niedergeschrieben, also während der Zeit der höchsten Leidenschaft des Königs für die Montespan. Sicherlich hat er sie nicht selbst verfaßt, denn sein persönlicher Stil ist viel lebhafter und freier, aber er hat die Inspiration dazu gegeben und die ganze Stelle revidiert. Jedenfalls kann man daraus entnehmen, daß er sich nie von seinen Gefühlen hinreißen ließ und sich vor Liebestorheiten hütete. Charles Perrault erzählt in seinen Memoiren eine in dieser Beziehung sehr bezeichnende Geschichte. Eines Tages habe der König in Gegenwart der Herren von Gramont, Villeroy, Lionne und Colbert gesagt: „Liebe Freunde, ihr seid diejenigen, die ich von allen am meisten liebe und zu denen ich das meiste Vertrauen habe. Ich bin jung, und im allgemeinen haben die Frauen große Macht über Männer meines Alters. Daher befehle ich Ihnen allen, mich, sobald Sie merken, daß eine Frau, wer sie auch sein mag, Einfluß auf mich bekommt und mich nur im geringsten beherrschen möchte, aufmerksam zu machen. Ich verlange nur vierundzwanzig

Stunden, um mich davon zu befreien und Sie zufriedenzu-
stellen..." Vierundzwanzig Stunden nur! Es ist bewunderungswürdig. Tatsache ist, daß er bis an sein Lebensende
die größte Angst davor hatte, von einer seiner Mätressen
oder einem der Minister beherrscht zu werden.

Trotz aller seiner Fehltritte bewies Ludwig XIV. seiner Frau
stets die größte Hochachtung. Er glaubte das seiner Würde
als Ehemann schuldig zu sein. Am Hochzeitsabend hatte
die Königin sich als einzige Gunst von ihm erbeten, er möge
sie niemals im Stich lassen. Ludwig versprach es ihr und
hielt gewissenhaft Wort. Jeden Abend, außer wenn er im
Felde oder krank war, erfüllte er seine ehelichen Pflichten
gegen die mit so wenig Reizen ausgestattete Frau. Für seine anderen Vergnügungen reservierte er sich einige Stunden
des Nachmittags oder auch des Abends, aber niemals verließ
er heimlich das Ehebett, nicht einmal in der höchsten Leidenschaft einer beginnenden neuen Liebe. Außerdem hielt
er seine Liebschaften so lange wie möglich geheim, wenigstens bis zu dem Augenblick, da die Verstellung nichts
mehr nützte und alles bekannt wurde. Man denke nur, mit
welcher Vorsicht er die ersten Schwangerschaften und Nie-
derkünfte der La Vallière und die Geburten der ersten
Kinder der Montespan umgab. Sie wurden heimlich unter
der Leitung der Frau von Maintenon in einem Hause in
Vaugirard erzogen. Weit entfernt, die öffentliche Moral
verletzt zu haben, kam man ihm vielmehr in seinen Ausschweifungen entgegen. Der König war aller Art Versuchungen ausgesetzt. Die schönsten Frauen seines Hofes verfolg-
ten ihn mit schmachtenden Blicken und forderten ihn direkt
zu Liebesabenteuern auf, denn sie waren überzeugt, es
konnte ihnen keine größere Ehre widerfahren, als von ihm
zum Liebchen erwählt zu werden. „Die Brüder (dieser
Frauen), die sonst in puncto Ehre am empfindlichsten
waren," schreibt Bussy-Rabutin, „sind entzückt, wenn ihren
Schwestern ein solches Glück widerfährt." Ludwig XIV. lag
gewiß nichts daran, sich als Heiligen aufzuspielen, aber er
widerstand doch, soweit er konnte, diesen Liebesanträgen.
Als er noch ein Knabe war, ließ sein Hauslehrer ihn jenen
lateinischen Satz übertragen, unter den er dann als eine

Art vertragliche Verpflichtung seinen Namen setzen mußte: „Jedesmal, wenn des Fleisches Lust mich zur Unkeuschheit reizen möchte, will ich diesen Versuchungen mit allen Kräften widerstehen. Louis." Gewiß dachte er noch oft in seinem Leben an jenen frommen Spruch. Es wäre natürlich lächerlich, wollte man aus Ludwig XIV. einen Tugendbold machen, immerhin muß zugegeben werden, daß er sehr diskret von den vielen leichtfertigen Gefälligkeiten Gebrauch machte, die man ihm antrug.

Sittlich steht sein Leben bedeutend höher als das der meisten Männer seiner Zeit. Viele der angesehensten Edelleute waren in Völlerei und Ausschweifung versunken. Trotz manches ihnen vom König auferlegten Zwanges, besonders nachdem er fromm geworden war, währte das schwelgerische Leben der Großen des Reichs bis ans Ende seiner Regierung. Wenn man sich darüber genauer unterrichten will, braucht man nur Saint-Simon zu lesen. Seine Memoiren enthalten eine ganze Galerie von Bildern, deren jedes einzelne ein Laster in der teuflischsten Gestalt darstellt. Der eine ersäuft im Weine, der andere ruiniert sich im Spiel oder erweist sich als Betrüger, wieder einer geht durch die Weiber zugrunde und endet sein Leben infolge der fürchterlichsten Krankheiten. Noch zynischer als die Männer sind vielleicht die Frauen. Sie trinken, spielen, treiben sich nachts herum, enden in Schlemmerei und im ekelhaften Schmutz ihres lasterhaften Lebens. Selbst in der nächsten Umgebung des Königs herrscht die unglaublichste Verderbtheit. Man braucht nur an die Sitten seines Bruders und dessen Günstlinge, der Herzöge von Guiche, Vardes und Manicamp, sowie der beiden Herzöge von Vendôme und des Marschalls von Luxembourg zu denken. Anfangs vielleicht zeigte auch der König sich gegen diese Ausschweifungen nachsichtig, zu keiner Zeit aber duldete er dabei Gottlosigkeit, auch nicht ein liederliches Leben à la Don Juan. Es ist bekannt, wie streng er Bussy-Rabutin, Philipp Mancini, den Herzog von Guiche, Manicamp und einige andere leichtsinnige junge Männer bestrafte, weil sie in Roissy am Karfreitag alle möglichen Dummheiten getrieben, in ihrem Übermut ein junges Schwein getauft und

nachher auch noch einen Prokurator verprügelt hatten. Bussy
stellt die Taufe des Schweins in Abrede. Ihm und seinen
Freunden war indes so etwas leicht zuzutrauen. Er erzählt
uns in seinen Memoiren eine Unmenge unanständiger Anekdoten, die dem Diner in Roissy in nichts nachstehen oder
es noch übertreffen. Besonders jene unheimliche Posse, die
sie während der Belagerung von Lérida im Jahre 1646 ins
Werk setzten. Einige junge Offiziere, unter denen sich auch
der Marquis von Barbentane befand, hatten die ganze Nacht
hindurch in einem Kloster gezecht und geschwelgt. Plötzlich,
um die Nacht mit ihren ausgelassenen Späßen würdig zu
beschließen, kamen sie auf den Gedanken, auf den durch
die Beschießung ziemlich verwüsteten Klosterfriedhof hin-
unterzugehen und die von den Kugeln aufgewühlten Grä-
ber der Klosterbrüder zu schänden. Barbentane riß einen
Mönch aus seinem Sarg heraus und tanzte wie wahnsinnig
mit dem mit der Kutte bekleideten Skelett im Arm herum.
Dazu spielten die Querpfeifer und Geiger lustige Weisen.
Einige Augenblicke später begab Barbentane sich in den
Laufgraben, wurde dort von einer Kugel der Belagerer getroffen und fiel sofort tot nieder.
Solange Ludwig XIV. persönlich regierte, waren derartige
Fälle von Zynismus eigentlich selten. Aber die grobsinnlichen
Laster und Ausschweifungen nahmen kein Ende. In den
Briefen Bussy-Rabutins vom Jahre 1680 findet man eine
noch viel skandalösere und empörendere Geschichte verzeichnet, die sich in einem Pariser Freudenhaus zutrug.
Bussy scheint glücklich zu sein, noch Schlimmere als er gefunden zu haben, sonst würde er sie nicht so freudig erzählen. Hier ist es leider unmöglich, näher zu erörtern,
was der Herzog de La Ferté-Biron, der Chevalier Colbert
und der Marquis d'Argenson an jenem Abend taten. Ihre
einzige Entschuldigung war ihre totale Betrunkenheit. —
Als Ludwig XIV. es erfuhr, befahl er Herrn von Louvois,
dem Herzog de La Ferté in seinem Namen alles Entehrende
zu sagen, das seine Handlungsweise verdiente, und dem
Minister Colbert teilte er mit, er werde seinen Sohn für
immer aus Frankreich verbannen, wenn er noch einmal
einen solchen Streich ausführe. D'Argenson hatte sich aus

dem Staube gemacht. Colbert sperrte seinen Sohn ein und verabreichte ihm eine tüchtige Tracht Prügel.

Niemals erniedrigte der König sich durch gemeine Orgien oder verlor er sich in derartigen Ausschweifungen. Im Gegenteil, er hat soviel er konnte auf die oft unfeinen Sitten seiner Zeitgenossen veredelnd gewirkt. Vergleicht man sein Leben mit dem ihrigen, so muß man den Anstand und die Würde, die er in allem bewahrte, nur loben. Als er dem Dauphin seine Verirrungen gestand, fügte er selbst hinzu: „In unserer Todesstunde, die vielleicht näher ist als wir glauben, wird Gott uns nicht fragen, ob wir als rechtschaffener Mensch gelebt, sondern ob wir seine Gebote gehalten haben." Er, Ludwig XIV., ist immer ein „rechtschaffener Mann" gewesen, und zwar im höchsten Sinne des Wortes, wie es das siebzehnte Jahrhundert verstand.

Dennoch kann nicht bestritten werden, daß sein Leben den größten Skandal hervorrief. Das erklärt sich daraus, daß seine Feinde — Franzosen wie auch Ausländer — alles in Bewegung gesetzt haben, seinen Ruf zu schädigen. Alle: Journalisten, Pamphletisten und Protestanten trugen ihr Scherflein dazu bei. Nicht zu vergessen die Unmenge verbotener Bücher, die über ihn geschrieben wurden und meist erotisch-satirischer Art waren. Dann die zotigen, gemeinen Hintertreppenromane, die sogar zu Lebzeiten des Königs ihn als unverbesserlichen Wüstling hinzustellen wagten, der sein ganzes Leben nur in den Armen seiner Mätressen verbrachte. Und so gut ist die Verleumdung gelungen, daß er in Zeitungsromanen heute noch genau so dargestellt wird. Fügen wir dazu die, wenn auch noch so diskrete Einmischung der Geistlichen, deren gerechter Tadel und manch gewagte Warnung von den Kanzeln herab im Louvre, in Saint-Germain und in Versailles in der Umgebung Ludwigs XIV. wie der Blitz zündeten und ihn wie mit einem Bannfluch belegten. Wohl läßt die Kirche dem Sünder gegenüber unendliche Milde walten, aber die Wirkung ihrer Reden ist oft stärker als ihre Barmherzigkeit.

Doch nicht nur den Schmähschriften und indirekt nörgelnden Predigern verdankt Ludwig XIV. seinen schlechten Ruf. Auch die meisten Historiker haben ihren Teil beigetragen.

Voltaire ist vielleicht der einzige, der mit seinem gesunden Menschenverstand und feinem Geiste die Liebschaften des Königs vernünftig beurteilte. Der größte Fehler jener strengen Tadler ist, daß sie Ludwig XIV. wie einen einfachen Privatmann beurteilen und seine Sonderstellung nicht in Betracht ziehen. Schließlich irren sich auch die ehrbaren Sittenprediger meist in der Psychologie der Liebe und machen sich damit höchst lächerlich.

Sicherlich war Ludwig XIV. als junger Mann außerordentlich sinnlich, so daß er selbst ganz verzweifelt darüber war und seiner Mutter mit Tränen in den Augen gestand, er könne sich nicht beherrschen. Das einzige, was er seiner Frau versprechen konnte, war, daß er sich bemühen wolle, nach dem dreißigsten Jahr ein geregelteres Leben zu führen. Es geschah indes erst zehn Jahre später. Wie stark aber auch sein sexueller Trieb war, stets sehnte er sich am meisten nach Zärtlichkeit und Vertrauen. Er wollte um seiner selbst willen geliebt werden und ein treues Herz finden, dem er sich vertrauensvoll hingeben konnte. Nachdem er in seiner Liebe zu Maria Mancini so grausam enttäuscht worden war, glaubte er nicht mehr an die uneigennützige Hingabe der Frauen. Die La Vallière ließ ihn vielleicht für kurze Zeit in diesem Wahne, und es war für ihn ein neuer Liebeslenz, aber in Wahrheit liebte er nur einmal: Maria Mancini. Ludwigs Liebe zu Louise de La Vallière war mit seiner Liebe zu Maria nicht zu vergleichen, sie war nur der Schatten der ersten Liebe. Aber auch Louise liebte er. In ihren Armen fand er die Leidenschaftsausbrüche, die Tränen, alle die romantischen Gefühle wieder, die seine Liebe zu Maria Mancini verschönt hatten. Die Liebe zu Louise währte so lange, wie eine so heftige und glühende Leidenschaft währen kann. Die La Vallière hätte Geist haben müssen, um den König zu fesseln. Obwohl sie nicht dumm war, so besaß sie doch nicht das Sprühende, Hinreißende in der Unterhaltung, das ihrem königlichen Freund so sehr gefiel. Um ihn zu erfreuen, las sie viel, ja sie las sogar gelehrte Bücher wie Maria Mancini. Schließlich suchte die Unvorsichtige Rat bei ihrer hinterlistigen Freundin, der Marquise von Montespan. Sie wurde nicht müde, dem König von dem Charme und dem geistvollen Wesen der Freundin zu erzählen ... Und dann war alles zu Ende! ... Dennoch liebte der König sie noch immer. Am liebsten hätte er Athenaïs zur Unterhaltung und Louise für die Liebe gehabt. Deshalb fiel ihm die Trennung von ihr so unendlich schwer. Gegen geniale Männer, wie Victor Hugo und Chateaubriand, die von einer Frau ein solches Opfer, eine solche Teilung verlangen zu können glaubten, ist man nachsichtig. Warum übt man nicht auch gegen Ludwig eine solche Nachsicht? Wie andere große Männer schien auch er zu seiner Freundin zu sagen: „Ich liebe Dich. Du besitzest mein ganzes Herz. Du kannst mir vertrauen. Laß mich dahin gehen, wohin mich meine Sinne und die Neugierde meines Geistes ziehen. Ich komme immer wieder zu Dir zurück." — Einen jungen, heißblütigen Fürsten, der durch Schmeicheleien und alle möglichen Verführungen mit fortgerissen wurde, konnte so etwas wohl für einen Augenblick reizen, aber nie wird eine Frau sich damit abfinden, mit einer anderen zu teilen, auch nicht mit der Göttin des Ruhmes und des Geistes. Lange bemühte Ludwig XIV. sich, diese beiden Gefühle nebeneinander bestehen zu lassen. Endlich mußte er Louise aufgeben — vielleicht aufs schmerzlichste berührt, denn es gab Tränen, viele Tränen auf beiden Seiten. War er der schändliche Mensch, wie man ihn deshalb genannt hat? Nun darüber sind sich die Historiker schon von vornherein einig: die La Vallière ist das zarte Opfer, der König ein gemeiner Verführer, ein ganz oberflächlicher und unerhört egoistischer Mensch.

Ich kann dieses summarische Urteil nicht so ohne weiteres unterschreiben. Ich denke vor allem an jene Haupteigenschaft seines Charakters: die Furcht wehzutun und Schmerz zu bereiten. „Der König, der niemand, wer es auch sein mochte, wehtun wollte!" schrieb Primi Visconti. Vergessen wir auch nicht, daß alles, was seine Härte beweisen soll, Schmähschriften und leichtfertigen Romanen entnommen wurde, die nicht den geringsten historischen Wert haben. Man wundert sich nur, daß Historiker derartige Dokumente als Quellen würdigen. Alle wirklich historischen Doku-

mente hingegen sprechen zugunsten des Königs. Aber es
gibt deren nur wenige. Zum Beispiel wissen wir leider
fast nichts über die inneren, seelischen Beziehungen des
Königs zu seinen Mätressen, auch nichts über die Art seiner Neigungen. Hätte man doch wenigstens die Stöße von
Briefen, die er an Maria, dann an Louise und schließlich
an Frau von Maintenon schrieb. Leider hatte sie den be-
klagenswerten Mut, alle diese Beweise zu verbrennen. Ludwig XIV. wußte wohl, daß ein König so wenig wie möglich
schreiben soll, nichtsdestoweniger kam die leidenschaftliche Glut des jungen Mannes in den beredtesten und zärt-
lichsten Liebesbriefen zum Ausdruck. Was gäbe man darum, die Briefe zu bekommen, die er in Lothringen mitten
im Schlachtenlärm an Louise de La Vallière schrieb, und
die Colbert heimlich der Geliebten überbringen mußte!
Natürlich haben die Gelehrten alles Drum und Dran eines
solchen Themas aufgestöbert und benutzt. So kennt man
die geheimen Eheakten der königlichen Mätressen, weiß
genau, was für Schmucksachen sie besaßen und wie kostbar
diese waren, auch wieviel sie für ihre Kleider jährlich ver-
ausgabten. Aber über das Wesentlichste, über die Art, die
Entstehung und Entwicklung der Gefühle, die jene Frauen
in Ludwig XIV. erweckten, darüber weiß man nichts. Man
ist einzig und allein auf Vermutungen angewiesen und kann
nur versuchen, eine Anzahl von Geschehnissen zu ana-
lysieren.

*

Jedenfalls ist es unbestreitbar, daß Ludwig XIV. Louise de
La Vallière wirklich liebte und von ihr absolute Aufrichtigkeit und Treue des Herzens verlangte. Einmal hätten sich
beide nur deshalb beinahe miteinander gezankt, weil die
La Vallière ihm nicht das Geheimnis der Liebe zwischen
Madame und de Vardes verraten wollte. Ludwig und Louise hatten sich gelobt, nie ein Geheimnis voreinander zu
haben.
Für ihre vollkommene Hingabe verlangte Louise vom König nur, daß sein Herz ihr ganz allein gehöre. Geld forderte sie nur für ihren Bruder und für ihre Kinder. Für

sich selbst wollte sie nie etwas, und es ist erstaunlich, wie lange ihr Geliebter sie in ziemlich dürftigen Verhältnissen bei Madame wohnen ließ. Man vergißt eben, daß die La Vallière Ehrenfräulein bei Madame war, und der König sie nicht, ohne einen Skandal zu provozieren, ihres Amtes entheben konnte. Als sie schwanger war und ihren Zustand nicht länger verbergen konnte, brachte er sie im Palais Brion, in der Nähe des Palais-Royal unter und gab ihr einen eigenen Hofstaat. Später ernannte er sie zur Herzogin von Vaujours und schenkte ihr ein Schloß und ein Gut, abgesehen von dem Palais, das er ihr bei den Tuilerien einrichtete. Es war Überlieferung, daß die französischen Könige ihre Mätressen reich und prächtig unterhielten. Aber Ludwig XIV. war gegen seine Freundinnen und vor allem gegen Louise de La Vallière nicht nur außerordentlich freigebig, sondern auch ganz besonders galant und rücksichtsvoll, was übrigens von allen Zeitgenossen hervorgehoben und geschätzt wird. Fräulein v. Scudéry schrieb an Bussy-Rabutin sehr lobend über den König in seinem Verhalten gegen die La Vallière und sogar gegen Frauen, die er nur flüchtig kannte. „Die Frau, die er einmal geliebt hatte, war stets seiner Achtung sicher, was unsere Herren Stutzer niemals für eine Dame empfänden, die sie nicht mehr liebten, und wäre sie auch ebenso treu wie die Herzogin."

In der Tat war es Sitte, daß sich diese „Herren Stutzer" von ihren Mätressen erhalten ließen. „In Paris gibt es mehr als 20000 Edelleute," schrieb Primi Visconti, „die nicht einen Sou besitzen und ihr Leben nur durch Spiel oder die Frauen bestreiten, oft leben sie auch vom Betrug." Es gehörte für jene Herren zum guten Ton, sich aushalten zu lassen. Sehr unterhaltend und bezeichnend ist die Stelle in den „Memoiren" des Marschalls von Gramont, wo dieser hohe Herr uns sein erstes Erscheinen bei Hofe beschreibt. Er kam in sehr armseliger Aufmachung nach Paris mit einem alten Klepper und einem alten baskischen Diener. „Jeden Morgen ging er zu Fuß in die Reitbahn von Poitrincourt, um Reitstunde zu nehmen. Sein Abendessen bestand aus einem Stück trockenen Brotes, und er ging beim Scheine einer

LOUISE FRANÇOISE DE LA VALLIÈRE

Stich von Gerard Edelinck

alten Ölfunzel zu Bett, da er sich Wachskerzen nicht leisten konnte. Aber dank seines hübschen Äußeren erregte er sehr bald die Aufmerksamkeit einer adligen Dame, die ihn aushielt und ausstaffierte. Und das war der Anfang zu seinem Reichtum."

Ludwig XIV. konnte sich natürlich nicht von seinen Mätressen aushalten lassen. Er beschränkte sich aber auch nicht darauf, sie mit Schätzen zu überhäufen, sondern behandelte sie mit viel Achtung und Rücksicht, was den Stutzern seines Hofes zum Vorbild hätte dienen können. Man hat ihm vorgeworfen, die La Vallière sei heimlich niedergekommen, und er habe sich in diesem tragischen Augenblick nicht einmal bei ihr blicken lassen. Das sei eine unglaubliche Roheit. Wieder vergißt man, daß der König sich nicht wie ein einfacher Privatmann verhalten konnte. Er war nicht immer Herr seiner Zeit, die Etikette des Hofes verfügte oft sehr gebieterisch und ganz gegen seinen Willen und Wunsch über ihn. Wenn der König auf die Jagd gehen oder ausfahren mußte, während seine Geliebte sich gerade in Geburtswehen auf ihrem Lager wand, so lag es nicht in seiner Hand, auf diese Jagd oder Spazierfahrt zu verzichten, um an ihr Krankenbett zu eilen. Als Louise de La Vallière im Oktober 1666 in einem Zimmer des Schlosses von Vincennes, das jedem offen stand, heimlich von ihrer Tochter Mademoiselle de Blois entbunden wurde, so ist das ihr eigener Wille gewesen. Es war ja für sie so einfach, bei einem derartigen Ereignis zu Hause zu bleiben. Sie besaß zwei Paläste in Paris und sogar ein Lustschlößchen in Versailles. Die elementarsten Begriffe des Anstands hätten ihr sagen müssen, daß sie ihren Zustand verbarg und ihre Wohnung nicht verließ, um so mehr, da sie keinerlei offizielle Stelle mehr bei Hofe hatte. Denn sie war nicht mehr Ehrenfräulein bei Madame und auch noch nicht Herzogin. Daß sie in einer bereits so weit vorgeschrittenen Schwangerschaft in Vincennes erschien, geschah nur aus wahnsinniger Eifersucht, und weil sie ihren Geliebten besuchen und beunruhigen wollte. Denn sie hatte das wachsende Interesse des Königs für die Marquise von Montespan bemerkt und ahnte, daß diese Rivalin sie ausstechen werde. Um ein Herz wiederzuerobern, das ihr zu entschlüpfen drohte, kam es ihr nicht auf einen Skandal an. Sie war bereit, allen die Stirn zu bieten. Das bewies sie auch im darauffolgenden Jahre, während der Belagerung von Avesnes, als sie wiederum den König besuchte, und zwar diesmal vor den Augen der Königin und des ganzen Hofes. Diesmal gab es einen fürchterlichen Skandal. Das Ereignis ist bekannt. Die La Vallière „fuhr mit ihrem Wagen in rasendem Tempo querfeldein", um den König einzuholen, der sich mitten unter seinen Truppen befand. Die Königin, außer sich vor Wut, wollte sie aufhalten lassen... Nach dem eisigen Empfang ihres Geliebten hätte Louise, wenn sie nur wollte, ihren Kummer darüber in ihrem Schloß Vaujours verbergen können. Aber nein, sie zog es vor, wieder nach Saint-Germain zurückzukehren, um den König und die Montespan in ihrem Flirt zu stören und ihnen beständig als lebendiger Vorwurf vor die Augen zu treten. Außerdem hatte sie sich fest vorgenommen, den Ungetreuen wiederzuerobern. Und so gebar sie ihm noch einmal heimlich ein Kind, das der König aber nicht anerkennen wollte, weil er überzeugt war, daß es nicht von ihm sei.

Was in aller Welt war in dieses Mädchen gefahren, daß es seine Angelegenheiten nicht zu Hause abmachte? Und wie können die Historiker so wenig Einsicht haben und das nicht einsehen? Ihrer Ansicht nach mußte Ludwig XIV. absolut ein abscheulicher Mensch und die La Vallière eine engelsreine Märtyrerin sein. In Wahrheit aber bemühte sie sich jahrelang darum, die Gunst des Königs wiederzugewinnen. Deshalb blieb sie auch am Hofe und behielt ihre Wohnung, obwohl sie durch kein Amt dazu verpflichtet war. Es ist sehr leicht möglich, daß Ludwig XIV., wenn sich Louise gleich nach dem Bruch ihres Verhältnisses auf ihre Besitzungen zurückgezogen hätte, sehr froh gewesen wäre, eine so unbequeme Geliebte los zu sein. Aber sie selbst bestand hartnäckig darauf, zu bleiben. Da dachte der Geliebte der Montespan, der ein sehr praktischer Mensch und immer darauf bedacht war, den Schein zu wahren, es sei besser so. Der Rückzug der La Vallière, als anerkannter Mätresse und Mutter der Kinder des Königs, deren Platz am

Hofe war, hätte das Zerwürfnis zu stark unterstrichen und vor allem die neue Liebschaft des Königs ans Licht gebracht. So wurde Louise aus eigenem Willen zur Notwendigkeit für die beiden Liebenden. Sie diente dazu, die Liebe des Königs und der Montespan zu verbergen, die öffentliche Meinung darüber irre zu leiten und den Verdacht oder die Wut eines eifersüchtigen Gatten zu beschwichtigen. Denn man hielt den König, der sich stets durch das Zimmer der La Vallière zur Montespan begab, immer noch für den Geliebten Louises.

Freilich muß zugegeben werden, daß das Verhalten Ludwigs äußerst hart und abstoßend war. Tat er es aus Heuchelei? Keineswegs. Der König war nur allzu kühn in seinen Lastern. Wenn er aber konnte, zog er es vor, den Schein aufrechtzuerhalten. Er wollte selbst in seinen Ausschweifungen noch eine gewisse Haltung bewahren. Konnte übrigens ein Fürst wie Ludwig XIV. anders handeln? Es war ja schon genug, daß er die Ehe eines andern brach, wozu da noch einen Skandal provozieren? Besser war es, die Dinge zu lassen, wie sie waren. Die La Vallière hatte eine Wohnung im Schlosse, sie war die Freundin der Frau von Montespan. Die Wohnung aufgeben und sich mit der Freundin verfeinden, wäre ein zu offenes Eingeständnis der königlichen Verirrungen gewesen und eine gute Gelegenheit für alle bösen Zungen. Da die La Vallière alles daran setzte, zu bleiben, sollte sie nur ruhig bleiben. Sie liebte ja den König noch immer und hätte unter der Trennung viel mehr gelitten, als wenn sie stets den Beweis seiner Untreue vor Augen hatte. Der Skandal war geringer, und Louise litt weniger. Also brauchen wir nicht mehr daran zu zweifeln, daß es diese zwar nicht sehr ruhmvollen, aber doch in diesem Fall weisen Gründe waren, die den König veranlaßten, so zu handeln. Er war durchaus nicht der schlechte Kerl, von dem man sagte, er habe seine frühere Freundin gezwungen, in Gemeinschaft mit ihrer siegreichen Rivalin zu leben. Nicht ein ernsthaftes historisches Dokument beweist diese Behauptung. Wenn von der Härte des Königs gegen die La Vallière gesprochen wird, so sind es immer nur oberflächliche, seichte Romane, oder es ist ganz gemeiner Hofklatsch. Zum Beispiel die Geschichte mit dem kleinen Hund, die Liselotte von der Pfalz berichtet. Danach soll Ludwig XIV., als er sich eines Tages durch das Zimmer der La Vallière zur Montespan begab, Louise einen kleinen Spaniel in den Schoß mit den Worten geworfen haben: „Da, Madame, diese Gesellschaft ist gut genug für Sie." — Diese fürchterlichen Worte beruhen in keiner Weise auf historischer Grundlage. Wahrscheinlich hat er sie gar nicht gesagt. Ludwig XIV. war ein viel zu galanter Mann, um eine Frau, die er einst geliebt hatte und vielleicht noch liebte, derartig zu behandeln.

Das größte Übel kam von Louise de La Vallière selbst. Sie vermochte sich niemals völlig in ihre Verlassenheit zu schikken. Als sie ins Kloster ging, geschah es aus reiner Verzweiflung, weil für sie alles hoffnungslos verloren schien. Wohlverstanden wurde auch durch ihre öffentlich zur Schau getragene Reue ganz besonders unterstrichen, welches Verbrechen in dem Konkubinat des Königs mit der Montespan lag. Auch als Louise sich der Königin zu Füßen warf und sie bat, sie möchte ihr verzeihen, daß sie ihr so viel Leid angetan habe, meinten die Zeitgenossen, diese dramatische Szene bewiese nur den höchsten Grad ihrer tödlichen Eifersucht, denn sie wollte der Welt zeigen, wieviel größer die Sünde war, die Athenaïs und ihr Freund begingen, weil sie zwiefach die Ehe brachen. Und so warf sie dem König und seiner Mätresse die Gemeinheit ihrer Liebe direkt ins Gesicht. Nach ihrer ersten Flucht ins Kloster von Chaillot war Ludwig XIV. sich darüber völlig klar, daß Louise de La Vallière ihm durch ihre mit großem Geschrei ins Werk gesetzte Reue einen öffentlichen Tadel erteilen wollte. Und deshalb gab er erst dann seine Einwilligung zu ihrem Eintritt ins Kloster, als er vollkommen überzeugt war, es geschähe aus innerem Bedürfnis, das nach Bossuets Meinung, der zum Beichtvater der Büßerin berufen ward, etwas spät kam. „Ein stärkerer Charakter als der ihre", schrieb er im Jahre 1673 an den Marschall de Bellefonds, „würde es sich schon viel früher überlegt haben... Deshalb war ich immer der Meinung, man müsse nach und nach die Bande lockern, die eine stärkere Hand als die ihrige längst zerrissen haben würde."

Erst im folgenden Jahre, nachdem der König sie bereits seit sieben Jahren aufgegeben hatte, ging Louise de La Vallière ins Kloster. Das brachte ihr die ein wenig tadelnden Worte des gefürchteten Montausier ein, der zu ihr sagte: „Madame, es ist das größte Beispiel der Erbauung, das die Welt gesehen hat. Aber es wundert mich, daß eine so gebildete Dame wie Sie diesen frommen Entschluß nicht schon längst gefaßt hat." Und es würde sie wahrhaftig nichts davon abgehalten haben, wenn sie gleich nach dem Bruch mit dem König und nachdem sie die Zukunft ihrer Kinder sichergestellt hatte, den Schleier genommen hätte. Louise de la Vallière war eine der großen Liebeskünstlerinnen, die nur schweren Herzens auf die Liebe verzichten. Für einen unbeständigen Geliebten war sie die unbequemste Mätresse, die es geben konnte. „Liebe mich, weil ich dich liebe", schien sie in ewiger Unlogik ihrer Leidenschaft zu befehlen. Ludwig XIV. aber liebte sie nicht mehr. Können ihn die modernen Verteidiger der Aufrichtigkeit in der Liebe deshalb tadeln? Zu seiner Entschuldigung spricht obendrein, daß er ihr bis zuletzt die größte Achtung, ja sogar eine alles übersteigende Zärtlichkeit bewies. Die erbärmliche Liebe der Montespan ließ ihn oft genug die reine und selbstlose Liebe Louises beklagen. Jedenfalls hatte er sich so sehr an ihre sanfte Gegenwart gewöhnt, daß er unendlich traurig war, als sie ins Kloster von Chaillot flüchtete. Bei ihrer Rückkehr weinte er vor Freude, und als sie ihn schließlich für immer verließ und ins Kloster ging, da weinte er ebenfalls bitterlich...
Immer wieder muß darauf hingewiesen werden, daß Ludwig XIV. sentimental veranlagt war und alles Sentimentale liebte. Sogar zartfühlend war er, was man auch sonst darüber gesagt haben mag. Jedenfalls ist es sicher, daß die Art, wie er seine Mätressen behandelte, sich glücklicherweise stark von der Brutalität seiner Zeitgenossen unterscheidet. Bussy-Rabutin erzählt irgendwo eine häßliche Geschichte über den Herzog von Caderousse, einen leidenschaftlichen Spieler, der vorgab, eine Frau von Bertillac zu lieben, sich aber nur von ihr aushalten ließ. Die Dame war schließlich gezwungen, ihr ganzes Geschmeide zu verpfänden, um die

Spielschulden ihres Galans zu bezahlen. In einer Spielhölle prahlte nun Caderousse damit vor allen Leuten, daß er jene Dame vollständig ausgeplündert habe. Seine Geliebte aber hielt sich in einem Alkoven versteckt und hörte alles mit an. Durch einen solchen Zynismus und eine solche Bosheit aufs höchste erregt, fiel sie in Ohnmacht. Sterbend brachte man sie nach Hause, wo sie vier Tage darauf starb. „Ihr könnt Euch nicht vorstellen," fügt Bussy hinzu, „wie dieses Ereignis Herrn von Caderousse ins Gerede brachte!"

Wie traurig ist doch dieses Liebesfest, wie unheilvoll und widrig dieses ganze galante Leben, wenn man es genauer besieht! Mit der Montespan, die der La Vallière in der Gunst des Königs folgte, wird es für ihn die reine Höllenfahrt. Sie nahm von dem jungen Herrscher mit der geilen Liebesraserei ihrer dreißig Jahre Besitz. Sie war die geborene Kurtisane, sowohl dem Charakter wie dem Temperament nach. Die Königin nannte sie, wenn sie von ihr sprach, nie anders als die „Dirne". Und das war der richtige Ausdruck für die Montespan. Sie war überaus schön, von einer berückenden Jugendfrische, und würzte diese Reize noch mit allen Künsten der berufsmäßigen Liebespriesterinnen. Sie war brünett und hatte blaue Augen, aber sie färbte sich die Haare goldblond, weil der König die Blonden liebte. Wirklich waren alle seine Mätressen, mit Ausnahme von Maria Mancini, blond- oder rothaarig. „Madame de Montespan hatte die Gewohnheit," sagt Primi Visconti, „sich täglich zwei bis drei Stunden lang, während sie ganz nackt auf ihrem Bett lag, mit Salben und Parfüms den Körper einreiben zu lassen." Dazu war sie, wie es scheint, sehr unsauber, was sehr oft zusammentrifft. „Die La Vallière war außerordentlich sauber," schreibt Liselotte von der Pfalz, „aber die Montespan ist ein Schmutzfink." Ihre Schwester, Frau von Thianges, die uns Saint-Simon mit einem Pflaster und einer großen schwarzen Taftbinde über dem Auge, mit einem Lätzchen unter dem Kinn beschreibt, war ein sogenannter „Schmutzlappen".

Von der Kurtisane hatte die Montespan hauptsächlich die unersättliche Gier nach Geld und Gunst. Gleichzeitig war sie unglaublich herrschsüchtig und wollte vor allem den Kö-

nig völlig in ihre Hand bekommen. Daß sie das bei einem
so stolzen Charakter nur unter Anwendung der ärgsten Ge-
waltmittel erreichen konnte, wußte sie genau. Sie nahm ihn
unter ihre Zuchtrute und quälte und peinigte ihn beständig mit Vorwürfen und Eifersuchtsszenen, was ihn mit Abscheu erfüllte. Kein Mittel ihres teuflischen Charakters ließ
sie unversucht, denn sie war von Natur aus schlecht und ränke-
voll und schreckte vor keinem Verbrechen zurück. Alle Macht
des Bösen, die ihr innewohnte, stellte sie in den Dienst ihres
wahnsinnigen Ehrgeizes. Sie, eine Mortimart, aus einem älteren Geschlecht als die Bourbonen, behandelte Ludwig XIV.
wie ihresgleichen; sie wollte Königin von Frankreich sein.
Um den König zu fesseln, hatte sie ihren reizvollen Körper und den Charme ihres Geistes. Sie berauschte Ludwig
nicht nur durch ihre Sinnlichkeit, sondern reizte seine
eigene Sinnlichkeit noch obendrein durch alle möglichen
„Liebestränke". Solange sie bei ihm war, ließ sie stets seinen Speisen Aphrodisiaka beimischen. Daher wurde der
früher so regelmäßig lebende Mann plötzlich unter der
Herrschaft der Montespan von jenen Sexualkrisen befallen,
die ihn in die Arme immer neuer Mätressen führten. Niemand schenkte bisher dieser äußerst wichtigen Tatsache
irgendwelche Aufmerksamkeit. Ludwig XIV. wurde durch
die Montespan regelrecht mit dem Liebestrank ihrer Sinnlichkeit vergiftet, und das mehrere Jahre lang. Außer mit
ihren körperlichen Reizen hatte sie den König auch noch
durch ihre zahlreiche Nachkommenschaft in der Gewalt.
Sie gebar ihm sieben Kinder. Ob sie alle von ihm waren?
Bei einem solchen Geschöpf, das zu allem fähig ist, sind
die ärgsten Zweifel erlaubt. Infolge der vielen Geburten
wurde sie entsetzlich dick und häßlich. „Sie war dermaßen
dick," erzählt Primi Visconti scherzend, „daß ihr Bein, das
ich eines Tages zu sehen bekam, als sie aus dem Wagen
stieg, den Umfang meines Körpers hatte."
Von ihren Kindern umgeben, erniedrigte und verletzte sie
beständig die arme Königin, deren Kinder alle früh gestorben waren. Nur der Dauphin war ihr geblieben, ein dicker,
ziemlich dummer, schwerfälliger Junge, der das gerade
Gegenteil von dem entzückenden Herzog von Maine war.

Wohl konnte die Montespan sich einen Augenblick einbilden, ihre Nachkommen an Stelle der Nachkommen Maria
Theresias auf dem Thron Frankreichs zu sehen.

Vor allem aber erhielt sie sich die Liebe des Königs durch
ihre Zaubertränkchen oder glaubte sie sich erhalten zu können. Sie war eine Hexe und Giftmischerin. Länger als
fünfzehn Jahre stand sie in Beziehung zur Voisin. Nach
und nach versuchte sie alle ihre Rivalinnen zu vergiften
oder vergiftete sie wirklich. Mit der La Vallière fing es an,
mit der armen Fontanges, die schön wie ein Engel, aber
dumm wie Bohnenstroh war, hörte es auf. Schließlich faßte
die Montespan den Plan, den König selbst zu vergiften.
Man kann sich denken, wie abgestoßen und angeekelt sich
Ludwig fühlte, als er diese scheußliche Absicht seiner Geliebten entdeckte. Sie versetzte damit seiner Liebe den To-
desstoß. Er verzieh es ihr nie. Endlich wurden ihm durch
diese Ruchlosigkeit die Augen geöffnet, und er wandte sich
Gefühlen zu, die er früher allzusehr verkannt hatte. Die
Montespan enthüllte ihm die furchtbaren Abgründe eines
bösen, dämonischen Charakters. Im wahren Sinne des Wortes
ließ ihn dieses satanische Weib den leibhaftigen Teufel sehen,
wie er seine stechenden, faszinierenden Augen auf ihn richtete — den Teufel in Gestalt eines Weibes. — Trotzdem —
immer um den Schein und die Ehre der Kinder jener Frau
aufrechtzuerhalten, die er gesetzmäßig und feierlich vor der
Welt anerkannt hatte, — duldete er noch viele Jahre in seinem Schlosse dieses Ungeheuer, das ihn hatte vergiften wollen.
Sicherlich beschleunigte dieses Ereignis die Bekehrung des Königs zur Frömmigkeit, auf die er sich jedoch schon längere Zeit
vorher durch eine geheimnisvolle Begegnung vorbereitet hatte. Darüber berichten die Memoiren La Fares ausführlich.
Ehe man jedoch die betreffende Stelle liest, ist es nötig zu
wissen, daß La Fare ein Wüstling und Unzufriedener war.

„Der König ist in seinem Innern von jeher fromm gewesen
und hatte immer Angst, Gott zu beleidigen. Eines Tages
begegnete er in den Gängen des Schlosses von Versailles
einigen Geistlichen, die die heiligen Sterbesakramente in
das Zimmer eines der Offiziere trugen. Um ein gutes Beispiel zu geben, begleitete der König sie bis in das Zimmer

des Sterbenden. Und dieses Ereignis hinterließ einen so starken Eindruck auf ihn, daß er sich sofort zu seiner Mätresse begab und ihr von seinen Gewissensbissen Mitteilung machte. Auch sie, sagte sie, sei von Reue ergriffen, und so beschlossen sie, auseinanderzugehen."

Ganz so einfach, wie es sich der Memoirenschreiber vorstellte, gingen die Dinge indes nicht vor sich. Allein die Begegnung mit den Sterbesakramenten in den Gängen von Versailles war seltsam — vielleicht war sie von der Vorsehung gewollt — und zog weitgehende Konsequenzen nach sich. Am Bett des Sterbenden erlebt er eine furchtbare, sprechende Szene vor dem Angesicht des Todes. Der arme Sonnenkönig fühlt plötzlich, wie verlogen und nichtig das ganze Trugspiel ist, dem er sich im Rausche seiner ersten Liebesabenteuer hingegeben hat. Das wollüstige Leben, das er führte, war ein Betrug, und es war Zeit, daß er sich dem Ernst des Lebens zuwandte — dem Großen und Einzigen, das in Betracht kam.

Übrigens muß immer wieder hervorgehoben werden, daß das genießerische Leben mit seinen Festen und Vergnügungen für Ludwig XIV. nichts als eine Zerstreuung war, eine Art Maske, unter der er die Kriegspläne verbarg und mit der er Europa hinters Licht führte. Niemals raubten ihm seine Mätressen die Zeit, die er zu seiner Arbeit brauchte. Allen voran der Dienst des Staates, für dessen ersten Diener der König sich hielt! Das Volk forderte von ihm ein energisches Vorgehen, aber aus Rücksicht für seine Mutter und seinen Schwiegervater, den König von Spanien, bewahrte er noch eine Zeitlang den Frieden und wartete vorsichtig eine günstige Gelegenheit ab. Endlich starb Philipp IV. im Jahre 1664 und zwei Jahre später auch Anna von Österreich. Nun hielt ihn nichts mehr zurück. Während der fünf- oder sechsjährigen Wartezeit hatte er eine Reserve an Soldaten und Geld zusammengebracht und ein großes Heer organisiert. Jetzt war der Augenblick gekommen, Frankreichs Einheit zu vollenden und dem Lande seine wahren Grenzen zu geben. Das verlangten alle Klugen und Weitblickenden von ihm dringend. Wie wird der König diesen Wunsch des französischen Volkes erfüllen?

VIERTER TEIL

ZWISCHEN ADLER UND LÖWE

Dank seiner militärischen Siege und des Gelingens aller
seiner Staatsgeschäfte hat er das Königtum zu einem so
hohen Grade von Macht gebracht, daß es der Nachwelt und
den zukünftigen Geschichtschreibern schwer fallen wird,
selbst dem Zeugnis der Zeitgenossen Glauben zu schenken.

Bericht der Gesandten von Venedig,
Serie III, France, vol. III, p. 495.

Elftes Kapitel

DIE REVANCHE FRANKREICHS

Das spanisch-deutsche Bündnis. — Die Intrigen der Spanier. — Ludwig XIV. trifft
Vorbereitungen zum Schutze seiner Grenzen. — Seine Kriege keine Eroberungs-, son-
dern Verteidigungskriege. — Die imperialistische Strömung in Frankreich. — Der Kö-
nig als Vernichter des Feudalsystems. — Die politischen Missetaten der Spanier gegen
Frankreich. — Don Juans von Österreich Besuch in Paris. — Der Dünkel des spanischen
Hofes. — Die spanische Heirat. — Die Hochzeitsgeschenke der beiden Parteien. — Der
Beginn des spanischen Erbfolgekrieges. — Ludwigs XIV. verschleierte Kriegserklärung
an Spanien. — Der imperialistische Traum. — Das märchenhafte Fest des »Carrousels«.
Der König im Kostüm eines römischen Imperators.

WIE DIE MITTELALTERLICHEN KATHEDRALEN SO IST
auch das Versailler Schloß eine Ansammlung von Sym-
bolen. Am Haupteingang des Schloßhofes, zu beiden Seiten
des vergoldeten und mit den königlichen Lilien versehenen
Gitters stehen allegorische Steingruppen, wofür die leicht-
vergeßliche Nachwelt völlig den Sinn verloren hat. Zu den
Franzosen der Zeit Ludwigs XIV. sprachen sie jedoch die
beredteste und begeisterndste Sprache. Die rechte Gruppe,
ein Werk Marsys, stellt eine beflügelte Siegesgöttin dar, die
auf dem breiten Rücken eines knienden Riesen sitzt. In
der einen Hand hält sie einen Kranz, die andere Hand legt
sie auf ein Palmenbüschel, das ihr ein beflügelter Genius
darreicht. Harnische und Standarten liegen um sie als Trophäen herum. Ihr Fuß steht auf dem Flügel eines vor ihr
niedergelassenen Adlers. Die andere, ihr gegenüberstehende
Gruppe ist von Girardon und stellt fast das gleiche dar.
Dieselbe Siegesgöttin in der selben Haltung, nur daß der
ausgestreckte Arm den Kranz höher hält. Dem bezwun-
genen Riesen, auf dessen Rücken sie sitzt, sind die Hände
gebunden, und die Göttin stellt ihren Fuß auf die Pfote und
den Nacken eines vor ihr liegenden Löwen. Beide Gruppen
sind in der Darstellung edel, maßvoll, ja mit einer gewissen Liebenswürdigkeit bedacht, die jedes niedrige Gefühl,
jeden Hintergedanken von Haß oder brutalem Hochmut
ausschließt. Es ist die plastische Wiedergabe der beiden
ruhmreichen Taten Frankreichs, nichts weiter. Die rechte
Gruppe symbolisiert den Sieg Frankreichs über den deutschen Adler, die linke Gruppe den Sieg über den kastili-

anischen Löwen. Das Deutsche Reich und Spanien sind
die beiden größten Feinde des damaligen Frankreichs. Sie zu
vernichten ist das Leitmotiv der Regierung Ludwigs XIV.
Doch lassen wir die allegorischen Bilder und gehen wir der
Sache ein wenig auf den Grund. Gleich auf den ersten Blick,
den Ludwig XIV. auf die Karte Europas warf, sah er, welch
doppeltes Problem er zu lösen hatte. Er mußte die Spanier
aus ihren Erbländern vertreiben, durch die es dem erst un-
längst zur europäischen Macht gewordenen Volk gelungen
war, Frankreich einzukreisen. Gleichzeitig mußte er das
Bündnis Spaniens mit dem Deutschen Reiche brechen, ein
Bündnis, das bis dahin zur Stärke der Spanier beigetragen
hatte, und das für Frankreich und auch für Europa gefährlich werden konnte. Dank dieses Bündnisses war die französische Nordostgrenze, die ungedeckteste aller Grenzen
Frankreichs, fortwährend bedroht. Die damalige Verteidi-
gungslinie der Franzosen ging nur bis zur Somme. Das
Oisetal blieb offen, und Paris war beständig von der Gnade
eines Eindringlings abhängig. Nicht nur waren Flandern
und die Franche-Comté, wie auch Roussillon Spionage-
zentren und antifranzösische Intrigennester, sondern durch
die Franche-Comté stand auch Deutschland immer mit
einem Fuße in Frankreich. Wir vergessen heute, daß alle
jene Grenzländer, die spanische Erbländer wurden, wie Brabant, der Hennegau, Limburg, Luxemburg, die Franche-
Comté in Wirklichkeit zum Deutschen Reiche gehörten.
Als Ludwig XIV. Besançon belagerte, berief die Stadt sich
auf ihren Titel als „deutsche Reichsstadt". Und so waren
die Spanier und die Deutschen für Frankreich ein einziger
Feind. Durch die Ernennung Karls V. zum Deutschen Kaiser waren die beiden Völker eine Zeitlang unter einem Zepter vereint. Und seine Nachfolger hielten das spanisch-
deutsche Bündnis weiter aufrecht. Durch die österreichischen Heiraten spanischer Infanten und Könige wurde diese Allianz bei jeder neuen Regierung wieder befestigt.
Übrigens war der König von Spanien, der auch den Titel
Herzog von Burgund führte, hinsichtlich aller seiner kon-
tinentalen Länder der Vasall des Kaisers.
Aber weder der katholische noch der römische Gevatter

spielten in der zweiten Hälfte des siebzehnten Jahrhunderts eine sehr geachtete Rolle vor der gesamten Christenheit. Jeder allein war nicht besonders zu befürchten, obwohl Spanien, wie Colbert selbst zugab, immer noch das reichste Land der Welt war. Unter einer besseren Regierung hätte es zahlreiche kriegserfahrene Truppen dingen, sich in ganz Europa Verbündete schaffen und dem Deutschen Kaiser Armeen zur Verfügung stellen können. Vereint mit Deutschland hätte Spanien mächtige Koalitionen bilden und schließlich Frankreich vollkommen lahmlegen können. Das zu verhindern war die große Aufgabe Ludwigs XIV. Wenigstens mußte er zu gewissen Zeiten genügend Kräfte zusammenziehen, um die Feinde in Schach zu halten. Denn, wenn auch Spanien und das Deutsche Reich sich augenblicklich ruhig verhielten, so konnte man doch nicht wissen, ob sie nicht, entweder allein oder gemeinsam, etwa versuchten, die durch den Vertrag von Münster und den Pyrenäischen Frieden verlorenen Gebiete wiederzuerlangen. Und das mit einer Grenze, die im Nordosten ungeschützt war. Frankreich konnte sich nicht mit einer so unsicheren Lage zufriedengeben. Es gereicht Ludwig XIV. zur Ehre, daß er das begriff, und die Franzosen können ihm dafür nicht dankbar genug sein. Bei allen Kriegen, die zum Schutze der Grenzen geführt werden, handelt es sich nicht nur um den landläufigen Begriff Ruhm, sondern vor allem um die Existenz eines ganzen Volkes. Ludwig XIV. kann noch so sehr und noch so oft von „seinem Ruhme" sprechen oder andere davon reden lassen; er war ein viel zu nüchtern denkender Mensch, als daß er nicht genau gewußt hätte, was das Wort wirklich bedeutete. Es lag ihm übrigens daran, die ernstesten Pläne unter einem frivolen Anschein zu verbergen, und diese vorgebliche Leichtfertigkeit war eine der stärksten Triebfedern seiner Politik.

Es ist geradezu erstaunlich, daß alle Historiker darüber einig sind, daß Ludwig XIV. nur Eroberungskriege geführt habe, während es in Wahrheit reine Verteidigungskriege gewesen sind. Das Frankreich des siebzehnten Jahrhunderts fühlte sehr stark, daß es sich einmal von der drohenden doppelten Gefahr befreien und sowohl den Adler als auch den Löwen unterwerfen oder wenigstens in Schach halten mußte. Versuchen wir tiefer in die Ideen des Königs einzudringen, als er zu Beginn seiner persönlichen Regierung mit Le Tellier, Louvois und Lionne die Frage der auswärtigen Politik in Angriff nahm. Unter welchen Eindrücken, Einflüssen und Gesichtspunkten begann er den Kampf?

Das Deutsche Reich, dessen Lage seit dem Westfälischen Frieden keine glänzende war, stand nicht in besonderer Achtung bei ihm. Auch den Kaiser, der sich im Reichstag wenig Gehorsam hatte verschaffen können und damit beschäftigt war, die Türken zurückzuwerfen, die bis in seine Hauptstadt vorgedrungen waren, der außerdem wenig Truppen und auch wenig Geld besaß, behandelt Ludwig XIV. sehr von oben herab. Was war für ihn so ein armseliger Wahlkaiser, der behauptete, im Range höher zu stehen als er, der König von Frankreich, der gesetzmäßige Erbe des Thrones Karls des Großen! Denn Karl der Große war Kaiser der Franken und nicht Kaiser von Deutschland.

Ludwig XIV. hat sich darüber in den Instruktionen an seinen Sohn sehr deutlich ausgesprochen. Das Deutsche Reich, wie es damals bestand, erinnerte nur sehr wenig an das Römische Reich, dessen Fortsetzung es sein wollte. In Wahrheit war das große Römische Reich längst tot. Frankreich sollte es neu erstehen lassen, und zwar einzig und allein durch die Gewalt seiner Waffen. Zu Beginn der Regierung Ludwigs XIV. gab es eine Zeit, in der nicht nur die imperialistische Strömung sehr stark bemerkbar, sondern auch das antike Rom sehr in Mode war, wie später zur Zeit der Revolution und des Kaiserreichs. An Torbogen und Siegessäulen, in der Malerei wie in der Bildhauerei, wurden Standarten der Vexillarii mit den traditionellen S. P. Q. R. und Trophäen mit Schild und Sturmhaube angebracht. Der König wurde als römischer Kaiser in der Rüstung des Augustus aus dem Vatikan dargestellt. Die Künstler schienen sich zu befleißigen, alles Mittelalterliche von ihrer Kunst abzuschütteln. Es gab keine Wappenschilder, keine schweren Kronen mehr, auch keine heraldischen Tiere. Das Wappen des Königs bestand aus den drei symbolischen Lilien, und sein Sinnbild war meist eine strahlende Sonne.

Den alten gotischen Plunder mochten die Spanier und Deutschen beibehalten, aber der König von Frankreich wollte
auf den Trümmern des Mittelalters die große Tradition
des Abendlandes, den Kulturgedanken Griechenlands und
Roms wieder aufbauen. Er ist der Gott des Lichts, weit
mehr Apollo als der Fürst der Lilien!
In der Tat wirkte der König ebenso wie seine Künstler
sehr stark gegen alles Mittelalterliche. Er verabscheute das
Lehnswesen, weil es das Land zerstückelt hatte. Er, der
Wiederhersteller der Einheit Frankreichs, war der geschwo-
rene Feind alles Lehnbaren. Und so bekämpfte er im Grunde genommen nicht die Deutschen und Spanier, sondern
das Feudalsystem. Aber der scharfsinnige, nüchterne Lateiner weiß sich dennoch die feudalen Zustände, die weit-
verzweigten Lehnsrechte zunutze zu machen, denn sie
setzen ihn in den Stand, gewisse Domänen mit der Krone
zu verbinden und als Eigentum zu erwerben. Wenn es das
Interesse Frankreichs erfordert hätte, wäre Ludwig XIV.
auch ein mittelalterlicher Lehnsherr geworden. Er unter-
drückte das Feudalsystem mit der Lehnsherrschaft selbst
und gab damit das schönste Beispiel seines so außerordentlich beweglichen Geistes, seiner unerhört geschmeidigen
Aktivität, die, wenn es die Notwendigkeit erheischt, sich
in alles zu finden weiß und niemals befürchten muß, sich
zu widersprechen — wenigstens nicht öffentlich.
In diesem Sinne also bereitete Ludwig XIV. sich auf den
Kampf mit Spanien und dem Deutschen Reich vor. Das
letztere mußte seiner Ansicht nach verschwinden, zum
mindesten durch die Zersplitterung seiner Staaten unge-
fährlich gemacht werden. Und das Reich der Franken sollte
seine natürliche Grenze wiedererobern, die im Norden und
im Osten vom Rhein gebildet wurde. Das waren durchaus
keine Ideen des Größenwahns, die dem Hirn Ludwigs ent-
sprangen. Schon hundert Jahre vor ihm war die Politik
Frankreichs nach dieser Richtung hin orientiert, und alle
Zeitgenossen stimmen darüber ein. Man sah in Ludwig XIV.
nur den Glücklichen, der alles verwirklichte, was seine
Vorgänger nicht zuwege brachten. In seiner, während des
Feldzugs von Flandern verfaßten Schrift „Le Bouclier

d'Etat et de justice, contre le dessin manifestement découvert de la monarchie universelle", betrachtet der Baron Lisola aus der Franche-Comté, ein Anhänger der spanischen und deutschen Politik, den „Allerchristlichsten König" als Schüler und Vollstrecker des letzten Willens seines Großvater Heinrichs IV. „Alles, was jener große König im Geiste plante, will Ludwig XIV. durch die Waffen erreichen..." Von Heinrich IV. wird behauptet, er habe die Absicht gehabt, „Frankreich seine früheren Grenzen wiederzugeben und das Reich nach Osten bis zum Rhein, nach Süden bis zu den Pyrenäen, nach Norden indes bis ans Meer auszudehnen... Alle Menschen französischer Zunge sollten Untertanen des Königs von Frankreich werden." — Warum hat man nun diesen Frauenjäger, den Mann mit dem „Huhn im Topf", nicht auch des Größenwahnsinns oder der Eroberungssucht beschuldigt? Warum ist man gegen den Erben seines Thrones und seiner politischen Pläne so streng? Die erfahrensten und weitsichtigsten Männer Frankreichs waren mit dem politischen Programm Ludwigs XIV. einverstanden. Sogar der nüchterne, sehr genaue Mézeray bestätigte in seiner „Geschichte Frankreichs", daß Frankreich die Grenzen des alten Galliens wieder erreichen müsse. Auch unsere heutigen Politiker sprechen beständig von der Notwendigkeit, daß wir wenigstens das linke Rheinufer besetzen. Sie folgen damit dem Beispiel Ludwigs XIV. und seiner Vorgänger. Wenn aber der große König damit im Unrecht war, so ist es die heutige Republik genau so. Ludwig XIV. erfüllte nur den Wunsch eines ganzen Volkes, wenn er die Rechte seiner Frau, der Königin, auf das französische Flandern geltend machte. Übrigens tat er es mit jener klugen Vorsicht, die sich sehr bald in seinem Charakter bemerkbar machte.

*

Mit Spanien war die Lage etwas heikler und verwickelter als mit dem Deutschen Reich. Ludwig XIV. hatte nicht nur politische Beleidigungen, sondern auch persönliche Kränkungen und eine ganze Reihe persönlicher Erniedrigungen zu rächen. Kurz, er hatte Grund genug, an dem Nachbar im Süden Rache zu nehmen.

Die Liste der politischen Missetaten der Spanier war lang und sehr alten Datums, und des Königs Rachedurst war berechtigt. Länger als ein Jahrhundert hatten die Spanier sich in jeder Weise gewalttätig und unanständig gegen die Franzosen benommen. Sie hatten Franz I. gefangen gehalten, Karl V. hatte sich außerordentlich frech benommen, Philipp II. und seine Nachfolger hatten versucht, Frankreich aufzuteilen, überall hatten die Spanier den Bürgerkrieg genährt; es hatte sich eine Liga gebildet, die den König von Spanien auf den französischen Thron zu setzen gedachte usw.... Bei allen Aufständen in Frankreich bemerkte man, daß Spanien die Hand im Spiele hatte. Während der Fronde hatte der Baron de Watteville, der ebenfalls, wie Lisola, aus der Franche-Comté stammte, mit den Frondeuren von Bordeaux Beziehungen und Unterhandlungen angeknüpft. Und wiederum versuchte das Madrider Kabinett durch einen in Südfrankreich angezettelten Aufstand die Einheit des Landes zu stören. Damals wären beinahe das Pariser Parlament und die französischen Prinzen, deren erster Verrat es nicht war, zu den Spaniern übergegangen. Auf diese Weise wurde Frankreich trotz seiner Siege und trotz des Pyrenäischen Friedensvertrags beständig von seinem Nachbar, dem Verbündeten des Deutschen Kaisers, eingekreist. Da Spanien Sizilien und das Königreich Neapel besetzt hielt, war es, wenn es wollte, Herr des westlichen Mittelmeers. Durch das Mailänder Gebiet hatte es Norditalien in der Hand. Durch die Franche-Comté, Luxemburg und die Niederlande dringt es in Frankreich ein und kann es auf diese Weise in tausend Verlegenheiten bringen. Fortwährend treibt es Spionage und mengt sich in die französischen Angelegenheiten. Seine Diplomaten, seine Vizekönige und Statthalter reisen im ganzen Lande umher. Frankreich muß ihnen Pässe und oft auch eine Ehreneskorte verschaffen. Nach den Vorschriften eines sehr obskuren Vertrags muß es Leute empfangen, die in puncto Etikette und des äußeren Scheins sehr empfindlich sind. Und diese unbequemen Gäste sind noch obendrein nicht einmal immer höflich.

Man lese nur in den Memoiren Fräulein von Montpensiers

den Bericht über den Empfang Don Juans von Österreich bei der Königin Mutter, und man wird über den geradezu verletzenden Dünkel dieses Kastilianers erstaunt sein. „Die Königin", so schreibt sie, „reichte ihm nach spanischer Sitte die Hand und sprach mit ihm immer nur Spanisch. Sie nannte ihn ‚mein lieber Neffe‘ (diesen Bastard). Nachdem sie einige Zeit miteinander gesprochen hatten, wandte die Königin sich zu Monsieur und mir, die wir hinter ihr standen, und sagte zu Don Juan: ‚Das ist mein Sohn.‘ Der Spanier setzte ein wenig seinen Fuß zurück, denn man konnte das keine Verbeugung nennen. Als wir beide diesen eingebildeten Stolz bemerkten, ärgerten wir uns schrecklich, weil wir nämlich eine richtige Verbeugung gemacht hatten."

Am nächsten Tag wollte der spanische Prinz den Jahrmarkt besuchen, und Monsieur schickte ihm zur Begleitung seine Garden. Als Juan von Österreich dann an die Bude kam, wo Monsieur und Mademoiselle standen, ging er, ohne Gruß und ohne ein Wort zu sagen, an ihnen vorüber. Und die naive und eitle Tochter Gastons von Orléans kann sich nicht enthalten, hinzuzufügen: „Das wunderte uns. Denn er konnte doch wenigstens Monsieur für die Ehre danken, daß er ihm seine Garden geschickt hatte. Und zu mir hätte er auch etwas höflicher sein können."

Der König ertrug, ebenfalls wie seine Untertanen, nur sehr schwer einen solchen Dünkel. Er war es müde und ärgerte sich, seine Mutter, die Spanierin mit Leib und Seele, immer nur ihr Land und alles, was spanisch war, loben zu hören. Stets hatte sie den Mund voll davon. Den größten Abscheu aber hatten die Spanier ihm bei seiner Hochzeit eingeflößt. Und ebenso wie der König hatten alle Franzosen, wer sie auch waren, unter dem unerträglichen Hochmut der Spanier zu leiden. Die spanischen Granden hielten sich über den Adel der ganzen Welt erhaben und wußten nicht, was sie alles erfinden sollten, um die Schranke so hoch wie möglich zwischen sich und der übrigen Menschheit aufzurichten. Während der Zusammenkunft auf der Fasaneninsel behauptete Don Luis de Haro, den Vorrang vor Mazarin zu haben, obwohl Mazarin Kirchenfürst war. „Zu seiner Verteidigung", berichtet Brienne, „wies der Kardinal auf

seine Würde und den damit verbundenen Brauch hin. Don
Luis hingegen blieb dabei, er habe nicht mit einem Kardinal zu unterhandeln, sondern mit einem Minister des Königs von Frankreich. Da Mazarin es nicht verstand, weder
die eigene Würde noch die seines Gebieters aufrechtzuerhalten, stimmte er gleichgültig zu etwas zu, was in Abrede
gestellt werden konnte und nicht anerkannt zu werden
brauchte." Diese fortwährenden Schikanen stellten natürlich die Geduld der Franzosen auf eine harte Probe.
Bei Ludwig XIV. fingen die Spanier damit an, daß sie ihm
sehr deutlich zu verstehen gaben, welch hohe Ehre ihm
widerfahre, eine Infantin zur Frau zu bekommen. Darauf
tat man, als zögere man, sie ihm zu geben. Endlich, als
das Heiratsprojekt in Madrid angenommen war, erfand man
eine Menge Einwendungen, die die Geschichte immer weiter hinausschoben. Man hatte eine wahre Freude daran,
die Franzosen an der Nase herumzuführen.
Seit September 1659 befand der König sich in Bordeaux,
um die Infantin zu heiraten, aber da war der Ehevertrag
noch nicht bereit, und Ludwig mußte warten. Don Luis
de Haro legte tausend Schwierigkeiten in den Weg, eine
immer spitzfindiger als die andere, wodurch die Unterzeichnung des Vertrags von Tag zu Tag verschoben wurde.
Schließlich bat man den König, bis zur völligen Regelung
des Vertrags auf Reisen zu gehen, ja man ließ ihn unter
dem Eindruck, daß man die Unterhandlungen abzubrechen
wünsche. Während sein Minister gegen die kastilianische
Hinterlist kämpfte, mußte Ludwig XIV. sich fast ein ganzes Jahr im Süden aufhalten und auf die Gnade Seiner
Katholischen Majestät warten. Er war beständig unterwegs
von Bordeaux nach Toulouse, von Toulouse nach Avignon,
nach Aix, nach Toulon. Endlich waren sich die Diplomaten einig, und der Tag der Vermählung wurde für Juni des
nächsten Jahres festgesetzt.
Aber das war noch nicht alles. Seit Mai waren die beiden
Höfe anwesend — der spanische in Sankt Sebastian, der
französische in Saint-Jean-de Luz. Die Reibereien wurden
immer ärger. Während die Franzosen, den Umständen angemessen, alles an Eleganz aufboten, Bänder, Spitzen, Ge-

schmeide, goldgestickte Röcke und Federhüte trugen, erschienen die Spanier in gewollter Einfachheit. Sie waren vollkommen schwarz gekleidet, wie in Trauer, als wäre die Heirat der Infantin ein nationales Unglück. Wenigstens urteilten damals die Franzosen so und fühlten sich aufs höchste verletzt. Die Spanier wiederum machten sich über den Luxus der Parvenüs lustig. Als Don Luis de Haro die prächtige Ausrüstung der französischen Edelleute sah, die den Kardinal Mazarin begleiteten, konnte er sich nicht enthalten, ihm zuzuflüstern: „Die werden sich zugrunde richten." — „Sie werden nur ihre Lieferanten ruinieren", antwortete darauf ziemlich jämmerlich der Kardinal. — Und zu guter Letzt weigerten sich auch noch die stolzen Hidalgos, mit den Herzögen und Pairs von der anderen Seite zu verkehren. An der Feier der Prokuratrauung — die übrigens in Fontarabia und nicht in Sankt Sebastian stattfand, wie manche Historiker behaupten — wurde kein Franzose aufgefordert, teilzunehmen. Mademoiselle mußte inkognito dort erscheinen. Gestattete man es noch anderen Personen, sich unter den gleichen Bedingungen hinzubegeben? Jedenfalls wurde es zur Staatsangelegenheit, denn der Ministerrat verhandelte darüber in drei- oder vierstündiger Sitzung im Zimmer des Kardinals. Monsieur, der neugierig wie eine Frau war, brannte förmlich darauf, seine Kusine nach Fontarabia zu begleiten, aber man verweigerte es ihm ganz formell, weil niemand vom spanischen Hofe geruht hatte, dem französischen Hof einen Besuch zu machen.

In der Kirche von Fontarabia war kein einziger Platz für die Franzosen reserviert, nicht einmal für den Bischof von Fréjus Ondedei, der die Prokuratrauungsakte vorlesen sollte. Noch mehr: man hielt es nicht einmal für nötig, ihm die Stunde mitzuteilen, wann die Messe stattfand. Ein Bruder des Grafen von Lenet, des Gesandten Condés in Spanien, der Abbé de Lenet mußte den Bischof erst aus seiner Wohnung herbeiholen. Der Bischof betrat die Kirche weder von einem Zeremonienmeister, noch von einem Türhüter begleitet und störte natürlich alle Anwesenden. Mit einem Wort, die Spanier behandelten die Franzosen bei jeder Gelegenheit mit Absicht als arme Verwandte.

Auch Ludwig XIV. und seine Mutter wurden nicht rücksichtsvoller behandelt als ihre Untertanen. Nach so langer Zeit war Anna von Österreich sichtlich bewegt und erfreut, ihren Bruder wiederzusehen. Mit herzlicher Freude ging sie auf Philipp IV. zu, er aber erwiderte nur mit stolzer Miene und äußerst kühl die Zärtlichkeiten seiner Schwester. Er stand da, als existiere für ihn kein Mensch um ihn herum. „Der König von Spanien", berichtet ein Augenzeuge, „neigte seinen Kopf zum Scheitel der Königin hinab, aber er küßte sie weder, noch tat er sonst etwas Ähnliches ... Es geschah indes nicht aus Herzenskälte oder aus Mangel an Freundschaft. Im Gegenteil, sie hatten beide Tränen in den Augen vor Freude, sich wiederzusehen. Aber so verlangte es die strenge spanische Etikette." Eine solche Erklärung konnte den Franzosen natürlich nicht genügen. Was das Publikum bei dieser Szene empfand, hat Frau von Motteville sehr richtig beobachtet. Sie erklärte: „Das kalte, verächtliche Benehmen des Königs von Spanien machte einen sehr schlechten Eindruck." Auch der Tatsache, daß im Versammlungssaal auf dem Fußboden die Grenze zwischen Spanien und Frankreich durch einen Kreidestrich markiert war, maßen die Franzosen eine beleidigende Bedeutung bei. Denn damit erklärte Philipp IV. ganz deutlich, daß er sein Königreich nicht verlassen, dem König von Frankreich nicht einen Schritt entgegengehen wollte.

Die Geschenke, die man sich gegenseitig bei dieser Gelegenheit machte, gaben gleichfalls Veranlassung zu allen möglichen Reibereien. Ludwig XIV. hatte sich wirklich sehr angestrengt. Er sandte seiner Braut ein wundervolles Toilettennecessaire, das Fräulein von Montpensier sehr liebevoll beschreibt: „Es war eine ziemlich große goldbeschlagene Kassette, in der sich die denkbar schönsten Schmucksachen aus Gold und Diamanten befanden, wie Uhren, Gebetbücher, Handschuhe, Spiegel, Kästchen für Schönheitspfläsplästerchen und Bonbons, kleine Flakons aller Art, Etuis für Scheren, Messer, Zahnstocher, ferner Miniaturen für den Alkoven, Kruzifixe, Rosenkränze, Ringe, Armbänder, Agraffen, Spangen von Diamanten, worunter einige sehr wertvolle. In einem kleineren Kästchen befanden sich Perlen und Juwelen, Ohrgehänge und ein Schrein für die Kronjuwelen. Kurz, man kann überzeugt sein, daß es nie ein prächtigeres und galanteres Hochzeitsgeschenk gegeben hat." — Die Juwelen hatten einen Wert von 450 000 Livres, wie der Abbé Montreuil erzählt. „Herzog von Créquy überreichte sie. Die Infantin aber öffnete nicht einmal die Kassette, sondern übergab sie ihrer Ehrendame und steckte beide Schlüssel in ihre Tasche…" Etwas Unliebenswürdigeres und Unhöflicheres kann man sich kaum denken.

Die Königin-Mutter ihrerseits schenkte ihrem Bruder Philipp IV. „eine Schlaguhr mit Diamanten besetzt". Als Gegengabe sandte er ihr nur einige Paare spanischer Handschuhe. Die Königin selbst fand dieses Geschenk etwas schäbig.

Zu all diesen Knausereien gesellte sich noch eine lange Reihe Beleidigungen, heimtückischer und heftiger Angriffe, so daß man begreifen kann, daß Ludwig XIV. weder seinem Schwiegervater noch den Spaniern zugetan und ihm daran gelegen war, so bald wie möglich mit dem arroganten Volke abzurechnen. Die Beleidigungen trafen sowohl ihn wie die Franzosen. Hätte es sich nur um verletzte Eigenliebe gehandelt, so wäre der König klug genug gewesen, sich zu beherrschen. So aber stand Frankreichs Existenz auf dem Spiele. Und das wird meist mit Stillschweigen übergangen, wenn man von den Kriegen Ludwigs XIV. spricht.

Als der Feldzug von Flandern beschlossen wurde, war Spanien von der Politik des Deutschen Reichs mehr und mehr abhängig. Die Regentin war eine Österreicherin, ihr Premierminister und Günstling, der Jesuit Nithard, ebenfalls ein Österreicher, der sich völlig in der Hand des Kaisers befand. Der spanische Thronerbe, der skrofulöse und degenerierte Karl II., war fünf Jahre alt. Man hielt ihn für einen Todeskandidaten. Er konnte von heute auf morgen sterben. Und dann stand man vor der ernsten Frage: Wer wird der Erbe dieses ungeheuren Reichs der nie untergehenden Sonne sein? Wenn die Königin von Frankreich nicht als Tochter Seiner Katholischen Majestät ihre Rechte geltend machte, — und zwar als Tochter aus erster Ehe — so würde alles dem Kaiser zufallen, dem Sohne und Gatten einer spanischen Infantin. Er würde die Niederlande, die Franche-Comté, Norditalien, Sizilien, Westindien, die Hälfte des Erdballs erhalten! Eine so große Ausdehnung des Deutschen Reichs an seiner Seite konnte Frankreich nicht dulden. Es war unbedingt nötig, daß die Miterben sich im Guten die Erbschaft teilten. Und dieser Gedanke tauchte dann auch wirklich sehr bald unter ihnen auf.

Man mußte jedoch annehmen, daß man sich entweder nicht einigte, oder daß einer der Mitbeteiligten mit seinem Teil nicht zufrieden war. Dann konnte dieser Erbstreit zu endlosen Kriegen führen. In der Voraussicht eines nahen Konflikts mußte also der König von Frankreich an den schwachen Grenzen seines Reichs Vorsichtsmaßregeln ergreifen und sie schützen, ehe es zum unvermeidlichen Kampf kam. Dann war es auch leichter, zu unterhandeln. An der flandrischen Grenze war Frankreich am ungedecktesten. Nach einem Ortsgesetz konnte Maria Theresia, die Gattin Ludwigs XIV., ihre Rechte auf das Herzogtum Brabant und seine Nebenlehen, die Herrschaften Mecheln, Antwerpen, Obergeldern, Namur, Limburg, die vereinigten Städte jenseits der Maas, Hennegau, Artois, Cambrai, auf die Grafschaft Burgund, das Herzogtum Luxemburg und auf einen großen Teil der Grafschaft Flandern geltend machen. Da die Mitgift, die man ihr unter der Bedingung zugestanden hatte, daß sie auf den väterlichen Besitz verzichtete, nicht bezahlt worden war, stand dem Anspruch des Königs auf Flandern keinerlei rechtliches Hindernis entgegen. Und so wurde der Feldzug in Flandern beschlossen. Weit entfernt, sich als Länderräuber, brutaler Eroberer aufzuspielen, der alle Rechte mit Füßen trat, lag Ludwig XIV. vielmehr daran, seine eigenen Rechte anerkennen zu lassen. Er hütete sich wohl, Spanien offiziell den Krieg zu erklären, und beschränkte sich darauf, wie er sich ausdrückte, „von seinem Eigentum Besitz zu ergreifen". In Wirklichkeit verfolgte er nur die gleiche Absicht wie seine Vorgänger, nämlich Frankreichs Sicherheit dadurch zu befestigen, daß er seine Grenzen vor feindlichen Einfällen zu schützen suchte.

Der König schien also anfangs seine ehrgeizigen Pläne darauf zu beschränken, daß er einige Städte und Gebiete, die zur Erbschaft seiner Frau gehörten, wiederzuerlangen suchte. Aber in der Voraussicht auf die spanische Erbfolge, von der jedermann glaubte, daß sie jeden Tag eintreten könne, hegten Frankreich und sein Herrscher die höchsten Hoffnungen. Gewiß wurde Ludwig sehr bald wieder von dem imperialistischen Traum geheilt, denn die Ereignisse waren für ihn oft eine harte und blutige Lehre, aber es gab doch einen Augenblick, wo er in jugendlicher Verblendung glauben konnte, der Erbe Karls V. und Karls des Großen zu werden. Die Universalmonarchie war also doch kein so unmögliches Hirngespinst? Jeden Augenblick konnte das Zepter in seine Hand fallen. Wer vermochte ihm dann noch zu widerstehen? Was konnte man mit dem Golde Amerikas alles machen!...

Ein um diese Zeit gegebenes Fest mit ganz besonders nationalem Charakter, weil es wunderbar jenen begeisterten Glauben an das Schicksal Frankreichs verkörperte, war das sogenannte „Carrousel" vom Jahre 1662. Man gab vor, damit die Geburt des Dauphins feiern zu wollen. Ludwig XIV. spricht ziemlich ausführlich in seinen Memoiren darüber, ein Beweis, welche Bedeutung er diesem Ereignis beimaß. Zweifellos ist es für voreingenommene Historiker leicht, dieses Fest ins Lächerliche zu ziehen und zum Beispiel darin nur einen schlechten Streich zu sehen, den Louvois dem Finanzminister Colbert spielen wollte, um ihn in Verlegenheit zu bringen, wo er das Geld hernehmen würde für ein so verschwenderisches Fest. Aber in Wirklichkeit war es die feierliche Bestätigung des größten politischen Ehrgeizes, den Frankreich je besessen hat.

Bei dieser unerhört märchenhaften Prachtentfaltung sei nur an einige bezeichnende Einzelheiten erinnert. Das allererstaunlichste dabei war, daß der König als Römischer Kaiser gekleidet erschien, umgeben von Liktoren, deren Pferde Schabracken trugen, auf die römische Adler gestickt waren. In jenem Augenblick sah er wirklich aus wie später Napoleon I. Er war in rauschende, kostbare Stoffe gekleidet, über und über mit glitzernden Edelsteinen besät und erschien vor dem französischen Volke wie ein lebender Reliquienschrein des Königtums.

„Der König war als Römer gekleidet", stand in dem erklärenden Bericht über das Fest, „sein Wams war aus Silberbrokat mit Gold und großen Diamanten bestickt. Die äußeren Ecken des Halskragens, der ebenfalls aus Silberbrokat und vierundvierzig Diamantrosen zusammengesetzt war, wurden durch Diamantspangen zusammengehalten. Die Achselstücke ebenfalls aus Silberbrokat mit Gold. Drei außerordentlich breite, mit hundertzwanzig Diamantrosen besetzte Streifen bildeten den Gürtel dieses prächtigen Panzers... Auf dem Haupte trug er einen silbernen Helm mit goldenen Blättern, der mit zwei großen Diamanten, zwölf Diamantrosen an den Seiten und einer Schnur von zwölf weiteren Diamanten geschmückt war. Dieser Helm hatte auf der Spitze einen feuerroten Federbusch. Die Stiefel waren aus Silberbrokat mit Goldstickerei. Der Säbel war dermaßen mit Diamanten bedeckt, daß man kaum das Gold darunter hervorleuchten sah. Der König ritt einen goldgelben Apfelfalben, der feuerrote Federpanasche trug und ebenfalls mit Diamanten übersät war..."

Hinter ihm im Zuge kamen die anderen Staaten, die von den höchsten Persönlichkeiten des Hofes dargestellt wurden: der Kaiser von Persien, der Sultan, der Kaiser von Indien, der Kaiser von Amerika. „Man wollte gewissermaßen um die Wiege des Dauphins alle Erdteile gruppieren, alle Völker darstellen, als wenn sie ihm ihre Huldigungen darbrächten und ihn als denjenigen anerkannten, der einst über sie herrschen würde," so sagt der Bericht. Man betrachtet ihn also bereits von seiner Mutter aus als den berechtigten Erben des Indischen Reichs.

Sehr bezeichnend war ferner, daß an der Vorderseite der Mitteltribüne, die die Fassade der Tuilerien verdeckte, eine Inschrift mit goldenen Lettern besagte: Victricibus armis Lodoici, Francorum Imperatoris. Ludwig XIV. wurde als Kaiser der Franken begrüßt. Man wollte den Adler und den Löwen bekämpfen und auf den Trümmern von Österreich und Spanien das Reich Karls des Großen wieder aufbauen! — Aber dieses gefährliche Trugbild hielt sich nicht lange vor dem gesunden Verstand Ludwigs XIV.

Zwölftes Kapitel

CLAUSA GERMANIS GALLIA

Das Nationalbewußtsein der Franzosen. – Ludwig XIV. in der falschen Beurteilung früherer Historiker. – Der böse Wille seiner Feinde, die Friedensverträge zu erfüllen. – Der Kriegsschatz ist erschöpft. – Die geringe Opferbereitschaft des französischen Volkes für die Kosten des Kriegs. – Die Hartnäckigkeit der Spanier. – Des Königs versteckte Kriegserklärung. – Er kämpft für die Rechte seiner Frau. – Der gefürchtete Gegner Deutschland. – Ludwigs XIV. Verhalten. – Seine kluge Vorsicht. – Der Vertrag mit Holland. – Die europäische Koalition. – Ludwigs persönliche Rechtfertigung. – Der Frieden von Aachen. – Die Lage nach dem Frieden. – Der Irrtum der Historiker über die Kriege Ludwigs XIV. – Der Friede von Nimwegen. – Die Abrüstung Frankreichs. – Das perfide Spanien. – Ludwigs XIV. Aussprüche über Diplomatie. – Die Besetzung Straßburgs durch kaiserliche Truppen. – Die Reunionskammern. – Frieden von Ryswijk. – Das Testament Karls II. von Spanien. – Die Fehler Ludwigs XIV. in seiner Politik. – Der Sieg von Denain. Frieden von Utrecht und Rastatt.

NACHDEM MAN EINEN GANZEN FELDZUG VON RECHT-fertigenden Denkschriften, juristischen Argumentationen, Schmähschriften und Karikaturen geführt und der König immer wieder allen europäischen Höfen beteuert hatte, er habe friedliche Absichten, wurde endlich im Jahre 1667 Spanien der Krieg erklärt, wenigstens der Tatsache nach, denn Ludwig XIV. verwahrte sich energisch dagegen, daß er den Nachbarstaat angreife; er besetzte nur die Gebiete, die ihm von Rechts wegen zukamen! So sagte er. Dieser Krieg sollte ungefähr vierzig Jahre dauern. Zwar wurde er von Zeit zu Zeit durch kurze Moratorien und Friedensschlüsse unterbrochen, die aber in Wahrheit nichts anderes als Waffenstillstände waren, um die Kriegführenden ein wenig Atem schöpfen zu lassen. Wenn man den Dreißigjährigen Krieg dazu rechnet, der mit dem Pyrenäischen Frieden seinen Abschluß fand, so hat man beinahe einen neuen Hundertjährigen Krieg, aus dem das einige moderne Frankreich hervorgegangen ist. Er ist recht eigentlich der nationale Krieg, das große Werk, das Frankreich seine Stellung in der Welt verschaffte. Die Kriege Ludwigs XIV. sind die zweite Phase des Hauptabschnitts der Geschichte Frankreichs, in der die höchsten Anforderungen an die französische Tatkraft gestellt wurden. Der junge Herrscher opferte für diese Riesenarbeit alle ihm zur Verfügung stehenden Kräfte: all seinen Mut und sein ganzes Genie. Keiner seiner Feldherren und Staatsmänner war so leidenschaftlich bei der Sache wie er. Das französische Volk, das von ihm mit fortgerissen, ja sogar manchmal wider Willen gezwungen wurde — denn wir dürfen niemals vergessen, daß Frankreich ungeachtet der Franzosen zu dem wurde, was es ist — dieses Volk brachte ein so großes Opfer, das größte vielleicht, das es vor den napoleonischen Kriegen und vor dem Weltkriege gebracht hat. Dieses Opfer war jedoch noch lange nicht so groß wie das des Königs. Dank seiner unbeugsamen, nie zu besiegenden, eisernen Willenskraft ist Frankreich aller Koalitionen Herr und der moderne Staat geworden, der es heute noch ist.

Seit Voltaire, der ihn indes außerordentlich bewunderte, hat man sich daran gewöhnt, Ludwig XIV. nur als den Organisator französischen Geistes, den Erbauer von Versailles und Marly, den Mann der Liebesfeste zu betrachten. Mit dem Feldherrn ist man schnell fertig, wenn man ihn nicht gerade schmäht. Aber gerade seine Kriege sind das Wesentliche, ja man kann sagen, die Seele seiner Regierung. Liest man jedoch darüber in den meisten historischen Werken, bei Michelet angefangen, so glaubt man zu träumen. Nicht nur daß die früheren Historiker nichts davon verstehen, sondern sie beweisen in ihrem Urteil weder Treu noch Glauben und schaden damit Frankreich. Michelet besonders ist empörend. Eine so ungerechte, blinde Voreingenommenheit kann einen zur Verzweiflung bringen, und man sagt sich: „Ist dieser geniale Mann beschränkt oder verrückt?" Schließlich, um nicht alle Achtung vor ihm zu verlieren, wirft man das Buch ärgerlich beiseite und beklagt nur, bis zu welchem Grade die antimonarchische Wut diesen großen Franzosen und sonst so klar blickenden Gelehrten irregeleitet hat.

Andere wieder bestreiten zwar die Notwendigkeit der Kriege nicht, werfen aber dem König vor, sie nicht straff genug geführt und nicht alle Vorteile aus ihnen gezogen zu haben, die sie hätten bieten können. „Was!" sagen sie, „eine so lange Zeit und so große Opfer, um das kleine Holland zu gewinnen? Waren denn so große Anstrengungen nötig, sich der Niederlande zu bemächtigen, nach denen man doch nur die Hand auszustrecken brauchte?" Man vergißt, daß Ludwig XIV. in allen seinen Kriegen allein gegen das ganze Europa stand. Holland hatte England, Spanien, das Deutsche Reich, die Nordstaaten hinter sich. Vierzig Jahre lang schloß Europa sich zusammen, um die Größe Frankreichs zu bekämpfen, die Lilien zu vernichten, ‚çonculcare Lilia‘, wie sich damals die Pamphletisten ausdrückten. Da begreift man wohl den Stolz der Franzosen, als Söhne einer Nation zu gelten, die eines solchen Widerstandes fähig war. Der Wahlspruch des Königs „Einer gegen alle" stand nicht nur auf den französischen Silbermünzen, sondern auch in der entferntesten Hütte der Provinz.

Eine viel größere Schwierigkeit als dieses Aufsichalleinangewiesensein war für den König der böse Wille seiner Feinde, die fortwährend alles in Frage stellten. Sie weigerten sich hartnäckig, die Friedensverträge zu erfüllen, und der Frieden war immer nur eine unterirdische Weiterführung des Kriegs. Man mußte unaufhörlich Truppen in Bereitschaft haben, um die Besiegten zu ihren Verpflichtungen zu zwingen oder einem heimlichen Angriff ihrerseits zuvorzukommen. Zu all diesen Schwierigkeiten kam schließlich noch, daß der König nicht genug Mittel zur Verfügung hatte. Trotz all seines Genies, trotz der großen Organisationskunst seiner Minister, trotz seiner bewunderungswürdigen und klugen Einteilung der französischen Heereskräfte hatte er weder genug Truppen noch genug Geld, um einer Koalition des ganzen Europas die Spitze zu bieten. Die Finanzen des Reichs waren abscheulich, ebenso die Art der Rekrutierung. Ludwig XIV. hielt es jedoch nicht für nötig, diese Irrtümer seiner Vorgänger ändern zu müssen, und das war sowohl sein als des ganzen Volkes größter Fehler. Besonders aber war es der Fehler der Franzosen, denn niemand wollte Geld hergeben. Ja, bei Festen, wie dem Carrousel und auf den Inschriften der Triumphbögen, da wollte man das erste Volk der Welt sein, aber dafür einen Mann oder einen Taler opfern, das fiel den Franzosen nicht ein.

So zogen sich die Kriege in die Länge, weil das Geld, die Haupttriebfeder, fehlte. Nichtsdestoweniger waren sie für die damalige Zeit ein ungeheures Opfer. Schon die darauf verwendete Zeit, das lange Durchhalten, die Beschaffung der außerordentlichen Hilfsquellen, die Unsummen, die diese Kriege verschlangen, beweisen, wie schwer ein solches Unternehmen war. Wenn das Ergebnis trotz eines solchen Oberhauptes und so erstklassiger Mitarbeiter die ehrgeizigen Hoffnungen der Franzosen nicht ganz befriedigte, so kam es daher, daß es eben menschenunmöglich war, mehr zu leisten.

*

Mit Ausnahme einer ganz kurzen Zeit zu Beginn seiner Regierung, in der er sich in einem sehr natürlichen Jugendrausch befand, denn er wurde von einem ganzen Volk umschmeichelt, hatte Ludwig XIV. sehr bald eine klare Vorstellung von den großen Schwierigkeiten, die ihn in einem, übrigens notwendigen und unvermeidlichen Unternehmen erwarteten. Von dem Tage an, da er sich mit seinen auswärtigen Angelegenheiten beschäftigte, machte er es sich zur Richtschnur, vorsichtig und gemäßigt vorzugehen. Also gerade das Gegenteil von den späteren revolutionären und napoleonischen Staatslenkern.

Es ist wirklich erstaunlich und bewunderungswürdig. Der König ist jung, neunundzwanzig Jahre alt! Das ganze Volk treibt ihn zum Eroberungskriege und zur Vergrößerung seines Staates. Der Adel wartet ungeduldig darauf, loszuschlagen. Der König besitzt ein großes kriegstüchtiges Heer, Geld, Lebensmittel und Munition. Er hat auch den besten Grund, mit den Spaniern abzurechnen, die seit länger als hundert Jahren die Feinde Frankreichs sind. Sie haben ihn maßlos beleidigt. Ihre Diplomatie ist im höchsten Grade zweideutig; sie wollen sich nicht als Besiegte bekennen und auch nicht die Friedensverträge annehmen, ferner suchen sie fortwährend die europäischen Staaten gegen ihn aufzuwiegeln. Er weiß, wie unbedeutend der Kaiser ist, kennt dessen Anmaßung und die Bestechlichkeit der damaligen deutschen Fürsten und aller nordischen Herrscher. Alles das weiß er. Er hat die zwingendsten Gründe, seine Macht zu zeigen, und man würde es ihm nicht nachtragen, wenn er sie mißbrauchte. Nichtsdestoweniger beherrscht er seine Rachegefühle und mäßigt seinen Ehrgeiz. Laut verkündet er, daß er niemand den Krieg erklären will, und verschanzt sich hinter sein Recht. Als er, nachdem er in Madrid seine Forderungen dargelegt hatte, sich entschloß, in Flandern einzufallen, so möchte er aus dieser Besetzung einen Akt der Ritterlichkeit machen. Der König schlägt sich, um seiner Frau die ihr zukommende Erbschaft zu Füßen zu legen! Wenn Lille und Douai ihre Tore geöffnet haben, soll die Allerchristlichste Königin sofort ihre treuen Untertanen als Herrscherin besuchen, die wieder in ihr Land einzieht und durch ihre Anwesenheit die Besetzung der Truppen ihres gefürchteten Gatten vergessen macht!

Alles geht darauf aus, die rechtmäßigen Ansprüche seiner Frau auf die spanische Erbfolge zu beweisen. Wer das vergißt, versteht nichts von der Politik und den Kriegen Ludwigs XIV. Es ist lange her, daß Mignet darlegte, die Erbfolgeangelegenheit sei der Drehpunkt der Regierung des Königs gewesen. Aber unsere Historiker scheinen sich von deren nationaler Bedeutung keine Rechenschaft abzulegen. Sie scheinen zu glauben, sie sei einzig und allein eine Frage des persönlichen Ruhmes und Ehrgeizes Ludwigs gewesen, während es in Wirklichkeit für Frankreich um Leben und Tod ging. Hätte Deutschland durch die spanische Erbfolge eine so ungeheure Gebietserweiterung erfahren, die mit den spanischen Ländern und der neuen Welt auch die Vizekönigreiche und Gouvernements von Italien, Burgund und die Niederlande umfaßte, so wäre Frankreich von diesem riesenhaften Reiche, das den ganzen Erdball beherrschte, und von England als Beherrscher der Meere erdrückt worden. Das mußte der Mann, in dessen Hände Frankreichs Geschick erblich übergegangen war, um jeden Preis verhindern.

In diesem schweren und langen Kriege, der mit ebensoviel Takt als Nachdruck und Ausdauer geführt werden mußte, bewies er eine Vorsicht und eine Klarheit, die über alles Lob erhaben sind. Seit langem hatte er, wie er sich ausdrückt, „die ganze Sache im Kopf". Als ersten Grundsatz

MONTESPAN

Stich von Etienne Picart

stellt er auf, daß es nur recht und billig ist, wenn er als ge-
setzmäßiger Haupterbe auftritt. Das erkannte später sogar
der König von Spanien, der gebrechliche Karl II., in seinem
Testament an, obwohl er der ärgste Feind Frankreichs war.
Aber die Spanier und der Kaiser machen ihm dieses Erbe
streitig unter dem Vorwand, daß die Mutter und die Frau
Ludwigs XIV. auf ihre Vorrechte als Infantinnen in ihren
Eheverträgen verzichteten. Worauf der König von Frankreich antwortete, dieser Verzicht wäre nur unter der Bedingung geleistet worden, daß beide Frauen eine Mitgift
bekämen, die indes niemals ausgezahlt worden sei. Im Innern natürlich dachte er mit dem ganzen Volke, daß die
beste Begründung dieses Krieges in der Existenznotwendig-
keit Frankreichs zu suchen sei, — das konnte er aber nicht
öffentlich zugeben. Er konnte aber auch nicht zulassen, daß
unter dem Vorwand, eine einfache juristische Formel zu
respektieren, ein ganzes Volk — sein Volk! — kaltlächelnd
niedergemacht wurde.
Nachdem er das alles dargelegt hatte, war er sich wohl darüber klar, daß Europa sich viel mehr darüber aufregen
würde, die spanische Erbfolge an das mächtige und einige
Frankreich übergehen zu sehen als an das schwache und
im Innern aufgewühlte Deutsche Reich. Es hieß also, mit
Vorsicht und Mäßigung zu handeln, damit Europa die
Rechte der Allerchristlichsten Königin anerkenne. Einmal
mußte er, wenn es absolut notwendig war, Gewalt gebrauchen, das andere Mal auch wieder zu List und Bestechung
seine Zuflucht nehmen. So allein erklärt sich das ganze
Verhalten des Königs während des spanischen Erbfolgekriegs. Sobald er durch eine Einigung erreicht hat, was er
will, hält er in seinen Kriegsoperationen inne, denn er weiß,
was der geringste Krieg kostet. Außerdem ist für ihn diese
Einigung eine Anerkennung seiner Rechte. Für ihn kommt
es vor allem darauf an, daß man ihn als gesetzmäßigen
Haupterben anerkennt. Deshalb ist es nötig, daß er die
öffentliche Meinung nicht gegen sich hat. Wiederum sollen aber auch seine Nachbarn von seiner Stärke überzeugt
sein. Und doch ist er so vorsichtig, diese Stärke nicht zu
mißbrauchen. Denn er sieht voraus, daß er eines Tages

ganz allein gegen alle stehen, daß der Krieg lange währen wird, und daß er trotz seiner Macht, trotz seiner guten Organisation, trotz seines tapferen Volkes und trotz seines persönlichen Genies vielleicht der Übermacht des Feindes unterliegen wird. Er muß daher seine Truppen so viel wie möglich schonen.

Hat man das alles richtig verstanden, so wundert man sich nicht mehr, daß Ludwig XIV. plötzlich mitten in den schönsten Siegen den Feldzug in Flandern abbricht, nach der Einnahme von Courtray sofort nach Compiègne und nach der Eroberung von Lille rasch entschlossen nach Saint-Germain zurückkehrt. Manche Historiker erklären diese Eile mit seinem Wunsche, so schnell als möglich wieder mit Frau von Montespan vereinigt zu sein. Das ist eine furchtbar alberne Begründung. Es gab für seine Handlungsweise unzählige und sehr bedeutende Gründe. Nach den kriegerischen Ereignissen stellten sich hauptsächlich diplomatische Verhandlungen ein. Es handelte sich vor allem darum, die Bedenken des Papstes zu zerstreuen, der von den Spaniern zum Schiedsrichter gewählt worden war; besonders aber mußten die Kriegsvorbereitungen der Holländer gehemmt werden, die durch die niederschmetternden Fortschritte der französischen Heere in Flandern in größter Angst lebten. „Die Holländer glaubten vielleicht nicht," sagte der König, „daß ich von den Intrigen unterrichtet war, die sie gegen mich schmiedeten." Und weil er sie kannte und weil er wußte, daß eine Allianz zwischen Holland, Schweden und England vor der Tür stand, beeilte er sich, die Holländer durch einen neuen Vertrag zu verpflichten; denn er wollte lieber unterhandeln als seine Vorteile weiter verfolgen. Deshalb bemächtigte er sich der Franche-Comté, denn er sah voraus, daß er während der Unterhandlungen genötigt sein werde, verschiedenes wieder abzutreten, und so war er geschickt genug, sich im voraus so viel wie möglich zu nehmen.

Die Antwort der Verbündeten auf die Eroberung der Franche-Comté ließ nicht auf sich warten. Sie zwangen Ludwig XIV. rechtlich, die Forderungen Spaniens anzunehmen. So sah der König gleich nach den ersten Schritten, die er zur Erlangung seiner Ansprüche getan hatte — man vergesse nie, daß er sie nur zum Schutze der Grenzen Frankreichs aufrechterhielt — eine europäische Koalition gegen sich aufrichten. Was wird er tun? In diesem Augenblick ist er sicher stärker als seine verbündeten Feinde. Aber er tut, als gäbe er ihnen nach, und stimmt dem Frieden bei. Ein großer Teil des französischen Volkes war gegen diesen Rückzug. Noch heute tadelt man ihn aufs strengste. Hören wir, was der König selbst zu seiner Verteidigung hervorbringt. Wie ein Held aus einem Trauerspiel Corneilles befragt er sich selbst: „An sich war die Entscheidung schon schwer genug durch die vielen und schwerwiegenden Gründe, die auf beiden Seiten hervorgebracht wurden. Die größte Schwierigkeit für mich lag jedoch darin, daß ich in meinem Beschluß ganz allein auf mich angewiesen war, denn ich hatte keinen Menschen, auf den ich mich voll und ganz verlassen konnte... Auf der einen Seite machte man mich auf die große Zahl und Stärke der Truppen aufmerksam, die in meinen Diensten standen, ferner auf die Schwäche, in der sich die Spanier befanden, und auf die Gleichgültigkeit, mit der das Reich die Ereignisse zu beobachten schien. Man hielt mir vor, daß bereits alle Maßnahmen für den nächsten Feldzug getroffen, die Rekruten bereits ausgehoben seien oder wenigstens die Rekrutierung befohlen sei, daß meine Proviant- und Pulvermagazine gefüllt und große Summen für diesen Feldzug verausgabt worden wären. Obwohl nun alle diese Gründe im besonderen geeignet waren, einen ehrgeizigen Charakter anzuspornen, so sah ich doch zu meinem Bedauern auf der anderen Seite weit zwingendere und stärkere Gründe. Denn die Anhänger des Friedens bestritten nicht, daß ich den Spaniern überlegen war, aber sie meinten, zur Verteidigung brauche man mehr Kräfte als zum Angriff. Je siegreicher mein Vormarsch sei, desto mehr würde ich durch die starken Besatzungsgarnisonen geschwächt werden, die ich in den neueroberten Städten zurücklassen müßte. Meine Feinde hingegen könnten sich täglich an Zahl vermehren, und schließlich müßte ich mich vielleicht, trotz aller bedeutenden Eroberungen, auch entschließen, durch den Frieden einen guten Teil des eroberten Gebiets wieder herzugeben oder ganz allein einen ewigen Krieg gegen meine Nachbarn zu führen.

„Außer diesen Gründen jedoch, die ein jeder vorbringen konnte, gab es noch andere, die einzig und allein mit meinen damaligen geheimen Plänen zusammenhingen (mit seinen Absichten auf die spanische Erbfolge). Bei dem großen Zuwachs, den mein Vermögen erhalten konnte, schien es mir vor allem nötig, in den Augen selbst meines ärmsten Nachbars als gemäßigt und ehrlich zu erscheinen... Und ich dachte, daß ich das nicht besser und glänzender beweisen könne, als wenn ich mich mit den Waffen in der Hand und auf Anraten meiner Verbündeten meinen Feinden gegenüber nachgiebig zeigte und mit einer geringen Entschädigung zufrieden war. Außerdem war für mich diese Entschädigung, wie gering sie auch erscheinen mochte, viel wertvoller, weil dieser von mir freiwillig zugestandene Frieden eine gewisse Aufgabe der Verzichtleistung auf Ansprüche in sich schloß, durch die allein die Spanier vorgaben, die Königin von aller Erbfolge des spanischen Königshauses auszuschließen."

Dem Frieden von Aachen, der diesen ersten Teil des Krieges beendete, lag hauptsächlich die spanische Erbfolge zugrunde, die größte Angelegenheit der Regierung Ludwigs XIV. Er mäßigt und beschränkt seine Kriege in der Hoffnung auf die Zukunft. Die Franche-Comté gibt er nur provisorisch wieder her; aber der Gewinn, mit dem er sich zufrieden gibt, ist nicht so gering, wie er sagt, denn er verstärkt die französische Nordgrenze durch einen Teil von Flandern und den Hennegau, Länder, die, wie er sagt, „immer den Königen von Frankreich gehört und einen Teil der Krondomäne gebildet hätten". Außerdem waren die Festungen Doornick, Oudenaarde und Charleroi, die die Franzosen besetzt hielten und in Feindesland lagen, ebenfalls ein Köder für zukünftige Eroberungen.

Es muß zugegeben werden, daß sowohl die Kriege als auch die auswärtige Politik der damaligen Zeit viel weniger kompliziert waren als die heutigen. Die Teilnehmer sind leicht aufzuzählen, und das Schlachtfeld ist scharf umgrenzt. Es ist wie ein Schachbrett mit seinem König, der Königin,

den Bauern, Läufern, Springern nnd Türmen. Mühelos
verfolgt man den Verlauf der Partie. Es muß aber auch
anerkannt werden, daß Ludwig XIV. als Anfänger ein ausgezeichneter Spieler war.

*

Der Frieden von Aachen beendete den Krieg nicht. Im
Gegenteil, er war der Anfang eines unvermeidlichen Zu-
sammenstoßes. Der Mann, der durch seine Stellung zum
dauernden Verteidiger der Interessen Frankreichs eingesetzt
war, konnte nicht beim Frieden von Aachen stehen bleiben.
Frankreich konnte nicht mit einer nach Deutschland hin
ungedeckten Grenze bleiben, zumal die Franche-Comté
wieder spanisch geworden war. Das Elsaß war nur zum
Teil unterworfen; Lothringen war seinem Herzog zurückgegeben worden, die Pfalz immer sehr feindlich gesinnt.
Spanien gegenüber war das Land ebenfalls durch das Loch
der Oise schlecht geschützt, und Flandern nur unvollständig
erobert, denn die Franzosen besaßen weder Cambrai noch
Valenciennes oder Maubeuge. Die Feinde beunruhigten
Frankreich nicht nur beständig dadurch, daß sie den Weg
versperrten, sondern auch, daß sie versuchten, die neuen
Gebietseroberungen wieder an sich zu reißen. Aber die
Franzosen waren damals die Stärkeren und besser Vorbereiteten. In ihrem eigenem Volksinteresse mußten sie den
Plänen des Feindes entgegenarbeiten und ihn an Schnellig-
keit überholen. Das alles überlegte der König reiflich. Die
Historiker, die in dem Feldzug von 1672 und in den späteren Kriegen nichts weiter sehen als die persönliche Revan-
che Ludwigs XIV. gegen die Holländer, eitle Befriedigung
der Eigenliebe oder gar ein von Louvois angezetteltes finste-
res Komplott, um sich unentbehrlich zu machen, — diese
Historiker machen sich über Frankreich und ihre Leser
lustig. Seit dem Jahre 1669 sah sich Ludwig XIV. in der
zwingenden Notwendigkeit, sich Lothringens zu bemächtigen, da der Herzog Karl IV. sich weigerte, die Verträge zu
erfüllen und ununterbrochen mit dem Reiche Beziehungen
unterhielt. Anderseits war auch der Dreibund zwischen
Holland, England und Schweden nicht aufgelöst. De Witt

197

versuchte im Gegenteil ihn zu befestigen und bemühte sich mit allen Mitteln, Frankreich von den Niederlanden zu entfernen. Anfangs versuchte der König das Rüsten der Holländer durch einen von Lionne sehr geschickt geführten diplomatischen Feldzug zu schwächen, und es gelang ihm, England von diesem Bündnis abzubringen. Darauf glaubte er in Holland einfallen zu können, dem für seine Pläne in Flandern größten Hindernis. Sofort bildete sich die europäische Koalition gegen ihn, die er gehofft hatte zu verhindern. Nach sechsjährigem Kampfe, in dem Ludwig XIV. und seine Truppen zahlreiche Siege davontrugen und er es verstanden hatte, alle seine Feinde in Schach zu halten, mußte er von neuem den Feldzug unterbrechen und in Nimwegen wegen des Friedens unterhandeln. Diesmal fiel dem König ein schöner Gewinn zu, und er tröstete sich über die Niederlage oder den Aufschub, den seine größten Hoffnungen erleiden mußten. Nun besaßen die Franzosen die Franche-Comté, Freiburg auf dem rechten Ufer des Rheins, Lothringen blieb ihnen zum Pfand, und nach Flandern zu besaßen sie eine befestigte Grenze, wie sie etwa heute noch besteht.

Nach dem Frieden von Nimwegen konnte der König einen Augenblick glauben, daß seine Aufgabe beendet oder wenigstens die kriegerische Phase endgültig abgeschlossen sei. Er gedachte sich nun einzig und allein damit zu beschäftigen, seine Eroberungen zu befestigen und mit seinen Nachbarn, besonders aber mit Spanien in Frieden zu leben. Kurz nach dem Friedensschluß bat ihn der Katholische König um die Hand seiner Nichte. Der von der Natur so stiefmütterlich behandelte Herrscher konnte also einen Erben bekommen. Und so kam die Frage der spanischen Erbfolge vorläufig nicht mehr in Betracht, oder sie war zum mindesten auf lange Zeit hinausgeschoben. Endlich konnte, dank der neuen spanischen Königin an Stelle des österreichischen Einflusses der französische in Madrid überwiegend werden. Um einen schlagenden Beweis seiner friedlichen Absichten zu geben, begann Ludwig XIV. abzurüsten. Er verringerte sein Heer um mehr als die Hälfte. Bereits auf der Zusammenkunft in Nimwegen war er in seinen Ansprüchen

sehr mäßig gewesen und hatte die größte Bereitwilligkeit
bewiesen, seine Eroberungen so teuer wie möglich zu be-
werten.

Seit langem nährte Ludwig XIV. den Gedanken, lieber die
neuerworbenen Gebiete sich zu erhalten als sie zu erweitern.
Wie er sagte, wollte er den Frankreich so oft gemachten
Vorwurf vermeiden, daß es nicht verstünde, sich die Früchte seiner Siege zu bewahren. So hoffte er, in Frieden die
neuerworbenen Vorteile, die er übrigens teuer genug hatte
bezahlen müssen, genießen zu können. Aber nicht lange
hielten seine Illusionen vor den allzu offenbaren Intrigen
der Feinde Frankreichs stand. Im selben Augenblick, da die
Heirat seiner Nichte mit dem König von Spanien zustande
kam, vermehrten die Spanier ihre Beleidigungen gegen den
Marquis de Villars, Ludwigs Gesandten in Madrid. In Bis-
kaya und in Flandern ereigneten sich täglich Grenzstreite.
Man verbrannte die französischen Fischerbarken, kaperte
die Kauffahrteiboote und verhaftete die Kuriere. Weit
schlimmer aber war, daß die Spanier gleich nach dem Friedensschluß wegen einer Allianz mit Holland und England
unterhandelten, um die Friedensbedingungen, die sie gegen
Frankreich eingegangen waren, listig zu umgehen. Nach
dem Vertrag sollte Spanien dem Allerchristlichsten König
den Besitz von Dinant oder, stattdessen, Charlemont zu-
sichern, und zwar im Verlaufe eines Jahres, vom Tage der
Ratifizierung des Vertrags ab.

Als diese Frist abgelaufen war, verlangten die Spanier eine
weitere. „Aber es war nicht ihre Absicht," sagt sehr richtig der Marquis de Villars, „Zeit für die Abtretung Dinants
zu gewinnen, sie wollten vielmehr eine Angriffs- und Ver-
teidigungsliga bilden, die damals zwischen England und
Holland zur Vorlage gebracht worden war, denn sie waren
überzeugt, daß sie mit deren Unterstützung Frankreich
Charlemont verweigern konnten. Vielleicht würde der König Angst haben, sich in Händel mit einer solchen Liga,
mit so mächtigen Feinden einzulassen, die im schlimmsten
Falle Deutschland in ihren Bund aufnehmen und wieder
ganz Europa zu den Waffen und zu Hilfe rufen konnten,
nur mit dem einzigen Risiko, daß sie in Flandern das

Schlachtfeld lieferten und ihren Verbündeten alle möglichen Dinge versprachen, die sie nachher nicht hielten.“
Warum spricht man uns immer von der Unehrlichkeit Ludwigs XIV. und niemals von der seiner Feinde? Seit dem Ministerium Olivarez — jenem rohen Minister, der sagte „no hay gratitud entre reyes“, es gibt keine Dankbarkeit unter Königen — war ganz Europa über die Doppelzüngigkeit der spanischen Diplomatie empört. In bezug auf Frankreich war diese Unaufrichtigkeit in Madrid geradezu traditionell. Ludwig XIV. hingegen beginnt in seinen Memoiren mit dem Grundsatz: „Um ein guter und großer Herrscher zu sein, muß man vor allem für einen anständigen Menschen gehalten werden.“ Und später fügt er hinzu: „Mein Sohn, ich berühre damit vielleicht einen der heikelsten Punkte im Verhalten eines Prinzen. Es sei ferne von mir, Ihnen Unehrlichkeit beibringen zu wollen... Aber es gibt darin Unterschiede. Die Lage der beiden Monarchien, der französischen und der spanischen, ist heute so, und war es schon lange, daß man die eine nicht erhöhen kann ohne die andere zu erniedrigen... Dadurch entsteht zwischen beiden Reichen ein außerordentlicher Neid, eine, ich wage zu sagen, dauernde Feindschaft, die wohl durch Friedensverträge verdeckt, niemals aber völlig ausgelöscht werden kann... Und, um die Wahrheit zu sagen: alle ihre Verträge werden nur in diesem Geiste geschlossen. Was man darin auch von Freundschaft und Einigkeit sagen mag — der wahre Sinn, den jeder von ihnen sehr wohl kennt, ist, daß man sich nach außen hin jedweder Feindseligkeiten enthält, daß aber jeder vom andern geheime Friedensbrüche erwartet und sich danach richtet.“
Nach der Unterzeichnung des Friedens von Nimwegen hatte Ludwig XIV. mehr als je Grund, den Spaniern zu mißtrauen. Bereits in der Angelegenheit Dinant und Charlemont gingen sie einer formell abgegebenen Verpflichtung aus dem Wege und bemühten sich noch, eine Liga gegen Frankreich zu bilden. „Unter solchen Umständen“, schließt der König, „hätte ich geglaubt die Pflichten gegen meinen Staat außer acht zu lassen, wenn ich den Friedensvertrag gewissenhafter erfüllt haben würde als meine Feinde.“

Auch gegen das Reich hegte er ähnliches Mißtrauen. Der Kaiser Leopold hatte den Frieden nur in berechtigter Notwehr unterzeichnet, denn die Ungarn hatten sich gegen ihn erhoben, und die Türken bedrohten seine Hauptstadt. Es war klar, daß er sich sofort wieder gegen Frankreich wenden und versuchen würde, wiederzuerobern, was er hatte abtreten müssen, sobald er sich jene Feinde vom Halse geschafft hatte. Während die bevollmächtigten Minister des Kaisers in Nimwegen den Friedensvertrag unterzeichneten, besetzte zu Beginn des Jahres 1679 eine kaiserliche Armee Straßburg. Es war unmöglich, in dieser Handlung keine Drohung zu sehen. Darauf faßten Louvois und Ludwig XIV. einen doppelten Plan zum Schutze der französischen Grenzen. Marschall Vauban wurde mit der Verteidigung der im Besitze der Franzosen befindlichen Festungen und Gebiete beauftragt, und in Metz, Breisach und Besançon wurden Reunionskammern eingerichtet, um die seit dem Westfälischen Frieden annektierten Gebiete und die dazu gehörigen Lehen zusammenzuschließen.

Vauban leistete Bewunderungswürdiges. Die französischen Städte bekamen ein vollständig neues und ganz nationales Aussehen. Heute noch stehen seine Festungen und befestigten Ringmauern zum Teil unbeschädigt da. Aber leider läßt man sie allmählich verfallen, obwohl wenigstens die schönsten davon aus Pietät unterhalten werden sollten, als Beweis einstiger Größe. Sowohl in der Zitadelle von Lille als auch am andern Ende von Frankreich, an der spanischen Grenze, in der Zitadelle Montlouis ist es zu bewundern, wie es die damaligen Ingenieure und Unternehmer verstanden, für ihren König und ihr Land zu bauen. Kein Prunk, keine eitle Verschwendung, aber eine wahrhaft königliche Geräumigkeit, eine Kunst und Schönheit, verbunden mit der sorgfältigsten Beachtung alles Nützlichen und Praktischen. Mit ihren Kapellen, Theatersälen, Gouverneurswohnungen, Hospitälern usw. sind es die reinen Miniaturstädte.

Der andere Plan zum Schutze der Grenzen, den die Reunionskammern zur Ausführung brachten, wurde ebenfalls ganz unauffällig, wenigstens im Anfang, wie eine ge-

wöhnliche und alltägliche Arbeit vollbracht. Die Feinde
Frankreichs allerdings machten ein großes Geschrei um
diese Gebietszusammenschlüsse, und man nannte sie „un-
vermutete Angriffe im tiefsten Frieden". Selbst diejenigen
Historiker, die als unparteiisch gelten, tun so, als handle
es sich um Provinzen in Lappland. Es handelte sich indes
ganz einfach um die Sicherheit, ja, um die Existenz Frankreichs! Man mußte Burgund, die Champagne und die
französische Hauptstadt vor einem feindlichen Angriff
schützen.

Nach dem Frieden von Nimwegen, im Jahre 1679, war die
wahre Lage Frankreichs folgende. Ludwig XIV. hatte zum
zweitenmal die Franche-Comté erworben. Aber sie war
an der deutschen Grenze durch das Loch von Montbéliard
ungedeckt. Die Franzosen behielten das Elsaß, das ihnen
im Frieden von Münster abgetreten worden war, aber zehn
Städte, worunter Straßburg, behaupteten, nichts mit dem
König von Frankreich zu tun zu haben und direkt vom
Kaiser abzuhängen, dessen Truppen sie bereitwilligst die
Tore öffneten. Eine solche Lage war nicht duldsam, und
man muß immer wieder darauf zurückkommen, weil es
die meisten Historiker nicht erwähnen. Noch nach dem
Frieden von Münster mußte Ludwig XIV. das Elsaß buchstäblich erobern, indem er es von allen Einflüssen und Intrigen isolierte und vor den kaiserlichen Truppen verschloß.
Lothringen anderseits hielt noch immer zu seinem Herzog,
und die militärische Besetzung der Franzosen hatte gar
nichts zu sagen. Auf dieser Seite war Frankreich sehr
schwach befestigt, denn es besaß nur als einziges Fort
Longwy. Endlich, an der flandrischen Grenze, war das
Loch der Oise nur mäßig durch Maubeuge und Cambray
gedeckt. Die Franzosen hätten Charleroi, Dinant, ja sogar
Namur haben müssen, um völlig geschützt zu sein. Kurz,
der Feind konnte überall herein. Indes, die zu seinem Schutze nötigen Territorien konnte Frankreich erwerben, ohne
nochmals zu den Waffen zu greifen, einzig und allein, indem es auf seinen Lehnsrechten bestand, die in den früheren
Verträgen enthalten und anerkannt waren. Ludwig XIV.
wäre nur dumm gewesen, hätte er von diesen Rechten nicht

Gebrauch gemacht, denn seine Gegner maßten sich ganz ähnliche Rechte an, um sich in den von Frankreich eroberten Gebieten zu halten. Unter dem Vorwand derselben Rechte behauptete der Kaiser, in Straßburg und den anderen elsässischen Städten bleiben zu können. Und was tat der König von Spanien anderes, als sich auf seine Feudalrechte berufen, als er nach dem Frieden von Nimwegen sich noch immer Herzog von Burgund nannte? Und wenn Frankreich im Pyrenäischen Frieden die spanische Enklave Llivia in der Cerdagne anerkennen mußte, so geschah es ebenfalls nur, weil Don Luis de Haro alte Feudalrechte in den Vordergrund stellte.

Da Ludwig XIV. zweifellos wußte, daß seine Feinde sich im geheimen auf einen Krieg vorbereiteten, um die letzten Friedensverträge zu annullieren, würde er den größten Fehler begangen haben, wenn er von ihnen die strategisch sehr bedeutenden Gebiete hätte besetzen lassen, die er sich rechtlich angeeignet hatte. Von dem Augenblick an, da Europa sich verbündete, um Frankreich zu verhindern, seine Grenzen zu schützen und seine rechtmäßigen Gebiete zu besetzen, mußte der König im gegebenen Falle entweder zur List oder zur Gewalt greifen, um dieses Ziel zu erreichen. Die Nachwelt kann ihm nur dankbar sein, daß er so geheim und tatkräftig dieses Werk des Zusammenschlusses durchführte. Der König hatte seine Grenze dermaßen befestigt und organisiert, daß Frankreich zehn Jahre lang einer Welt von Feinden standhalten und sich in Flandern, Deutschland, Italien, Katalonien und an allen Küsten des Atlantischen Ozeans und des Mittelmeers schlagen konnte. Und als der Feind, der des Kriegs ebenso müde war wie Ludwig XIV., noch einmal versuchte zu unterhandeln, da kann man dem König nur den einen Vorwurf machen, daß er seine Siege nicht genügend ausnützte, daß er die Brückenköpfe am Rhein und besonders feste Plätze wie Luxemburg und Mont-Royal abtrat, durch die die ganze Pfalz in Schach gehalten werden konnte. Vauban, der Held dieses Krieges, war über diese Zurückerstattung außer sich. Am Vorabend der Unterzeichnung des Friedens schrieb er: „Ich halte diesen allgemeinen Frieden durch die Art, wie er geschlossen wird, für viel infamer als den Frieden von Château-Cambrésis, der Heinrich II. entehrte und stets als der schändlichste, den es je gegeben hat, betrachtet wurde."

Indes, als der Frieden von Ryswijk im Jahre 1697 geschlossen wurde, kam die Frage der spanischen Erbfolge widerum in den Vordergrund, denn der Tod des Katholischen Königs stand bevor. Ludwig XIV. schickte sich an, wenigstens einen Teil der Erbschaft in die Hand zu bekommen. Es lag ihm daher daran, die europäische Meinung für sich günstig zu stimmen, und so zeigte er sich sehr uninteressiert. Ohne darauf zu verzichten, bemühte er sich doch zu vermeiden, daß deshalb ein neuer Krieg heraufbeschworen wurde. Großmut war ja zur Genüge seinem Wesen eigen. Übrigens stand Ludwig XIV. zu jener Zeit mehr als je unter einem sehr verderblichen Einfluß, gegen den er mit höchst bewunderungswürdiger Energie beständig ankämpfte, nämlich unter dem Einfluß der Frau von Maintenon und der bigotten und doktrinären Sippe, die den Herzog von Bourgogne umgab. Um ihn von seinem großen nationalen Unternehmen abzubringen, stellte man ihm vor, wie erschöpft Frankreich sei, und wie das Volk unter den ungeheuren Lasten jammere. Und er, der gegen sich selbst so hart war, war viel gefühlvoller, ja sogar viel sentimentaler als man dachte. Aber diese, obwohl strengverhaltene, Sentimentalität ließ ihn einige politische Fehler begehen.

Als Ludwig XIV. am 10. November des Jahres 1700 das Testament des Königs von Spanien annahm, der den jungen Herzog von Anjou als Erben anerkannte, tat der König von Frankreich damit den einzigen Schritt, der sich mit seiner Würde und dem Interesse seines Reichs vereinbarte. Hätte er es ausgeschlagen, so wäre der Erzherzog Karl, der zweite Sohn des Kaisers, König von Spanien geworden. Um keinen Preis konnte er zugeben, daß ein Österreicher in Madrid regierte und damit die Einkreisung Frankreichs von neuem begänne, wie zu Zeiten Karls V. und Franz' I.

Karl II., der letzte Habsburger in Spanien, hatte sich trotz seines Hasses gegen alles Französische nur deshalb zu dieser Anerkennung des Herzogs von Anjou entschlossen, weil er die Integrität des spanischen Staats retten wollte.

Nur der Enkel Ludwigs XIV., des immer noch mächtigsten
europäischen Herrschers, schien ihm geeignet, die Zer-
stücklung des spanischen Reichs zu verhindern. Es war
eine unfreiwillige Anerkennung des Ansehens und der wirklichen Macht des Allerchristlichsten Königs. Und so begann
das achtzehnte Jahrhundert, wie man sagt, für die Bourbonen mit einem „Übermaß von unglaublichen Glücks-
fällen ".
Aber Ludwig XIV. ließ sich davon nicht berauschen. Dieser Autokrat, der den schönsten Traum seines Lebens ohne
einen Tropfen Blut vergießen zu müssen verwirklicht sah,
dessen seit langen Jahren entworfener Hauptplan seiner
Regierung wie durch ein Wunder zum Abschluß kam,
wußte auch im höchsten Triumph sich seinen klaren Verstand zu bewahren. Sowohl in seinen Worten wie in seinen Handlungen bewies er das vollkommenste Maß und
die größte Würde. Es sei nur an jene historische Szene
erinnert, als der Herzog von Anjou im Zimmer des Königs in Versailles den fremden Gesandten vorgestellt wurde. — „Meine Herren," sagte Ludwig XIV., „das ist der
König von Spanien! Durch seine Geburt war er zu diesem
Throne berufen, und der verstorbene König hat ihn in seinem Testament dazu ernannt. Das ganze Volk hat es gewünscht und es von mir inständig verlangt. Der Himmel
hat es so gewollt, und ich habe mit Freuden zugestimmt."
Dann wandte er sich an seinen Enkel: „Seien Sie ein guter
Spanier, das ist Ihre erste Pflicht. Vergessen Sie jedoch
nicht, daß Sie geborener Franzose sind und stets die Einig-
keit zwischen den beiden Staaten aufrechterhalten müssen.
Nur dadurch werden beide Völker glücklich sein und der
Friede Europas bewahrt bleiben." Schöne und edle Worte!
Allein schon die Worte „Meine Herren, das ist der König
von Spanien" sind genial. Was würde unter den gleichen
Umständen ein moderner Herrscher gesagt haben? In
einem für Frankreich und seinen König so ruhmreichen
Augenblick konnte es nichts Einfacheres und Größeres
geben.
Dennoch: es bedeutete Krieg! Der König wußte es und
sah die fürchterlichen Folgen seiner Annahme voraus. Man

hat behauptet, er hätte den Konflikt mit ein wenig mehr Geschmeidigkeit und Schonung vermeiden können. Das ist aber entweder ein Irrtum oder eine Verleumdung. Seit dem Bekanntwerden des Testaments Karls II. protestierte der ob der Übergehung der Erbschaft wütende Kaiser energisch dagegen und bereitete sich, soweit es ihm seine Lage gestattete, auf einen Kampf vor. Die Seemächte aber, England und Holland, waren schon bei dem Gedanken, daß der Handel des spanischen Amerikas in die Hände der Franzosen übergehen sollte, ebenso wie der Handel auf dem Mittelmeer, in höchster Aufregung und Angst. Wilhelm von Oranien, der persönliche Feind Ludwigs XIV., wollte den Krieg und tat nur so, als heiße er das Testament Karls II. gut, um Zeit zu gewinnen, seinen Rivalen desto sicherer einzukreisen.

Hat nun Ludwig XIV. wirklich die Fehler begangen, die man ihm zur Last legt, und hat er nur aus Dünkelhaftigkeit und Anmaßung eine neue europäische Koalition heraufbeschworen? Man wirft ihm vor, daß er durch Patentbriefe, die im Parlament niedergelegt wurden, die Rechte des Herzogs von Anjou auf den französischen Thron habe aufrechterhalten lassen, was auf die Möglichkeit schließen ließ, Frankreich und Spanien unter die Gewalt eines Prinzen aus dem Hause Bourbon zu bringen. Das war indes nur eine Maßnahme der Vorsicht, im sehr unwahrscheinlichen Fall, daß die direkte Nachkommenschaft Ludwigs XIV. erlöschen konnte. Anderseits war darin nicht spezifiziert, daß in diesem Falle Philipp IV. den spanischen Thron behalte. Dazu kam, daß der Erzherzog immer noch Ansprüche an das Erbe des spanischen Throns stellte und auf nichts verzichtet hatte. Wenn er König von Spanien wurde, konnte er auch Kaiser werden. Im Augenblick, da der Kaiser Leopold sich auf einen Krieg gegen Ludwig XIV. vorbereitete, konnte da der französische König sich mit gutem Gewissen weniger interessiert zeigen als sein Gegner? Die meisten Historiker scheinen zu glauben, Ludwig XIV. sei dazu dagewesen, sich zu erniedrigen, immer nur nachzugeben, während der Feind seine Ansprüche nicht im geringsten herabschraubte.

Ferner legen sie Ludwig XIV. zur Last, die holländischen Garnisonen von der sogenannten „Barrière" vertrieben zu haben, die nach dem Vertrag von Ryswijk dort Wache gegen die Franzosen hielten. Das ist doch gar zu toll! Wie, der neue König von Spanien, der ein französischer Prinz war, hätte in seinen flandrischen Städten seine ärgsten Feinde dulden sollen? Und das französische Staatsoberhaupt, das den Krieg kommen sah, hätte diesen selben Feinden den Vorteil einräumen sollen, sich im Herzen des Landes niederzulassen, das es vielleicht schon morgen für seinen Enkel verteidigen mußte? Noch mehr: es hätte zulassen sollen, daß sie noch einmal seine Grenzen bedrohten?

Der einzige Fehler, den Ludwig XIV. wirklich beging, aber auch mehr aus unvorsichtiger Großmut, war, daß er die holländischen Garnisonen abziehen ließ, anstatt sie gefangenzunehmen, bis die Holländer ihre Absichten klargelegt hatten. Saint-Simon, der gewiß den König nicht zart behandelt, betont in den heftigsten Ausdrücken diesen Fehler, den er mit „heiliger Einfalt" bezeichnet. „Es waren, sagte er, 23 ausgezeichnete Bataillone, die er ihnen wieder zurückschickte, die ihnen sehr gefehlt haben und sie vielleicht außerstand gesetzt haben würden, Krieg zu führen. Dadurch hätte sich auch England, der Kaiser und das ganze ungeheure Bündnis verwirren lassen, das sich gegen die beiden Länder aufrichtete."

Ein anderes ungeheures Verbrechen war, daß Ludwig XIV. Jakob Stuart als König von England anerkannte, anstatt Wilhelm von Oranien, den das englische Parlament zum König proklamierte, und daß er sich dadurch den Haß der Protestanten zuzog. Der König konnte machen was er wollte, die Protestanten gaben ihm stets unrecht. Und es muß wohl zugestanden werden, daß es wiederum sehr naiv gewesen wäre, hätte er von den beiden Prätendenten gerade den gewählt, der sein erbittertster und persönlicher Feind war, der alle Verträge mit Füßen getreten und eine Koalition gegen Frankreich ins Leben gerufen hatte. Noch mehr! Jakob Stuart war ein unglücklicher Verbannter. Ludwig XIV. hielt es als guter Franzose für ritterlicher, die Partei des

Bedrückten zu nehmen und keinen Verrat an einem Manne zu üben, der sein Gast war.

Wenn das ein Fehler ist, so war er sehr gering. Ludwig XIV. hat viel schlimmere begangen. Der größte Irrtum seinerseits war, daß er in der schwersten Zeit des Mißgeschickes den Einflüsterungen der Defaitisten gehorchte, an deren Spitze Frau von Maintenon stand. Beinahe hätte er den Krieg dadurch verloren, daß er dem Feinde Plätze wie Lille, Condé, Maubeuge und Straßburg überließ, und er war nahe daran, sich zu entehren, als er den Verbündeten Subsistenzmittel anbot, damit sie den König von Spanien, seinen eigenen Enkel, bekämpfen konnten. Glücklicherweise besann sich der alte, kranke, von den vielen Todesfällen in seiner Familie und allen möglichen Widerwärtigkeiten niedergedrückte Mann eines Besseren und war von da an ein wahrhaft nationaler König. Er sprach zu den Franzosen die Sprache, die sie hören wollten, und sie brachten zur Verteidigung des Landes die größten Opfer. Alle seine Minister und Ratgeber verloren den Mut, nur er nicht. Noch einmal richtete er sich in seiner ganzen Größe auf und führte sein Volk zum Siege von Denain. Dieser Sieg war das alleinige Werk Ludwigs XIV., denn der Seitenangriff auf Denain war seine Idee. Der Angriff war entscheidend und geradezu vom Genie eingegeben. Stunde für Stunde, Schritt für Schritt verfolgte der König seine Generale und erteilte ihnen, die Karte in der Hand, die ausgezeichnetsten Instruktionen, ließ ihnen indes auch gleichzeitig alle Freiheit in der Bewegung. Die auf diesen Feldzug bezügliche Korrespondenz beweist in hohem Maße die königliche Initiative und, daß dadurch schließlich alle Unschlüssigkeit des Marschalls von Villars überwunden wurde. Villars hat uns in seinen Memoiren die Unterhaltungen mit dem König am Vorabend der Schlacht mitgeteilt. Ludwig XIV. empfahl ihm, wenn er geschlagen würde, sich hinter die Somme zurückzuziehen: „Ich kenne diesen Fluß,“ sagte er, „er ist sehr schwer zu überschreiten. Dort gibt es Festungen, und ich gedenke mich nach Péronne oder Saint-Quentin zu begeben, dort alles, was ich an Truppen auftreiben kann, zusammenzuziehen, damit noch einen letzten Angriff mit Ihnen zu unternehmen und dann entweder gemeinsam mit

DIVERCES VUËS DU CHATEAU ROYAL DE MARLI,
près de Versailles

Cin, premiere vui en prise a la principale d'intrée, precède la, grille en avant de Louis?
à Paris chez Mansour à Paris ou vis à visqu' l'eglise des Paris.

Marly   *Stich von Jean Rigaud*

Ihnen zu sterben oder den Staat zu retten, denn ich werde
niemals zugeben, daß der Feind bis zu meiner Hauptstadt
vordringt."
Diese Worte bedürfen keines Kommentars. Jene stolze
Sprache gereicht vollkommen zum Lobe des Königs, der
sicherlich seine Absicht wahrgemacht hätte, wenn er besiegt
worden wäre.

*

Dank dieses heldenhaften Widerstands bewahrte er sich
nicht nur sein Ansehen, sondern er konnte auch fast alle
Gebiete behalten, die er in den früheren Kriegen erobert
hatte. Durch den Frieden von Utrecht und von Rastatt behielt Frankreich die Franche-Comté, das Elsaß mit seinen
zehn kaiserlichen Städten, worunter auch Straßburg, das
erst 1681 an Frankreich kam und das die Franzosen nur
der hartnäckigen Tätigkeit und auch dem sehr vorsichtigen
Vorgehen Ludwigs XIV. und seiner Minister verdankten.
Straßburg, das den Brückenkopf des Rheins und einen
Schlüssel zu Frankreich bildete und dessen Wiedereroberung
den Franzosen so teuer zu stehen kam! Anderseits gehörte
ihnen Lothringen virtuell, das dem Herzog provisorisch überlassen worden war, und die französische Grenze im Norden war
stärker befestigt als heute, denn Frankreich verlor im Jahre
1815 die Festungen, die das Oise- und Saargebiet beherrschten, und bekam sie nicht wieder. Außerdem war die Gefahr
der Einkreisung durch Spanien und das Haus Österreich
für immer vorbei, denn die Habsburger waren durch die
Bourbonen auf dem spanischen Thron ersetzt worden. Und
dieser Vorteil ist noch heute bemerkbar, denn die pyrenä-
ische Grenze ist die ruhigste von allen Grenzen Frankreichs.
Auf dem Meere und in den Kolonien hatte Frankreich nichts
verloren. Zwar hatte es in Utrecht den Engländern Gebiete
und Handelsvorrechte abtreten müssen, dafür aber besaß
es das Bündnis mit Spanien, der größten Kolonialmacht
der Welt. Übrigens bereitete Ludwig XIV. noch kurz vor
seinem Tode, wie aus seinen Instruktionen für den französischen Gesandten in Wien, den Grafen de Luc, hervorgeht,
einen Sturz der Allianzen vor, wodurch Frankreich in die

Lage kommen sollte, den Krieg mit England wiederaufzunehmen. Österreich sollte sein Verbündeter werden, mit dessen Unterstützung es den Frieden auf dem Kontinent aufrechterhalten wollte. Außerdem bekam es dadurch mehr Freiheit zur See.

Mit einem Wort, Ludwig XIV. hinterließ ein bedeutend vergrößertes und befestigteres Land, wie es nie gewesen. Dafür können ihm die Franzosen mit Recht dankbar sein, wenn man auch vielleicht einwenden kann, daß das Ergebnis nicht im Verhältnis zu dem ungeheuren Kraftaufwand und der Länge der Zeit stand, die die Kriege erforderten. Aber man denke nur, daß er dem ganzen Europa von Anfang an standhalten mußte. Am meisten gereicht es ihm zum Ruhme, daß er allein gegen alle war und vierzig Jahre lang den stärksten Koalitionen die Spitze bot.

Bei den Kriegen Ludwigs XIV. darf man niemals vergessen, daß er mit einem Spieler zu vergleichen ist, der sich von allen Seiten eingeschlossen sieht und nur entweder auf seine Stärke oder sein Glück oder auch auf die Unachtsamkeit des Gegners zählen kann, um einen jederzeit gefährlichen Durchbruch zu wagen. Unter solchen Umständen waren dauernde Erfolge äußerst schwierig. Und dennoch erreichte er trotz aller Hindernisse das Wesentliche: eine befestigte Grenze! Ludwig XIV. log nicht, als er nach seinen ersten Siegen eine Medaille schlagen ließ mit der Aufschrift: Clausa Germanis Gallia. In der Tat hatte er Gallien den Germanen verschlossen, soweit das mit einem Europa möglich ist, das fast einstimmig gegen ihn gesinnt und mißtrauisch war. Auch die allegorischen Figuren am Eingang des Schlosses von Versailles logen nicht. Spanien und das Reich hatte er im großen und ganzen besiegt oder wenigstens kampfunfähig gemacht. Den Feinden Frankreichs war es nicht gelungen, die Lilien zu vernichten; und der Adler und der Löwe waren für lange Zeit außerstande, ihm zu schaden.

Dreizehntes Kapitel

DES KÖNIGS ANTEIL

Die Mitarbeit des französischen Volks.— Louvois.— Die Verwüstung der Pfalz. — Louvois und Ludwig XIV. als Begründer des modernen Generalstabs.— Marschall Turenne.— Des Königs Dankbarkeit gegen seine Mitarbeiter.— Die Mitarbeit des französischen Adels.— Der größte Anteil gebührt dem König.— Sein Scharfblick und seine Beobachtungsgabe.— Seine Fürsorge für die Soldaten und Verwundeten.— Sein Heldenmut.— Seine Grundsätze in der Kriegführung.— Seine arbeitsfreudige Aufopferung in allen Dingen.— „Dienst des Königs".— Der Mann, der sich mit Frankreich vermählte.

MAN HAT LUDWIG XIV. DAS VERDIENST AN DIESEN MEHR dauerhaften als glänzenden Resultaten, die von so großer Bedeutung für die Existenz Frankreichs waren, schmälern wollen und gesagt, seine Minister und Generale hätten alles allein gemacht. Daß er von seinen Mitarbeitern in allen seinen Plänen aufs kräftigste unterstützt wurde, ist natürlich, und er selbst erkennt es gern an. Am meisten aber von allen bewunderte er die Mitarbeit seines Volkes und war ihm dafür dankbar. In seinen Memoiren über den Krieg von 1672 sagt er nicht ohne berechtigten Stolz: „Im Laufe dieses Krieges kann ich mich rühmen gezeigt zu haben, was Frankreich allein zu leisten vermag. Es hat Millionen für meine Verbündeten aufgebracht, ich habe Reichtümer verteilt; jetzt befinde ich mich in der Lage, meinen Feinden Furcht einzuflößen, meine Nachbarn in Erstaunen zu setzen und meine Neider zur Verzweiflung zu bringen. Meine Untertanen haben mich nach Kräften in meinen Absichten unterstützt; in der Armee durch ihren Mut, im Lande durch ihren Eifer, im Ausland durch ihre Geschicklichkeit und Tüchtigkeit." Das erinnert an die Worte Napoleons an seine Soldaten: „Soldaten, ich bin zufrieden mit Euch!" Aber der Gedanke Ludwigs XIV. ist reicher, tiefer. Er umfaßt in dem einen einzigen Gefühl der Dankbarkeit nicht nur alle Klassen des Volkes, sondern auch alles, was es vollbracht hat.

Nichtsdestoweniger ist er auch seinen Ministern und Generalen dankbar. Jeden Augenblick dankt er ihnen und beglückwünscht sie zu allem, was sie im Dienst getan haben.

Was die Vorbereitung und Organisation der Kriege betrifft, ja selbst hinsichtlich der Leitung eines Feldzugs oder auch der Verteidigung und Angriffe von Festungen, verdankte er das meiste der Klugheit und Tüchtigkeit Louvois'. Louvois war ein unvergleichlicher Kriegsminister. Ferner hatte er eine sehr große Hilfe an Clerville, Vauban und an Subalternen, die weniger in den Vordergrund traten, wie Chamlay.

Man hat sich ein Vergnügen daraus gemacht, Louvois als den bösen Geist Ludwigs XIV. hinzustellen. Man sagt, er sei roh und zynisch gewesen. Das alles ist relativ. Vielleicht waren dieser Zynismus und diese Roheit bis zu einem gewissen Grade nötig, als Gegengewicht für die außerordentlich skrupelhafte Anständigkeit des Königs, der stets befürchtete zu verletzen oder wehzutun, kurz gegen seine allzu hochherzigen und menschlichen Gefühle. Eins ist sicher: Louvois mußte sich alle Mühe geben, um den König zu den Mordbrennereien und Verwüstungen in der Pfalz zu bestimmen, die in der ganzen Welt gegen Frankreich die höchste Empörung und Wut hervorriefen. Auch unsere Historiker tadeln sie und mit Recht, denn es wäre unangebracht, etwas so Furchtbares nicht zugeben zu wollen. Aus der Korrespondenz mit Louvois geht deutlich hervor, daß Ludwig XIV. nur wider Willen derartige Befehle guthieß, aber sie doch bestätigte. Nebenbei sei an die berühmte von Saint-Simon erzählte Szene erinnert, als der König aus Wut darüber, daß Louvois ohne sein Wissen Trier in Brand stecken ließ, mit einer Feuerzange auf seinen Minister zuging, um ihn damit zu schlagen. Wahrscheinlich existiert dieser Vorgang nur in der erhitzten Phantasie Saint-Simons; jedenfalls ist er sehr in Abrede gestellt worden. Bei alledem vergißt man, daß es sich darum handelte, Elsaß-Lothringen und vielleicht auch Frankreich vor einer neuen Invasion zu bewahren, wie sie dem Feinde im Jahre 1674 gelungen war. Man vergißt ferner, daß die Bewohner der verwüsteten Gegenden soviel wie möglich entschädigt wurden und man sie aufforderte, sich im Elsaß und in der Franche-Comté niederzulassen. Dort waren sie zehn Jahre lang steuerfrei. Auch das vergißt man, daß vom rein militärischen Standpunkt aus selbst Napoleon die Operationen in der Pfalz als die größte Tat Louvois' bezeichnete, denn er sagte: „Nur Wellington und ich hätten noch so etwas tun können."

Wie dem auch sei, Ludwig XIV. fand in dem Sohne Michel Le Telliers einen Kriegsminister, wie er ihn brauchte. Beide zusammen organisierten den modernen Krieg, den Krieg mehr als Wissenschaft aufgefaßt, oder wenigstens als eine Operation, die Methode erfordert und die Kunst, alle verfügbaren Kräfte und Hilfsmittel auf einem Punkt und im gegebenen Augenblick zusammenzuziehen, kurz eine Handlung, die von einem Bureau oder einem Arbeitszimmer aus geleitet wird. Ludwig XIV. und Louvois haben den modernen Generalstab geschaffen. Und darin war der König der Schüler Turennes, wie er in der Politik der Schüler Mazarins gewesen war. Der Marschall war ein kalter, überlegener Charakter, dessen Methode sich scharf von dem oft verwegenen Feuer und den kühnen Unternehmungen eines Luxembourg oder eines Condé unterschied. Aber der König war ein viel zu erfahrener Kriegsmann, um nicht zu wissen, wie nötig und nützlich oft auch derartige Eigenschaften sind. Deswegen bewunderte er auch ganz aufrichtig den Herzog von Luxembourg und den Prinzen von Condé. Obwohl er guten Grund hatte, dem letzteren zu mißtrauen, so vergaß er doch niemals, ihm die schmeichelhafteste Achtung zu beweisen. Nach der Einnahme von Maastricht, im Jahre 1673, schrieb er ihm: „Lieber Vetter, im Vertrauen auf Ihre Freundschaft habe ich Ihre Freude über die Einnahme von Maastricht erkannt, noch ehe ich Ihren Brief bekam. Als ich ihn jedoch gelesen hatte, war ich wirklich freudig bewegt, derartig Schmeichelhaftes von einem Manne wie Ihnen zu hören. Sie konnten mir nichts Angenehmeres sagen. Ich danke Ihnen." — Und später, als sein Bruder die Schlacht bei Kassel gewann, richtete Ludwig an Condé folgende Zeilen: „Im Felde, vor der Zitadelle von Cambrai, den 15. April 1677. Lieber Vetter, Sie beglückwünschen mich gerechterweise zur Schlacht von Kassel. Hätte ich sie persönlich gewonnen, ich könnte nicht mehr gerührt worden sein, sowohl von der Größe der Tat als auch von der

Bedeutung der Umstände, was meinem Bruder besonders zur Ehre gereicht. Übrigens bin ich über Ihre Freude bei dieser Gelegenheit nicht erstaunt. Es ist ganz natürlich, daß Sie das gleiche fühlen, was Sie bei ähnlichen Siegen andere haben fühlen lassen." — Taktvoller und liebenswürdiger kann man unmöglich jedem das Seine zukommen lassen; das muß man schon gestehen.

*

Wie den Ministern und Generalen ist man auch dem französischen Adel Dank dafür schuldig, daß er mehr als mancher andere zu den militärischen Siegen unter der Regierung Ludwigs XIV. beigetragen hat. Noch heute ist man der veralteten Ansicht, daß der Adel Frankreichs unter den letzten Bourbonen nur ein „vergoldetes Bedientenpack", ein Vorzimmer-Mobiliar gewesen sei. Gewiß, alles was einen Namen oder einen Rang im Heere hatte, hielt darauf, von Zeit zu Zeit die Versailler Luft zu atmen. Jedes Jahr wurden die militärischen Operationen mit Beginn der ersten regnerischen Herbsttage eingestellt, um erst im Frühling wieder zu beginnen. Die Offiziere bezogen am Hofe ihre Winterquartiere und ruhten sich in wohlverdienten Vergnügungen von ihren Feldzügen aus. Die meisten unter ihnen waren sehr tapfere Soldaten, die ihren Beruf leidenschaftlich liebten. Es ist ein großer Fehler, sie nach dem Aufgebot des Adels zu beurteilen, der in einem Augenblick der höchsten Bestürzung einberufen wurde und sich im Feldzug von 1674 so kläglich benahm. Jene, ihren elenden Landsitzen entrissenen Krautjunker waren nur eine Art Nationalgarde, eine schlecht ausgerüstete und schlecht trainierte Landwehr. Der wahre militärische Adel war in den königlichen Haustruppen, in der Garde und unter den Musketieren des Königs zu finden. Diese Elitekorps waren aufs sorgfältigste ausgewählt und zusammengesetzt und dienten der ganzen übrigen Armee zum Vorbild.
Im allgemeinen aber kann man sagen, daß unter Ludwig XIV. der französische Adel mehr denn je eine Pflanzschule für Soldaten war. Ein venezianischer Gesandter schrieb einmal

an seine Regierung: „Der König von Frankreich hat ebenso viele Untertanen wie Soldaten." Und in bezug auf den
Adel, besonders auf den jungen Adel, hatte er recht, denn
alle die jungen Söhne aus hohen Familien ohne Vermögen
konnten nur mittels einer Pfründe von der Kirche oder eines Bestallungsbriefs als Kornett oder Hauptmann ihr Leben fristen. Für die meisten war der Krieg das einzige
Existenzmittel. Und wenn sie nicht für den Allerchristlichsten König in den Krieg ziehen konnten, verlangten sie von
ihm die Erlaubnis, in die Dienste des Kaisers, ja auch des
Sultans zu treten. Darin lag ohne Frage eine große Gefahr,
denn diese räuberische, ungestüme Jugend, die nur danach
lechzte, die eroberten Länder zu „verschlingen", konnte ihre
Führer und auch den König selbst in die schlimmsten Abenteuer verwickeln. Jedermann hieß nicht nur Plünderei und
Erpressungen gut, sondern auch die Notwendigkeit, die jungen Leute, die nichts anderes erträumten als Händel, Zank
und Streit, zu irgendwelchem Handstreich zu verwenden.
Im Jahre 1690, am Vorabend eines großen europäischen
Kampfes, schrieb der Abbé Thésut an Bussy-Rabutin, als
wäre es die natürlichste Sache von der Welt: „Frankreich
braucht den Krieg, um die Jugend zu beschäftigen und ihr
das Kriegshandwerk beizubringen." Bei der Ankündigung
eines Feldzugs meldeten sich die adligen Freiwilligen in so
großer Anzahl, daß man die meisten wieder wegschicken
mußte. Im Jahre 1667, vor Beginn des Feldzugs in Flandern,
war der Zulauf von Rekruten so außerordentlich, daß der
König darüber in seinen Memoiren schrieb: „Der Eifer,
mir zu dienen, war so groß, daß ich nur mit Mühe diejenigen zurückhalten konnte, die sich anboten, wie zum Beispiel, als ich für meine Schiffe in Dieppe Besatzung brauchte.
Denn außer den zum Dienst befohlenen Leuten meldeten
sich derartig viele Freiwillige, daß ich gezwungen war, keinen anzunehmen, ja sogar einige aus sehr hohem Range zu
bestrafen, weil sie, ohne mich zu fragen, Dienste genommen hatten, da sie wußten, daß ich sie nicht annehmen
würde."
Man kann wohl sagen, daß der Adel damals für den Staat
sein Blut ließ. Er bildete den Stamm einer relativ be-

schränkten Armee, in der die fremden Regimenter einen bedeutenden Platz einnahmen. Im Verhältnis lieferte der Adel dem König weit mehr Soldaten als die übrigen Kreise des Volkes. Während der Regierung Ludwigs XIV. fand ein beständiges Blutbad unter der französischen Aristokratie statt. Aber unsere Väter, die mutiger als die heutige Generation waren und ihre Trauer in ihrem Innern verbargen, ließen sich nicht so leicht von Ereignissen niederdrücken, die sie als unvermeidliche Prüfung ansahen. Dennoch sieht man aus den Briefen der Zeit, wie ängstlich und schmerzlich die zu Hause gebliebenen Alten die Wechselfälle der Belagerungen und Schlachten verfolgen. Alle die jungen Adligen opferten sich freudig für den Ruhm des Königs und ihres Landes. Während des Rheinüberganges, am 12. Juni 1672, war der Heldenmut so groß, daß sogar der alte Condé unter den Augen seines Herrschers wie die jungen Soldaten verwundet sein wollte.

*

Wie groß aber auch die Aufopferung des Adels und eines Teiles der Bevölkerung von Frankreich, wie hervorragend auch die Tätigkeiten oder das Genie seiner Generale gewesen sein mögen, welche unglaubliche Tätigkeit auch die Minister und Subalternbeamten entfalteten, der Hauptanteil in der Kriegführung kommt doch dem König zu, der ein ganzes Jahrhundert lang sein Land vor einer Invasion des Feindes schützte. Er übernahm die Rolle des Generalstabs. Man braucht nur seine Korrespondenz und seine militärischen Aufzeichnungen zu lesen, um von seiner persönlichen Anwesenheit und Tätigkeit bei allem, was die Bewegungen und die Unterhaltung seiner Truppen, die Leitung der Feldzüge und sogar ganz unbedeutender Operationen betrifft, überzeugt zu sein. Die großen Operationspläne und, wenn er sich beim Heere befindet, auch die besonderen Entscheidungen werden ganz genau und ausführlich besprochen. Nachdem er die Ratschläge aller kompetenten Persönlichkeiten angehört und sich über alles informiert hat, trifft der König selbst den endgültigen Entschluß. Er bestimmt die Marschordnung und die Stunde des Aufbruchs.

Mit eigner Hand schreibt er Bemerkungen auf die Berichte
seiner Generale, auf die vertraulichen Briefe Louvois' oder
seiner geheimen Agenten im Ausland. Auf den Franken
genau berechnet er, was an Lebensmitteln und Munition
gebraucht wird. Er zählt sogar die unbedeutendsten Gegenstände auf, die für eine Belagerung nötig sind: „Tausend
Granaten, zwanzig Paar Rüstungen und Sturmhauben, zwei-
tausend Sandsäcke, — hundert Äxte für diejenigen, die den
Angriff auf die Kontereskarpe machen... Fünfzehnhundert
Mann mit Hippen und fünfhundert Mann mit Äxten aus-
gerüstet marschieren an der Spitze der Artillerie..." Am
1. Juni 1672, als er den berühmten Rheinübergang vorbereitet, verfaßt er den Tagesbefehl wie folgt: „Morgen mit
Tagesgrauen werden einhundert Mann mit Werkzeugen
ausgeschickt, um die Wege gangbar zu machen, Hecken
und Zäune abzuhauen, und alles das zu tun, was der sie
kommandierende Offizier für nötig hält... Um vier Uhr
setzt sich die Truppe in Bewegung — an der Spitze die Gen-
darmerie, dann die Brigade des Grafen von Roye, und darnach die Brigaden Feuillée und Königsmarck, die hinter dem
Wald Stellung nehmen, um Faschinen zu errichten. Dar-
rauf setzt sich die Infanterie in Marsch und macht hinter
dem Walde an einem Platz halt, wo sie nicht von der zu
belagernden Festung aus zu sehen ist... Graf Soissons wird
die Infanterie befehligen und der Großmeister die Artillerie.
Rochefort marschiert mit Genlis in seine Stellung. Der
Chevalier de Lorraine folgt mir; Montal marschiert voraus,
um die Wege gangbar zu machen. Fourille hält sich an
meiner Seite..."
Man sieht, er dringt in die kleinste Einzelheit ein. Saint-
Simon wirft ihm sogar vor, daß er sich darin verlöre. Der
König selbst aber macht uns in seinen Aufzeichnungen darauf aufmerksam, daß er dieses Eindringen in Einzelheiten
hauptsächlich deswegen getan habe, um die Aufmerksamkeit und den Eifer seiner Minister und Beamten anzuregen.
Außerdem sah er darin für sich selbst ein ausgezeichnetes
Mittel, alles kennen zu lernen: „Die Kenntnis der geringsten Einzelheit, und wenn man sie sich auch nur zur Unterhaltung aneignet, unterrichtet mit der Zeit und ohne

Ermüdung über tausend Dinge, die bei allgemeinen Entscheidungen nicht unnütz sind zu wissen..." Er möchte, daß man von seiner Allwissenheit überzeugt sei. Stets hat er die Augen offen; nichts entgeht ihm. Die Fremden erstaunen über seine scharfe, bis ins kleinste gehende Beobachtungsgabe und über sein unglaubliches Gedächtnis. „Mit einem einzigen flüchtigen Blick", sagt Primi Visconti, „überschaut er alles und sieht alle, sowohl in seinem Zimmer wie in der Kirche oder auch im Felde. Einmal, in Versailles, war er der einzige, der von seinem Pferde herab einen Dieb entdeckte, der soeben die Hand in die Tasche des jungen Villars-Orondate steckte... Als er in letzter Zeit eine Kompanie berittener Grenadiere Revue passieren ließ, erkannte er ein Pferd, das man vor drei Jahren der Garnison Valenciennes entnommen hatte, und als das Pferd hinten ausschlug, machte er die Höflinge darauf aufmerksam, daß sie beiseite treten sollten..."

Es liegt ihm daran, daß jeder seiner Offiziere weiß, der König hat ein Auge auf ihn. Er kennt sie mit Namen; er schreibt ihnen oder läßt ihnen schreiben, um sie seiner aufrichtigen Freundschaft zu versichern. Er beweint ihren Tod, ist um ihre Verwundungen besorgt und empfiehlt ihnen, ihre Gesundheit zu schonen. Kein Befehlshaber ist wie er so sparsam mit dem „Menschenmaterial" umgegangen, wie man es heute brutalerweise bezeichnet. Er weiß nur zu gut, was ein Regiment kostet, aber vor allem aus Menschlichkeit, aus wahrer Herzensgüte ist ihm alles unnütze Blutvergießen zuwider. Man könnte ganze Seiten aus seiner Korrespondenz zitieren, wo er um die Verwundeten besorgt ist oder ermahnt, sie mit äußerster Sorgfalt zu pflegen: „Es hat mir großen Kummer bereitet," schreibt er an den Grafen von Coligny, „als ich die mir von Ihnen gesandte Liste mit den Toten und Verwundeten sah, obgleich ich auch davon unbedingt unterrichtet werden muß. Es soll den Verwundeten mit äußerster Sorgfalt beigestanden und ihnen in meinem Namen gesagt werden, wie sehr ich sie beklage..." Aber er beschränkt sich nicht nur auf Trostworte, sondern er macht ihnen auch Geschenke... „Sechshundert Franken dem Rittmeister der Kavallerie,

vierhundert und dreihundert Franken den Kornetts, und
für die von der Infanterie jedem zwei Uhren..." An den
Herzog von Beaufort schrieb er während dessen Expedition
nach Nordafrika: „Sorgen Sie vor allem für die Kranken
und Verwundeten. Bezeugen Sie ihnen mein Mitgefühl für
ihre Leiden und sagen Sie ihnen, daß ihre Verwundungen
jederzeit die größte Empfehlung für mich sind... Den Soldaten können Sie mitteilen, daß ich weit entfernt bin, sie im
Stich zu lassen, sondern im Gegenteil befohlen habe, ihnen
täglich einen Sou extra, abgesehen von ihrem Sold, aus-
zahlen zu lassen, wofür ihnen Lebensmittel geliefert werden. Und dann möchte ich auch die Namen derjenigen
wissen, die sich auszeichnen. Man soll sie übrigens auch zu
Arbeiten verwenden, die man machen läßt, damit sie etwas
verdienen. Besonders aber muß für gute Quartiere gesorgt
werden, damit sie nicht krank werden..." Und weiter unten
heißt es: „Vor allem soll man weiter den Kranken die beste
Pflege angedeihen lassen, das kann ich nicht warm genug
empfehlen."
Er läßt es sich also nicht nur angelegen sein, den hohen
Befehlshabern zu schmeicheln, wie dem Herzog von Vivonne, den er als ehemaligen Spielgefährten ganz kamerad-
schaftlich behandelt. Er beschäftigt sich auch mit dem gemeinen Mann. Er will dem einfachen Soldaten gefallen
und als Soldatenkönig angesehen werden. Als junger Mann
beschäftigte er sich mit seinen Musketieren, mit den Rekruten, mit ihrer Ausrüstung, ja sogar mit den Einzelheiten ihrer Uniform, und ist dabei genau so leidenschaftlich
und kleinlich wie später Friedrich Wilhelm mit seinen Gre-
nadieren. Da er seit seinem vierzehnten Jahr beständig in
engster Berührung mit seinen Truppen lebt, über die er —
beinahe zum Gaudium der Pariser — fast täglich Paraden
abhält oder sie beständig zu Manövern beordert, lernt er
unter der Leitung berühmter Feldherren das Kriegshandwerk von Grund aus. Dazu ist zu bemerken, daß er alle
Feldzüge seiner Regierung bis zum fünfzigsten Jahre mit-
gemacht hat und sich erst dann vom Heere zurückzog, als
er, von der fürchterlichsten Gicht geplagt, nicht mehr reiten konnte und das Lagerleben für ihn unmöglich war. Er

befleißigt sich soviel er kann und es einem Herrscher wie ihm gestattet ist, der alles selbst sehen und tun will, ein guter Soldat zu sein und als Vorbild für Manneszucht und Tapferkeit zu gelten. Wohl weiß er, daß man ihm vorwirft, er habe nicht den kühnen Mut Franz' I., nicht das hinreißende Feuer und die Begeisterung Heinrichs IV. Gewiß, diese Art Tapferkeit besaß Ludwig XIV. nicht. Sie entsprang physischer Kraft und einem ganz besonders heißen Temperament. Sein Mut war im Gegenteil wohlüberlegt und, wenn man so sagen kann, in gewissem Sinn heroischer. Bei ihm ist Heldenmut gleichbedeutend mit Pflichtgefühl im höchsten Grade. Wenn er es für seine Pflicht gehalten hätte, daß er sein Leben dem Staate zum Opfer bringen müsse, er würde sich kaltlächelnd haben töten lassen. Das bewies er seinen Soldaten bei jeder Gelegenheit. Er setzte sich mehr als nötig der Gefahr aus, so daß ihn sogar seine Soldaten zur Vernunft ermahnen mußten. Noch im Jahre 1691, während eines der letzten Feldzüge, die er mitmachte, bemühte er sich, bei der Belagerung von Mons seinen Truppen mit gutem Beispiel voranzugehen und sich den größten Gefahren auszusetzen. Der junge Herzog von Maine, der nicht so tapfer war, schrieb an Frau von Maintenon: „Der König hält das Ihnen gegebene Wort sehr schlecht. Denn außer den Strapazen, die er sich auferlegt, setzt er sich wie ein junger toller Offizier aus, dem daran gelegen ist, sich einen Ruf zu schaffen und zu beweisen, daß er keine Angst hat."

Aus Berechnung und Vernunftgründen ist der König bei derartigen Gelegenheiten wahnwitzig, denn er meint, es sei nötig, um den Mut der Soldaten zu beleben, und er tut es ohne Zögern. Aber er weiß auch, daß eine so übertriebene Tapferkeit, wie sie Franz I. bewies, heller Wahnsinn ist, daß ein König sich nicht wie ein einfacher Soldat der Gefahr aussetzen und vor allem, daß ein König nicht nur Soldat sein darf. Er besaß ein sehr feines und richtiges Gefühl, zu unterscheiden, was seiner Stellung und seiner Würde zukam, und was die Sache seiner Befehlshaber war. Er überwacht aus nächster Nähe die Vorbereitungen, trägt mit seiner ganzen Macht und Erfahrung dazu bei, überläßt jedoch die Ausführung vollkommen denen, die er für kompetenter als sich hält. Er beugt sich vor den militärischen Fähigkeiten eines Turenne und eines Condé, dem er auf die Glückwünsche zur Einnahme einer flämischen Festung antwortet: „Lieber Vetter, eine Anerkennung von Ihnen ist für Anfänger im Kriegshandwerk eine große Auszeichnung." — Er aber hat noch anderes zu tun, als Krieg zu führen. Er ist Generalstab, Oberintendant, Finanzminister und Minister des Äußern in einer Person. Kriegführen bedeutet für ihn: die Feldzüge vorzubereiten, das nötige Geld, Truppen, Lebensmittel und Munition dafür aufzubringen, die öffentliche Meinung im Innern wie nach außen hin zu beeinflussen, den militärischen Kampf durch die Diplomatie zu unterstützen. Alle diese Aufgaben nahm Ludwig XIV. mit seiner unglaublichen Arbeitskraft und seinem Bedürfnis nach Universalität auf sich. Er beherrschte das Schlachtfeld, das fast immer eine ausgedehnte Front umfaßte. Frankreich schlug sich zu jener Zeit in Katalonien, in der Provence, in Italien, am Rhein, in Flandern, an den Küsten des Ozeans und des Mittelmeers! Und so geschah es, daß die Befehlshaber, die, in ihr Schlachtengebiet eingeschlossen, von den diplomatischen Intrigen oder der Rückwirkung der französischen oder europäischen Meinung keine Ahnung hatten, die Befehle des Königs oft nicht begriffen und seine Langsamkeit, sein Zögern oder sein Zurücktreten heftig tadelten. Sie sahen eben nur eine Seite der in Frage stehenden Ereignisse, während das Staatsoberhaupt alle Seiten in Betracht zog.

Zwei unerschütterliche Grundsätze beherrschen und erklären das Verhalten Ludwigs XIV. in allen seinen Kriegen. Er schont seine Truppen, seine Munition, sein Geld und seine Festungen. Er weiß, die Kriege sind lang, und er steht allein gegen alle. Im gegebenen Augenblick liegt ihm daran, mit den Armeen und Festungen in seinem Rücken zu unterhandeln und mit den erhaltenen Vorteilen das höchste Ergebnis zu erzielen. Mit beschränkten Mitteln — denn er verfügt nicht über die Budgets und das Menschenmaterial der heutigen Kriege — will er den Eindruck einer gefürchteten Macht erwecken. Zu diesem Zweck scheut er auch vor keinem Bluff zurück. Er vergrößert absichtlich seine Siege und die Anzahl seiner Truppen. Er setzt sich selbst den Lorbeerkranz auf und schwingt den Donnerkeil, und man nennt es „die Organisation des königlichen Ruhmes". Sie hat indes keinen andern Zweck, als der wirklichen Stärke – die zu große Opfer erfordert hätte – etwas nachzuhelfen und sie durch alle möglichen Mittel der Suggestion zu ersetzen.

*

Diese ununterbrochene persönliche Tätigkeit des Königs ist indes nichts im Vergleich zu der Liebe und bewunderungswürdigen Hingabe, die er seiner Arbeit und seinem militärischen Beruf entgegenbringt. Niemand ist so von ganzem Herzen Soldat gewesen wie er. Im Felde verfolgte er mit wahrer Leidenschaft die geringste Bewegung der Truppen, er ist mit seinem ganzen Herzen dabei, wie früher als Kind, wenn er in den Tuilerien oder im Palais-Royal seine Festung in Angriff nahm. Auch in seinem Arbeitszimmer in Saint-Germain und Compiègne begeistert ihn der Gedanke, einen Feldzugsplan zu entwerfen oder eine Schlacht zu kombinieren. Während des Devolutionskrieges schrieb er an den Marschall von Turenne: „Ich mache große Truppenentwürfe sowohl für die Infanterie als auch für die Kavallerie. Ich habe bereits alles im Kopf und werde arbeiten, um sie um jeden Preis zur Ausführung zu bringen..." Und einige Tage später: „Ich lasse mir die Pläne immer wieder durch den Kopf gehen und finde sie nicht unausführbar. Ach, wie herrlich erscheinen sie mir!..." Ist eine Festung belagert oder eine bedeutende Aktion im Gange, so kann er sich vor Ungeduld kaum halten. Als der Prinz von Oranien im Jahre 1672 Charleroi einschloß, schrieb Ludwig XIV. an Louvois, der sich beim Heere befand: „Senden Sie mir alle Augenblicke einen Kurier, denn ich bin in wahnsinniger Sorge." Er schlief nicht mehr, stand mitten in der Nacht auf, um einen Befehl zu diktieren oder einen Gedanken zu Papier zu bringen, den er in seiner Schlaflosigkeit gefaßt hatte. Und wenn er endlich vor Müdigkeit doch einschlief, so hatte er die wüstesten

Träume, die ihn aufschrecken ließen, und in denen er laut sprach und gestikulierte.

Es genügte ihm nicht, seinen Beamten immer wieder vom Interesse des Dienstes zu predigen, auch er selbst dachte an nichts anderes. Er riß seine Minister, seine Befehlshaber, seine Beamten, seine Offiziere, kurz alle und jeden in seiner Arbeit mit sich fort. Er teilte ihnen seine Begeisterung mit und verlieh dem Worte „Dienst des Königs" eine Bedeutung, ein Ansehen, das wir heute kaum mehr verstehen können. Dienst des Königs! Darin lag eine Art des Dienens, die den Gedanken an Knechtschaft selbst vom kleinsten Schandflecken reinigte. Man diente dem König viel mehr aus Begeisterung und Liebe als aus Entsagung und Gehorsam. Und es lag in dieser Liebe für den König etwas ganz besonders Persönliches. Man schenkte sein Ich nicht einem kalten Trugbild, einer nur in der Idee vorhandenen Gestalt, sondern einem höheren Wesen, von dem man sich geliebt, anerkannt, geschätzt wußte, das einen in jeder Weise ermutigte und unterstützte, einem ausgezeichneten Menschen voll Großmut, der für alles Schöne und Hohe Sinn hatte, der den Heldenmut und große Taten schätzte, der glänzend zu belohnen verstand, und für den man mehr aus Vergnügen als aus Pflicht in den Tod ging ... Dienst des Königs! Es bedeutete Befreiung von allen Fesseln — man war weder als Lehnsmann auf dem Lande noch als Munizipalbeamter in der Stadt gebunden. Man schüttelte das Joch der vielen unbedeutenden kleinlichen Tyrannen von sich ab, um nur einem Herrn zu dienen, der in seiner Großzügigkeit der Tatkraft seiner Untertanen eine glänzende und unbegrenzte Karriere eröffnete. Dienst des Königs! Es bedeutete frei sein und mit Stolz an dem großen, ruhmvollen Staatswerk mitarbeiten!

Liest man die Briefe und militärischen Aufzeichnungen Ludwigs XIV., so fühlt man von Anfang bis zum Ende selbst unter den bureaukratischsten und technischsten Ausdrücken jenen starken Strom der Begeisterung, der das ganze Volk mitriß, das dem Willen und der Klugheit seines Führers vertraute. Wie er frohlockt, wenn die Ergebnisse seinen Erwartungen entsprechen! Wie herrlich — und wie bescheiden — drückt er sich aus, wenn er die Einnahme einer Stadt oder seine Siege verkündet. Nach der Übergabe von Cambrai, am 18. Mai 1677, schreibt er an Colbert: „Ich glaube, das Datum dieses Briefes wird Ihnen nicht mißfallen. Ich meinerseits finde es für einen König von Frankreich höchst angenehm ..." An denselben, im Juni 1673, während der Belagerung von Maastricht: „Ich habe Ihrem Sohn gesagt, er möchte Sie bitten, einen Maler zu senden, denn ich glaube, es wird hier viel Schönes zu sehen geben. Alles geht ausgezeichnet ..." Und nach der Einnahme von Besançon: „Ich zweifle nicht, daß Sie sich über meinen Sieg bei Besançon sehr freuen werden. Ich bin über die Freude des Volkes sehr froh. Guten Tag ..."

Aber es war nicht immer alles schön. Als das Mißgeschick über ihn hereinbrach, war er nur noch ein halber Mensch. Es nützte ihm nichts, daß er seine Angst und seine Sorge zu verbergen suchte; er litt unsäglich, sogar körperlich. Bei der geringsten neuen Wendung zum Glück jedoch ist er wieder obenauf und gibt seiner Erleichterung Ausdruck. Als er nach dem Siege von Friedlingen den Marschall von Villars zum erstenmal wiedersieht, sagt er zu ihm: „Ich bin ebensosehr Franzose als König. Alles, was den Ruhm meines Volkes verdunkelt, berührt mich mehr als irgend etwas. Gewöhnlich kommt Chamillart um sechs Uhr morgens zu mir, um mit mir zu arbeiten — und seit drei Monaten hat er mir stets nur Unangenehmes berichtet. Die Stunde, in der er zu mir kam, zeigte sich immer durch die gewaltige Aufregung meines Innern an. Sie haben mich aus diesem furchtbaren Zustand befreit. Ich werde Ihnen ewig dankbar dafür sein."

Alles ist bei ihm dem Staatsinteresse, dem Wohle des Volkes und Frankreichs untergeordnet. Diese Worte kehren in seinen Briefen und Aussprüchen beständig wieder. Zu Beginn seiner Denkschrift über den Feldzug von 1673 konnte er der Wahrheit gemäß schreiben: „Es lag mir daran, einige Siege zu erringen und die Macht und das Ansehen Frankreichs aufrechtzuerhalten und zu vergrößern. Ich arbeitete gleichzeitig für den Staat und für mich selbst, denn es war für mich ein erhebendes Gefühl, im Ruhme

GASTON D ORLÉANS

Stich von Pieter van Sompel nach van Dyck

eines so mächtigen und blühenden Landes meinen eigenen
Ruhm zu finden..." Niemals hat er den Hochzeitsritus
in der Kathedrale von Reims vergessen: er ist der Mann,
der sich mit Frankreich vermählte! Diese mystische Gemahlin hat er versucht durch die Gewalt der Waffen groß
und stark zu machen. Nicht immer ist es ihm gelungen.
Am Ende seiner Regierung schrieb der alte König, dem
schließlich die Augen über seinen Beruf aufgegangen waren,
an seinen Enkel Philipp V.: „Wenn Sie geglaubt haben,
es wäre leicht und angenehm gewesen, König zu sein, so
haben Sie sich sehr geirrt." — Er ist enttäuscht. Aber aus
einem stolzen Würdegefühl heraus wagt er nicht, seine
Enttäuschung zuzugeben. Er täte auch unrecht, denn die
erworbenen Vorteile sind schön und dauerhaft genug, um
ihn über tausend vorübergehende Verdrießlichkeiten zu
trösten.
Ist er in der inneren Verwaltung des Staates glücklicher?
Hat er Frankreich, das er so von ganzem Herzen liebte,
dem er so leidenschaftlich diente, durch seine Verwaltung
größer gemacht als durch seine Siege?

FÜNFTER TEIL

DER MANN, DER SICH MIT FRANKREICH VERMÄHLTE

Ich bin ebenso sehr Franzose als König. Nichts trifft
mich härter, als wenn der Ruhm Frankreichs verdunkelt wird.   *Memoiren des Marschalls de Villars.*

Vierzehntes Kapitel

MEINE HERREN, DER KÖNIG!

Ludwigs XIV. äußere Erscheinung. – Seine Liebenswürdigkeit und Vornehmheit. –
Der Zauber seiner Persönlichkeit. – Massillons Grabrede. – Der große Schweiger. –
Im „Conseil". – Seine große Redegabe. – Der „Meister der Sprache". – Des Königs
Diskretion. – Seine außerordentliche Zurückhaltung. – Er ist der Schrecken aller
Spione. – Seine unermüdliche Arbeitsweise. – Sein Ehrgeiz und Stolz. – Ludwig
XIV., der Typus des Lateiners. – Im Kreise seiner Familie. – Bussy-Rabutin und
der König. – Ludwigs gütiger Charakter. – Seine Einfachheit und Gerechtigkeit. –
Er lebt im Felde wie ein einfacher Soldat. – Madame de Thiange. – Die einfache Er-
ziehung des Dauphins. – Ludwigs Weichherzigkeit. – Die Freundschaft zur Main-
tenon. – Die ungleichen Ehegatten. – Frau von Maintenons Anteil an den Staatsge-
schäften. – Die Enttäuschungen Ludwigs in seinen Beziehungen zu Frauen. –
Sein Verhältnis zu seinen Höflingen und Günstlingen. –
Er ist wahrhaft ein König.

EHE WIR LUDWIG XIV. IM KAMPFE MIT DEN SCHWIERIG-
keiten seiner inneren Politik betrachten, verweilen wir ein
wenig bei ihm selbst. Wir wollen versuchen, ihn uns vor-
zustellen, wie er um das Jahr 1682 aussah, als er auf dem
höchsten Gipfel seiner Macht stand, zur Zeit als Coysevox
von ihm die berühmte Büste schuf. Wie war sein Äußeres,
wie sah es in seinem Innern, seinem Gehirn aus, nachdem
er eine so lange Regierungszeit hinter sich und er sich eine
so bedeutende Menschenkenntnis und Erfahrung erworben
hatte? Hinter ihm lag eine fast ununterbrochene Kette von
Siegen, und soeben hatte er einen Frieden geschlossen, der
ihn zum Arbiter von Europa machte.

Es ist bald zwölf Uhr! In den weiten Sälen des Versailler
Schlosses, das damals ganz neu war und von Spiegeln, Goldverzierungen und frischen Tapeten glänzte, wartet die
Menge der Höflinge auf das Erscheinen des Gebieters, der
durch die lange Reihe der Säle schreiten wird, um sich zur
Messe zu begeben. In seinem Schlafzimmer hat er sich mit
seinen Kindern, seiner nächsten Umgebung und seinen Architekten unterhalten… Da endlich werden die Flügeltüren
des Zimmers des Königs aufgerissen, und unter tiefstem
Schweigen, das die Anwesenden aus Achtung und zugleich
aus Neugier bewahren, spricht der diensthabende Türhüter
die vorgeschriebenen Worte:

Meine Herren, der König!

Er erscheint groß, wenigstens über Durchschnitt. Seine Schultern sind breit, sein Körper ist ein ganz klein wenig zur Fülle geneigt. Sein Gang ist ungezwungen, elastisch und etwas gleitend, wie bei einem Tänzer, der zu Beginn des Tanzes den Takt angeben, oder wie bei einem Reiter, der aufs Pferd steigen will. Sein Gesicht ist nicht schöner geworden seit der Zeit, da er der Nichte des Kardinals Mazarin den Hof machte. Die Pocken haben auf seinen von der frischen Luft stark geröteten Wangen ihre Narben hinterlassen. Er ist sehr einfach gekleidet im Vergleich zu der Pracht und dem etwas schweren, überladenen Luxus der damaligen Mode. Wie man weiß, kleidete Ludwig XIV. sich sehr rasch an, als ein Mensch, der den Wert der Zeit kennt. Monsieur, sein Bruder, der an seiner Seite geht, bildet einen seltsamen Kontrast zu ihm. Philipp erscheint mit seinen Federn, Bändern, Ringen und den vielen Edelsteinen, die er sich angehangen hat, wie eine Haremsschöne. Der König trägt einen braunen reichbesetzten Tuchrock, keine Ringe, keine Edelsteine, nur ein paar Diamantschnallen auf den Schuhen, am Hosenband und am Hut. Mit dem Hut auf dem Kopf, in Handschuhen und mit dem Stock in der Hand schreitet er durch die Säle. Und trotz seines relativ einfachen Anzugs, trotz seines nicht schönen Gesichts macht er einen außerordentlich liebenswürdigen und majestätischen Eindruck. Seine vornehmen ungezwungenen Grandseigneurmanieren scheinen jetzt ganz natürlich, was früher nicht der Fall war. Durch unablässige Selbsterziehung und eiserne Energie ist es ihm gelungen, sich das Äußere zu geben, das er wollte, wie es auch jener großen Schauspielerin des letzten Jahrhunderts gelang, sich, obgleich sie von Natur aus dunkel war, durch Färben der Haare den Charakter und sozusagen auch das Temperament einer Blonden zu geben. Ludwig XIV., der in seiner Jugend ziemlich schüchtern, ein wenig verlegen und linkisch in der Öffentlichkeit war, erweckt den Anschein, als tue er alles mit der größten Leichtigkeit und mit angeborener, vollkommen ungezwungener Liebenswürdigkeit.

Je nach den Umständen schreitet der König lächelnd oder

mit ernster Miene einher. Ein jeder kann ihn ansprechen, um ihm eine Bittschrift zu überreichen oder ihn an eine Gnade zu erinnern. Manche sind so kühn oder so keck, daß sie ihm ihr Anliegen unter der Perücke ins Ohr flüstern. Stets antwortet er mit den unveränderlichen Worten: „Wir werden sehen." Oder, wenn er es für nötig hält, fügt er auch ein paar ermutigende Worte oder ein Versprechen für den Bittsteller hinzu. Will er im Gegenteil einem Zudringlichen oder Schuldigen aus dem Wege gehen, so zeigt er ihm eine eiskalte, furchtbare Miene. Seine Olympieraugen sprühen Blitze und Donner. Hohen Persönlichkeiten erstirbt das Wort im Munde. Er flößt wahrhaft Schrecken ein! Aber gewöhnlich ist er leutselig und sichtlich bemüht, wie ein Vater mit seinen Kindern zu reden. Manchmal sogar geruht er, seine Umgebung durch sein Wesen zu bezaubern und zu entzücken. Liselotte von der Pfalz, die für ihren hohen Schwager eine heimliche Neigung empfand, erkennt das gern an und sagt: „Wenn unser König geneigt ist, jemand freundlich zu behandeln, so versteht es niemand besser als er. Er besitzt die ungezwungensten Manieren, ist außerordentlich höflich, und in seiner Stimme und Art zu sprechen liegt ein so großer Zauber, daß man sofort Zuneigung zu ihm gewinnt." — Es muß wohl wahr sein, daß er ein so verführerisches Wesen besaß, denn noch nach seinem Tode, trotz allen Mißgeschicks während seiner Regierung und trotz allem, was man ihm vorzuwerfen hatte, hob man immer gern hervor, welchen Zauber Ludwigs Persönlichkeit um sich verbreitete. Massillon hielt am Sarge des Königs vor dem ganzen Parlament jene herrliche Leichenrede, die infolge einiger diskreter Einschränkungen vielleicht höher einzuschätzen ist als eine reine Lobrede. „Sie wissen," sagte Massillon, „der König war nicht menschenscheu. Er konnte bezaubernd sein, wenn er geruhte, daß man sich ihm näherte. Er verstand es wunderbar, seine Gunst mit einem Charme zu würzen, der mehr rührte als die Gunst selbst. In seiner Unterhaltung war er so höflich, daß er stets das Thema herausfand, worüber man am liebsten sprach. Wir waren immer begeistert von solchen Augenblicken und bedauerten nur, daß sie infolge seines zurückgezogen Lebens und seiner Arbeit immer seltener wurden. Wir sind treue Untertanen und möchten unsern König immer sehen: und er hat nur Vorteil davon, wenn er sich einem Volke zeigt, das ihn liebt."

Da haben wir die Kehrseite der Medaille! Man macht Ludwig XIV. den Vorwurf, er zeige sich und spreche zu wenig. Aber dieses Verhalten war gewollt und wohlüberlegt.

Nun wollen wir ihn ein wenig in seinem Ministerrat betrachten. Er hört aufmerksam zu, spricht aber wenig. Wenn er den Mund auftut, geschieht es nur, um etwas Vernünftiges zu sagen. Empfängt er eine gesetzgebende Körperschaft oder antwortet er auf die Ansprache eines Gesandten, so beschränkt er sich auf eine sehr kurze Rede, aber er spricht unglaublich frei und vornehm und besitzt eine seltene Ausdrucksfähigkeit. Er handhabt die französische Sprache wie sein Zepter. Man nennt ihn ja auch den „Meister der Sprache". Man fühlt, wenn er wollte, könnte er mit den besten Rednern rivalisieren. Jedenfalls versteht niemand so bezaubernd zu erzählen wie er. Selbst sein Feind Saint-Simon ist gezwungen, das anzuerkennen. Aber der König fürchtet jede Zügellosigkeit der Zunge, jede Art von Indiskretion. Das Bewahren eines Geheimnisses ist in seinen Augen die erste Tugend eines Königs. Denn das Wohl des Staates hängt davon ab. Darüber waren die ausländischen Besucher am Hofe dermaßen erstaunt, daß Primi Visconti schrieb: „Wie geheim der König die Staatsangelegenheiten behandelt, steht einzig in der Welt da. Die Minister begeben sich in den Rat, aber er vertraut ihnen die Ausführung seiner Pläne erst an, nachdem er sie ganz genau geprüft hat und fest entschlossen dazu ist. Ich wünschte, Sie könnten den König sehen. Er sieht aus wie ein großer Simulant mit Luchsaugen. Nie spricht er über Staatsgeschäfte, außer mit seinen Ministern. Wenn er an die Höflinge einige Worte richtet, so haben sie immer nur Bezug auf deren Funktionen oder Stellung. Alles aber, was er sagt, und wären es auch nur ganz oberflächliche Dinge, ist wie ein Orakel."

Daher sind auch alle seine militärischen und diplomatischen Handlungen mit dem tiefsten Geheimnis umgeben. Im Frühjahr 1677, als die ganze Welt glaubte, er sei nur mit seiner

Liebe zur schönen Madame de Ludres beschäftigt, überlegt er den Plan einer Offensive in Flandern. Schweigen ist
sein Grundsatz. „Ein König," sagt er in seinen Memoiren,
„muß viel mehr zuhören als sprechen, denn es ist schwierig,
viel zu reden, ohne etwas zuviel zu sagen." Und wie er
seine Zunge im Zaume hat, so hat er auch sein Gesicht in
der Gewalt. Bisweilen muß er sich gewaltig anstrengen,
um seiner inneren Erregung Herr zu werden und nichts von
seinen schlimmsten Rachegefühlen merken zu lassen. „Da
wir hier auf Erden eine göttliche Mission erfüllen, dürfen
wir nicht Gefühle in uns hegen, die diese Mission herab-
würdigen könnten. Oder, wenn wir einen schwachen Charakter haben und gegen die Schwäche nicht ankämpfen
können, sondern spüren, wie jene gemeinen Gefühle in uns
entstehen, so müssen wir so vernünftig sein und sie wenigstens verbergen, sobald es für die Öffentlichkeit von Schaden ist, denn für die Öffentlichkeit allein sind wir auf der
Welt." Nicht nur um seiner selbst willen ist der König
verschwiegen wie ein Grab, sondern auch in Hinsicht auf
das öffentliche Wohl bekämpft er die Indiskretion bei anderen, besonders aber bei seinen Gegnern. Er liebt es nicht,
daß die fremden Gesandten zu genau davon unterrichtet
sind, was in Frankreich vorgeht. „Der Graf von Ferrero",
erzählt Primi Visconti, „wußte nicht, daß Sizilien eine
Insel ist... Daraus schloß ich, daß er bei Hofe sehr gern gesehen sein würde, denn, wie ich Ihnen schon sagte: der
König mag keine Beobachter um sich." Wie das gemeint
war, ist leicht verständlich: Ludwig XIV. war der Schrecken
aller Spione und Neugierigen.
Mit undurchdringlicher Miene und festgeschlossenen Lippen
kommt er in den Rat und bringt doch eine unglaubliche Liebe zu seinem Beruf mit. Mit welcher Leidenschaft
er sich mit der Armee und allem beschäftigt, was den Krieg
angeht, haben wir ja gesehen. Und die gleiche Begeisterung
bringt er auch anderen Zweigen der Regierung entgegen.
Seine Arbeit lieben ist in seinen Augen die erste Bedingung
zu einer guten Regierung. „Im allgemeinen", sagte er zu
seinem Sohne, „werden Sie niemals eine Sache gründlich
kennen, vom Kleinsten angefangen bis zu dem Bedeutend-

sten, wenn Sie sie nicht selbst gern tun." — Man hat ihn eines ungeheuren Egoismus beschuldigt. Bei ihm jedoch war es eine Art heiliger Egoismus, der alles auf den Dienst des Staates bezog, als dessen erster Diener sich Ludwig XIV. betrachtete. Niemals hat er das ihm zugesprochene abgeschmackte Wort gesprochen: „Der Staat bin ich." Ja, dieser Ausspruch steht sogar im offenbaren Widerspruch mit den Ansichten dieses Mannes, der, weitentfernt, den Staat in sich aufsaugen zu wollen, erklärte, daß er nur zum Wohle des Staates auf der Welt sei. „Das öffentliche Wohl, wofür allein wir auf der Welt sind." Er verlangte indes von seinen Ministern und allen Offizieren, daß sie sich dem Dienst mit derselben Leidenschaft und Aufopferung ergaben wie er selbst. Sie mußten sich voll und ganz der Arbeit widmen. Deshalb liebte er es auch nicht, Verliebte mit einer und wenn noch so geringen Aufgabe zu betrauen, denn „diese Leute", meinte er, „sind immer die Sklaven ihrer Leidenschaft".

Da er selbst ein so unermüdlicher Arbeiter war, verlangte er von seinen Mitarbeitern Leistungen, von denen unsere heutigen Bureaukraten mit ihrem Schlendrian keine Ahnung haben. Balzac, der die fabelhafte Arbeitsleistung der Mitarbeiter Napoleons feiert, erinnert gleichzeitig daran, daß sie im Grunde nichts anderes taten, als die von Ludwig XIV. eingeführte monarchische Arbeitsweise fortzusetzen. Der König arbeitete fast ebensoviel wie seine Minister und Unterbeamten. Von dem Tage an, da er die Leitung der Geschäfte persönlich übernahm, machte er es sich zur Pflicht, täglich zweimal regelmäßig zu arbeiten. Gab es sehr eilige Sachen zu erledigen, so verzichtete er auf jedes Vergnügen, oder er verkürzte seine Lieblingszerstreuungen und zog sich in sein Arbeitszimmer zurück. Nach dem Tode Louvois war er natürlich mit Arbeit überhäuft und hatte tüchtig zu tun, um die Tätigkeit eines solchen Mitarbeiters zu ersetzen. Damals schrieb Frau von Maintenon an eine Freundin: „Diejenigen, die ihn genau kennen, würden erstaunt sein, wie viel er arbeitet. Er hat viel öfter als sonst Ministerrat zu halten, weil die Geschäfte sich häufen, und außerdem ist er zwei bis drei Stunden auf der Jagd." (Wir dürfen nicht vergessen, daß er als König gezwungen und es ihm vorgeschrieben war, täglich mit dem Hofe zu jagen.) „Wenn er kann, kehrt er um sechs Uhr zurück und dann liest, schreibt oder diktiert er ununterbrochen bis zehn Uhr. Oft verabschiedet er die Prinzessinnen schon nach dem Souper, um noch irgendwelche Briefe zu erledigen und einen Kurier abgehen zu lassen."

Daß Ludwig XIV. so viel arbeitet, kommt daher, daß er „alle Geschäfte bis in die kleinsten Angelegenheiten selbst kennen lernen will". In den Verhaltungsmaßregeln für seinen Sohn besteht er besonders darauf: „Vor allem müssen Sie über Ihre Angelegenheiten gründlich unterrichtet sein, denn ein Herrscher, der nichts davon versteht und immer nur von seinen Untergebenen abhängt, kann sich oft nicht davor schützen, daß er das tut, was nur ihnen angenehm ist." In Dingen natürlich, mit denen er sich nicht selbst beschäftigte, mußte er sich auf seine Minister verlassen. Aber auch dann verlangte er von ihnen eine klare und ausführliche Berichterstattung. Daraufhin traf er seine Entscheidung und stützte sich dabei auf seine Erfahrung, seinen gesunden Menschenverstand und seine Vernunft. Eine gesunde Urteilskraft ist ihm von höchster Bedeutung. „Sie wird nur durch lange Erfahrung und tiefes anhaltendes Nachdenken über den gleichen Gegenstand erworben", meint er. Daraus kann man entnehmen, welch feine Präzisionsmaschine ein Geist sein muß, der sich einer solchen Disziplin unterwirft.

Die Entscheidung, die der König im letzten Augenblick trifft, ist nicht nur das Ergebnis eines gesunden Verstandes, sondern auch der Wertung aller Umstände und Tatsachen, und stets ist sie mit der Würde seines Thrones vereinbar. In allen Dingen sieht er nur Größe und Pracht. Er ist sehr stolz auf seine Nationalität und außerordentlich empfindlich in allem, was die Ehre seines Volkes betrifft. Den Minister des Auswärtigen Arnauld de Pomponne verabschiedete er nur, weil, wie er sagte, alles, „was durch dessen Hände ginge, an Größe und Kraft verlöre, die man zur Ausführung der Befehle eines Königs von Frankreich nötig habe, der kein armer Teufel sei".

So wird die außergewöhnliche Persönlichkeit des Staatsoberhaupts immer vollständiger, immer schärfer umrissen. Er war der typischste Lateiner, den es je gegeben. Vom Spanier besaß er die Liebe zu Pracht und Glanz, vom Italiener die Vergnügungssucht und Sinnlichkeit, den Kunstsinn in allen seinen Formen, die Geschmeidigkeit des Geistes und den nüchternen Realismus. Zu alledem hatte er die gesunde Urteilskraft und die Mäßigung des Franzosen. Mit solchen Gaben und Eigenschaften als König ausgestattet, konnte er sich dennoch bisweilen täuschen. Das gesteht er selbst ganz offen ein, denn er selbst hält sich weder für unfehlbar, noch ist er immer Herr der Ereignisse. Er ist allen Schicksalsschlägen, allen Überraschungen, allem Unglück gewachsen und setzt ihnen bis zuletzt unerschütterlichen Mut entgegen. Nach den schlimmsten Niederlagen im Spanischen Erbfolgekrieg schrieb er an den Rand eines Briefes des Ministers Chamillart, der völlig verzweifelt und lebensüberdrüssig war: „Wir sind alle zu beklagen und in einem furchtbaren Gemütszustand, aber man darf sich nicht unterkriegen lassen, sondern muß sein Bestes tun." Sein Bestes tun, mutig und entschlossen sein, einen starken hellen Kopf behalten, viel Erfahrung sammeln, das ist, in wenige Worte zusammengefaßt, das ganze politische Verhalten Ludwigs XIV.

Nun wollen wir ihn noch umgeben von seinem Hof, seinen Freunden, seiner Frau, seinen Kindern und nächsten Verwandten kennen lernen. Es liegt ihm besonders daran, daß sie merken, wie gütig er zu ihnen ist. Strenge läßt er nur im Notfall walten, wenn es nötig ist, einmal die Zügel fühlen zu lassen. Seiner Meinung nach soll ein König gütig wie ein Vater sein. Güte scheint ihm die erste königliche Tugend, vielleicht überhaupt die erste aller Tugenden. Übrigens brauchte er sich darin gar keinen Zwang anzulegen, denn er war von Natur aus gut und gerecht. Das gibt sogar Saint-Simon zu. Ludwig XIV. strafte nur ungern und hielt es für sehr unwürdig, dem Schuldigen ein Vergehen nachzutragen. Er traf seine Maßnahmen, das war alles. Auch Fénelon vergab er schließlich, der ihn ernstlich und auf nichtswürdige Weise beleidigt hatte. Ferner vergab

er im Anfang seiner Regierung Bussy-Rabutin, der der
Schrecken des ganzen Hofes war. Bussy hatte nicht nur,
wie der König sagte, sein Leben lang „die ganze Welt ver-
lästert", schmutzige, skandalöse Bücher geschrieben, in denen er die Frauen und unter anderen auch seine Kusine,
Madame de Sévigné, in bösen Leumund brachte, sondern
er hatte auch während einer schweren Krankheit des jungen Königs ein Epigramm in Umlauf gebracht, das mit
den Worten endete:

> Man sagt, Gott hat ihn uns gegeben
> Ach, wenn er ihn nur wiedernähme.

Damit die Gesellschaft vor ihm sicher war, verbannte ihn
Ludwig XIV. viele Jahre lang auf seine Güter. Als er sich aber
im Jahre 1686 in Saint-Germain aufhielt, gestattete er dem
gefährlichen Schwätzer, wieder am Hofe zu erscheinen. Im
folgenden erzählt uns der alte Sünder, wie er wieder in
Gnaden aufgenommen wurde: „Der König verließ seinen
Betstuhl und kam mir entgegen. An der Tür fiel ich vor ihm
auf die Knie und umklammerte seine Beine. Da sagte er
zu mir, indem er sich zu mir niederneigte und meine Schulter berührte — und er mußte sich sehr stark bücken, denn
ich lag fast vor ihm: ‚Stehen Sie auf, Bussy!' Da ich das
nicht gleich tat, sagte er noch einmal in liebenswürdigerem
Ton: ‚Nun, stehen Sie doch auf, Bussy!' Das rührte mich,
und ich erhob mich mit Tränen in den Augen. ‚Ich freue
mich, Sie zu sehen', sagte er darauf. ‚Wir haben uns lange
nicht gesehen.' — ‚Es sind jetzt siebzehn Jahre her, Sire',
erwiderte ich, ‚aber es freut mich, daß meine Rückkehr
und die Art und Weise, wie Eure Majestät mich empfangen,
mir zu erkennen geben, daß Sie mir mein schlechtes Be-
tragen verziehen haben.' ‚Ja', sagte er, ‚ich habe alles vergessen. Ich war mit Ihnen nicht immer zufrieden. Aber
jetzt bin ich es — seit einiger Zeit.' — ‚Sie würden es immer
gewesen sein, Sire, wenn Sie im Innern meines Herzens
die Gefühle hätten sehen können, die ich für Sie hege.'
Und von neuem warf ich mich ihm zu Füßen. Der König
umfaßte meine Schultern und ging dann in sein Zimmer.
Ich sowohl als auch der Marschall Duras und der Präsident

von Mesmes bemerkten, daß er Tränen in den Augen hatte." Wenn er sicher war, daß er mit anständigen Menschen zu tun hatte, zeigte Ludwig XIV. sich äußerst gutmütig. Dann duldete er sogar ihre schlechte Laune, ihre ausfallenden Bemerkungen und oft sogar auch den Mangel an Ehrerbietung. Eine Ehrendame der Königin, Fräulein Coëtlogen, glaubte Grund zu haben, sich über ihn zu beklagen. Sie grollte ihm ernstlich und weigerte sich sogar, mit ihm zu sprechen oder irgendeinen Dienst für ihn zu leisten. Eines Tages regte sie sich so über ihn auf, daß sie ihn sogar kratzte. Der König, der genau wußte, daß sie es nur in der Verzweiflung getan hatte, weil sie einen andern liebte, lachte und verheiratete das kleine wütende Lamm mit dem Gatten ihrer Wahl, nachdem er das Brautpaar prächtig ausgestattet hatte. Es fiel ihm auch nicht schwer, bisweilen seine strenge Majestät beiseite zu lassen, um sich an den Vergnügungen, ja sogar an den oft groben Späßen der Höflinge zu beteiligen. Viel Spaß machte es ihm, die Schwester der Frau von Montespan, Madame de Thiange, zu necken, die vom ganzen Hofe zur Zielscheibe des Spottes genommen wurde. „Der König ließ" — so erzählt Saint-Simon — „in die Butter und sogar in die Pasteten, die man der Dame sehr appetitlich servierte, Haare hineintun. Sie schrie, spuckte und schimpfte auf den König, der aus vollem Halse lachte. Manchmal machte sie Miene, ihm die Schüsseln über den Tisch weg an den Kopf zu werfen." Es ist dieselbe Dame, die sich einst vor Ludwig XIV. so anmaßend ihrer Ahnen rühmte und in dem König selbst nur einen Emporkömmling sah. „Wir waren Könige in unseren Provinzen," sagte sie zu ihm, „und hatten auch unsere Großoffiziere und Edelleute um uns herum." In solchen Augenblicken warf der Sonnenkönig seinen Strahlenkranz von sich und wurde wieder der gutmütige Bursche seiner Jugend- und Kinderjahre.

Im Grunde war er, wie bereits erwähnt, ein Freund der Gleichheit. Zum Beispiel fand er es sehr unrecht, daß die jungen Abbés aus vornehmen Familien ohne weiteres beanspruchten, Bischof zu werden, wärend die jungen Edelleute vom höchsten Adel es nicht verschmähten, als einfache Musketiere in seiner Garde zu dienen. Wenn er auch der Ordnung halber auf Titel und Formen hält, so läßt er sich doch nicht täuschen und leidet darin keinerlei Mißbrauch. Frau von Maintenon berichtet, daß der Dauphin genau so einfach erzogen wurde wie ein Pariser Bürgersohn. Der König verbot, daß man seinen Sohn im vertrauten Kreise mit „Monseigneur" anredete. „Im Familienkreise", erzählt ein wohlunterrichteter Zeitgenosse, „redete man ihn nur mit ‚Monsieur le Dauphin' an. Man sagte auch nur ‚Sie', wenn man mit ihm sprach, ohne ihn Hoheit oder königliche Hoheit zu nennen. Das wünschte der König so. Es könnte vielen, die bald vor Eitelkeit zerplatzen, als Richtschnur dienen."—

Im Felde muß der Dauphin sich einer eisernen Disziplin unterwerfen. Der Herzog von Maine mußte, als er zum erstenmal ins Feld zog, im Schützengraben Posten stehen. Auch der König lebte im Felde wie ein Soldat; er aß, was es gerade gab, auf der Ecke eines Tisches und schlief, wenn es sein mußte, in einer Scheune oder auch in einem Stall. Man braucht nur den Bericht Fräulein von Montpensiers über den Feldzug in Flandern im Jahre 1667 zu lesen und wird finden, daß das Leben Ludwigs XIV. zu jener Zeit ein seltsames Gemisch von Pracht und Einfachheit, um nicht zu sagen verwilderter Rauheit war.

Demnach verstand es der König ausgezeichnet, sich in jede Lage zu schicken und sich den Umständen anzupassen, ebenso wie es ihm ein leichtes war, jeden Menschen so zu behandeln, wie es seinem Standpunkte angemessen schien. Er tat, als teile er ihre Freuden und ihren Schmerz, und er teilte sie auch wirklich, wenn es sich um ein Mitglied seiner Familie, um einen Freund, einen seiner Minister oder Generale handelte. Er war sehr weichherzig und weinte leicht. Beim geringsten Anlaß — einem Todesfall, einer Trennung, einer Abreise — kamen die königlichen Tränen gestürzt. Das erinnert an die schönen Verse Racines:

> Il pleurait comme un exilé...
> Pour lui, pleurer avait des charmes;
> Le jour que mourait dans les larmes
> Ou La Fontaine, ou Champmeslé...

Ich weiß nicht, ob auch für Ludwig XIV. wie für Racine „weinen ein Genuß" war; Tatsache ist, daß ihm die Tränen leicht flossen und in ihm auch etwas von der Empfindsamkeit seines Dichters war. Dennoch hat man Ludwig XIV. vorgeworfen, er sei völlig gefühllos beim Tode seiner besten Freunde und ergebensten Diener gewesen. Man bedenkt indes nicht, daß, als Colbert und Louvois von ihm gingen, der König allen Grund hatte, sich über sie zu beschweren. Liest man hingegen die Notiz, die er eigenhändig an den Rand des Briefes schrieb, worin ihn Seignelay den hoffnungslosen Zustand seines Vaters mitteilte, so sagt man nicht mehr, der König sei hart und undankbar gewesen. „Der Zustand Ihres Vaters", schrieb er dem Sohne, „tut mir unendlich leid. Bleiben Sie bei ihm, solange es nötig ist, und vergessen Sie als guter Sohn in Ihrem Schmerze nichts, was seine Leiden erleichtern könnte. Ich hoffe noch immer, daß Gott ihn nicht von der Welt abberufe, weil er dem Staate so sehr nötig ist. Das wünsche ich von ganzem Herzen wegen der besonderen Freundschaft, die ich ihm, Ihnen und Ihrer ganzen Familie entgegenbringe."

Louvois aber starb mitten im Krieg. Ludwig XIV., der von Feinden umgeben war, tat so, als schwäche ihn der Verlust eines solchen Ministers nicht im geringsten und als könne er seine Dienste gut entbehren. Es war nur eine sehr schlaue Taktik, die übrigens die Wohlunterrichteten nicht mißverstanden. In Wahrheit lag dem König außerordentlich viel daran, daß er bei seinen Ministern beliebt war, wie er überhaupt sehr viel auf die Zuneigung seiner Untertanen gab. Er war der „Vielgeliebte", der „Angebetete", und erwiderte diese Gefühle so gut er es vermochte und soweit er es mit seiner Herrscherwürde vereinbaren konnte. „Wie sehr wir auch den Ruhm lieben", sagte er, „so ist doch ein guter Fürst erst dann wahrhaft glücklich, wenn er die Liebe seiner Untertanen ebenso genießt wie ihre Bewunderung". Diese Zuneigung seines Volkes erwiderte er mit väterlichen Gefühlen, denn, sagte er, „es ist mir lieber, der Vater meines Volkes zu sein, als der Vater meiner Kinder. Dieses verleiht die Natur, jenes aber erwirbt man nur durch Tugend."

Louis de Bourbon   Prince de Condé

CONDÉ

Stich von Jacques Lubin

Dieser Mann mit dem aufrechten Willen und dem gestählten Mute, um seine eigenen Worte zu gebrauchen, war, soweit es ihm seine Stellung gestattete, ein guter Vater, ein treuer, hochherziger Bruder, ein stets willfähriger und besorgter, wenn auch nicht immer treuer Gatte. Er sehnte sich nach Zärtlichkeit — dieses Wort kehrt in seinen Memoiren immer wieder — und nach Vertrauen. Mit einer häßlichen, ziemlich unbedeutenden Frau verbunden, suchte er bei seinen Mätressen diese beiden Bedürfnisse seines Herzens zu befriedigen. Es war Trug! Er wurde bitter enttäuscht! Endlich, nach vielen Enttäuschungen, nach der furchtbaren Prüfung, die ihm die Montespan auferlegt hatte, nachdem er vierzig Jahre alt geworden war, glaubte er zu finden, wonach er sich sehnte und so lange gesucht hatte — er glaubte es in Frau von Maintenon gefunden zu haben!

Frau von Sévigné erzählt, die Maintenon habe dem König ein völlig unbekanntes Land erschlossen — die Freundschaft und freundschaftliche Unterhaltung, die keinen Hintergedanken oder irgendeine Absicht aufkommen läßt. Daran mag manches wahr sein. Ludwig war einer Mätresse überdrüssig, die einen gemeinen, schlechten Charakter hatte, zänkisch, aggressiv, heftig und in beständiger Aufregung war. Nun ruhte er in der ihm unbekannten Süße der Freundschaft einer Frau aus und erholte sich. Auch diese Freundschaft war Liebe, aber befreit von allem Häßlichen und von dem entsetzlichen Egoismus der Leidenschaft. Das war für den König etwas ganz Neues und übte einen großen Reiz auf ihn aus. Durch Frau von Montespan war er, was die Unterhaltung betraf, sehr verwöhnt — in Parenthese sei übrigens bemerkt, daß ihre Briefe höchst verwirrt und zusammenhanglos im Stile sind, was bei einer als so geistreich bekannten Frau sehr erstaunt —. Frau von Maintenon entzückte Ludwig XIV. nicht so sehr durch den Geist ihrer Unterhaltung als durch die Gegenstände, die sie in ihren Gesprächen behandelte. Auch damit führte sie ihn in eine andere Welt: in das innere religiöse Leben. Sicherlich braucht der König kein Theologe oder Mystiker zu sein, und diejenigen, die ihm vorwerfen, er habe vom „Augustinus" oder von den Feinheiten der „reinen Liebe" nach Fénelon und Madame Guyon nichts verstanden, wissen nicht, was sie sagen. Es war nicht seine Sache, und er hatte wahrhaftig anderes zu tun, als sich in Folianten und dicken Büchern zu vergraben, worin die Theologen ihre Glaubens- streitigkeiten ausfochten. Aber sein etwas oberflächlicher Glaube wurde durch die Unterhaltungen mit Frau von Maintenon geläutert und gereinigt. Ludwig XIV. wandte sich durch sie Gedanken und Gefühlen zu, die er früher kaum gekannt hatte. Was aber den König an dieser Frau, die älter war als er, am meisten reizte, war ihre absolut uninteressierte Ergebenheit. Sie sagte zu ihm: „Sire, ich wünsche für mich gar nichts. Ich will nur Ihre Seele, nicht für mich, sondern um sie Gott zu schenken. Nur zu die- sem Zwecke lebe ich für Sie und bleibe bei Ihnen." Man begreift, daß eine solche Sprache den harten Sünder, an dem noch der Schmutz seiner Ehebrüche klebte, bis aufs tiefste rührte. Er wünschte sich rein zu waschen und nahm nicht nur die Hilfe und Freundschaft dieser Frau an, son- dern sah auch die Notwendigkeit einer Ehe mit ihr ein. Als Freund der Gleichheit kannte er keine Vorurteile. Bei- nahe hätte er ja auch Maria Mancini, die Abenteurerin, ge- heiratet. Viel mutiger aber war es, Frau Scarron, die Wit- we eines Krüppels, eines armen Teufels von Schriftsteller zu heiraten, deren Bohèmeleben ziemlich anrüchig gewesen war. Trotzdem heiratete er Madame Scarron, denn er glaubte, eine solche Ergebenheit und Aufopferung nicht teuer genug erkaufen zu können.

Aber auch diesmal wurde er enttäuscht. Die neue Gattin erhob gegen alle seine Neigungen, gegen die innersten An- lagen seines Charakters Widerspruch. Kein Ehepaar paßte schlechter zusammen als Ludwig XIV. und Frau von Main- tenon. Sie besaß nicht die Spur von Zärtlichkeit und war nicht einmal eine richtige Frau. Ihr Beichtvater mußte sie förmlich zu den ehelichen Pflichten zwingen. Godet de Marrais, der Bischof von Chartres, der ihr Vertrauter war, schrieb an sie einst die seltsame Mahnung: „Man muß einem schwachen Manne Obdach gewähren, sonst verirrt er sich... Wie schön ist es, etwas aus reiner Tugend zu tun, was andere Frauen nur aus Leidenschaft tun und ohne eine gute Tat damit zu begehen." – Dabei war Frau von Maintenon ein ganz nüchterner Charakter. Sie verstand nichts von Kunst und begriff nicht den Sinn des Königs für schöne Gebäude und alles Künstlerische. Auch von Politik verstand sie nichts. Und was noch schlimmer war, sie gab ihrem alternden Gatten als Defaitistin in den kritischsten Augenblicken die dem nationalen Interesse widersprechendsten Ratschläge.

Ludwig XIV. litt furchtbar unter den Fehlern seiner Lebensgefährtin, jener bürgerlichen Durchschnittlichkeit, die wohl für eine Leiterin der Mädchenerziehungsanstalt von Saint-Cyr geeignet sein mochte, nicht aber für eine Königin von Frankreich. Dennoch achtete er ihre Treue und Ergebenheit so hoch, daß er sie bis an sein Ende ertrug. Obwohl Frau von Maintenon an den Geschäften keinen direkten Anteil nahm — außer an dem Gewissensrat zur Wahl der Bischöfe und der Benefizianten —, arbeitete der König doch stets mit seinen Ministern in dem Zimmer seiner Freundin. Er war überzeugt, daß sie, die nur zerstreut zuzuhören schien, äußerst klug und scharfsichtig war, große Menschenkenntnis besaß, schneller und besser die Kniffe und Schliche seiner Mitarbeiter herausfand, als er, und ihn darauf aufmerksam machte. So blieb er mit ihr verbunden trotz allem, was sie voneinander trennte. Und ohne zu lügen und ohne sich zur Wahrheit zwingen zu müssen, konnte er ihr auf ihrem Totenbett als letzten Beweis seiner Liebe sagen: „Ich habe Dich immer geliebt und geachtet".

In seinem mächtigen Bedürfnis nach Liebe im großen und ganzen bitter enttäuscht, fühlte der König sich sehr vereinsamt. Bei seinen Kindern und Verwandten konnte er keinen Trost suchen. Sein Bruder, der sich vollkommen in den Händen unwürdiger Günstlinge befand, war der unbeständigste und untreueste Mensch von der Welt. Und es war sehr weise von Ludwig XIV., daß er ihm nicht den geringsten Einfluß auf die Regierung gestattete. Aber es geschah weder aus Neid noch aus despotischem Egoismus, sondern rein aus kluger Vorsicht. Hinsichtlich seiner Kinder, sowohl der ehelichen als auch der außerehelichen, kannte er erstens zur Genüge die Unbedeutendheit des Dauphins und gab sich nicht den geringsten Illusionen hin, und zweitens mißtraute er mit gutem Recht der Heuchelei des Herzogs von Bourgogne, der einem ganzen Klan von Ideologen ausgeliefert war, und dem der Utopist Fénelon eine vollkommen falsche Geistesrichtung gegeben hatte. Nun blieben noch die Bastarde, für die der König eine geheime Vorliebe besaß, und da war der Herzog von Maine sicherlich viel intelligenter als der Dauphin.

Auch Höflinge und Günstlinge behandelte der König mit besonderer Güte, wie z. B. de Vardes, Lauzun, La Rochefoucauld. Aber er wußte auch, daß er ihnen nur bis zu einem gewissen Grade vertrauen konnte. Mit tiefem Blick erkannte er die Verderbtheit und Oberflächlichkeit dieser Menschen, die einzig und allein mit Intrigen, Abenteuern und gierigen Instinkten beschäftigt waren. Anderseits wieder war er von Feinden umgeben. Fortwährend erhielt er Drohbriefe, Spottgedichte, die ihn in den Schmutz zogen, auf die gemeinste Weise beschimpften und das Beste an ihm verunglimpften. Er sah fast alle Mitglieder seiner Familie an Gift zugrunde gehen. Auf ihn selbst lauerten Giftmischer. Das alles wußte er. Vor allem aber wußte er, daß er in gewissen kritischen Augenblicken von seinen Ministern im Stich gelassen würde. Wie er selbst sagte, war er der einzige, „der den Staat liebte". Und doch verlor er niemals den Mut — wenigstens niemals lange. In sich selbst machte er keinen Unterschied zwischen Mensch und Herrscher. Trotz allen Ungemachs, trotz aller Widerwärtigkeiten, die seine Stellung mit sich brachte, trotz allen Verrats fuhr er fort „sein Bestes zu tun und die Pflichten zu erfüllen, die Gott ihm auferlegt hatte". — Er war König bis zum letzten Atemzug!

*

Niemand hat diese Aufgabe so völlig, so glänzend erfüllt als Ludwig XIV. Niemand hätte die königlichen Funktionen mit so vollendeter Kunst und gleichzeitig so großer Natürlichkeit ausüben können wie er. So wie es dem wahrhaft

Frommen gelingt, vom christlichen Glauben vollkommen durchdrungen zu sein, und er das allein schon durch die Art beweist, wie er niederkniet oder die Hände faltet, so war es auch Ludwig XIV. gelungen, sich von dem monarchischen Gedanken ganz durchdrungen zu fühlen. Er tat alles im Gefühl des Herrschers. Ja, man kann sagen, der Gedanke, daß er König war, verließ ihn nie.

Gewiß müssen auch die liebenswürdigen und familiären Seiten des Königs ins rechte Licht gesetzt werden, aber es hieße ein falsches Bild von ihm entwerfen, wollte man allzusehr darauf bestehen. Was ihn neben seinem majestätischen Äußern, neben seinem „Grandair" am meisten auszeichnete, ist sein moralisches Verhalten, sein ernstes gesetztes Wesen. Er hat dem französischen Volke, das von jeher zu Leichtfertigkeit und Übermut neigte, sittlichen Ernst beigebracht. Der Monarch nach dem Herzen der Franzosen ist ein „freimütiger König" wie Heinrich IV. Ludwig XIV. war mehr Lateiner als Gallier. Jenen lateinischen Ernst und die Strenge hat er nicht nur in die Manieren, sondern auch in die Sitten, die Literatur, ja sogar in die Denkungsart des französischen Volkes gebracht. Sainte-Beuve hebt an einer berühmten Stelle diesen Einfluß Ludwigs XIV. ganz besonders hervor.

Die alten Höflinge, die an den Schlendrian der Fronde und der Regentschaft seiner Mutter gewöhnt waren, fügten sich nur ungern der neuen Ordnung. La Fare wirft dem König in seinen Memoiren vor, er sei von Natur aus pedantisch und streng gewesen. Das ist sicher zuviel gesagt. Nichtsdestoweniger aber muß zugestanden werden, daß Ludwig besonders als junger Mann viele Leute dadurch abstieß, weil er sich fortwährend Zwang antat und sich eine Art Askese zur Selbstbeherrschung auferlegte, ferner auch durch seinen außergewöhnlichen Ordnungssinn und seine Regelmäßigkeit in allen Dingen. Andere wieder waren von diesen Eigenschaften entzückt. Primi Visconti zum Beispiel schrieb: „Ich kann Ihnen sagen, abgesehen von seinen Liebessünden, dem Ehrgeiz, sein Land fortwährend zu vergrößern und dem oder jenem die Staaten wegzunehmen — kann man kaum einen gerechteren, geordneteren und mustergültigeren Menschen finden als ihn: man könnte ihn fast einen Heiligen nennen."

Auch hier stimmen die Ausdrücke nicht ganz mit der Wahrheit überein. Aber selbst in ihrer Übertreibung beweisen sie, wie sehr die Zeitgenossen seinen hohen sittlichen Ernst und seine geistigen Eigenschaften bewunderten und schätzten. Das ist der wahre Ludwig XIV. Der ein wenig hochtrabende und aufgeblasene Held, wie ihn die Literaten der Zeit feierten, ist eine politische Erfindung und auch — das muß zugegeben werden — eine Schöpfung, die gewissermaßen durch das Selbstbewußtsein des französischen Volkes entstanden ist. Der König spielte den Donnergott, um so viel wie möglich den Koalitionen seiner Feinde zu imponieren, — und dem Volke gefiel es, sich selbst in seinem Herrscher zu vergöttern. Seine Briefe beweisen, daß er diese Schmeicheleien ihrem richtigen Wert nach beurteilte. Keiner war nüchterner als er, keiner ein größerer Feind alles eitlen Scheins. Er war ein gewissenhafter Fürst im wahren Sinne des Wortes, was er uns selbst durch seine persönlichen Theorien in seinen „Reflexionen über den Beruf eines Königs" beweisen wird.

Fünfzehntes Kapitel

LUDWIG XIV. ALS THEORETIKER

Die Taktik Ludwigs XIV. als Staatenlenker. — Die göttliche und die weltliche
Macht. — Die Prinzipien der gallikanischen Lehre. — Abschaffung der Premiers. —
Der Autokrat. — Die Regierung der Vernunft. — Die Realpolitik. — Ludwigs XIV.
große Kenntnis seines Landes. — Seine Geschäftskenntnis.
Sein Hochmut und seine Demut.

ALS LUDWIG XIV. NACH DEM TODE MAZARINS BEGRIFF,
was es damals zu bedeuten hatte, König von Frankreich zu
sein, als er die ganze Ausdehnung seiner Macht erkannte
und das ungeheure Feld vor sich liegen sah, das seiner
Ruhmessucht offen stand, fühlte er sich wie emporgehoben.
Sein ganzes Wesen schien zu wachsen, und ein unbeschreib-
licher Aufschwung seines Machtwillens bemächtigte sich seiner. Zur Belehrung seines Sohnes versucht er in seinen
Memoiren dieses große berauschende und doch noch un-
bestimmte innere Gefühl, dieses Zum-Bewußtseinkommen
seines Übermenschentums, wie man es nennen könnte, zu
erklären. „Es schien mir damals,“ schrieb er, „als wäre
ich König und zum König geboren. Es bemächtigte sich
meiner ein nur schwer zu beschreibendes süßes Gefühl,
das Sie erst dann verstehen werden, wenn Sie es selbst einmal so wie ich empfinden.“
Wenn einer so von ganzem Herzen König ist und so vor
Stolz und Freude in seinem Innern darüber erschauert,
dann nimmt es nicht wunder, daß er seinen Beruf liebt
und von Grund aus kennt. Schwerer ist es, darüber vernünftig zu urteilen. Das aber ist es gerade, was Ludwig XIV.
versuchen will. Erstens tut er es für sich selbst und zweitens für seinen Sohn und die Nachwelt, um, wie er sich
ausdrückt, „die Geschichtschreibung auf die richtige Bahn
zu lenken, im Fall sie sich irren und täuschen könnte,
weil sie in meine Pläne und ihre Ursachen nicht genügend
Einblick hatte“. Diese Worte richten sich hauptsächlich
gegen die Historiker, die den Fehler begingen, seine Memoiren allzu wenig zu beachten. Allerdings sind diese
Memoiren unvollendet geblieben, aber es ist immer noch
genug da, um die Denkungsart des Königs daraus zu er-

kennen und, wenn man die einzelnen Stücke miteinander vergleicht, eine vollständige Taktik der königlichen Gewalt daraus zu entnehmen.

Ludwig XIV. verfaßte diese Betrachtungen persönlich oder er ließ sie unter seiner Aufsicht von seinen Mitarbeitern redigieren, um sie dann selbst nochmals durchzulesen und mit Anmerkungen zu versehen. Auf diese Weise kann man ihm nicht Ideen zuschreiben, die er niemals hatte, denn er selbst hält uns sozusagen von seinem Arbeitstisch aus einen Vortrag über das Königtum.

Er beginnt mit dem Unterschied der göttlichen und weltlichen Macht. Er persönlich ist überzeugt, daß seine Macht ihm direkt von Gott verliehen wurde, der Quelle aller Gewalt. Es ist die reine gallikanische Lehre, die nicht erst Ludwig XIV. erfand, wie man allgemein annimmt, sondern seit langem in Frankreich verbreitet war und stets durch die Kirche bekämpft wurde. Denn die Kirche erkennt die göttliche Gewalt der Herrscher nur mit der Sanktionierung des Volkes an.

Für Ludwig XIV. wie für die gallikanischen Gelehrten und Gesetzgeber ist die königliche Gewalt ein von Gott direkt erhaltenes Amt, das keiner Vermittlung bedarf. Den handgreiflichen Beweis und die göttliche Offenbarung dafür sieht der König in der Salbung bei der Krönung, die ihm wie ein achtes Sakrament erscheint. Auch er ist gesalbt wie der Papst und wie die Bischöfe. Nur weiß er oder glaubt zu wissen, bis zu welchem Grade die von Gott verliehene Gewalt ausgeübt werden kann. Er überläßt dem Papst und den Priestern die Seelsorge; ihm aber liegt die Sorge um die materiellen Interessen seiner Untertanen ob. Diese beiden Gebiete sind von Anfang seiner Regierung an streng voneinander getrennt, und in der Praxis ist von diesen, im Auftrag eines Höheren erfolgten Vorbedingungen nicht mehr die Rede. Die weltliche Macht entwickelt sich parallel mit der geistlichen Macht, als wenn der Staat ausschließlich ein weltlicher wäre oder sein sollte. Die gallikanischen Ratgeber Ludwigs XIV. hätten versuchen können, ihn dazu zu bringen, auch der Kirche Gesetze vorzuschreiben, ja, er selbst konnte in die Versuchung kommen, aber

letzten Endes würde er immer wieder ihr Ansinnen zurück-
gewiesen und sich vor der Gewalt des Papstes gebeugt haben. Er könnte über die Grenzen dieser päpstlichen Gewalt streiten, aber die Gewalt an sich würde er niemals
einer Erörterung unterziehen.

Diese ihm von Gott verliehene Gewalt, auf deren Rechte
er so eifrig pocht, bemüht er sich natürlich in ihrem vollen
Umfang auszuüben. Er will nicht teilen in seiner Macht,
will keine Günstlinge, keinen Premierminister, keine hohen
Gerichtshöfe und keine Versammlungen. Für so armselige
Staatsoberhäupter, die, wie er sagt, „der Indiskretion eines
sich versammelnden Pöbels" überlassen sind, hat er nur
grenzenlose Verachtung übrig. Im Gegenteil, er versucht
mit allen Mitteln sich seine Machtvollkommenheit, die absolute Freiheit in seinen Beschlüssen zu bewahren, teils,
weil es Frankreich so will und weil es seinem Herrscher-
ideal voll und ganz entspricht, teils aber auch, weil es sich
mit seinem eignen Gewissen besser vereinbart. Er miß-
traut seinen Ministern, seinen nächsten Verwandten, seinen
Günstlingen dermaßen, daß sie außerordentlich listig vorgehen müssen, wenn sie ihn in einem Entschluß oder —
wenn es sich um die Anstellung einer Person handelt —
bei der Wahl beeinflussen wollen. Sogar die geschickte und
schmeichlerische Frau von Maintenon wagt nicht direkt von
ihm zu verlangen, was sie wünscht. Sie ist gezwungen,
Gleichgültigkeit für denjenigen zu heucheln, den sie unter-
bringen möchte, denn sie weiß im voraus, daß, wenn sie
nur das geringste Interesse durchblicken ließe, es für den
König ein Grund wäre, den Betreffenden nicht zu berück-
sichtigen.

Er will Alleinherrscher sein und sich nur von der Vernunft
und Gerechtigkeit leiten lassen. Hundertmal kommt er
darauf zurück, daß die Autokratie eines Herrschers in der
Autokratie der Vernunft bestehe. Und darin ist er Kar-
tesianer, der Mann seiner Zeit, ein sehr vernünftiger Charakter, wodurch seiner Meinung nach ein Monarch hoch
über den anderen kleineren Machthabern steht. „Denn",
sagt er, „es gibt keinen Gouverneur, der nicht ungerecht
ist, keine Truppen, die nicht zügellos sind, keinen Edel-

mann, der die Bauern nicht tyrannisiert, keinen Steuereinnehmer, keinen Abgeordneten, keinen Gerichtsdiener, der in seinem Bezirk keine strafbaren Überschreitungen seiner Gewalt begeht... An Stelle eines einzigen Herrn, den die Völker haben sollten, gibt man ihnen tausend Tyrannen, nur mit dem Unterschied, daß die Befehle des Herrschers stets maßvoll sind, weil sie auf vernünftiger Grundlage beruhen, während die Anordnungen jener falschen Machthaber fast immer ungerecht und gewalttätig sind, weil sie ihren zügellosen Leidenschaften entspringen." Ludwig XIV. regiert also mit Vernunft. Aber die Vernunft mußte vom gesunden Menschenverstand, von nüchternem Realismus, wie wir es heute nennen, geleitet werden. Man kann wohl sagen, daß Ludwig XIV. einen fast genialen Menschenverstand besaß. Dank seiner gesunden Urteilskraft hat er den systematischen Übertreibungen seiner Minister widerstanden, hat er der abstrakten Logik, dem Bureaukratismus Colberts und Louvois' eine klare Vorstellung alles Menschenmöglichen, einen gerechten Sinn für die zu wahrenden Staatsinteressen entgegengesetzt. Ferner sagte er sich, daß schließlich nur er allein, da er als König alle Zweige der Regierung kennen mußte, während jeder seiner Minister ein Spezialgebiet der Verwaltung bearbeitete, daß nur er allein zuständig sei, über das allgemeine Wohl des Staates zu entscheiden. Seine persönliche Vernunft verschmolz mit der Staatsraison, denn er sagte: „Es ist für ein Volk viel schlimmer, wenn es die schlechte Verwaltung seines Königs kontrollieren, als wenn es sie ertragen muß, denn Gott allein ist der Richter der Fürsten... Was sie bisweilen gegen das Allgemeinwohl zu tun scheinen, geschieht oft aus Staatsgründen, dem obersten, vor der Welt anerkannten Gesetz, das jedoch die am wenigsten kennen, die nie zur Regierung gelangten."

*

„Die Regierung der Könige, deren Richter Gott allein ist!" Ein furchtbarer Ausspruch! Aber Ludwig XIV. war sich der fürchterlichen Verantwortlichkeit genau bewußt, die auf einem Manne lastet, der mit einer solchen Macht bekleidet ist. Um sich dieses Amtes würdig zu erweisen, persönlich die Regierung mit Vernunft und Gerechtigkeit in die Hand zu nehmen, mußte er sich nicht nur der größten Mühe befleißigen, sondern sich auch über alles Aufklärung verschaffen, damit seine königlichen Beschlüsse mit Sachkenntnis formuliert werden. Daher war Ludwig XIV. auch ein so unermüdlicher Arbeiter. Er wollte alles selbst kennen lernen, von allem unterrichtet sein, alles selbst in Augenschein nehmen und über alles selbst urteilen und entscheiden können. Bis an sein Ende arbeitete er täglich acht bis neun Stunden. Seiner Meinung nach war der ein idealer Herrscher, der von sich sagen konnte: „Ich weiß alles!"

Es lag ihm besonders daran, sein Land bis ins kleinste kennen zu lernen, sowohl in bezug auf die Bewohner als auch auf staatliche Einrichtungen usw. Er überzeugte sich von der Fruchtbarkeit des Bodens und den daraus zu ziehenden Hilfsquellen, von den Steuern und Abgaben, von dem Charakter seiner Verwaltungsbeamten, dem Charakter seines Volkes, was es dachte, was es sprach, welche Intrigen nicht nur am Hofe, sondern auch in den entferntesten Provinzen im Gange waren. Schließlich konnte ein großer Herrscher ebensowenig wie sein Volk als Einsiedler leben. Er mußte fremde Länder kennen lernen, schon, um sich gegen sie verteidigen zu können. Er mußte die Hilfsquellen der anderen Staaten, ihre Industrie, ihren Handel, ihre Truppen, ihre politischen Umtriebe, die Geheimnisse ihrer Höfe kennen, kurz, er mußte von alledem stets durch seine diplomatischen Vertreter oder besonderen Geheimagenten unterrichtet sein. „Nur der Mensch, der über alle Ereignisse Bescheid weiß, tut seine Pflicht", sagte der König. „Und es ist nicht in Zweifel zu ziehen, daß ein Herrscher von allem unterrichtet sein muß, was während seiner Regierung geschieht."

Es genügt indes nicht, daß der Regent die Gegenwart kennt, nein, er muß auch über die Vergangenheit orientiert sein. Ein König muß sowohl in der politischen wie in der Kriegsgeschichte bewandert sein. „Ich erwog", sagte er, „daß die Kenntnisse der großen weltgeschichtlichen Ereignisse, wenn sie von einem starken Geiste aufgenommen werden, sehr dazu beitragen, seine Urteilskraft in allen bedeutenden Entscheidungen zu stählen. Das Beispiel berühmter Männer und jene eigenartigen Beschlüsse, die uns die Antike überliefert, können unter Umständen sehr nützliche Fingerzeige in Kriegs- oder Friedensangelegenheiten sein... Die Schwierigkeit, sich damit zu befassen, liegt nur in dem Mangel an Zeit...“ Er versuchte indes auch dafür Zeit zu finden. „Ich entschloß mich also,“ fährt er fort, „gewisse Stunden des Tags dafür festzusetzen, wie ich es auch getan haben würde, wenn es sich um eine wichtige Staatsangelegenheit gehandelt hätte.“

Die persönliche Arbeit eines Herrschers, mag sie noch so intensiv, noch so anhaltend sein, kann ihm nur einen Teil der Kenntnisse verschaffen, die er zur Regierung braucht. Seine Minister müssen ihrerseits, jeder in seinem Bereiche, an seiner Aufklärung mitarbeiten. Nicht nur, daß er sie anhört und ihre Ratschläge annimmt, sondern er muß auch unter irgendeinem Vorwand den oder jenen zum Sprechen bringen, den er für zuständig auf dem betreffenden Gebiete hält. Er muß Erkundigungen einziehen, muß die Meinung der einen durch die anderen kontrollieren und dadurch seine Gesichtspunkte erweitern und vermehren. Dazu aber braucht ein Herrscher Geduld. „Er muß“, wie Ludwig selbst sagte, „sogar Dummheiten anhören können.“

Regieren heißt nicht nur wissen, sondern auch voraussehen. Man muß wissen, wie man sich heute zu verhalten hat und was man morgen tun wird, um danach disponieren zu können. Zu diesem Zwecke müssen alle Hilfsquellen aus dem Staate herangezogen werden: sein Gold, seine Soldaten, die Tatkraft des Volkes und alles, was Industrie und Wissenschaft dem Staatsoberhaupt zur Verfügung stellen können. Darin erkennt man das Genie und die Idee Colberts. Ludwig XIV. teilte die meisten Ansichten seines Ministers und unterstützte ihn nach Kräften. Und man kann daher behaupten, daß seine Regierung in bezug auf die Organisation für Frankreich und Europa vorbildlich gewesen ist.

Man kann nicht genug auf diesen nüchternen wissenschaftlichen Staatscharakter, wie ihn Ludwig XIV. verstand,
hinweisen. Und doch sollte auch die so ganz und gar
nüchterne, vernünftige Regierung gerecht sein. Der König
schrieb sehr ausführlich über die Gerechtigkeit der Herrscher. Seiner Meinung nach gehört Gerechtigkeit neben
Milde und Güte zu den Haupttugenden eines Königs. Ein
gerechter Fürst wird gegen Hochmut gefeit sein und sich,
wenn es sein muß, sogar demütig erweisen. Dieser Gedanke ließ Ludwig XIV. die schönen Worte sprechen, an die
man sich erinnern sollte, wenn man geneigt wäre, ihn eines
unerträglichen Hochmuts anzuklagen: „Wenn es in unserer
Stellung einen berechtigten Stolz gibt," sagte er zu seinem
Sohne, „so gibt es aber auch eine nicht weniger zu lobende
Bescheidenheit und Demut. Glauben Sie nicht, mein Sohn,
daß wir diese Tugenden nicht nötig hätten. Im Gegenteil,
sie kommen uns mehr als den anderen Menschen zu. Denn
diejenigen, die weder durch Verdienste noch durch Reichtum eine bedeutende Stellung einnehmen, können auch
nicht, und hätten sie eine noch so geringe Meinung von
sich, bescheiden und demütig sein. Man setzt diese Eigenschaften hauptsächlich bei denen voraus, die einen hohen
Rang einnehmen, auf den sie sich etwas einbilden könnten...
Wenn aber alles um Sie herum sich bemüht, Ihnen von
Ihrer Persönlichkeit die höchste Meinung einzuflößen, dann,
mein Sohn, vergleichen Sie sich nicht mit geringeren Fürsten, als Sie selbst sind. Denken Sie eher an Männer der
vergangenen Jahrhunderte, die am meisten bewundert und
geachtet wurden ... Gehen Sie streng mit Ihren eigenen
Fehlern ins Gericht. Dann, mein Sohn, sind Sie wahrhaft
demütig. Handelt es sich jedoch um die Stellung, die Sie
in der Welt einnehmen, um die Rechte Ihres Thrones,
mit einem Wort um den König und nicht um den Menschen, dann seien Sie im Herzen wie mit dem Verstand so
stolz als Sie es vermögen. Schmälern Sie nicht den Ruhm
Ihrer Vorgänger oder die Zukunft Ihrer Nachfolger, denn
Sie sind nur der Verwalter dieses Ruhmes. In diesem Falle
würde Ihre Bescheidenheit Niedrigkeit bedeuten."
Ein König soll also nur im Interesse des Staates, dessen

erster Diener er ist, auf seine Krone stolz sein. Auf diesen Punkt kommt Ludwig immer wieder zurück. Hundertmal wiederholt er in seinem Tagebuch oder seinen Memoiren, daß ein Herrscher nur für den Staatsdienst da sei, ihm alles opfern müsse, seine Zeit, seine Zerstreuungen, seine liebsten Neigungen und, wenn es nötig ist, auch sein Leben! Das Wohl des Staates ist sein einziger Gedanke. Und mit dem Staat versteht er Frankreich, jenes Frankreich, das er so gut kennt, das er so genau studiert hat, das praktische, lebendige Frankreich mit seinen Bauern, Handwerkern, Adligen, Beamten, Priestern und Soldaten! In sein „Tagebuch" schreibt der König im März 1666 mit dem Gedanken an seine Untertanen, von denen er einen jeden an seinem angewiesenen Platz sieht: „Man muß sie alle lieben und überzeugt sein, daß ein jeder auf seine Weise uns dient. Niemals darf man Partei, sondern immer Richter und Vater für alle sein..." Unter den verschiedenen Ständen, die alle „zur Größe und Unterstützung der Monarchie beitragen", nimmt in seinen Augen der Landmann die erste Stelle ein. „Die Bauern sind von größerem Nutzen als die Soldaten, denn ohne sie könnten weder die Soldaten noch das übrige Volk existieren."

So wird diese, auf der Vernunft aufgebaute und eingerichtete Staatsregierung durch die Gerechtigkeit und väterliche Güte des Herrschers milder und menschlicher. Nachdem nun der äußerst menschliche Charakter der Regierung Ludwigs XIV. beleuchtet worden ist, kann man das Land ziemlich genau als einen weltlichen Gleichheitsstaat bezeichnen, — insofern hohe Geburt weniger gilt als persönliches Verdienst — einen auf Vernunft und Wissen aufgebauten Staat, der bestrebt ist, mehr und mehr die Schätze und Kräfte des Landes auszubeuten.

Sechzehntes Kapitel

DIE EINRICHTUNG DES MODERNEN FRANKREICHS

Die Reisen des Königs durch Frankreich. — Seine genaue Kenntnis aller Städte und Einrichtungen. — Die staatliche Ausbeutung Frankreichs. — Die Steuern. — Die »Taille«. — Die Lage der steuerbelasteten Landbevölkerung. — Des Königs Gleichheitssinn in der Besteuerung seines Volkes. — Der Widerstand des französischen Volkes gegen diese Maßnahme. — Die wahre Lage des »armen, bedrückten Volkes«. — Der Reichtum der Bauern. — Voltaires Meinung über die Zeit Ludwigs XIV. Die Universalität Ludwigs XIV.

LUDWIG XIV. WAR NICHT DER MANN, DER SICH DAMIT begnügte, theoretische Abhandlungen über die Regierung zu schreiben. Was ihn am meisten interessierte, war das Regieren selbst. Mit wahrer Begeisterung und außerordentlich gut leitete er seine Geschäfte und widmete sich ihnen ganz, sobald er nur konnte! Er war König von Frankreich in der ganzen Bedeutung und im weitesten Sinne des Wortes. Kein anderes Staatsoberhaupt kannte Frankreich so gut wie er. Solange er sich bewegen oder reiten konnte, hat er es kreuz und quer durchstreift, von Lille bis Perpignan, von Bordeaux bis Lyon, von Le Havre bis Straßburg. Und nicht etwa, wie unsere heutigen offiziellen Persönlichkeiten, als eiliger Reisender, der durch die Spiegelscheiben eines Salonwagens oder Automobils eine verwirrte und flüchtige Vorstellung von den Orten bekommt, die er durchreist. Nein, Ludwig XIV. reiste langsam, in kleinen Tagesmärschen oder -reisen, denn er wollte in seinem Königreich alles kennen lernen, alles sehen, sich von allem Rechenschaft ablegen. Er reiste fast immer zu Pferd und benutzte den Wagen nur, wenn er sehr müde oder krank war. Als unermüdlicher Jäger bis ins hohe Alter von 74 Jahren kannte er sein Ile-de-France und die zu den Domänen gehörigen Wälder von Rambouillet bis Vincennes und von Compiègne bis Fontainebleau auswendig. Er kannte die meisten Städte und sogar die Dörfer, denn er hatte sie fast alle passiert und sich manchmal sogar ziemlich lange darin aufgehalten. Er kannte die Herbergen an den Landstraßen, weil er oft dort gerastet und übernachtet hatte; die Fähren, Häfen und

255

Brücken der Flüsse, die er so oft überschritten und in denen er bisweilen gelandet war. Nicht nur wußte er, wer Bürgermeister von Aix oder Toulouse war, sondern er wußte sogar, wie der betreffende Magistratsbeamte aussah, kannte seine Verschrobenheiten, seine Schwächen und die Streitigkeiten, die er mit den Honoratioren der Stadt auszufechten hatte. Hier lag der Erzbischof mit seinem Domkapitel in Streit, dort war es das Parlament mit dem Schwurgericht. Und er begnügte sich nicht mit einem flüchtigen Überblick. Er unternahm wirkliche Studienreisen, wie im Winter 1659—1660 in die Provence. Ein andermal inspizierte er aufs genaueste seine Grenzen. 1678 besuchte er die lothringischen Städte und Festungen und reiste über Sézanne, Vitry-le-François, Bar-le-Duc, Commercy und zurück über Stenay und durch die Ardennen. Im Jahre 1680 Besuch der flämischen Städte und der ganzen Nordgrenze. 1681 Reise ins Elsaß; 1683 Aufenthalt in der Franche-Comté. Kurz, niemand, kein Generalstäbler kannte so genau wie er die Karte von Frankreich, besonders im Nordosten. Als er am Vorabend der Schlacht von Denain einen Rückzug hinter die Somme in Betracht zog und an Marschall de Villars schrieb: „Ich kenne diesen Fluß, er ist sehr schwer zu überschreiten", da prahlte er nicht, denn er hatte diese Erfahrung im Laufe seiner Feldzüge und seiner zahlreichen Reisen in die Picardie gemacht.

Der Mann, der Frankreich so genau kannte, beschäftigte sich sofort mit der inneren Einrichtung des Landes. Er hatte sich persönlich in nächster Nähe überzeugen können, was es am nötigsten brauchte und wie seine Schätze und Hilfsquellen am besten ausgenutzt werden konnten. Ebenso wie sein Minister Colbert wollte er es durch seine Arbeit und Industrie zu einem reichen, glücklichen Lande machen, aber die langen Kriege verhinderten ihn, sich der Ausführung dieser glänzenden Reformen und Neuerungen so zu widmen, wie er es gewünscht hätte. Um die verheerenden Kriege vierzig Jahre lang auszuhalten, brauchte er Geld und immer wieder Geld. Und so kam es, daß die Frage der staatlichen Ausbeutung schließlich seine größte innere Sorge wurde. Alles hing für ihn von der Einziehung der

MONTPENSIER

Stich von Peeter van Schuppen nach Gilbert de Sève

Steuern ab, und dieser grausamen Notwendigkeit wurde alles mehr oder weniger untergeordnet.

*

Noch heute ist man im allgemeinen der Meinung, daß unter Ludwig XIV. und unter dem Ancien Régime die Abgaben auf den Bauern und Handwerkern lasteten. Das hat indes nur Berechtigung in bezug auf die sogenannte „Taille", eine Steuer, die von jedem erhoben wurde, der nicht dem Adel oder der Geistlichkeit angehörte. Also eine rein bürgerliche Abgabe. Übrigens konnte es vorkommen, daß auch arme Edelleute davon betroffen wurden, wenn sie ihre Felder selbst bebauten. Es gab indes eine ganze Menge anderer Steuern, zu denen alle Klassen gezwungen waren. Nur wollen wir es heute in unserem unbesiegbaren Vorurteil nicht wissen, so sehr sind wir an die überlieferten Jeremiaden über das Schicksal des „armen Volkes" gewöhnt, des „armen Opferlammes", dem man das Fell über die Ohren zieht und es erwürgt! Unter dem alten Régime meinte man mit dem „armen Volke" den Bauern, wie heute den Arbeiter. Der Bauer, der auf Streu schläft, der in seiner Hütte halb verhungert, das Arbeitstier, aus dem der Reiche Millionen saugt, um seinem Luxus und seinen Ausschweifungen frönen zu können!
Gewiß trägt der Landarbeiter einen großen Teil zum Staatsbudget bei. Aber man vergißt, daß der Klerus ganz allein die Ausgaben für den Kultus, die Armenpflege und den Unterricht übernahm und auch sehr viel für die Künste tat, abgesehen von seiner freiwilligen Spende für den Staat, die sich auf mehrere Millionen belief. Der Adel aber trug zum großen Teil das Kriegsbudget und das Budget der auswärtigen Angelegenheiten. Ein Adliger, der sich ein Regiment kaufte, rüstete es vollständig aus und sorgte für seinen Unterhalt, außer wenn es Kriegsdienste tat. Wenn der König bisweilen seinen Gesandten Unterstützungsgelder zukommen ließ, so mußten sie doch alles aus ihrer Tasche bezahlen. Sie erhielten weder Repräsentationsgelder noch Reiseentschädigungen. Die Edelleute, die den Hof auf seinen Reisen begleiteten, reisten auf ihre eigene Rechnung.

257

Während der Reise Ludwigs XIV. nach Lyon, im Jahre 1658, war Fräulein von Montpensier über die hohen Ausgaben ganz bestürzt und unterließ nicht, laut darüber zu schimpfen, wie teuer sie die Ehre zu stehen komme, im Wagen Ihrer Majestät zu fahren.

Gewiß, die hohen geistlichen Würdenträger, die großen Benefiziaterben, die Prinzen von Geblüt und die Großen des Reiches, alle diejenigen, die reiche Apanagen, hohe Pensionen bezogen oder ein bedeutendes Einkommen besaßen, konnten bezahlen. Aber man bedenkt nicht, daß es neben diesen Bevorrechteten noch den klerikalen und adligen Plebs gab, der — um das auf die Bauern geprägte Wort zu gebrauchen — in seinen armseligen Pfarrhäusern und zerfallenen Schlössern „Hungers starb". Denn wenn der Adel nach Versailles kam, um vom König oder seinen Ministern eine Gunst zu erbitten, so geschah es, weil er nicht mehr auf seinen Schlössern leben konnte, die fast keine Lehnszinsen mehr erhielten. Das wußte der König alles sehr genau. Deshalb beschäftigte er sich schon sehr bald damit, jeden nach seinem Vermögen zu besteuern. Er war der Ansicht, daß der Klerus, trotz der freiwilligen Spende und trotz der öffentlichen Ausgaben, die er auf sich genommen hatte, nicht in dem Maße zu den Abgaben beitrug, wie er es hätte tun müssen. Im Jahre 1666 schon schrieb Ludwig XIV. in seinen Memoiren: „Ist es gerecht, daß der Adel seine Arbeitskraft und sein Blut zur Verteidigung des Vaterlandes hergibt und oft sein ganzes Vermögen zur Erhaltung eines ihm anvertrauten Amtes opfert, und das Volk ganz allein für die Ausgaben des Staates aufkommt, während die Geistlichkeit, die infolge ihres Standes weder die Gefahren der Krieges zu erleiden noch für Eleganz und Repräsentation oder für den Unterhalt einer Familie zu sorgen braucht, in ihrem Überfluß auch noch alle Vorteile des Staates genießt, ohne im geringsten zu den Bedürfnissen des Volkes beizutragen?" Die königliche Kritik ist ohne Frage übertrieben und ein wenig tendenziös, aber es ist sehr bezeichnend und merkwürdig, diesen Gleichheitsmonarchen nicht nur sein Gleichheitsprinzip auf die Steuern anwenden zu sehen, sondern auch wirtschaftliche Theorien aus seinem

Munde zu hören, die nicht weit von sozialistischen oder kommunistischen Ideen entfernt sind. „Die Könige sind die absoluten Herren und haben natürlich die freie und volle Verfügung über allen Besitz, sowohl über den weltlichen als auch geistlichen, um davon als weise Verwalter Gebrauch zu machen, wenn es die Bedürfnisse des Staates erfordern." Der Staat kann also mit dem Volksvermögen machen, was er will, und der einzelne Privatmann ist nur der Nutznießer. Infolgedessen steht es dem König frei, jeden so abzuschätzen, wie er es zum Wohle des Staates für nötig hält. Dieser Gedanke plagte Ludwig XIV. von Anfang seiner Regierung an, aber in der Praxis stieß er auf den heftigsten Widerstand. Als es indes die ungeheuren, sich mehr und mehr steigernden Ausgaben für den Krieg erforderten, belegte er doch die bevorrechtigten Klassen, den Adel und die Geistlichkeit mit der Kopfsteuer und einem Zehntel, was unserer heutigen Einkommensteuer gleichkommt. Diese gleichmäßig verteilte Steuer erregte in allen Kreisen des Volkes die größte Empörung. Wer sich nicht öffentlich widersetzte, betrog einfach den Fiskus oder befreite sich auf irgendeine Weise davon. Im großen und ganzen wollte niemand bezahlen. Wie gewöhnlich zeigten sich die Bauern am widerspenstigsten. Seit undenklichen Zeiten sah man nur in ihnen allein das „arme Volk", ein Gemeinplatz klerikaler und parlamentarischer Beredsamkeit, um das Mitleid der Könige mit diesen ewigen Hungerleidern zu erregen. Zu Anfang seiner Regierung hatte Ludwig XIV. beständig die Ohren voll von derartigen Klagen. Von Mitleid ergriffen und bestrebt „seinem Volke Erleichterungen zu schaffen", befahl er, die ‚Taille', die bürgerliche Steuer, herabzusetzen. Mit der Zeit jedoch, als er sich selbst mit eigenen Augen überzeugen, als er die Denkschriften und Berichte seines Finanzministers genau prüfen konnte, bildete er sich über die Armut seiner Untertanen eine eigene Meinung, die mehr mit der Wirklichkeit übereinstimmte. Er merkte sehr bald, daß alle, besonders aber die Landbevölkerung, ihre bedrängte Lage übertrieben, daß sich unter all diesen Klagen ganz persönliche und leicht zu erratende Hintergedanken verbargen. Die Intendanten oder Steuerverwalter, die die Steuern in den verschiedenen Teilen des Staates verteilten und einzogen, erhielten nämlich ein freiwilliges Geschenk von den Provinzen. Natürlich hatten sie das größte Interesse daran, die wirtschaftliche Lage ihrer Steuerbereiche so schwarz wie möglich auszumalen, damit die Regierung die Bewohner nicht allzu hoch besteuerte, wodurch ihre Aufgabe wesentlich erleichtert wurde. Anderseits hatten auch der Klerus und die großen Grundbesitzer das gleiche Interesse daran, daß der Fiskus ihre Lehnsleute, Zinsmänner und Pächter oder Pfarrkinder nicht allzusehr rupfte, wenn sie von ihnen ihren Zehnt und ihre Lehnszinsen erheben wollten. Daher die mehr oder weniger ernstgemeinte Schimpferei und Jammerei über das furchtbare Elend des Bauern, der von den Steuern bei lebendigem Leibe aufgefressen wird. Selbstverständlich ernährt er sich nur von Kleiebrot und Wasser oder von Wurzeln und Rüben, wenn er nicht so arm ist, daß er wie das Vieh Gras fressen muß. Kurz, auf dem Lande „starben die Leute damals wie die Fliegen". Jedes unserer historischen Handbücher betet andächtig alle die verbrauchten Redensarten des Beamtenstils nach, ohne sie einer Prüfung zu unterziehen oder auch nur eine vernünftige Bemerkung dazu zu machen. Denn zu jener Zeit und in allen Ländern können derartige Zustände festgestellt werden. Man darf sie nur nicht verallgemeinern. Das ist der große Fehler. Kürzlich erwähnte zum Beispiel ein Mitglied der Akademie in seiner Rede über die Verteilung der Tugendpreise die erschreckende Tatsache, daß ein kleines Mädchen auf der Schulbank vor Hunger ohnmächtig geworden wäre! — Man kann sich freuen, was die Michelets der Zukunft aus dieser aufregenden, noch dazu von einer offiziellen Persönlichkeit bestätigten Geschichte machen werden! Nebenbei sei übrigens bemerkt, daß man im siebzehnten Jahrhundert unter „Wurzeln" Gemüse verstand wie Rüben, Möhren, Runkelrüben und Kohlrüben! Aber ganz Frankreich ernährte sich nur von Wurzeln! Man hat wirklich keinen Grund, darüber traurig zu sein.

Ferner ist zu bemerken, daß die meisten dieser unheilvollen Phrasen, die man alten Verwaltungsdokumenten entnommen hat, sich auf anormale Zeiten und sehr weit voneinander ent-

fernt liegende Epochen bezogen: Auf Kriege und Hungers-
nöte. Die meisten haben auf die Jahre 1674, 1675 oder 1693,
1697 Bezug, ferner auf den strengen Winter von 1708 bis
1709, der die ganze Jahresernte zerstörte, oder auch auf
kritische Zeiten, in denen Frankreich vom Feind über-
schwemmt war und gegen mächtige Koalitionen zu kämpfen hatte. Bürgerkriege, wie die zur Zeit der Fronde, oder
auch die Aufstände in der Provinz bringen natürlich eine
Zunahme der Not und des Elends mit sich. Fügen wir hinzu, daß an diesem Elend die Faulheit, Trägheit und oft auch
der Schlendrian der Landbevölkerung und der Arbeiter in
den Städten schuld waren, was die Briefe Colberts zur Genüge beweisen. Im allgemeinen kann man jedoch behaupten,
daß jeder dieser trostlosen Tatsachen etwas Widersprechen-
des entgegen gestellt werden kann, was aber auch kein Beweis ist. Die venezianischen Gesandten sprechen oft von
der Armut der französischen Dörfer und von der Erschöpfung des armen Volkes. Das sind vereinbarte Stilformeln,
die sich in ihren Briefen jedes Jahr auf die gleiche Weise
wiederholen. Auch ihre bewundernden Reden über den
Reichtum Frankreichs, seinen Überfluß an Menschen, Geld
und Lebensmitteln sind Phrasen, Gemeinplätze. Seit Machiavelli, der ähnliche Berichte an die Hohen Herren der
Florentinischen Republik sandte, versteht es sich von selbst,
daß Frankreich „ein fettes, reiches Land" ist, in dem man
keine Not leidet, wo jeder von dem Ertrag seines Bodens lebt
und nichts auszugeben braucht. In seinen „Ritratti delle
cose della Francia" versichert er, die französischen Groß-
grundbesitzer besäßen Schlachtvieh, Geflügel, Fische und
Wild im Überfluß. „Der Bauer kann sein Korn nicht ver-
kaufen, weil jeder seiner Nachbarn das seinige auch ver-
kaufen will." Mit einem Wort, Frankreich weiß nicht wohin mit seinem Reichtum! Ein Jahrhundert später erzählt
uns der Italiener Locatelli in seinem Reisetagebuch fast
dieselbe Geschichte. Für ihn ist Frankreich das Land des
Überflusses, der Freude und der freien Sitten. Seine Reise
ist eine ununterbrochene Kette von Wohlleben und Vergnügen. Entweder waren es vorgefaßte Meinungen oder
auch nur einfach Eindrücke, die leicht zu widerlegen oder

durch widersprechende Berichte auszugleichen sind. Jedenfalls kann man daraus über den wirklichen Zustand des Landes und die Lage der Landbevölkerung keinen positiven Schluß ziehen, ebensowenig wie aus irgendeinem literarischen Erzeugnis oder aus einem Bild. Betrachtet man die nur zu oft zitierte Stelle aus La Bruyère über den Landmann und die nicht weniger berühmten Bilder der Lenäen, so hätte man, wie man sagt, ein wahrhaft erschütterndes Zeitdokument. Auf einem dieser Bilder jedoch — die mit Vorbedacht in der finsteren Manier des Spagnoletto gemalt sind — ist ein ländliches Mahl dargestellt: der Tisch ist mit einem weißen Tischtuch gedeckt, und man ißt Weißbrot und trinkt Wein. Der Familienvater, der die Mitte des Bildes einnimmt, hat nichts von dem „tierisch wilden" Ausdruck, von dem La Bruyère spricht. Mit seinem hageren, feinen Gesicht, dem ernsten und ein wenig traurigen Ausdruck seiner Augen stellt er einen sehr schönen Menschentypus dar, der dem damaligen Frankreich gewiß zur Ehre gereicht.

Aber das sind eben nur literarische oder künstlerische Eindrücke. Positiv war die Lage die: Schon zu Zeiten Ludwigs XIV. war der Grundbesitz sehr zerstückelt, und der „arme zugrunde gerichtete Bauer" war im Begriff, mit baren blanken Talern die ganze Scholle zu erwerben. Es gab Provinzen, wo die Landbevölkerung mehr als die Hälfte des Bodens besaß. Die Steuern sowohl wie die Lehnszinsen — die oft in einem Karpfen, ein paar Forellen, zwei fetten Kapaunen zu Weihnachten oder zu Ostern bestanden — sind maßlos übertrieben worden. Man hat berechnet, daß in einem Dorf der Dauphiné, im Jahre 1702, also zur ungünstigsten Zeit der Regierung Ludwigs XIV., ein Bauer für zweieinhalb Hektar Boden sechseinhalb Franken Steuern bezahlte. Verdoppelt man diese Summe für Provinzen wie Ile-de-France mit Paris als Hauptstadt, so ist das auch noch nicht ungeheuer. Übrigens kann man aus den Verzeichnissen der damaligen Landnotare ersehen, wie reich die Bauern in Wirklichkeit waren. Silbergerät war nichts Seltenes in ganz einfachen Haushalten. Locatelli ist erstaunt, in den gewöhnlichsten Herbergen silberne Bestecke zu finden, und gibt seiner Verwunderung Ausdruck, mit welchem Komfort die Bauernhütten eingerichtet seien. Er kommt vor Erstaunen nicht darüber hinweg, bei einer Händlerin in Joigny in dem von außen sehr schmutzig aussehenden Haus Wandteppiche und Malereien festzustellen und einen Tisch zu finden, der mit so feinem und weißem Linnen gedeckt war, daß ein Prinz sich daran niederlassen konnte."

Kurz, Voltaire wird wohl wie immer recht haben mit seiner Beobachtung, die man dem Wortschwall La Bruyères entgegenstellen könnte: „Die Klagen über die Not der Landwirte sind in allen Ländern an der Tagesordnung. Aber solche Gerüchte entstehen meist in den Köpfen reicher Müßiggänger, die mehr der Regierung schaden wollen, als daß sie das Volk bemitleiden... Es gehört nicht in das Gebiet der Geschichte, zu untersuchen, wieviel ein Volk Steuern bezahlen muß, ohne bedrückt zu werden. Aber die Geschichte soll beweisen, daß eine Stadt sich nicht in blühendem Wohlstand befinden kann, ohne von reichen Dörfern umgeben zu sein. Denn diese Dörfer ernähren sie... Und es liegt auf der Hand, daß Nahrungsmittel in solchem Überfluß nur durch die betriebsame Arbeit der Bauern geliefert werden können, die ihre Arbeit stets teuer bezahlt bekommen... Also haben die Klagen über das Elend der Landbevölkerung, die man jederzeit zu hören bekommt, ihre Bedeutung verloren. Übrigens unterscheidet man bei diesen Klagen nicht den Bauersmann und Pächter von dem Tagelöhner. Dieser lebt natürlich nur von seiner Hände Arbeit... Es gibt indes in der ganzen Welt kein Land, wo der Bauer und Pächter so wohlhabend wäre wie in einigen französischen Provinzen. Nur England kann ihm noch diesen Vorteil streitig machen."

Voltaire, der Gutsherr von Fernay, der selbst Grund und Boden besaß, kannte die Bauern genau und wußte sicher, was er sagte, als er die Schlußbetrachtungen zu seinem „Siècle de Louis XIV." niederschrieb.

Zweifellos war der König über diese Lage auf dem laufenden, ebenso wie er die Erpressungen und oft empörenden Ungerechtigkeiten kannte, die bei der Erhebung der Steuern vorkamen. Jedenfalls suchte er beständig die kleinen

Leute so viel wie möglich zu entlasten und die Ungerechtigkeiten wieder gutzumachen oder den Armen zu helfen. Als zum Beispiel ein gewisser Jean Berth „ein ausgezeichneter Arbeiter in der Tongrube“ von Versailles gestorben war, der eine Witwe mit vier Kindern hinterließ, schrieb der davon unterrichtete König sofort an Colbert: „Geben Sie der Witwe und den Kindern des verstorbenen Mannes etwas, der in der Tongrube von Versailles arbeitete — und ich bewillige ihnen das Heimfallsrecht.“

Dieser Zug ist wert unter tausenden erwähnt zu werden, weil Ludwig XIV. sich mitten im Krieg befand und viele Sorgen im Kopf hatte, als er das schrieb. Sein Brief ist datiert: „Im Lager vor Cambrai“. Saint-Simon erzählt, daß der König sich nur schwer dazu entschließen konnte, im Jahre 1710, im kritischsten Moment seiner Regierung, ein Zehntel als Steuer zu erheben. Länger als eine Woche quälte ihn dieser Gedanke so, daß seine Gesundheit darunter litt, und sein Wundarzt Maréchal besorgt war und ihn fragte, ob ihm etwas fehle. Da gestand ihm der König, nur der Gedanke, sein Volk mit höheren Steuern belasten zu müssen, ließe ihn „furchtbare Schmerzen erleiden“ und, um sein Gewissen zu beruhigen, habe er bereits darüber seinen Beichtvater zu Rate gezogen. Saint-Simon legt zwar diese Geschichte auf seine Weise aus und ist in seinem Haß gegen den Pater Tellier und die Jesuiten höchst ungerecht gegen den König; aber die bloße Tatsache beweist, daß Ludwig XIV. durch den Gedanken, eine neue Steuerauflage vornehmen zu müssen, krank wurde. Unsere heutigen Finanzminister sind nicht so feinfühlend.

In der letzten Zeit des Erbfolgekriegs stellte ihm seine Umgebung das Elend des Volkes in so schwarzen Farben dar, daß er nahe daran war, von seinen Feinden schmachvolle Bedingungen anzunehmen, nur um die Lasten der Armen zu erleichtern. Sein von Natur aus guter Charakter konnte ihn bei Gelegenheit zu so großmütigen Handlungen verleiten, seine Vernunft jedoch schrieb ihm ein anderes Verhalten vor. Denn schließlich brauchte er Geld, um die Kriege weiterzuführen, die für Frankreich zur Lebensfrage geworden waren. Ludwig XIV. widmete sich darum hauptsächlich dieser wesentlichsten Aufgabe, die von seiner Seite die größte Kraft erforderte. Denn es war — abgesehen davon, daß er Louvois die Initiative überließ — sein ganz persönliches Werk, jedenfalls dasjenige, das ihn am leidenschaftlichsten interessierte. Colbert beschäftigte sich hauptsächlich mit dem Innern, aber nicht, weil der König etwa keinen Geschmack an der Verwaltung und wirtschaftlichen Einrichtung des Landes gefunden hätte. Im Gegenteil, er setzte die höchste Ehre darein, und es machte ihm das größte Vergnügen, sich für alles in seiner königlichen Stellung zu interessieren. Als er in Dünkirchen die Flotte besichtigt und an den Flottenmanövern teilgenommen hatte, zeigte er plötzlich großen Eifer für die Marine. Zur selben Zeit besichtigte er auch die Manufakturen von Abbéville und Beauvais, und er war so begeistert davon, daß er die Arbeiterschaft zusammenberief und ihnen eine von Colbert inspirierte Rede hielt.

Selbstverständlich konnte er nicht alles selbst tun. Es war schon genug, daß er dazu beitrug, um den Reichtum und die Macht des Staates zu vergrößern. Denn als er starb, stand in großen Umrissen ein neues Frankreich da. Trotz allen Mißgeschicks besaß es eine Industrie, einen Handel, Kolonien, Häfen, eine Handelsmarine, die mit denen der anderen Länder konkurrieren konnte. Auch der Rahmen einer modernen Verwaltung war bereits gezeichnet. Sicherlich hätte Ludwig XIV. gern noch mehr getan, aber stärkere Mächte als sein Wille hinderten ihn daran. Er tat, wie er bescheiden bemerkt, sein Bestes!

Siebzehntes Kapitel

DER KÖNIG UND DAS GEISTIGE FRANKREICH

Die Geschlossenheit des Regierungsgedankens. – Des Königs Vorliebe für alles Geistige. – Die geistigen Beziehungen zu seinen Freundinnen. – Ludwig XIV. als Stil-
und Sprachkünstler. – Seine bedeutenden Vorleser. – Bossuet, Bourdaloue. – Molière
und Racine. – Ludwig XIV. und die Französische Akademie. – Der Empfang der
Mitglieder der Akademie in den königlichen Schlössern. – Ludwigs Esprit. – Er
schätzt die Gesellschaft gelehrter Männer. – Seine Freundschaft zu Racine und
Boileau. – Der Tod Racines. – Der Dünkel der Hofgesellschaft gegen die Literaten. –
Geist ist Macht. – Ludwig XIV. als Begründer der Auslandspropaganda.
Der König als Verbreiter fremder Sprachen in seinem Reiche.
Seine Vorliebe für das Theater.

IN DER INNEREN VERWALTUNG SEINES LANDES SOWOHL
als auch in den Kriegen war Ludwig XIV. auf beinahe un-
überwindliche Schwierigkeiten gestoßen. Im geistigen Frankreich hingegen trug er einen völligen Sieg davon. Hier gewann er wirklich die Schlacht glänzend. Nicht nur verstand
er, um seinen Thron Schriftsteller und Künstler zu scha-
ren, die seiner würdig waren und seinen größten Staatsmännern und Feldherren an die Seite gestellt werden konnten, sondern er verschaffte dem französischen Geist eine
bis dahin unbekannte Verbreitung und sicherte ihm während eines halben Jahrhunderts eine europäische und Welt-
hegemonie. Aus diesem Grunde brauchte man in einer
Geschichte seiner Regierung von einem gewissen Gesichtspunkte aus nur Wert auf die Literatur und den Fortschritt
der Wissenschaften zu legen. Man könnte die Kriege vergessen, und es gäbe gewiß keine verführerischere Geschichts-
methode als diese. Denn im geistigen Leben sind die Siege
gleichmäßiger und leichter als im praktischen Leben. Es
wäre indes unbesonnen, wollte man die Kriege Ludwigs XIV.
außer acht lassen, denn sie bedeuten das größte Opfer,
das der König und Frankreich zu jener Zeit brachten. Sie
bilden den Hauptteil seiner Regierung, und ohne sie, ohne
die Führung und ohne die vom König der Welt gegebene
Parole, hätte weder der französische Geist jenes Ansehen,
noch hätte die französische Literatur jene Sicherheit, jenen
Ton und Stil erlangt, der mit der Geschlossenheit des ganzen Regierungsgedankens Ludwigs XIV. Hand in Hand ging.

Vorerst muß energisch darauf hingewiesen werden, weil man das Gegenteil behauptet hat, daß Ludwig XIV. den Geist, die Literatur und die Literaten liebte — wenigstens die umgänglichen unter ihnen — und im allgemeinen die Männer der Wissenschaft und Philosophen. Sogar in der Liebe suchte er Geist. Wenn er sich in den häßlichen Schwarzkopf Maria Mancini verliebt, so ist es wegen ihrer hervorragenden lebhaften Intelligenz. Und daß er schließlich die La Vallière aufgibt, geschieht nur, weil sie weniger geistreich ist als Frau von Montespan. Sie wiederum, deren fetter Körper welk und schlaff geworden ist, die einen unerträglichen Charakter besitzt, trägt den Sieg über die jungen körperlichen Reize einer Fontanges davon, weil die Fontanges „dumm wie Bohnenstroh ist". Auch daß der erst Vierzigjährige und noch immer sehr leichtlebige König schließlich eine Neigungsehe mit der prüden Frau Scarron eingeht, geschieht, weil sie einen unglaublich geistigen Charme der Unterhaltung besitzt.

Er selbst zeigte seit seiner Jugend das größte Interesse für geistige Dinge. Mit Maria Mancini las er viel, besonders Romane, und versuchte sogar schlechte Verse zu machen. Er besaß ein angeborenes Sprach- und Stilgefühl. Freilich darf man nicht nach gewissen Stücken seiner Memoiren urteilen, denn die sind entweder von Pellisson oder vom Präsidenten von Périgny bearbeitet. Beide verleihen den königlichen Gedanken einen allzu gezwungenen, zurechtgestutzten und oft auch zu feierlich schulmeisterlichen Stil. Der richtige Ludwig XIV. ist lebhafter, liebenswürdiger und erinnert an die besten Stilisten seiner Zeit. Besonders aber besitzt er eine äußerst kultivierte Sprache. Er hat den Sinn für klare, präzise, kurze Satzbildung, hat immer das rechte Wort am rechten Platz als Gebieter, dem man ohne überflüssige Erörterungen gehorcht, als Diplomat, der den Wert des Ausdrucks in einem Vertrag kennt. Mehr noch als Boileau brachte er dem französischen Volk die Macht des Ausdrucks bei. Als Benserade in der Akademie den Präsidenten von Mesme empfing, lobte er in seiner Rede ganz besonders „das feine Sprachgefühl des Königs" und sagte: „Seine Majestät konnte ebensowenig ein falsch angewandtes

Wort vertragen wie einen Soldaten, der nicht an seinem richtigen Platz stand."

Dazu besaß Ludwig einen literarischen Geschmack und literarische Kenntnisse, von denen man sich keine Vorstellung macht, weil man nie darüber nachgedacht hat. Blindlings werden die Verleumdungen Saint-Simons nachgeplappert, der uns Ludwig XIV. als Analphabeten, als kulturlosen Menschen, der nie ein Buch liest, darstellt. Oder man faßt Aussprüche falsch auf, wie diesen: „Schon der Anblick eines Buches langweilt ihn", sagt Primi Visconti — „sogar die Bücher, die man ihm widmet, obgleich er es sehr gern hat, wenn man sie ihm schenkt. Der Marschall de La Feuillade sagte mir im Vertrauen, ich sei der einzige, bei dem der König eine Ausnahme gemacht und einige Seiten meiner ‚Relations sur la guerre de Hollande' gelesen habe." — Wenn man die ersten Worte des Satzes allein liest, ist man allerdings versucht, wie Saint-Simon zu urteilen, daß es für Ludwig XIV. nichts Schrecklicheres gab als ein Buch. Aber Primi Visconti schrieb diese Sätze nur, um die große Ehre hervorzuheben, die Seine Majestät ihm damit bewies, daß er mit seinen eigenen königlichen Augen den Bericht eines Ausländers las. In Wahrheit las Ludwig XIV. mit den Augen seiner angestellten Vorleser, und als freiwillige Vorleser hatte er die genialsten Männer seiner Zeit. Das ist auch Primi Visconti gezwungen anzuerkennen, indem er sagt: „Weil er so viele Predigten, Gedichte und Reden anhören muß und man ihm die ihm gewidmeten Bücher alle vorliest, ermüdet es ihn, selbst zu lesen..." Schon dadurch, daß er täglich mehrere Stunden lang persönlich Stöße von Rapporten, Briefen und Depeschen lesen mußte, wurde er müde. Wie soll man da von dem armen großen König verlangen, daß er auch noch zur Erholung nach all dem Geschwätz sich in irgendwelchen Schmöker vertieft. Wenn er Lust hatte, meist aber wenn er keine Lust hatte, las man ihm etwas vor. Er bediente sich der Augen anderer, um seine von den Kabinettssitzungen, die fast den ganzen Tag in Anspruch nahmen, überarbeiteten Augen zu schonen. Man vergißt, daß er teils aus Pflichtgefühl, teils aber auch aus eigenem Interesse durch das Gehör fast die ganze Zeitliteratur in sich aufnahm, von der heute nur noch ein kleiner Teil vorhanden ist, und die jedenfalls viel mehr Bände umfaßte als die Bücher, die wir heute zu den Klassikern zählen. Er hörte Theaterstücke, Predigten, Leichenreden, Gedichte und Ansprachen. Für ihn und vor ihm predigten Bossuet und Bourdaloue. Molière schrieb für ihn und spielte vor ihm. „Esther" und „Athalie" sind ganz besonders zu seinem Vergnügen und zu seinem Ruhme entstanden. Racine war sein Vorleser und Kommentator. Wer von uns hat je eine solche literarische Erziehung genossen, besonders eine so allesumfassende, fortlaufende und lebendige? Man bedenke nur, was es bedeutete, wenn Racine selbst eins seiner Stücke vorlas und auslegte! Man kann daher ohne Übertreibung behaupten, daß niemand die Literatur des Jahrhunderts Ludwigs XIV. besser gekannt hat als Ludwig XIV. selbst.

Niemals verfehlte er eine Gelegenheit, seine besondere Achtung den schönen geistigen Wissenschaften wie überhaupt der Kunst im allgemeinen und allen geistigen Dingen zu beweisen. Kein modernes Staatsoberhaupt hat die französische Akademie so auszeichnend behandelt wie dieser absolute Herrscher. Nach dem Tode des Kanzlers Séguier betrachtete es Ludwig als besondere Ehre, ihr offizieller Schirmherr zu sein, gleichzeitig aber lag ihm auch aus leicht zu erratenden politischen Gründen viel daran. Um indes auch nur den leisesten Schein von tyrannischem Zwang zu vermeiden, war er so geschickt, sich den Titel „Schirmherr" von den Mitgliedern der Akademie selbst anbieten zu lassen. Er richtet ihnen ihren Sitzungssaal in seinem eigenen Schlosse, im Louvre ein, während Colbert vorschlug, sie in die königliche Bibliothek zu verweisen, weil das bequemer sei. Am Rande des Briefes, den der Minister deshalb an den König schrieb, vermerkte Ludwig handschriftlich: „Die Akademie soll im Louvre ihre Sitzungen abhalten. Ich halte es für besser, wenn es auch nicht so bequem ist."

Um schließlich zu beweisen, welche Bedeutung er dem ganzen Ereignis beimaß, empfing er die Mitglieder der Akademie feierlich in Versailles und wünschte, wie Pellisson in seiner „Geschichte der französischen Akademie" vermerkt,

„daß auch der Dauphin bei einer für die schönen Wissenschaften so ehrenvollen Gelegenheit" zugegen sei. Der König ließ sich alle Namen derjenigen Mitglieder nennen, die er noch nicht kannte, und sagte zu Colbert, der auch mit dabei war: „Lassen Sie mich bitte wissen, was ich für die Herren tun kann." Dann befahl er, daß zu allen Vorstellungen am Hofe auch sechs Plätze für die Mitglieder der Akademie reserviert würden. Ferner ließ er bei dieser Gelegenheit eine Medaille prägen mit der Devise „Apollo palatinus". Auf der Rückseite stand: „Academia gallica intra regiam excerpta MDCLXXII". In dem großen Aufgang, der sogenannten „Gesandtentreppe", der dazu bestimmt war, alle Bilder, auf denen die Siege der Regierung Ludwigs XIV. verewigt waren, zu vereinigen, brachte man auch einen Fries an, worauf der König dargestellt war, wie er die Mitglieder der Akademie empfängt. Es war das Gegenstück zu den Bildern „Rheinübergang" und „Das erniedrigte Spanien", ein Beweis, daß Ludwig XIV. die schöngeistigen Wissenschaften ebenso hochstellte wie die Siege seiner Waffen.

Später, als die Akademie eine neue Ausgabe ihres „Dictionnaire" herausgab, wurden die Mitglieder nicht weniger feierlich in Fontainebleau empfangen. „Herr von Toureil", schrieb Racine an seinen Freund Boileau, „hat dem König, der Königin von England, dem Dauphin und den Ministern hier das ‚Dictionnaire‘ der Akademie vorgelegt." — Ein andermal verbrachten die Mitglieder der Akademie einen ganzen Tag am Hofe. „Nach der Messe des Königs", erzählt Bussy-Rabutin, „gingen wir unser zwölf ohne Rangordnung zum öffentlichen Diner Seiner Majestät. Der König hielt kleine Tafel, an der der Herzog von Orléans, der Prinz von Conti, Herr von Vendôme, der Herzog von Roquelaure, der Graf von Gramont und der Erzbischof teilnahmen. Plötzlich sagte der König zu Herrn von Vendôme: ‚Sie, mein Herr, der Sie soviel Geist besitzen, sollten eigentlich auch daran denken, in die Akademie aufgenommen zu werden.' — ‚Ich habe gar keinen Geist, Sire, aber vielleicht macht man mit mir eine Ausnahme, und übrigens glaube ich gar nicht, daß man soviel dazu nötig hat.' — ‚Wieso nicht nötig ha-

ben? — Hören Sie es, Herr Erzbischof, Herr von Bussy und
alle anwesenden Herren, man braucht keinen Geist.' —
Darauf sprach man von Rednern, und wie schwierig es sei,
eine gute Rede zu halten.... Die Unterhaltung dauerte so
lange, als der König speiste. Darauf begaben wir uns — der
Erzbischof, ich und noch zehn Mitglieder der Akademie —
an die Marschallstafel zum Essen, und der König empfahl
Livry, uns ganz besondere Leckerbissen vorzusetzen. Wir
saßen sechs Stunden zu Tisch und vergaßen nicht, öfter
auf das Wohl des Schirmherrn der Akademie zu trinken."
Es handelte sich bei Ludwig XIV. nicht darum, einer gelehrten Körperschaft seine Protektion mit einer gewissen
Herablassung zu bewilligen, sondern er tat es wirklich gern.
Er schätzte die Gesellschaft literarisch gebildeter Männer,
nur mußten sie umgänglich sein. Auf die Gesellschaft des
guten Corneille oder La Fontaines mußte er freilich verzichten, denn beide waren unfähig, ein Wort herauszubringen und außerdem „in ihrer Kleidung außerordentlich
schmutzig und ungepflegt". Aber die ganz besondere Freundschaft Ludwigs XIV. für die größten Schriftsteller seiner
Zeit, wie Molière, Racine, Boileau, Bossuet usw., ist bekannt;
Bossuet ein rechtgläubiger Monarchist, Molière hingegen
ein Unabhängiger, vielleicht sogar ein Freidenker, Racine
und Boileau zwei Jansenisten, zwei Männer von der Opposition, wie wir heute sagen würden. Und dennoch waren
gerade Racine und Boileau seine Günstlinge. Er behandelte
sie ganz freundschaftlich, interessierte sich zweifellos für
ihre Werke, aber auch für ihre persönlichen Angelegenheiten und ihr körperliches Wohlergehen. Als Boileau genötigt war, die Bäder von Bourbon zu gebrauchen, schrieb
ihm Racine aus Paris: „Der König fragte mich vor drei
Tagen beim Diner, wie es Ihrer erloschenen Stimme ginge.
Ich sagte ihm, Sie befänden sich in Bourbon. Monsieur er-
griff sogleich das Wort und richtete darüber tausend Fragen an mich, ebenso Madame. Kurz, Sie waren während der
Hälfte des Diners der Gesprächsstoff. Am andern Tag begegnete ich Herrn von Louvois, der mich ebenfalls sehr
gütig nach Ihnen befragte und wörtlich sagte: es tue ihm
leid, daß es so lange dauere." — Man muß es schon dem

Könige hoch anrechnen, daß er zwei einfachen Literaten so große Freundschaft bewies, die aus ihren Beziehungen zum Port-Royal kein Hehl machten und öffentlich und ungeniert Verbannte lobten wie Arnauld. Man hat behauptet, diese Beziehungen seien schließlich auch der Grund zur Ungnade Racines gewesen, andere wieder schieben diese Ungnade einer Denkschrift zu, die Racine „über das Elend des Volkes" schrieb. Sie habe des Königs Zorn herausgefordert. Heute ist jedoch einwandfrei festgestellt, daß diese Denkschrift nie geschrieben wurde und Racine nie in Ungnade fiel. Es trat höchstens von seiten des Königs eine leichte Erkaltung gegen Racine ein, der in den letzten Jahren ren seines Lebens sich etwas unbedachte jansenistische Kundgebungen zuschulden kommen ließ. Niemals wurde jedoch der Dichter, der Kammerjunker am Hofe war, auch nur einen Augenblick aus der Umgebung des Königs entfernt. Bis zuletzt war er bei allen Festen in Marly dabei. Während seiner letzten Krankheit erkundigte sich der König stets mit größter Besorgnis nach ihm. Und als Racine tot war, sagte Ludwig zu dem alten, stocktauben, gebrechlichen Boileau: „Wir haben beide viel verloren durch den Tod des armen Racine". Wenn man bedenkt, wie ängstlich der König alle Gemütsbewegungen zu verbergen suchte und wie zurückhaltend er in seinen Ausdrücken war, findet man vielleicht, daß er, abgesehen beim Tode seiner Mutter, niemals etwas Rührenderes gesagt hat als diese einfachen Worte. Und sie wurden nicht etwa nur so hingeworfen, um sein Gewissen zu beruhigen. „Die Unterhaltung währte", berichtet ein Freund Boileaus, „länger als eine Stunde." Zweifellos wurde in dieser Stunde davon gesprochen, wer der Nachfolger Racines als Historiograph des Königs werden sollte, aber man sprach auch von dem Toten selbst. Und wiederum gereicht es dem König zur besonderen Ehre, daß er sich die Mühe nahm, mit dem alten tauben Manne zu sprechen, dem man die Worte in die Ohren schreien mußte.

Dazu kam, daß die den schönen Wissenschaften und den Schriftstellern vom König erwiesene Achtung etwas Neues war und bei einer Menge hoher Persönlichkeiten Anstoß

Jean Baptiste Colbert
Secretaire et Ministre d'Estat

Jac. Lubin sculp.

COLBERT

Stich von Jacques Lubin

erregte. Auch darin also war Ludwig XIV. als moderner Herrscher seinem Jahrhundert voraus. Primi Visconti ist empört, wie wenig Achtung man in der Hofgesellschaft den Schriftstellern entgegenbringt. „In Frankreich", sagt er, „achtet man nur militärische Titel und Verdienste. Die Verdienste geistig Schaffender und anderer werden mißachtet, und man betrachtet einen Mann aus vornehmem Stand, der schreibt, als minderwertig. Ich weiß, daß die Herren von Urfé sich eines ihrer Ahnen, Honoré d'Urfés, schämen, weil er die ‚Astrée' geschrieben hat." — Bussy-Rabutin, der Typus des schönen Kavallerieoffiziers, hatte für Leute wie Racine und Boileau nur Verachtung übrig. „Diese kleinen Leute", „diese Leute" nannte er sie und wunderte sich, daß der König sie in Versailles empfing. Einmal wollte er sogar Boileau mit dem Stock verprügeln, weil der sich mit ihm einen Scherz erlaubt hatte, den Bussy beleidigend fand. Ein andermal entschlüpfte dem akademischen Krautjunker das wahrhaft geckenhaft-naive Geständnis: „Die Akademie füllt sich allmählich mit Männern von Stand. Immerhin sollte man auch einige Gelehrte und Schriftsteller drin lassen, und wäre es auch nur, um das ‚Dictionnaire' zu vollenden und wegen ihres ausdauernden Fleißes, den Leute wie wir bei dieser Gelegenheit nicht aufzubringen vermögen." — Ist das nicht herrlich! Ludwig XIV. zeigte sich „diesen Herren von der Akademie" gegenüber nicht so verachtend grandseigneurmäßig, wie es jene Landedelleute taten.

*

Es ist also sicher, daß Ludwig XIV. die Literatur und die Literaten liebte und beiden die gebührende Achtung und Ehrfurcht erwies. Ebenso sicher ist es aber auch, daß er sie wie ein König liebte, als Mensch des siebzehnten Jahrhunderts, und nicht wie ein Dilettant oder Ästhet des zwanzigsten Jahrhunderts. Er war überzeugt, daß Geist Macht bedeutet — und zwar eine große Macht — und er hält es daher für seine Pflicht, diese Macht dem Staate nutzbar, sie der Öffentlichkeit zugänglich zu machen, aber auch zu verhindern, daß sie schadet. Ferner ist er von der ungeheueren Wichtigkeit

der Meinung der Welt überzeugt. Er beschäftigt sich daher
sofort mit der Organisation eines literarischen Zeitungs-
dienstes. Lange vor dem heutigen Deutschland hat er die
Propaganda im Ausland erfunden. Um seine Kriege vorzubereiten und zu unterstützen, hat er die europäische Meinung durch einen Pressefeldzug, wie wir es heute nennen
würden, bearbeiten lassen. Jedenfalls war es seine Absicht,
daß das Ausland von Frankreich jederzeit die höchste Meinung hatte. Daher sein System, den Schriftstellern und
Gelehrten aller europäischen Länder — Hollands, Deutsch-
lands, Englands, Italiens — Pensionen auszusetzen und Geschenke zu machen. Das Werk echt französischer Ver-
führungskunst wurde indes äußerst diskret und liebenswürdig gehandhabt. Man verlangte von dem Beschenkten
nichts weiter, als daß er von dem Allerchristlichsten König Gutes dachte 'und es bei Gelegenheit aussprach. Übrigens überhäufte ihn das Ausland sowieso mit den größten
Schmeicheleien. In der Villa Medici in Rom gibt es eine
Statue, die Ludwig XIV. als römischen Kaiser, mit dem einen Fuß auf dem Erdball stehend, darstellt. Es ist das Werk
eines italienischen Meisters, der zur Zeit Berninis lebte. Kein
Franzose würde jemals eine solche Lobhudelei gewagt haben.
Literatur und Kunst sollen also im Dienste des Staates ste-
hen. Unter Ludwig XIV. wird die französische Sprache ein
Werkzeug der Eroberung und Macht. In den neuerworbenen
Provinzen Roussillon, Franche-Comté, in Flandern und im
Elsaß ist es seine erste Sorge, Schulen einzurichten und
seinen neuen Untertanen Französisch beizubringen. In den
Jesuiten findet er hervorragende Vermittler des französischen Geistes. In Straßburg, Perpignan, Gray, Bethune,
Arras und andernorts waren ihre Seminare und Lehranstal-
ten wahre Vorposten französischer Kultur. Aber der König
gestattete nicht, daß die fremden Sprachen zugunsten der
französischen vernachlässigt wurden. Zu keiner Zeit sprach
man in Frankreich besser Italienisch und Spanisch als unter
seiner Regierung. Seit 1670, als der Vorstoß an den Rhein
begann, lernte man fleißig Deutsch. Racine fordert seinen Sohn, der Gesandtschaftsattaché im Haag ist, dringend auf, Deutsch zu lernen. Die Sprache selbst soll dem

König und dem Staat dienen. Racine drückt das in einer Rede der Akademie sehr deutlich in dem Schlußsatz aus, der uns um so mehr zu denken gibt, als er uns eine für unser Empfinden völlig fremde Denkungsweise offenbart: „Jedes Wort der Sprache", sagt der große Dichter der ‚Phädra' und der ‚Athalie', „jede Silbe erscheint uns kostbar, weil wir sie als Werkzeug zum Ruhme unseres hohen Schirmherrn gebrauchen." Die meisten Dichter und Schriftsteller jener Zeit sind seiner Lehre gefolgt und haben sich ihr mit einem gewissen Stolz und mit freudigem Patriotismus unterworfen. Sie waren wie Ludwig XIV. selbst überzeugt, daß sie auf der Welt waren, um der Öffentlichkeit zu dienen. Ihre persönlichen und innersten Gefühle kümmern sie wenig. Die Hauptsache ist, dem Publikum nützliche Wahrheiten zu sagen. Der Ruhm des Königs ist auch der Ruhm Frankreichs. Da Ludwig XIV. besonders Dinge beschäftigen, die zur Größe und zum Gedeihen des Staates nötig sind, so fühlen und denken auch die Angesehensten seiner Untertanen das gleiche. Er wird zum Universalhelden in Gedichten und Reden, im Schauspiel und Lustspiel und in Romanen. Er ist der Heldentypus des klassischen Zeitalters! Und die Schriftsteller und Künstler erniedrigen sich durch diesen Heroenkult durchaus nicht. Im Gegenteil, ihr Ruhm und ihre persönliche Würde werden dadurch gehoben. Aus Racine machte Ludwig XIV. einen Kammerjunker, was eine sehr hohe Ehre bedeutete. Ferner stellte er ihm im Schloß von Versailles eine Wohnung zur Verfügung, eine Gunst, um die Racine fast noch mehr beneidet wurde als um seinen Titel. Wenn der König von ihm spricht, nennt er ihn nur „den großen Dichter". Madame de Maintenon aber nennt ihn gar „den göttlichen Poeten". Auf der von Colbert im Jahre 1663 aufgestellten Pensionsliste wird Corneille „der erste Dramatiker der Welt" genannt — genau wie Ludwig XIV. in den Augen seines Volkes und in den Augen der fremden Völker „der größte König der Welt" ist. Nun darf man sich allerdings auch nicht allzusehr in den Gedanken vertiefen, daß Literatur, Kunst und Wissenschaft *nur* dem Staatsinteresse dienten, denn man muß ja nicht glauben, Ludwig XIV. habe sie einzig als öffentliche und staatliche Funktion betrachtet. Er liebte und genoß sie aufrichtig um ihrer selbst willen — redlich, schlechtweg als gebildeter Mensch seiner Zeit. Außerordentlich liebte er das Theater und beschäftigte sich mit dem Aufbau eines Stückes, der Inszenierung und der Rollenverteilung, als wäre er ein von seinem Beruf leidenschaftlich besessener Impresario. Vor allem liebte er Opern und Konzerte.

Neben den vielen Arbeiten fand er noch Zeit, sich die letzten Neuerscheinungen, wie wir es heute nennen, eine Antrittsrede in der Akademie, eine Ode, ein Gedicht, ein Trauer- oder ein Lustspiel vorlesen zu lassen. „Mein Vater wurde beauftragt," sagt Ludwig Racine, „dem König die letzten drei Kapitel Boileaus vorzulesen, der die Gewohnheit hatte, Seiner Majestät selbst alle seine Werke persönlich vorzutragen..." In der Tat, welcher Monarch, welcher Präsident, welcher Minister hat jemals einem Schriftsteller ein so schmeichelhaftes Interesse entgegengebracht? Ludwig XIV. war beinahe fünfzig Jahre lang der offizielle Schirmherr der Französischen Akademie; er verdient, daß er auch für die Nachwelt der große Schutzheilige der französischen Literatur und Wissenschaft bleibt.

Achtzehntes Kapitel

DER ALLERCHRISTLICHSTE

Die Trennung der staatlichen und kirchlichen Interessen unter seiner Regierung. –
Sein Verhalten in allen Religionsstreitigkeiten während seiner Herrschaft. – Die Aufhebung des Ediktes von Nantes. – Seine Irrtümer. – Die Religiosität der Franzosen
zu jener Zeit. – Ludwigs XIV. Frömmigkeit. – Seine religiösen Kenntnisse. –
Seine letzten Augenblicke. – Er stirbt als Christ und König.

NACHDEM WIR NUN NAHEZU ALLE GEBIETE ERSCHÖPFT
haben, denen er entweder seine unerhörte Tätigkeit oder
das Beste seines Geistes und seines Charakters zur Verfügung stellte, erscheint er uns als ein völlig außergewöhn-
licher Herrschertypus, als die vollkommenste Geistesschöpfung überhaupt, als das unübertroffene Sinnbild der voll-
endeten Königswürde. Kein französischer Schriftsteller, kein
Gelehrter, kein Feldherr hat Frankreich zu so hohem Ansehen und so großem Ruhme in der Welt verholfen wie
er. Ihm ist es zu verdanken, daß Frankreich in der Geschichte so glänzend dasteht wie nie zuvor. Seine Vorgänger sind entweder sehr sparsame Leute mit kleinbürger-
lichem Auftreten gewesen, oder sie waren ungeheuer pracht-
liebend und verschwenderisch; aber eben nur das. Ludwig XIV. hingegen hat den Franzosen gleichzeitig Lebens-
ernst, würdevolle Verschwendung und Großzügigkeit beigebracht. Er hat Frankreich von oben zu unterst gekehrt,
überall Ordnung geschaffen, hat dem Lande Schönheit verliehen, und das alles in Ruhm und Ehren.
In seiner aufbauenden Leidenschaft hätte er gern alles dem
Ideal untergeordnet, das er sich von einem Staate bildete.
Sogar das ganze geistige Leben zog er mit hinein. Und
auch die Religion wollte er dem Staatsideal unterordnen,
wenigstens im Anfang seiner Regierung. Religiosität ist
indes von allen geistigen Mächten am schwersten zu unter-
jochen. Das merkte der Autokrat Ludwig XIV. sehr bald.
Und anstatt die Religion seiner Politik zu unterwerfen,
beugte er sich schließlich selbst unter ihrem Joch. Der
Allerchristlichste fand nicht nur in den schwersten Stunden
seines Lebens im Glauben seiner Väter den stärksten Halt,

sondern er bekam dadurch erst die höchste Vollendung und Schönheit seines Herrschertyps.

Der Leser hat vielleicht bemerkt, daß in Versailles die Kapelle sich sozusagen abseits vom Hauptgebäude des Schlosses befindet. Das rief seinerzeit die allgemeine Entrüstung der Spanier hervor, die gewöhnt waren, in ihren Königsschlössern die Kapellen in den Mittelpunkt des Bauplanes zu setzen, als Hauptteil des Gebäudes. Denn Seine Katholische Majestät ist nur der Vertreter der Majestät Gottes; der wahre Bewohner der Kirche ist der allmächtige Gott allein. Vor allem wohnt Gott darin, dann erst der König. Die Kapelle von Versailles hingegen — besonders in ihrer ursprünglichen Form mit dem Kreuz auf dem durchbrochenen Türmchen — beherrscht von ihrer Höhe herab das ganze Schloß. Auch das war gewollt, wie der Platz, den man für das Gotteshaus ausgesucht hatte. Es liegt darin ein Symbol, das sehr zum Verständnis des Verhaltens des Allerchristlichsten Königs beiträgt.

Sein und seiner gallikanischen Berater Colbert und Le Tellier Hauptaugenmerk war darauf gerichtet, das Weltliche vom Geistlichen zu trennen, zwei gleichlaufende Dinge, die sich zwar im Absoluten vereinen, nimmermehr aber im Praktischen verschmolzen werden dürfen. Wie die Kapelle in Versailles abseits vom Schlosse steht, so sind auch die religiösen Interessen von den weltlichen Angelegenheiten des Staates getrennt. Ludwig XIV. litt keinerlei klerikale Einmischung in die Politik Frankreichs, weder von seiten des Papstes noch von seiten der Bischöfe oder Vorsteher religiöser Orden. Keiner hat die Rechte des weltlichen Staates so verteidigt wie er. Keiner hat mit dem Heiligen Vater eine so energische Sprache geredet wie er. Im Jahre 1662, in der berühmten Affäre wegen der „Korsischen Garde" schrieb er an den Papst Alexander VII., der übrigens ganz österreichisch gesinnt war und Frankreich hartnäckigen Widerstand entgegensetzte: „Wir haben Herrn von Bourlemont, beisitzendem Rat der Rota, befohlen, von Eurer Heiligkeit zu erfahren, ob Sie billigen, was dieses zügellose Kriegsvolk getan hat, oder ob Eure Heiligkeit gesonnen ist, uns eine der Größe der Beleidigung entspre-

chende Genugtuung zu geben. Es ist dadurch das Völker-
recht nicht nur verletzt, sondern völlig über den Haufen
geworfen worden. Wir bitten Eure Heiligkeit um nichts.
Es ist Ihnen so zur Gewohnheit geworden, Uns alles ab-
zuschlagen und Unserer Person und Unserem Thron eine
so große Abneigung entgegenzubringen, daß es besser ist,
es der Einsicht Eurer Heiligkeit selbst zu überlassen, wie
Sie sich zu entscheiden gedenken, und danach werden Wir
Uns richten."
Der aber, der eine so stolze Sprache führt, nennt sich selbst
den „Allerchristlichsten König", den „Ältesten der Kirche".
Und darunter versteht er nicht nur leere Titel, sondern er
will, daß ganz Frankreich so christlich sei wie er selbst. Die
Religion ist ein Gut. In seinem Innern fühlt er sich daher
verpflichtet, alle seine Untertanen daran teilhaftig werden
zu lassen. Sie ist seine größte Sorge, wie auch das Kreuz
der Kapelle in Versailles alles überragt. Aber Frankreich
soll nicht wie ein Kloster geleitet werden. Nein, das will er
nicht. Die geistliche Macht darf nicht die weltliche Macht
an sich reißen oder in Schach halten. Vollkommenes Chri-
stentum ist eine ganz individuelle Angelegenheit. Für Mönche und Kleriker in Klöstern und Kirchen oder für das ge-
heimste Innere der Frommen mag es gut sein, ganz nach
den Vorschriften der Religion zu leben, aber man versuche nicht, jene strikten Vorschriften dem ganzen Christen-
volke aufzuerlegen. Denn dadurch erzieht man es nur gegen die Kirche. Der Himmel darf nicht allzu schwer auf
der Erde lasten. Von dem Augenblick an, da wir in die
Welt gesetzt worden sind, um zu leben, bedeutet es unendlich viel, daß das irdische Leben nicht durch die Sorge
um das Leben im Jenseits unmöglich gemacht werde, und,
was speziell Frankreich betrifft, daß die Interessen der Kirche nicht zu schroff gegen die Staatsinteressen sind.
Das waren, so scheint es, die Grundgedanken des Königs
und seiner Minister, wenigstens zu Beginn der Regierung.
Er widersetzt sich der tyrannischen Macht der Kirche. Daher sein Verhalten gegen die Inquisition. In Gegenden, wo
sie noch bestand, war er sofort eifrig bemüht, sie zu unterdrücken, trotz des heftigen Widerstandes des Heiligen

Stuhls und der dabei Interessierten. Und es ist ihm tatsächlich gelungen, sie aufzuheben.

Was er aber vor allem verhindern will, ist, daß die Religion dem Staatsinteresse schadet. Seine Feinde haben sowohl ihm als auch dem Kardinal Mazarin vorgeworfen, sie führten eine ganz heidnische Politik. In Wahrheit glaubte er jedoch, seine Gegner mit ihren eigenen Waffen zu schlagen, denn sie waren sehr wenig christlich. Seiner Ansicht nach konnte er gar nicht anders handeln in der Stellung, die ihm Gott verliehen hatte. Als König von Frankreich war es seine oberste Pflicht, die Staatsgeschäfte gut zu führen. Als Allerchristlichster König glaubte er, Frankreich als der allerchristlichsten Nation dienen, heiße Gott und der Kirche dienen.

*

Auf diese Weise erklärt sich sein ganzes Verhalten in den Religionsfragen während seiner Regierung: im Hoheitsrecht, in der Erklärung der gallikanischen Kirchenrechte, in der Aufhebung des Edikts von Nantes, im Jansenismus und im Quietismus. Im Prinzip zum mindesten versagte er sich jedes Eindringen in das Gebiet der Kirche. Allein vom politischen Standpunkt aus beurteilt er alle diese Fragen – als König von Frankreich, nicht als Theologe! Gleichzeitig mit dem Staatsinteresse verteidigt er die Autorität seiner weltlichen Macht. In den Protestanten, Jansenisten und Quietisten sieht er vor allem Feinde des Staates, geheime Verbindungen und Sekten, die, unter dem Deckmantel religiöser Interessen, Uneinigkeit im Reiche säen oder es in den Augen des Feindes schwächen. Ludwig XIV. ist nur allzu sehr überzeugt, daß die Leute von Port-Royal ebenso wie die Hugenotten gegen die monarchische Regierung Gedanken hegen, die sehr wenig mit dem Ideal der absoluten Herrschaft übereinstimmen, welche der König einzuführen gedenkt. Daß die Hugenotten selbst in den ruhigsten und unterworfensten Epochen ihrer Geschichte immer des Einverständnisses mit dem Ausland verdächtig waren, ist sicher. Hundertmal vor der Aufhebung des Ediktes von Nantes hatten sie die Hilfe der Feinde Frankreichs in Anspruch

genommen. Mit den Spaniern und Engländern hatten sie
Unterhandlungen angeknüpft und gemeinsam mit ihnen
versucht, Frankreich zu zerstückeln. Und nach der Aufhebung begannen sie von neuem. Sowohl die Holländer
als auch die Engländer und die Republik Genf kamen ihnen zu Hilfe. Während des Spanischen Erbfolgekriegs sah
Frankreich beinahe seine Südprovinzen einem Einfall der
Engländer preisgegeben. Sie gingen ganz ähnlich vor wie
seinerzeit die französischen Prinzen und die Großen des
Reichs während der Fronde. Es waren alles Rückständige
aus dem Mittelalter, die Kasten- und Sektengeist höher be-
werteten als das Interesse des Staates. Ihnen war der Gedanke des modernen Patriotismus nicht aufgegangen, so
wie ihn der König auffaßte, nämlich, daß der Staat, das
Vaterland über allen stehen sollen!

Es ist Ludwig XIV. indes nicht vollständig gelungen, wenigstens nicht in dem Maße, wie er es behauptet, Staat und
Kirche voneinander zu trennen. In gewissen Augenblik-
ken — allerdings ebenfalls aus politischen Gründen — hat
er sich selbst in das Gebiet der Kirche verirrt. Seine Dif-
ferenzen mit Innocenz VI. beweisen, wie unklar sein politi-
sches Bewußtsein geworden war, und daß er die Rechte
beider Gewalten vermengte. Daß er jedoch fehlte und seine Macht mißbrauchte, geschah wiederum nur aus rein religiösen Gründen, weil er sich von dem Titel „Allerchristlichster König" eine übertriebene Vorstellung machte. Man
kann nicht behaupten, daß er nur aus politischen Gründen
das Edikt von Nantes widerrief und die Protestanten und
Jansenisten verfolgte. Für ihn spielten dabei auch Glau-
bensgründe eine Rolle. Von dem Augenblick an, da es eine
wahrhaftige Religion gab, würde der König von Frankreich seine Mission verfehlt haben; er wäre nicht der Vater seines Volkes gewesen, wenn er es dieser Wahrhaftig-
keit nicht hätte teilhaftig werden lassen. Und so verwech-
selte der König bisweilen seine Machtbefugnisse mit den
Befugnissen der Kirche und machte sich zum Kirchen-
und Beichtvater. Dadurch überschritt er die Grenzen seines Bereichs und beging einen befremdenden, ja oft be-
klagenswerten Mißbrauch seiner Gewalt. Das kam daher,

daß er selbst ein sehr guter Christ war. Und zwar ein Christ, wie man es zu jener Zeit war und es heute nur selten noch findet: ernst, aufgeklärt und glaubensfest. Denn es ist ein veraltetes Vorurteil, wenn man meint, das siebzehnte Jahrhundert habe keinen Glauben gekannt und nur das Mittelalter habe diesen Vorzug genossen. Wie? Das Zeitalter Pascals, Bossuets, Bourdaloues, Sankt Vincenz' von Paula und der Heiligen Margareta-Maria wäre nicht im wahren Sinn des Wortes ein christliches Jahrhundert gewesen? Und warum sollen die gotischen Kirchen christlicher sein als die Kirchen des klassischen Zeitalters? Das Symbolische und Bildhafte der Kapelle von Versailles ist ebenso religiös wie die Heilige-Grab-Kapelle selbst. Als Kunstwerk sind der Invalidendom, die Kirchen Saint-Sulpice, Val-de-Grâce und besonders die wunderschöne Versailler Kapelle der größten Bewunderung würdig. Man kann sogar behaupten, architektonisch sind sie französischer als die Kirchen des Mittelalters, weil sie besser den Geist der französischen Rasse ausdrücken, die Vorliebe für Einfachheit, Reinheit, guten Geschmack und richtiges Stilgefühl, während der gotische Baustil mit seinen bilderreichen Verschnörkelungen übertrieben und manchmal sogar überspannt ist.

Was hat indes Kirchenkunst zu bedeuten, wenn die Menschen nicht christlich empfinden? Waren sie je christlicher als im siebzehnten Jahrhundert? Damals starben die meisten eines christlichen Todes. Das war die Regel. Man könnte eine Unmenge heldenhafter, religiös erbaulicher Sterbefälle aufzählen, besonders von Menschen, die zu Lebzeiten ihren Mitmenschen das größte Ärgernis gaben. Zum Beispiel der Tod der Liselotte — um nur die berühmtesten zu nennen —, der Herzogin von La Vallière, der Frau von Montespan, der Frau von Monaco, die auf dem Totenbett schon „nicht mehr menschliche Gesichtszüge hatte". Oder Todeskämpfe von Verbrecherinnen wie der Brinvilliers und der Voisin. In dem damaligen Paris waren Hinrichtungen sehr häufig, fast an der Tagesordnung. Sie zogen eine ungeheure Menschenmenge herbei, die nur darauf spannte, derartige grauenhafte Erschütterungen zu erleben. Wenn

aber der Verurteilte auf dem Grèveplatz vor dem Block
des Blutgerüstes niederkniete und sein Beichtvater oben
auf dem Schafott das „Salve Regina" anstimmte, da stürzte
die ganze Volksmenge mit auf die Knie und sang die Gna-
denhymne. In einer einzigen Minute herrlichen, packenden
religiösen Überschwangs läuterte es sich von seiner krankhaften Neugierde.

Man fürchtete sich nicht vor dem Tode. Standhaft erwartete
man ihn, bereitete sich lange darauf vor und sah ihm tapfer ins Auge, wenn er kam. Ein Mann wie Pontchartrain
glaubte seine Todesstunde nahe. Da nahm er seinen Abschied als Kanzler und zog sich trotz der inständigen Bitten
des Königs und seiner Familie ins Oratorium zurück. Dort
lebte er nur in Todesbetrachtungen. Zu keiner Zeit war
man so tiefreligiös, so intelligent und vernünftig in religiösen Dingen, und niemals wußte man besser, wie weit man
darin gehen konnte, als im siebzehnten Jahrhundert.

*

Auch darin konnte der König seinen Zeitgenossen als Vor-
bild dienen. Er ist der glänzendste Typus eines christlichen
Menschen des klassischen Zeitalters. Vor allem ist er ein
wahres Musterpfarrkind sowohl in Paris als auch in Saint-
Germain und Versailles. Seine erste Kommunion fand in
Saint-Eustache statt, weil er damals im Palais-Royal wohnte, das zu diesem Kirchspiel gehörte. Später, als er im
Louvre zur Parochie von Saint-Germain-l'Auxerrois gehört, verteilt er unter großem Pomp, unter Pfeifen- und
Paukenspiel das geweihte Brot. Jedem Gottesdienst, jeder
Betfahrt in der Karwoche oder während des Ablaßjahres
wohnt er bei. Auch in Versailles. Die Schloßkapelle ist
nur ein Privatbethaus. In der Pfarrkirche kommuniziert er
an großen Festtagen, im ganzen vier- bis fünfmal im Jahr:
zu Weihnachten, Ostern, Pfingsten, Mariä Himmelfahrt
und Allerseelen. Von der Pfarrkirche aus begleitet er barhäuptig die Prozession des Heiligen Altarsakraments bis
zum Ruhealtar des Schlosses von Versailles. Nie verfehlt
er eine Prozession zu Fronleichnam oder Mariä Himmelfahrt. Der Geistliche des Kirchspiels ist eine angesehene

Persönlichkeit bei Hofe. Pfarrer Hebert zum Beispiel wurde sehr oft vom König und von Frau von Maintenon zu Rate gezogen. Er war es auch, der die Theatervorstellungen in Saint-Cyr tadelte und sie frivol nannte.

Außer seinen Pflichten als Christ rechnet Ludwig XIV. es sich zur Ehre, die mit seiner Königswürde verbundenen zu erfüllen. Nicht nur hielt er aufs strengste die Fastentage ein, was bei einem Menschen mit einem derartig krankhaften Heißhunger einen wahren Heldenmut erforderte, sondern er betete auch jeden Morgen das Gebet des Heiligen Geistes, wenn auch nur sehr kurz. An jedem Gründonnerstag, zur Erinnerung an die Fußwaschung Christi, wäscht und trocknet er die Füße von zwölf Armen. Und wenn er sie getrocknet hat, küßt er sie. Nach jeder Kommunion berührt er beim Verlassen der Kirche die Kranken, und das im Juni und August, gerade zur heißesten Zeit. Hunderte, Tausende von Kranken und Elenden — die meisten mit Ausschlägen, Krätze und ansteckenden Krankheiten behaftet — harren seiner im Schloßhofe oder unter den Gewölben der Orangerie. Ein Schauspiel menschlichen Elends und menschlichen Leidens, wie man es heute nur noch in Lourdes sieht. Der König kommt zu Fuß. Er trägt die Kette des Heiligengeistordens um den Hals; der schwere schwarze mit feuerroten Zungen bestickte Samtmantel erdrückt ihn fast bei der Hitze. In diesem Aufzug schreitet er stundenlang unermüdlich durch die Reihen der Kranken und Sterbenden, immer die erschütternde Formel sprechend: „Gott heile Dich! Der König berührt Dich!"

Und das tut er nicht einmal, nein, jährlich mehrmals bis zu seinem letzten Atemzug. Noch kurz vor seinem Tode hielt er es für seine Pflicht, mit seinem vom Knochenfraß zerstörten Bein, seinem ganzen verfallenen schweren Körper ein letztes Mal die andern Todkranken zu besuchen. Am 8. Juni 1715 schrieb die Frankfurter Zeitung: „Der König nahm das Abendmahl und berührte die Kranken." Wie viele waren es an jenem Tage?... Am 22. Mai 1701 waren 2400 Kranke im großen Schloßhof von Versailles versammelt. Man muß schon zugeben: selbst Ludwig der Heilige hat niemals etwas Schöneres, etwas Mildtätigeres getan!

Was des Königs Frömmigkeit besonders auszeichnet, sind
die beiden großen Andachtsübungen des siebzehnten Jahrhunderts, die Rosenkranzgebete und das Heilige Altarsakrament. Durch die Bejahung des Marienkults und des
eucharistischen Realismus glaubten unsere Väter der pro-
testantischen Verneinung entgegenzuwirken. Alle damaligen Kanzelredner begannen ihre Predigten mit dem „Ave
Maria". Die Andachtsübungen des Heiligen Altarsakraments
aber wurden so oft und so öffentlich abgehalten, daß es den
Fremden, ja sogar den fremden Katholiken wie Aberglaube
oder gar wie Ketzerei erschien. Im Verlaufe seiner Reise durch
Frankreich schrieb der Abbé Locatelli die überraschenden
Worte: „Das Heilige Altarsakrament scheint für die Franzosen der einzige Gegenstand ihres Glaubens zu sein."
Ludwig XIV. benahm sich in dieser Beziehung wie der erste
beste seiner Untertanen. Äußerlich unterschied sich seine
Frömmigkeit nicht von dem einfachen Glauben eines Koh-
lenträgers. Stets hatte der König einen Rosenkranz in der
Tasche. In der Kirche sah man ihn den Rosenkranz beten.
Bei der geringsten Gelegenheit wurde das Heilige Altarsakrament zur öffentlichen Schaustellung religiöser An-
betung und ließ die Anwesenden erschauern vor der Gegenwart Gottes. Der König begleitete die Heilige Wegzehrung bis ans Lager der Sterbenden. Während der stärksten
Leidenschaft seiner ehebrecherischen Liebe zur Montespan
befiel ihn zum erstenmal Reue, als er im Schloß einem
Priester begegnete, der die Sterbesakramente zu einem Offizier trug. Die geweihte Hostie, die dem Erdensünder dargeboten wird, versperrt ihm also den Weg! — Und damit
war der Anfang zur Umkehr gemacht! Es waren aber bei
ihm durchaus keine zeitweisen Anwandlungen von Frömmigkeit. Er glaubte mit einem heiligen Feuer tief und aufrichtig, und selbst seine schlimmsten Verirrungen konnten
diesen Glauben nicht untergraben oder trüben. Während
des Gottesdienstes lag er fast immer auf den Knien. Seine
gesammelte, fromme Haltung drückte ein so intensives reli-
giöses Empfinden, eine so hohe Meinung von den Meßopfern
aus, daß selbst auf die Höflinge etwas von seiner Frömmigkeit überging. Man meint ihn vor sich zu sehen, auf dem

Platz, den er in der linken Ecke der Empore einnimmt.
Dem Altar gegenüber kniet er auf seinem Stück roten Samt.
Der ganze Hof hat die Augen auf ihn gerichtet, als wage
man nicht, sich zu Gott zu wenden, außer durch die Vermittlung des Königs. Die herrlichen Zeremonien und Gebräuche, die himmlische Musik der Orgel, die süßen Töne
der Geigen und menschlichen Stimmen erhöhen noch den
Glanz eines solchen Schauspiels. Es war so wunderbar schön,
daß eine kleine Protestantin, Frau von Caylus, einst sagte,
sie wolle gern zum Katholizismus übertreten, aber nur
unter der Bedingung, daß sie jeden Tag der Messe des
Königs beiwohnen könne.

Leute, die Ludwig XIV. schlecht kannten, aber auch fromme Katholiken warfen ihm vor, seine Frömmigkeit sei
ganz förmlich, äußerlich und oberflächlich gewesen. Fénelon schrieb an Frau von Maintenon, daß der König „keine
Ahnung von Pflichten und von der wahren Frömmigkeit
habe". Frau von Maintenon selbst betrachtete sich als von
Gott gesandt, um den König aus seiner Verblendung und
Unwissenheit zu reißen, damit er die ewige Seligkeit gewinne. Allmorgendlich sprach sie das Gebet, das ihr Beichtvater Godet de Marais, Bischof von Chartres für sie gemacht
hatte: „Herr, mein Gott, Du hast mich eingesetzt in das Amt,
das ich bekleide. Du, der Du die Herzen der Könige kennst,
erschließe das Herz des Königs, damit ich das Gute zu ihm
einlasse, das Du begehrst." Sie und ihre Umgebung bemühten sich, ihm alles beizubringen, was er nicht wußte,
und ihm regelrechten Religionsunterricht zu erteilen.

Natürlich war der König weder ein Theologe noch ein
Mystiker. Aber von da bis zum Ignoranten in religiösen
Dingen ist es ein weiter Schritt. Man bedenke, daß er zu
Katecheten Gelehrte wie Bossuet, Sittenlehrer wie Bourdaloue hatte, daß er fünfzig Jahre lang mit großer Andacht
und Sammlung unzählige Fasten- und Adventspredigten
außer den Sonntagshomelien hörte. Das allein schon ergibt
einen ganzen Unterrichtszyklus, in welchem alle Glaubens-
sätze ausgelegt, bewiesen und kommentiert wurden. Außer
den berufsmäßigen Apologetikern und Theologen genießt
heute niemand eine so vollkommene, starke und substan-

tielle religiöse Erziehung. Man hat dem König alles gesagt, selbst die ungeschminktesten Wahrheiten. Denken wir nur an die schreckliche Predigt Bourdaloues über die Keuschheit, jene Predigt, in der der fromme Redner wie ein Wilder mit den Fäusten um sich schlug und vor dem ganzen Hof die Verbrechen und Schandtaten der königlichen Mätresse enthüllte, damit aber auch gleichzeitig die ‚Verblödung' ihres Geliebten, der in der Wollust den Sinn für religiöse Dinge verloren hatte. Auch an Mascaron sei erinnert. Er griff das Kriegshandwerk derartig heftig und hartnäckig an, daß er, wenn er heute dasselbe täte, als Antimilitarist bestraft werden würde. Am 5. März 1675 schrieb Frau von Maintenon: „Ich habe einen wundervollen Vortrag vom Pater Mascaron gehört. Er hat sich zwar etwas scharf gegen die Eroberer ausgesprochen und gesagt, ein Held sei ein Dieb, der an der Spitze seiner Soldaten das täte, was ein einzelner Spitzbube allein ausführe. Unser Herr ist nicht zufrieden damit gewesen..." Und aus gutem Grund. In bezug auf Ehebruch hat sich Ludwig XIV. schließlich gebessert und ist ordentlich geworden. Gegen den Vorwurf des Hochmuts und Ehrgeizes jedoch hat er jederzeit energisch protestiert und sich gerechtfertigt. Er läßt sich nicht dazu zwingen, das Staatsinteresse zu opfern, unter dem Vorwand, er besäße ehrgeizige Eroberungssucht. Die Frömmler, und an ihrer Spitze Frau von Maintenon, taten ihm also keinen Gefallen, denn wenn er auf sie gehört hätte, würde er die größten politischen Dummheiten begangen haben. Er verwahrt sich dagegen, als Mensch hochmütig zu sein; als König von Frankreich hingegen gibt er zu, daß Hochmut berechtigt ist. Ja, er ist sogar bemüht, in seinen „Memoiren" zu erklären, warum er die Sonne als Wahrzeichen und die Devise „Nec pluribus impar" angenommen hat, und legt beiden eine Bedeutung bei, die nichts mit Arroganz und dummem Stolz zu tun hat. Übrigens kämpfte er bis zuletzt gegen die Unternehmungen der bigotten Sippe, worunter Fénelon, der Herzog von Beauvillier und Frau von Maintenon, die ihm eine, seiner Meinung nach mit seiner Würde unvereinbare Frömmigkeit auferlegen wollen. Der Kardinal de Noailles ver-

langte sogar von ihm, daß er die Hofbälle und Hoftheater-
vorstellungen verbiete. Man versucht, ihn einer Menge
kleiner Andachtsübungen zu unterwerfen und ihn mit Vespern, Kompleten, endlosen Gottesdiensten zu übersättigen.
Er widersteht. Denn er weiß, aus Frankreich darf kein
Kloster werden! Er, der Allerchristlichste König, will weder ein Mönch noch ein Priester sein. Wie die Asthetiker
seiner Zeit, so hat auch er den größten Abscheu vor der
Vermengung der Gebräuche.

Daher auch die besondere Schönheit seiner Todesstunde.
Bis zum letzten Augenblick ist er bemüht, seiner Aufgabe
als König gerecht zu werden. Er beschäftigt sich mit den
schwebenden Angelegenheiten. Noch auf dem Sterbebett
traf er die letzten Maßnahmen, um seinem Reiche die Wir-
ren zu ersparen, die durch die Minderjährigkeit seines
Thronfolgers hervorgerufen werden könnten. Endlich, als
alles geregelt war, als er sein Ende nahe fühlte, fand er in
der Festigkeit seines Glaubens, in dem guten Gewissen,
seine Pflicht getan zu haben, die nötige Seelenstärke, um
die gefürchtete Reise ins Jenseits anzutreten. Mit einem
Ruck löste er sich von der Welt und wandte sich entschlossen zu Gott, ohne Furcht, aber auch ohne unchristliche
Selbstsicherheit, jedoch bei vollem Bewußtsein und immer
als König, der seine Umgebung beherrscht. Er selbst verlangt nach der letzten Wegzehrung und der letzten Ölung.
Und als sein Zustand sich verschlimmert, betet er laut mit
seinen Dienern die Sterbegebete. Zur Vergebung seiner
Sünden verlangt er noch mehr dulden zu wollen. Es tat
ihm leid, so viele Sünden begangen zu haben, besonders
war er sich bewußt, daß er von seinen Untertanen zuviel
verlangt hatte. Aber er hoffte auf die Barmherzigkeit Gottes und beruhigte sein Gewissen damit, daß er stets nur
lautere Absichten gehabt habe. Alles, was er aus Staatsinteresse getan hatte, leugnete er nicht. Nach Saint-Simon
wird behauptet, er habe seinem Thronerben geraten, nicht
auch, wie er, in die Vorliebe für Kriege und schöne Schlösser zu verfallen. Das ist entweder falsch oder unglaublich
übertrieben. Die Texte, die man Saint-Simon entgegenstellen könnte, erwähnen überhaupt nichts von Schlössern

MAINTENON,

Stich von Pierre Giffart

und Gebäuden. Und was die Kriege betrifft, so muß man den wahren Gedankengang des Königs nicht in den im Todeskampf gesprochenen Worten, die durch Nebengedanken der anwesenden Personen entstellt sind, suchen, sondern in dem Brief, den er einige Zeit vor seiner letzten Erkrankung an den kleinen Ludwig XV. schrieb. Er ist das Glaubensbekenntnis des Königs und schließt mit den Worten: „Mein Sohn, vertraue Gott allein. Lebe mehr als Christ denn als König und ziehe Dir niemals seine strafende Hand durch Deine Sittenlosigkeit zu. Sei der göttlichen Vorsehung dankbar, die so sichtbar dieses Land beschützt. Gib Deinen Untertanen dasselbe gute Beispiel wie ein christlicher Familienvater den Seinen. Betrachte sie als Deine Kinder; mache sie glücklich, wenn Du es selbst sein willst. Entlaste sie, sobald Du es vermagst, von allen Steuern, die die Notwendigkeit eines langen Kriegs ihnen auferlegte, und die sie mit Ergebenheit und Treue auf sich nahmen. Lasse sie eines langen Friedens genießen, durch den allein der Staat wieder gesunden kann. Bevorzuge immer den Frieden vor den zweifelhaften Ereignissen eines Kriegs und sei eingedenk, mein Sohn, daß der glänzendste Sieg stets zu teuer zu stehen kommt, wenn man ihn mit dem Blut seiner Untertanen bezahlen muß. Vergieße es wenn möglich niemals, oder nur zum Ruhme Gottes. Ein solches Verhalten wird Dir den Segen Gottes während Deiner ganzen Regierungszeit bringen. Den meinen empfange mit meinen letzten Küssen."
Auch in diesen Zeilen stellt der König nichts in Abrede. Auch er hat stets den Frieden dem Krieg vorgezogen. Er hat nur „notwendige" Kriege geführt. Er empfiehlt seinem Nachfolger nur, sich eines christlicheren politischen Verhaltens, als er es getan hat, zu befleißigen und, „wenn möglich, nur zum Ruhme Gottes Krieg zu führen". Ein nur allzu verständlicher Rat im Munde eines Sterbenden.
Es ist indes klar erwiesen, daß man versuchte, ihn zu beunruhigen und ihm Reue über die großen Werke einzuflößen, die er vollbrachte. Diese Todesangst blieb ihm nicht erspart. Anstatt der bleichen Jammergestalten, die bei seinem Todeskampf zugegen waren, hätte er besser einen der alten Kameraden seiner kraftvollen Jugend um

sich haben sollen, einen starken Geist wie Bossuet, der für ihn jene männlichen Instruktionen schrieb: „Wenn ein König gezwungen ist, Krieg zu führen, so tut er es mit Nachdruck. Er verhindert, daß sein Volk zugrunde geht, und setzt sich in den Stand, einen dauerhaften Frieden zu schließen, indem er sich durch die Stärke seiner Waffen gefürchtet macht. Die Aufrechterhaltung seines Ruhmes bedeutet gleichzeitig die Aufrechterhaltung der Staatsinteressen, denn der Ruhm des Herrschers ist die Zierde und Stütze des ganzen Landes. Durch die Pflege der Kunst und Wissenschaften verschafft er dem Staate ungeheure Wohltaten... Unternimmt er bedeutende Bauten, wie Häfen, Schlösser und anderes, so verleiht er seiner Regierung, abgesehen von dem allgemeinen Nutzen solcher Arbeiten, einen Ruhm, der viel zu der für die Welt so wichtigen Achtung vor der Majestät des Königs beiträgt. Auf diese Weise kann der Herrscher, was er auch unternimmt, stets das Wohl des Nächsten im Auge behalten und Gott den besten Dienst erweisen.“ Ja, man hätte Bossuets Geist beschwören mögen, damit er sich über seinen sterbenden Gebieter beugte und ihm sagte: „Sire, schlafen Sie in Frieden. Sie haben Gott und Frankreich treu gedient.“

Keiner brachte ihm diesen letzten Trost. Er starb allein, von allen verlassen. Nur einige Kammerdiener waren bei ihm, wie einst in den kritischsten Augenblicken seiner Regierung. Aber trotz allen Herzeleids und trotz aller inneren Spaltungen bewahrte er sich bis zum letzten Augenblick die Festigkeit seines Charakters. Nur als die Schmerzen zu groß wurden, flehte er: „O mein Gott, hilf mir, beschleunige mein Ende!“ Nach langem Todeskampf entschlief er endlich Sonntag, den 1. September 1715, um 8 $\frac{1}{4}$ Uhr morgens. Ohne Klage über dieses grausame Verlassensein ging er hinüber.

Frau von Maintenon hatte ihn bereits seit Freitag verlassen, weil sie befürchtete, man werde sie beschimpfen. Einige Tage später schrieb sie an die Prinzessin von Ursins jene wenigstens in bezug auf den Toten wahren Worte, die durch Massillon auf der Kanzel fast wörtlich wiederholt wurden: „Ich sah den König als Heiligen und als Helden sterben.“

ANHANG

Der Standpunkt der Mediziner

———

LUDWIG XIV. REGIERTE ZWEIUNDSIEBZIG JAHRE. ER
war eine gesunde, kräftige und vorteilhafte Erscheinung.
Entsprach aber auch seine innere Konstitution diesem glänzenden Äußeren? Hatte ihm die Natur einen Körper verliehen, der fähig war, einen so anstrengenden Lebensweg
zurückzulegen und allen Unbillen gewachsen zu sein? Über
die Körperkonstitution und die Krankheiten des Königs sind
wir ebenso reichlich unterrichtet wie über seine Gesichtszüge. Außer den rein literarischen oder historischen Zeugnissen besitzen wir ein höchst merkwürdiges Dokument,
das seine Ärzte verfaßten und das uns, wenn auch nicht
Tag für Tag, so doch zu Beginn jeder neuen Jahreszeit über
den Gesundheitszustand Ludwigs XIV. unterrichtet. Dieses
„Journal de la Santé du Roi", worin die Leibärzte Vallot,
Daquin und Fagon abwechselnd die Unfehlbarkeit ihrer
Wissenschaft beweisen, ist sicher das herrlichste Denkmal,
das sich je die Dummheit selbst errichtet hat. Es ist indes
insofern außerordentlich wertvoll, weil es eine ungeheure
Masse von Tatsachen enthält, die der Leser, wenn er Lust
hat, auf andere Weise auslegen kann als die Herren Dok-
toren. Außerdem ist es von einer unbeschreiblichen Komik
und enthält wahre Schätze an Schnurren und Possen. Man
könnte sich totlachen, müßte man nicht bedenken, daß ein
Menschenleben, eine bedeutende Persönlichkeit den Händen
solcher Dummköpfe überliefert war. Das Schönste aber
vielleicht sind nicht die Erklärungen der Herren Ärzte,
sondern die Kommentarien des Herausgebers und des modernen Lesers dieses Tagebuchs. Wie Pourceaugnac von den
Molièreschen Scharlatanen gehetzt wird, so sah sich der arme König von einer Horde grotesker Fanatiker umzingelt;
Prud'homme mit Homais, Bouvard und Pécuchet, Vadius
und Trissotin, und nicht zu vergessen Basile und der gute
Herr Tartuffe, alle waren sie vertreten und beriefen den
Dauerverbrecher Ludwig XIV. vor den Richterstuhl der
verletzten öffentlichen Moral. Man wirft ihm seine Un-
mäßigkeit, seine Begierden, sein schlemmerhaftes Leben,

alle nur erdenklichen Laster und sogar — Gott verzeihe mir —
seine Unfähigkeit und Trägheit vor! Wie ein Schuljunge
steht er unter der Zuchtrute dieser arroganten, hochnäsigen
Pedanten. Und wie giftig sind diese Schwachköpfe! Aus der
geringsten medizinischen Beobachtung ziehen sie die be-
lastendsten Schlüsse auf die Sittlichkeit des Angeklagten.
Sogar Michelet schämt sich nicht, sich dieser Horde anzuschließen. Da er den Mut hatte, mit den Herren Kur-
pfuschern in die geheimsten Gemächer Ludwigs XIV. hinab-
zusteigen, müssen wir ihm wohl oder übel folgen, schon um
seinen überspannten Behauptungen und dem langweiligen
Geschwätz auf den Grund zu gehen, zu dem sie Gelegenheit
gaben. Den Leser bitten wir im voraus um Verzeihung.

*

Als Kind einer krebskranken Mutter und eines verseuchten
Vaters, der schon halb verfault war, als er starb, ist es wirklich ein Wunder, daß Ludwig XIV. sich solange einer so
kräftigen Gesundheit erfreute. Darüber sind sich alle Zeitgenossen einig. Vallot schrieb gleich zu Beginn seines „Tagebuchs": „Man hatte Grund besorgt zu sein, daß der königliche Prinz ebenso schwächlich werden würde wie sein Vater,
was auch ohne Frage eingetreten wäre, wenn nicht die gute
Konstitution der Königin und seine eigene ‚heroische
Natur' die schlechten Einflüsse vom Vater wieder aufgehoben hätten." — Viele Jahre lang sprachen die venezianischen Gesandten in ihren Briefen von der kräftigen physi-
schen Veranlagung des Königs, von „seinem starken Kno-
chenbau" und seiner hohen, kräftigen Gestalt. War er wirklich so groß? Es ist zu bezweifeln, denn seine besten
Bildnisse in ganzer Figur machen nicht den Eindruck, als
wäre er von besonders hohem Körperbau gewesen. Wahrscheinlich war er nicht über mittelgroß und erschien nur so
groß im Vergleich zu seinem äußerst kleinen Bruder,
vielleicht auch, weil er Schuhe mit sehr hohen Absätzen
trug, hoch zu Roß oder, angetan mit der ganzen Pracht
königlichen Repräsentationsstaates, auf dem Throne saß.
Unbestritten bleibt indes, daß dieser kräftige, wohlgestaltete
Mann eine unglaubliche Ausdauer besaß, gegen Frost und

Hitze nahezu unempfindlich und in allen körperlichen
Übungen äußerst geschickt war.

Diese „heroische Natur", wie sich Vallot ausdrückt, bewahrte Ludwig XIV. sich bis an sein Ende. Frau von Maintenon, die immerwährend herumdoktorte, immer Angst vor
Zugluft hatte und stets dick eingemummelt in der warmen
Stube saß, kam nicht aus dem Erstaunen über eine derartige Widerstandsfähigkeit heraus. Der König nannte
seine ältliche Lebensgefährtin gewöhnlich „Eure Solidität".
Sie hätte ihm das Kompliment im andern Sinne zurückgeben
können. Drei Jahre vor dem Tode Ludwigs XIV., im Jahre
1712, schrieb sie an die Prinzessin von Ursins: „Er erwacht
wie ein Kind und schläft oft sieben Stunden hintereinander.
Ich glaube kaum, daß es je einen gesünderen Menschen
gegeben hat." — Und etwas später: „Hier befindet sich ein
Kämmerer des Papstes, der sagte, wenn er nach Rom berichtete, daß der König mit 74 Jahren in den Hundstagen
nachmittags um 2 Uhr ausgeht und im Walde im heißen
Sand, umgeben von Pferden und Hunden, herumlaufe,
würde man ihn (den Kämmerer) für verrückt halten, und
deshalb hüte er sich, etwas darüber zu schreiben." — Im
November 1714, ein Jahr vor dem Tode Ludwigs XIV., schrieb
Frau von Maintenon wiederum: „Man kommt über die
Gesundheit des Königs vor Erstaunen nicht hinweg. Jeden
Tag geschieht dasselbe Wunder: Gestern schoß er vier-
unddreißigmal und brachte zweiunddreißig Fasanen zur
Strecke. Weder seine Kraft, noch seine Augen, noch seine
Geschicklichkeit lassen nach."

Als er einige Monate später starb und sein Leichnam durch
den Hofchirurgen Maréchal geöffnet wurde, „fand man",
sagt Saint-Simon, „alle inneren Organe so vollständig gesund und richtig gebildet, daß man meinte, er wäre hundert
Jahre alt geworden, wenn er nicht die eben erwähnten
Ausschweifungen begangen hätte, die ihm das Blut verseuchten. Auch die Verdauungstätigkeit des Magens und
der Eingeweide war bei ihm wenigstens doppelt so groß als
bei andern Menschen seiner Gestalt. Das kommt höchst
selten vor und ist wahrscheinlich auch die Ursache gewesen,
daß er ein so großer und regelmäßiger Esser war...."

Die letztgenannte Einzelheit (die gute Verdauung des Magens und der Eingeweide) wird nicht in dem chirurgischen Bericht erwähnt und ist, nach der Meinung de Boislisles, in der Phantasie Saint-Simons entstanden. Aus allen diesen Zeugnissen geht jedoch hervor, daß der König eine äußerst kräftige Konstitution und eine erstaunlich ausdauernde Gesundheit besaß.

Liest man hingegen das Tagebuch der Ärzte, so ist man überzeugt, der König sei sein ganzes Leben lang krank gewesen und habe beständig ein ganzes Heer von Ärzten, Apothekern und Chirurgen um sich gehabt, das die vielen verschiedenen Krankheiten und Gebrechen heilen und pflegen mußte, als da waren: Masern, Pocken, Scharlach, die ganze Stufenleiter von hitzigen Fiebern mit ihren Fallen und Steigen; Schnupfen, Husten, Gicht, Rheumatismus, Verstopfung, Durchfall, Magenkolik, Vapeurs, Schwindelanfälle, Kopfschmerzen, Ohnmacht, Karfunkel, Fisteln, geschwollene Mandeln, Brand — und was noch...? Man zittert beständig für das Leben dieses ewigen Pimplers und fragt sich, wie es kommt, daß ein so kräftiger Mann, der aus dem Holze der Hundertjährigen geschnitzt zu sein schien, so oft unwohl oder krank war. Es gibt nur eine Erklärung dafür, nämlich die, daß er von seinen Ärzten, die jedem Fingerzeig der Natur den blödsinnigsten Widerstand entgegensetzten, jämmerlich behandelt wurde. Schließlich gelang es ihnen ja auch, die „heroische Natur" des Königs vollkommen zu untergraben.

Man schaudert unwillkürlich bei dem Gedanken, daß Ludwig XIV. von seiner Geburt an bis zu seinem Tod vier Ärzte besaß, wahre Würdenträger des Hofes, die sich ihre Stellung gekauft hatten, und deren Ersatz durch andere eine regelrechte Palastrevolution gewesen wäre. Der König war der Gefangene dieser Herren, ihre unteilbare Beute bis zu seinem Tod und noch darüber hinaus. Der erste an der Reihe, Vautier, behandelte Ludwig XIV. vierzehn Jahre lang. Der zweite war Vallot, derselbe, der das „Tagebuch" begann. Er regierte von 1652 bis 1671, also beinahe zwanzig Jahre. Daquin, der dritte, hatte seine Stellung von 1671 bis 1693, also 22 Jahre lang, inne. Fagon, der schreckliche, tyrannische Fagon, vor dem alle in der Umgebung des Königs zitterten, ließ Ludwig XIV. erst aus seinen Klauen, als er den Totenschein unterzeichnet hatte.

Die Ärzte sind uns wenig bekannt, wir wissen nur, daß sie gewöhnlich mit ihren medizinischen Funktionen die Generalverwaltung des Pariser Botanischen Gartens verbanden. Daquin war der Enkel eines Rabbiners von Avignon. Er trat zum Katholizismus über und war der Vater eines Bischofs von Fréjus, für den er beständig Benefiziate und Würden erbat. Der König, den Frau von Maintenon äußerst gewandt bearbeitet hatte, verlor schließlich die Geduld mit diesem gierigen Bittsteller und ersetzte ihn durch Fagon. Die Geschichte wirbelte zwar viel Staub auf, aber Fagon trug den Sieg davon.

Guy-Crescent Fagon kam im Botanischen Garten bei einfachen Leuten zur Welt. Aber weder Gurkenkraut noch Eibischwurzel, denen er seine Aufmerksamkeit zuwandte, milderten seinen Charakter. Als Arzt war er ein brutaler Autokrat. Man braucht nur das Bild von ihm im Louvre zu betrachten. Sein Haupt bedeckt eine ungeheuere graumelierte Perücke, deren Strähnen wie Schweinsborsten auf der Stirn emporstehen. Er trägt einen schwarzen Talar mit weißem Batistkragen. Daraus ragt zunächst eine lange Topfguckernase hervor, ähnlich der seines Kollegen Guy Patin, aber weniger spitz, ein verzerrtes Maul, kleine, ausdruckslose Schweinsaugen, ein gelbes, verbissenes Gesicht, eine faltige, eigensinnige Stirn. Starrsinn ist der Hauptcharakterzug dieses Pedantengesichts. Man fühlt, er ist seiner selbst und seiner Wissenschaft sicher und über den kleinsten Zweifel erhaben. Und man kann überzeugt sein, daß jede seinen schulmäßigen Ideen gegenteilige Anschauung an dieser harten, von tiefen Falten durchfurchten Stirn zerschellt.

Wie sehr sich aber auch alle die gelehrten Persönlichkeiten im geheimen oder öffentlich befehden mögen, in einem sind sie sich vollkommen einig, und darauf beruht ihre ganze Heilkunde: sie folgen blindlings den Prinzipien der medizinischen Fakultät von Montpellier. Sie loben über die Maßen das Antimon, verordnen Brechwein, Chinarinde, dazu die gewöhnliche Kur des Doktor Eisenbart: aderlassen, ab-

führen — abführen, aderlassen bis zur völligen Erschöpfung
des Patienten. Sonst aber sind sie sich in nichts einig. Zum
Beispiel sind die beiden letzten Ärzte, Fagon und Daquin,
völlig gegenteiliger Ansicht über die Veranlagung des Königs. Diese medizinische Meinungsverschiedenheit kam öfter
vor und wirbelte ebensoviel Staub auf als sie das Publikum
belustigte. Sogar die Kollegen dieser Herren, die nicht weniger stolz auf ihre unfehlbare Diagnostik waren, mokierten
sich darüber. Guy Patin spottet in den Briefen an seine
Freunde: „Gestern," schreibt er an seinen Freund Spon,
„gestern um 2 Uhr stritten die vier Ärzte des Kardinals
Mazarin, Guénaud, Vallot, Brayer und Béda des Fougerais,
im Walde von Vincennes lebhaft miteinander und konnten
sich nicht darüber einig werden, an welcher Krankheit der
Kardinal gestorben sei. Brayer meinte, die Milz sei krank
gewesen, Guénaud behauptete die Leber. Vallot sagte, es
wäre eine Lungen- und Brustfellentzündung gewesen; Fougerais hingegen stellte fest, Mazarin habe einen Abszeß im
Gehirn gehabt . . ." Die reine Szene aus Molière! Ebenso
stritten sich die Herren Daquin und Fagon über die Konstitution des Königs. Daquin meint, Ludwig XIV. sei
„gallsüchtig" und leicht „zu Entzündungen geneigt" gewesen. Fagon hingegen hält ihn für lymphatisch. Infolgedessen wurde der König vollkommen anders behandelt, als
Fagon Daquins Nachfolger ward. Der Champagner, den
er sehr mäßig genoß, wird durch Burgunder ersetzt. Alle
Ragouts werden verboten. Dem Patienten wird eine Diät
von Brot und gefärbtem Wasser verschrieben.
Wo, auf welcher Seite liegt der Fehler? Nach so langer
Zeit ist es natürlich schwer, ein richtiges Urteil zu fällen.
Möglich ist, daß beide Äskulapjünger recht hatten, und daß
der König, den man fünfzig Jahre lang fortwährend durch
Aderlässe schwächte, schließlich lymphatisch wurde. Den
größten Irrtum beging man indes bezeichnenderweise damit,
daß man die Krankheit, an der Ludwig XIV. wirklich litt,
die Krankheit, welche die Ursache zu den vielen Kopfschmerzen, Schwindelanfällen und ‚Vapeurs‘ war, über die
er so oft klagte, nicht erkannte. Denn, wenn man das
„Tagebuch über die Gesundheit des Königs" aufmerksam

durchliest, kommt man schließlich auch ohne die Ärzte zu der Erkenntnis, daß er den Bandwurm hatte, ihn aber durch die Schuld seiner Ärzte oder auch durch die Unzulänglichkeit der damaligen Heilkunde nicht loswurde und fast sein ganzes Leben lang daran litt.

Daß Ludwig XIV. den Bandwurm hatte, geht aus den Beobachtungen der Ärzte selbst deutlich hervor. Im Jahre 1659 — Ludwig war damals zwanzig Jahre alt — vermerkt Vallot im „Tagebuch": „Der König befand sich im Walde von Vincennes in bester körperlicher Verfassung, als er einen lebenden Wurm von einem halben Fuß Länge von sich gab, ohne irgendwelche Schmerzen dabei zu empfinden, und ohne sonstigen Zwischenfall." Dies ist die erste Feststellung. Es ist jedoch möglich, daß dem Doktor Vallot bereits frühere Fälle entgangen waren. Dreißig Jahre vergehen, ohne daß in dem nun von Daquin geführten „Tagebuch" etwas Ähnliches vermerkt wird. Gerade in jener Zeit, in der Ludwig XIV. am meisten ißt und am meisten über Schwindel, Kopfschmerz und Übelkeit klagt, deutliche Anzeichen für das Vorhandensein eines Bandwurms. Nun beginnen die regelmäßigen, außerordentlich starken Abführmittel, die Fagon in großen Dosen verschreibt. Das Ergebnis läßt nicht auf sich warten:

„Am 1. Mai," schreibt Fagon, „entleerte der König durch reichlichen Stuhl einen lebenden Wurm, der zweifellos den Magen beunruhigt hatte und die Ursache zu dem Schwindelgefühl war, woran der König einige Tage zuvor litt... Ich bat den König, zu purgieren, um den Rest des Wurmes herauszustoßen." — Im nächsten Jahr, am 2. September, nach einer fürchterlichen Abführungskur: „Der König förderte einen großen toten Wurm zutage, der durch das Abführmittel getötet worden war." — Einige Zeit später, am 18. November, purgiert der König von neuem und „gibt einen anderen toten Wurm von sich, der ebenso groß wie der vorige war".

Am 30. Dezember desselben Jahres, nachdem der König eingenommen hat, geht wieder ein toter Wurm ab, diesmal ist er indes weniger lang als die anderen. Endlich, im Jahre 1705, schreibt Fagon von seinem königlichen Patien-

ten: „In einem spärlichen Stuhl vom 23. des Monats (Dezember) beförderte er einen toten Wurm zutage, ungefähr
eine Viertelelle lang, der zusammengerollt und mit einer
ziemlich harten Masse umgeben war... Die Arznei hat die
Unruhe Seiner Majestät behoben, woran vielleicht der Magen und die leicht angegriffenen Därme schuld waren." —
Der Leser verzeihe alle diese besonderen Einzelheiten, aber
in einer Debatte wie dieser muß man Beweise anführen.
Der König hatte also sehr wahrscheinlich den Bandwurm
und ist ihn sein ganzes Leben nicht losgeworden. Daher
erklärt sich nicht nur das fortwährende Übelbefinden, dem
er um die Dreißig herum unterworfen ist, die Magenbe-
schwerden, — sogar Fagon ist darüber erstaunt — die Schwindelanfälle und die „Vapeurs", sondern auch sein unersätt-
licher Appetit, jener Heißhunger, der die fremden Gäste
an seinem Hofe vor Verwunderung sprachlos machte. Unter denselben Hammer fallen auch die Anschuldigungen
von Völlerei und Ausschweifung, die man ihm zuschreiben
möchte. Denn für den voreingenommenen Leser des „Journals" ist der König, der so übermäßig ißt, ein Fresser. Hat
er Schwindel- oder Ohnmachtsanfälle, so kommt es natürlich daher, daß er im Bett seiner Mätressen der Wollust
gefrönt hat! Derartig sexuelle Exzesse hat er vielleicht
manchmal, wie alle Männer, im Rausche seiner jugendlichen Sinne begangen, aber später war er viel zu maßvoll;
er führte ein viel zu regelmäßiges Leben, als daß sexuelle
Orgien bei ihm zur Gewohnheit geworden wären. Und es
ist doch so natürlich, seine Migräne und Schwindelanfälle
dem chronischen Leiden zuzuschreiben, an dem er litt.
Der König beherrschte sich dermaßen, daß es ihm sogar
gelang, den krankhaften Heißhunger, der ebenfalls von seiner Krankheit herrührte, zu bezähmen. Denn, wenn er
auch während der Mittags- und Abendmahlzeiten übermäßig viel aß, so nahm er in der Zwischenzeit doch nie
das geringste zu sich. Das ist um so mehr zu loben in einer
Zeit, wo die Damen und Herren des Hofes, die Prinzessinnen und Prinzen den ganzen Tag naschten und knabberten,
immer die Taschen voll Bonbons und Süßigkeiten hatten
und fortwährend an Verdauungsstörungen litten. Was das

chronische Leiden des Königs am meisten verschlimmerte,
waren seine schlechten Zähne. Er verlor sie schon sehr früh.
Im Jahre 1685 zog man ihm die ganze linke Hälfte der
oberen Zahnreihe aus. Welcher Pferdearzt oder Hufschmied
mag wohl diese Operation an ihm vorgenommen haben?
Denn mit den Zähnen hatte man ihm einen Teil des Oberkiefers und Gaumens mit ausgerissen! „Es hatte sich durch
das Zersplittern des Oberkiefers, der mit den Zähnen heraus-
gerissen wurde, am Gaumen ein Loch gebildet," berichtet
Daquin, „das schließlich vereiterte, und aus dem sich bisweilen eine jauchige Flüssigkeit ergoß, wodurch ein sehr
schlechter Mundgeruch entstand." — Der Arzt erwähnt
sogar noch folgende fürchterliche Einzelheit: „Die Speisen
und Getränke drangen in den offenen Gaumen und kamen
zur Nase wieder heraus..."
Man kann sich vorstellen, was der Bedauernswerte auszu-
stehen hatte! Vom Bandwurm geplagt, war er gezwungen,
ungeheure Quantitäten von Nahrungsmitteln zu sich zu
nehmen, und dabei konnte er die Speisen nicht einmal
richtig kauen, weil er keine Zähne hatte! Er gab daher alles
genau so wieder von sich, wie er es genossen hatte. Im „Tagebuch" findet man ständig Bemerkungen wie: „Seine Majestät entleerte viel rohe, unverdaute Stoffe, unter anderem
viele völlig unverdaute Trüffeln..." — Da ist es natürlich
kein Wunder, daß Ludwig XIV. stets so großen Heißhunger
hatte. Mit einem Bandwurm und einem schlechten Kau-
werkzeug konnte er noch so viel Nahrung verschlingen:
die im Körper nicht verarbeiteten Speisen nützten ihm
nichts. Er hatte immer wieder von neuem Hunger.
Man sieht sofort, welche Konsequenzen eine solche Lebensweise nach sich ziehen mußte. Es war unvermeidlich, daß
eine derartige Zufuhr von unverdauten Speisemassen schließlich eine chronische Darmentzündung zur Folge hatte. Die
Ärzte behandelten Ludwig XIV. mit regelmäßigen Purga-
tivmitteln und Klistieren, so daß er sozusagen beständig
zum Nachtstuhl wandern mußte. Er hatte seine besondere
Apotheke, Arzneimittel zu seinem ganz persönlichen Gebrauch, sein „Abführgetränk" und andere Mittel, dem die
unglaublichsten Bestandteile beigemischt wurden wie: Krebs-

pulver, Schlangenpulver, Weinstein, Tannin, Tamarinde, Manna...Pferdemist!... Da er abwechselnd an Verstopfung und Durchfall leidet, steht ihm eine ganze Batterie von Explosivmitteln zur Verfügung, die der sich hartnäckig versperrenden Natur zur Bresche verhelfen sollen. Und welches Hurrageschrei, wenn die Festung kapituliert hat! „Endlich, gegen zehn Uhr bekommt er offenen Leib!" Dieser Ausdruck kehrt immer wieder im „Journal" der Ärzte. Es ist fast wie ein Siegesbulletin.

Fagon war von der Unfehlbarkeit dieser Behandlung fest überzeugt, und es gelang ihm schließlich auch, dem König selbst einzureden, daß er sich dabei sehr wohl fühle. Er verordnete ihm, unbeschadet der sogenannten „Arzneien und Präparate, die der Vorsicht halber verschrieben wurden", eine monatliche Abführkur. Zu Beginn eines Feldzuges oder vor einer Reise nach Fontainebleau hielt es der König für absolut notwendig, erst einmal tüchtig zu purgieren. Und half kein Mittel, so waren es Klistiere. Alle Augenblicke brauchten die Därme Seiner Majestät eine „kleine erfrischende Tröstung", wie Daquin sich ausdrückte.

Die Abführmittel waren etwas ganz Furchtbares. Gewöhnlich purgierte der Patient dadurch 17—18 mal hintereinander. Sie waren so stark, daß sogar, wie wir gesehen haben, der Bandwurm getötet wurde. Das Ergebnis dieses gewaltsamen Heilverfahrens war natürlich, daß die Schleimhäute außerordentlich gereizt und entzündet wurden. Der König entleerte, wie wir von seinen Ärzten erfahren, beständig blutigen Schleim und schließlich überhaupt nur Blut, ein ganzes Becken voll. Diese „blutigen Stuhlgänge", wie sie es nennen, erregten jedoch nicht im geringsten ihre Besorgnis. Sie hatten ja so großes Vertrauen in die Therapeutik der medizinischen Wissenschaft! Nicht nur, daß sie die Abführmittel verdoppelten, sondern sie nahmen bei der geringsten Temperaturerhöhung sofort Aderlässe an dem König vor. Zu jener Zeit aber waren Fieber sehr häufig. Der sumpfige, von den Arbeiten aufgewühlte Boden von Versailles und Marly und die stagnierenden Wasser der Teiche strömten am Ende des Sommers ansteckende Krankheits-

stoffe aus. Hat der König raschen Puls, eine belegte Zunge,
fieberhafte Augen: schnell einen tüchtigen Aderlaß, um die
„bösen" Vapeurs zu vertreiben! Ludwig XIV. litt unsäglich
unter diesen „reichlichen und übermäßigen Aderlässen".
Er fiel in Ohnmacht, fühlte sich danach meist matt und
elend, hatte, wie er sagte, „einen leeren Kopf, und es drehte
sich alles vor seinen Augen". Endlich sträubte er sich ernstlich gegen seine Peiniger und erkannte mit seinem gesunden
Menschenverstand, wie dumm das alles war. Entschlossen
entfloh er der Lanzette. Der alte Vallot war untröstlich
darüber. „Da ich den König nicht zu einem Aderlaß zu
bewegen vermochte", sagt er, „bewilligte er mir wenigstens
eine Abführkur." Und ganz traurig fügt er hinzu: „Nachdem der König abgeführt hatte, mußte ich ihn eine Zeitlang in Ruhe lassen."
Aber diese Ruhe war keine Ruhe für den König. Da sein
Verdauungsapparat durch den Mißbrauch von Abführmit-
teln gereizt war, wurde Ludwig beständig von unstill-
barem Durst geplagt, so daß er eine wahre Gier nach er-
frischenden Speisen und Getränken hatte. Er füllte sich
den Magen mit rohen Früchten und Gemüsen an — das
hatte ihm Fagon verordnet —, mit Melonen, Gurken, Salat,
der äußerst scharf mit viel Pfeffer, Salz und Essig ange-
macht und mit Käse bestreut wurde. Darauf trank er
einen ganzen Krug eiskaltes Wasser. Kurz vor seinem Tode
aß er eines Abends — es war im heißesten Sommer —
dreißig frische Feigen und trank ein Glas Eiswasser darauf.
Allerdings eine seltsame Diät für einen Kranken, der an
chronischer Darmentzündung litt. Und da der König außerdem keine Zähne mehr hatte und weder die Speisen kauen
noch zermalmen konnte, brauchte er für seinen empfin-
dungslosen, durchlöcherten Gaumen, um den Geschmack zu
erhöhen, besonders scharfe Gewürze und starkgepfefferte
Ragouts. Man urteile selbst, ob diese Ernährung geeignet
war, die kranken Därme Seiner Majestät zu heilen.
Es muß indes auch anerkannt werden, daß sowohl Daquin
wie Fagon sehr gegen den übermäßigen frischen Obstgenuß
und gegen die scharfgewürzten Ragouts waren, die ihm
den Gaumen verbrannten. Wie aber konnte man einen

Menschen davon abbringen, der infolge seines Leidens beständig vom Hunger gepeinigt wird, und den die Aderlässe, Klistiere und Abführmittel im hohen Grade geschwächt und anämisch gemacht hatten? Um ihn noch vollends zu erschöpfen, verschrieb Fagon ihm allabendlich Bäder, die zwei Stunden lang dauerten. Darauf ließ er ihn im Bett unter einem Haufen Daunendecken tüchtig schwitzen. Jeden Morgen mußten die Diener den König abtrocknen und seine Wäsche wechseln. Und das alles geschah, abgesehen von dem „Flüssigwerden der Säfte", wozu ihn seine Ärzte in regelmäßigen Abständen zwangen. Zum Beispiel verordneten sie ihm etwas, „damit der Schnupfen herauskam" oder „damit das Fett sich zerteilte" oder „daß die Säfte auf. gefrischt" wurden. Denn sie waren überzeugt, der menschliche Körper habe wie die Natur seine periodischen Ausbrüche, denen man mit allen Mitteln der Heilkunst entgegenkommen müsse. So schrieb Vallot ins „Tagebuch"; „Es gibt nichts Nachteiligeres für die Gesundheit als die Unregelmäßigkeit der Jahreszeiten. Die Winterkälte ist zur Erhaltung des Lebens insofern nötig, als sie die „Säfte" dermaßen zusammenzieht und kondensiert, daß diese im Frühling nicht zu schnell „flüssig" werden und der Fäulnis länger Widerstand leisten."

*

Außer den Ärzten mußten auch noch die Chirurgen beschäftigt werden. Ist es zu verwundern, daß unter ihren Händen das geringste Übel monatelang besteht? Man hat ja gesehen, wie geschickt seine Zahnärzte waren, die ihm gleich ein Stück Oberkiefer mit ausrissen, was schließlich Knochenfraß herbeiführte .... Nach unendlichen Schmerzen legte man ihm vierzehnmal „Zugpflaster" auf, wie Daquin berichtet, „und Dubois, der sie ihm auflegte, war es schneller überdrüssig als der König, der es erdulden mußte. Sein starker Wille und seine Geduld waren unerschütterlich in notwendigen Dingen, wenn er sich einmal dazu entschlossen hatte". — Dann kam die berühmte Fisteloperation. Man schnitt lange an ihm herum, und eine Stunde

später mußte er sich noch einen Aderlaß am Arme gefallen lassen. — Einen Aderlaß nach einer Operation, die eine unsagbare Qual gewesen war! Das geschah am 18. November 1686. Am 2. Januar des nächsten Jahres wurde er wieder geschnitten und außerdem mit Höllenstein ausgebrannt. Etwas später hatte er am Halse einen Furunkel. Am 12. August begann man ihn zu behandeln, aber er artete bald in eine brandige Entzündung aus. Zu Allerseelen, nachdem man unendlich viele Pflaster und Ätzmittel angewandt und daran herumgeschnitten hatte, war der Furunkel noch nicht geheilt. Der König unterwarf sich dieser furchtbaren Behandlung, weil er überzeugt war, es gehe um seine Gesundheit, die er für den Staat erhalten mußte. Hätte er aus Staatsgründen angenommen, er habe keine Zeit, sich zu pflegen, so würde er die Behandlung seiner Ärzte abgelehnt haben. Vallot bestätigt es uns sehr deutlich. „Seine Majestät sagte zu mir damals, nachdem ich ihm Vorstellungen über die Folgen seines Leidens gemacht hatte, daß er lieber sterben wolle als die geringste Gelegenheit verfehlen, bei der es sich um seinen Ruhm und die Wiederherstellung seines Staates handle."
Zieht man das alles in Betracht, so ist es gewiß nicht zuviel gesagt, wenn man behauptet, Ludwig XIV. sei der Märtyrer seiner Chirurgen und Ärzte gewesen. Saint-Simon gibt Fagon die Schuld, den Tod des Königs beschleunigt zu haben, weil er von Anfang an den Brand im Bein vernachlässigte, dem Ludwig XIV. schließlich erlag. Jedenfalls ist es sicher, daß Fagon ihn durch die vielen Aderlässe, Abführmittel, die täglichen Schwitzkuren und stundenlangen Bäder so schwächte und aufrieb, daß er der leisesten Ansteckung nicht mehr widerstehen konnte. Er „hatte keinen Tropfen Blut mehr in seinen Adern", war ein lebender Leichnam, wie ihn uns die tragische Wachsbüste von Benoist vor Augen führt. Lange Zeit nahm er es mit seinen Peinigern auf, bis plötzlich, unerwartet, dieser starke Körper wie mit einem Schlag zusammenbrach. Der König hatte es verstanden, seine körperlichen Gebrechen zu verbergen. Und als man sie bemerkte, war man aufs höchste überrascht. „Am Sonnabend, dem 10., kehrte er aus Marly

zurück," schreibt Dangeau, „er war so abgeschlagen und matt, daß es ihm Mühe machte, sich am Abend von seinem Zimmer nach seinem Betstuhl zu begeben. Und am Montag, als er eingenommen hatte (zum letztenmal) und sich wie gewöhnlich zur großen Tafel um 10 Uhr begab, um erst zu Mitternacht zu Bett zu gehen, erschien er mir, als er sich auszog, wie ein Skelett. Niemals ist ein kräftiger Körper so sichtbar rasch verfallen und abgemagert, wie der des Königs in wenigen Tagen verfiel. Wenn man ihn nackend sah, meinte man, man habe ihm sein Fett zerschmolzen."

Für diese rasche Abmagerung trugen Fagon und seine Kollegen die Verantwortung, aber sie waren sogar noch stolz darauf, denn ihre Selbstsicherheit kam ihrer Dummheit gleich. Zu ihrer Schande und unserer eigenen Erbauung, um die ganze Tiefe einer solchen Dummheit zu ermessen, sei noch zum Schluß das Kapitel des „Journals" angeführt, das den Titel führt: „Beobachtungen des Herrn Daquin über die ‚Vapeurs' des Königs".

„Der König litt seit sieben oder acht Jahren an Vapeurs, viel weniger jedoch als früher. Es waren sehr heftige Vapeurs, die von der Milz ausgingen und seine traurige Stimmung beeinflußten und in ihm den Wunsch nach Einsamkeit erweckten. Sie schleichen sich durch die Arterien nach dem Herzen und den Lungen und verursachen bedeutendes Herzklopfen, Unruhe, Gleichgültigkeit und Atemnot. Von da aus steigen sie bis ins Gehirn, wo sie durch Beunruhigung der Sehnerven Schwindel und Benommenheit des Kopfes hervorrufen. Wenn das übrige Nervensystem durch sie in Mitleidenschaft gezogen ist, werden die Extremitäten dermaßen geschwächt, daß man dem Kranken beistehen muß, damit er sich aufrecht erhalten und gehen kann. Ein sehr unangenehmer Zustand für jeden, besonders aber für einen Herrscher, der zur Führung seiner Geschäfte einen klaren Kopf braucht. Sein zur Melancholie neigender Charakter, die meist sitzende Lebensweise, die er im Rate führt, seine angeborene Gefräßigkeit, die ihn veranlaßt, ungeheuer viel zu essen, die durch die rohen Nahrungsmittel verursachten Verstopfungen des Blutkreislaufs haben dieser Krankheit Gelegenheit gegeben usw. usw...." Genug! Es

geht endlos so weiter. Wir wissen jetzt Bescheid über die
königlichen „Vapeurs" und wo ihn der Schuh drückt. Aber
Spaß beiseite: es war ihnen heiliger Ernst mit ihrer Wissenschaft!

Was also hatten die Pfuscher aus einem Mann gemacht,
der eine so robuste Natur besaß? Ein Skelett, einen bei lebendigem Leibe Verfaulten. Mit dieser chronischen Darmentzündung, die er sich durch die Schuld seiner Ärzte und
infolge seines schlechten Kauwerkzeugs zuzog — wahrscheinlich hatte sie auch eine Dyspepsie zur Folge —, hätte
Ludwig XIV. unglaublich reizbar sein müssen. Voltaire litt
an derselben Krankheit. Aber welcher Unterschied zwischen dem Kranken des Doktors Tronchin und dem Patienten Fagons! Bis zuletzt ist der König immer gleich ge-
launt. Er besitzt eine Selbstbeherrschung, die wirklich be-
wunderungswert ist. Sogar seinen krankhaften Heißhunger beherrschte er. Und das gleiche tat er mit seinen seelischen Gefühlen. Die qualvollsten Sorgen verzehren ihn
unter den tragischsten Umständen, aber er läßt nichts von
seiner inneren Unruhe und Angst durchblicken. Höchs-
stens könnte man eine Dyspeptikern eigene Ruhelosigkeit
in dem Bedürfnis feststellen, beständig seine Gärten in Versailles umändern zu lassen. Andere wieder halten die Un-
beständigkeit des Königs in der Liebe dafür. Aber gerade
Ludwig XIV. war sowohl in seinen Herzensliebschaften als
auch in seinen rein sexuellen Beziehungen ein Gewohnheitsmensch. In Wahrheit haben wenige Fürsten es wie
er verstanden, ihre Veranlagungen zu meistern und ihre
Schmerzen zu verbergen. Hier paßt am besten das Wort
Bossuets, das von Ludwig XIV. inspiriert zu sein scheint:
„Eine starke Seele ist die Gebieterin des Körpers, den sie
belebt."

Die gesetzmäßige Anerkennung der unehelichen Kinder

—

DAS WUTGESCHREI SAINT-SIMONS GEGEN DIE LEGI-
timen Bastarde Ludwigs XIV. hat einen solchen Widerhall
gefunden und die Gemüter dermaßen gereizt, daß die modernen Historiker nicht mehr wissen, wo ihnen der Kopf
steht und die Tatsachen gar nicht mehr gesund und vernünftig beurteilen können. Wie man auch über das Verhalten des Königs in dieser Beziehung denken, und so tadelns-
wert es auch in puncto Moral sein mag, in Wirklichkeit lag
darin nichts Außergewöhnliches, auch nichts besonders Persönliches. Die meisten der damaligen Herrscher und Prinzen hatten außereheliche Kinder, und jedermann wußte es.
Meist erkannten sie sie als ihre rechtmäßigen Nachkommen
an, ohne daß die Welt darüber empört gewesen wäre.
Hätte Ludwig XIV. dafür einer Entschuldigung bedurft, so
brauchte er nur auf seine eigene Familie zurückzublicken.
Sein Großvater, Heinrich IV., erkannte ganz offiziell alle
seine bekanntgewordenen außerehelichen Kinder an. Sein
eigener Schwiegervater, Seine Katholische Majestät Philipp IV., hat verschiedene Bastarde für legitim erklärt. Und
er besaß viel mehr als sein Schwiegersohn Ludwig XIV. Vor
allem bevorzugte er ganz offen seinen Sohn Don Juan von
Österreich, den er von der Schauspielerin Maria Caldero-
na hatte. (Nebenbei sei bemerkt, daß keins der anerkannten
außerehelichen Kinder Ludwigs XIV. von so niedrigem Herkommen war.) Don Juan wurde unter großem Pomp vor
dem ganzen spanischen Hofe anerkannt. Philipp IV. stellte
ihn der Königin, seiner Frau, vor, und der päpstliche Nunzius in Madrid überbrachte ihm den Segen des Heiligen Vaters. Im Frankreich des siebzehnten Jahrhunderts erklären
sich viele Dinge, sowohl in bezug auf Politik als auch auf
Sitte, Kunst und Literatur, durch das Vorbild Spaniens.
Sicherlich wurde Ludwig XIV. im Verhalten gegen seine ille-
gitimen Kinder, besonders aber gegen den Herzog von Maine,
durch das Beispiel seines Schwiegervaters gegen Don Juan
von Österreich veranlaßt.

Aber es war nicht nur das verführende Beispiel oder etwa
ein gewisser Snobismus in der Nachahmung vornehmer
ausländischer Sitten, was die Schuld des Königs bis zu einem
gewissen Grad mildern könnte. Sein Verhalten in dieser
Angelegenheit wurde von einer Unmenge eng miteinander
verknüpfter Ideen und Umstände bestimmt, die heute gar
nicht mehr in Frage kämen. Sowohl für das Oberhaupt
eines Königshauses als auch für das Haupt einer Adelsfa-
milie war die Frage der Nachkommenschaft vorherrschend.
Die Stammreihe mußte erhalten bleiben. Nun aber war die
direkte Nachkommenschaft Ludwigs XIV. durch die Intrigen
seiner Feinde oder Verwandten, durch Gift oder Mord,
schließlich auch durch die Dummheit oder Mitschuld seiner
Ärzte fortwährend gefährdet. Dazu muß man bedenken,
daß alle legitimen Kinder Ludwigs XIV., außer dem Dauphin,
im zarten Alter starben. Von 1661 bis zum Jahre 1682,
als der Herzog von Bourgogne geboren wurde, stand, abgesehen von einigen kurzen Augenblicken, nur der Dauphin zwischen dem Thron und dem rivalisierenden Ehrgeiz
der Prinzen von Geblüt, der Herzöge von Orléans, Condé
und Conti. Derartig ehrgeizige Bestrebungen waren bereits
unter der Regentschaft Marias von Medici und Annas von
Österreich dem Lande teuer zu stehen gekommen. Diese
Gefahr erkannte Ludwig XIV. gewiß sofort. Wie man sieht,
sorgte er jedenfalls schon sehr früh dafür, so viele außereheliche Kinder als nur möglich zwischen den legitimen
Thronerben und die Prinzen von Geblüt zu stellen. Das
heißt, jene „Kleinen Leute", wie sie Saint-Simon nennt,
die dem König alles verdankten, die naturgemäß die Prinzen, ihre Rivalen, haßten und zweifellos aus Dankbarkeit
als auch aus persönlichem Interesse sich um den Thronerben, ihren Halbbruder, scharten, um ihn im Notfall zu
schützen und zu verteidigen. Ludwig XIV. geht sogar noch
weiter. Er selbst kennt kein Vorurteil der Abstammung.
Denn er weiß, es genügt nicht, der Sohn eines Königs zu
sein, um Genie oder Talent zu besitzen. Er weiß, was sein
Sohn und seine Enkel wert sind —, und hält sie für höchst
durchschnittlich. Der älteste seiner außerehelichen Söhne
hingegen, der Herzog von Maine, war ein kleines Wunder.

Wie schade, daß die Gesetze der Staatsverfassung Ludwig XIV. daran hinderten, diesen Sohn zu seinem Thronerben zu bestimmen! Wenigstens aber kann er ihn zum ersten Berater des Dauphins ernennen und, im Fall daß dieser stirbt, ihn tatsächlich zum Wohle des Staates als Thronerben ausrufen lassen. Unter dem Einfluß dieser Gedanken beginnt Ludwig XIV. seine ehelichen und außerehelichen Kinder möglichst einander näher zu bringen. Er überhäuft die Bastarde mit Würden und Ämtern, und schließlich stellt er sie im Range gleich mit den Prinzen von Geblüt. Zu guter Letzt erklärt er sie auch für die Thronfolge berechtigt. Allerdings erst nach den Prinzen von Geblüt — weil er nicht anders kann. Aber er ist gewiß, daß, im Fall seine rechtmäßige Nachfolge aussterben sollte, die anerkannten Bastarde ihre Rechte gegen seine Neffen und Großneffen, seine Vettern und Großvettern schon geltend machen werden. Zum mindesten würden sie sich gegen die ehrgeizigen Absichten der Prinzen wehren und — wenn es das Staatsinteresse erforderte — den legitimen Erben die Wage halten. Sowohl der Hof des Herzogs von Maine und der Hof des Dauphins, als auch der Herzog von Maine und der Dauphin waren miteinander uneinig. Bisweilen, besonders in Zeiten, da die legitime Nachkommenschaft gesichert scheint, ist der König besonders bemüht, die Einigkeit unter seinen Familienmitgliedern herzustellen. Die außerehelichen Kinder dienen als Bindeglied erstens zwischen den Prinzen von Geblüt, zweitens zwischen diesen und den ehelichen Kindern. Daher auch jene Heiraten, die Saint-Simont so geringschätzt und schlechtmacht. Orléans und Condé werden Schwäger durch die Heirat der zweiten Mademoiselle de Blois mit Philipp von Orléans und des Herzogs von Maine, ihrem Bruder, mit der Tochter Condés. Der König kannte jedoch die Menschen viel zu gut, um sich allzu große Illusionen über die Einigkeit in seiner Familie zu machen. Noch steht die Erinnerung an die Aufstände der Fronde lebhaft vor seinen Augen, als sich die Familien Orléans und Condé befehdeten. Er muß sie um jeden Preis dadurch unschädlich machen, daß er die Bastarde im Rang gleichstellt. Und die Ereignisse scheinen das Verhalten Lud-

wigs zu rechtfertigen. Die erste Legitimation der Kinder
der La Vallière, des ersten Fräuleins von Blois und des Herzogs von Vermandois, wurde 1666 entschieden, das heißt
zu einer Zeit, da alle legitimen Kinder des Königs gestorben waren und ihm nur noch der Dauphin blieb. Ferner
starben zwei rechtmäßige Herzöge von Anjou kurz hintereinander in den Jahren 1671 und 1672, nachdem sie nur
wenige Monate gelebt hatten. Zu jener Zeit, im Jahre 1673,
erkannte Ludwig XIV. den Herzog von Maine als seinen
Sohn an, darauf folgte die Legitimation aller anderen außerehelichen Kinder der Montespan. Bis zum Jahre 1682, bis
zur Geburt des Herzogs von Bourgogne hatte Ludwig XIV.
nur einen einzigen Nachfolger, einen einzigen legitimen
Thronerben. Daher seine Eile, die außerehelichen Kinder
rechtmäßig anzuerkennen, denn er wollte sowohl seine
Nachkommenschaft als auch, wenn nötig, seine Thronfolge sichern.
Sei es wie es sei, jedenfalls geht aus dieser genauen Untersuchung der Tatsachen hervor, daß Ludwig XIV. in seinem
Verhalten gegen seine außerehelichen Kinder durchaus nicht
von zynischem Hochmut oder durch väterliche Schwäche
beeinflußt wurde, wogegen Saint-Simon Feuer und Flam-
men speit. Sondern es lagen diesem Verhalten wie immer
einzig und allein die Interessen des Staates zugrunde.

Das Äußere des Königs

—

ES SCHEINT, ALS HÄTTEN WIR IHN PERSÖNLICH GE-
kannt, als lebte er noch mitten unter uns, und wir sähen
ihn eben vorbeifahren oder vorbeireiten, von einem Zug
seiner Garden oder Musketiere begleitet. Immer aber mit
großem Pomp. Jedenfalls sind uns seine Züge und seine
Kleidung vertrauter als das Äußere mancher offizieller Persönlichkeiten von heute. Denn sowohl von den Präsidenten
der Französischen Republik als auch von den modernen
Herrschern haben wir meist nur eine sehr flüchtige Vorstellung durch mehr oder weniger entstellende Moment-
photographien. Heute lebende bedeutende Persönlichkeiten
sind im allgemeinen wenig von Künstleraugen festgehalten
und einer kommenden Generation überliefert worden. Ein-
gehüllt in den Staub der Automobile, von Berufs- und
Amateurphotographen wie gehetztes Wild verfolgt, sind es
nur bleiche, flüchtige Schatten, denen man nicht Zeit ließ,
sich zu verdichten. Ludwig XIV. hingegen steht vor uns in
Fleisch und Blut als wuchtiges majestätisches eisernes Denkmal. Fast ein ganzes Jahrhundert lang haben ihn Maler und
Bildhauer, Stecher und Gobelinkünstler mit bewundernder
Liebe verbildlicht. Nicht davon zu reden, daß das ganze
französische Volk fast einstimmig in ihn „verliebt" war.
Zu seiner Zeit war der Beruf eines „Malers des Königs"
oder, wie wir heute sagen würden, „eines königlichen Hof-
malers" kein leerer Titel.
Es ist fast unmöglich, einen Katalog aller Bilder und Büsten
von ihm zusammenzustellen, weil es deren zu viele gibt.
Besonders gibt es eine Unmenge unbekannter Porträts und
Plastiken. André Pératé versuchte, nur die Bildnisse Ludwigs XIV. in Versailles zusammenzustellen. Er mußte jedoch
die Gruppenbilder weglassen, auf denen der König mit ab-
gebildet war, und sich nur auf die Einzelbilder beschränken.
Aber auch dann, gesteht er, sei sein Arbeitsfeld noch sehr
bedeutend gewesen. Was würde es erst für eine Riesenarbeit ergeben, wollte man die Bildnisse Ludwigs XIV. nicht
nur aus den Museen von Paris und der Provinz, sondern

auch aus den staatlichen Sammlungen und Schlössern der ganzen Welt, den öffentlichen Gebäuden, Rathäusern, Gerichtssälen, Kirchen und Klöstern und aus den Privatbesitzen und Sammlungen zusammenstellen! Unter dieser Unmasse von Gemälden nnd Statuen ist natürlich eine Auswahl nötig, denn nicht alles ist von künstlerischem Wert oder von dokumentarischer Bedeutung, im Gegenteil. Unter den rein offiziellen Porträts müssen nicht nur die Kopien, sondern auch die Kopien dieser Kopien ausgeschieden und nur diejenigen Bildnisse beibehalten werden, die nach der Natur gemalt wurden, oder solche, die entweder eine historische oder archäologische Besonderheit aufweisen. Mit einem Wort, Bilder, die zur Aufklärung über die Persönlichkeit des Königs beitragen. Eine derartige Ikonographie Ludwigs XIV. steht noch aus. Ich wage sogar zu behaupten, daß man die bedeutendsten Entdeckungen auf diesem Gebiete in den Boden- und Rumpelkammern der Museen machen kann, wo eine Menge Gemälde, unter dem Vorwand, daß sie entweder keinen Kunst- oder ästhetischen Wert besitzen, oder von einem unbekannten oder anonymen Meister herrühren, vollkommen verstauben und verderben. Es könnte nun doch sein, daß gerade diese schlechten Bilder einen neuen Anhaltspunkt für das Äußere des Königs böten oder eine neue Einzelheit der Zeitmode, vielleicht auch nur den kleinsten Brocken Lokalfarbe enthielten. Aus diesem Grunde ist es zu beklagen, daß man nicht daran gedacht hat, neben den reinen Kunstmuseen auch noch eine Art dokumentarischer oder historischer Sammlungen einzurichten, in denen alles aufbewahrt würde, was der Vergangenheit angehört, jeder alte Überrest, was es auch sei, selbst wenn er für die Herren Museumsdirektoren ohne Interesse und ohne Bedeutung wäre. Denn irgendwann und irgendwo wird alles einmal für irgendjemand eine Bedeutung bekommen, oder es wird einem Dichter oder Historiker von irgendwelchem Wert sein.

Obwohl nun aber die Ikonographie Ludwigs XIV. noch außerordentlich unvollständig ist, so gibt es doch unendlich viele und auch gute Porträts von ihm, so daß wir wohl kaum noch etwas Neues über sein Äußeres in jedem Lebensalter erfahren können. Für mich kamen von allen Bildnissen nur die wahrhaft charakteristischen in Betracht. Hat man eine große Anzahl davon gesehen, so unterscheidet das geübte Auge mühelos die mechanisch ausgeführte Kopie, das Schablonenhafte, die phantastische Ausschmückung von der Originalzeichnung oder dem Originalgemälde, von dem anschaulichen und überzeugend wahren Detail. Nach und nach gehen die Eindrücke, die man immer wieder von einem und demselben Gesicht empfängt, ineinander über und verschmelzen miteinander wie der Kollodiumüberzug eines Filmstreifens; aus dem Haufen Bilder erhebt sich eine Gestalt, die lebt, sich bewegt, sich verändert und immer neue Formen annimmt. So ist es mir hinsichtlich der äußeren Gestalt und des Gesichts Ludwigs XIV. ergangen. Das Gesicht des Königs, wie es sich mir in seinen Hauptmetamorphosen im Laufe meiner ausgedehnten Forschungen darstellte und wie es sich schließlich vor meinen Augen loslöste, als ich die Mappenwerke des Kupferstichkabinetts in jener herrlichen Galerie durcharbeitete, die sein Minister, Seine Eminenz der Kardinal Giulio Mazarini, bauen ließ: Dieses Gesicht, hier ist es!

Zuerst erscheint er mit den etwas verschlafenen Zügen eines pausbäckigen kleinen Jungen mit fast goldig schimmerndem, kastanienbraunem Haar, nußbraunen Augen, schweren, fast geschlossenen Augenlidern, einer kleinen, zwischen den dicken Pausbacken hervorragenden Nase, über die man sich wundert, daß sie später so groß werden konnte, breiten Backenknochen, fleischigen Lippen, wovon die Unterlippe etwas vorsteht. Man würde sofort versucht sein, zu behaupten, er ähnle allen kleinen Kindern der Welt, wenn man in diesem Kindergesicht nicht sehr bemerkenswerte Vererbungsmerkmale feststellen könnte. Ludwig ähnelt unstreitig seinem Vater im gleichen Alter. Er hat dieselben dicken Lippen, dieselben Augen, wenn es nicht die Lippen, Augen und Haare seiner Mutter sind. Von ihr hat er besonders das breite Gesicht und die stark hervorspringenden Backenknochen. Man merkt also, daß der kleine, auf den ersten Blick ziemlich alltägliche Junge Rasse besitzt.

Da man ihn fast vom ersten Tage seiner Geburt an, sozusagen noch in Windeln gemalt hat, so ist es begreiflich, daß sich die kindlichen Züge im Laufe der Zeit für die Maler sehr verändern. In Versailles befindet sich ein anonymes Gemälde, das ihn als Säugling darstellt; ein formloses Paket, aus dem ein in Windeln gewickeltes, pausbäckiges Kindlein herausguckt, das jedoch bereits mit dem Orden des Heiligen Geistes behangen ist. Das Kind liegt auf dem Schoße seiner Amme, die ihm die Brust reicht. Nicht weit von diesem Bild steht auf einem Kamin eine Büste, die ihn uns im Alter von vier bis fünf Jahren mit einem antiken Küraß bekleidet zeigt. Er sieht so sanft und unschuldig aus mit seinen großen Augen und dem gelockten Haar. Der Reiz dieses entzückenden Kunstwerks liegt vor allem in dem Kontrast zwischen der männlichen Rüstung und dem kindlichen Ausdruck des kleinen Königs. Unwillkürlich denkt man an die kleinen Kämpfer und Amoretten der griechischen Bildhauerkunst. Die Büste ist symbolisch und im gewissen Sinn für die Zukunft prophetisch. An diesem dicken Königsbaby sieht man bereits das Heldenprofil oder ahnt man die künftige Kriegergestalt desjenigen, der Kaiser der Franken „Francorum Imperator" sein wollte, wie die Inschriften zu Beginn seiner Regierung besagten. Ein anderes Gemälde, das sich im Prado in Madrid befindet und das Werk eines der Beaubrun sein muß, stellt Ludwig noch etwas jünger, vielleicht als zwei- oder dreijähriges Kind dar. Man sieht einen kleinen dicken Jungen mit einem glatten Häubchen, einem Lätzchen unter dem Kinn. Er trägt ein sehr langes, bis auf seine Füßchen herabreichendes Kleid und darüber eine fast ebenso lange Schürze. Er sieht aus wie ein kleiner Bürgerjunge aus dem Marais oder vom Place Maubert. Das hindert indes nicht, daß er an einer Kette den Heiligengeistorden um den Hals trägt und sein Händchen auf eine Königskrone stützt, die auf einem Samtkissen auf einer Konsole liegt. Abgesehen von dem Orden ist seine Kleidung eine ganz einfache Haustracht. Es ist das Familienporträt, das für die Verwandten in Madrid bestimmt war. Sicherlich war Anna von Österreich stolz darauf, ihrem Bruder Philipp IV., dem König mit der zahlreichen Nachkommenschaft, zeigen zu können, daß auch das französische Königshaus einen Thronerben besaß.

Im Museum von Blois befindet sich ein Bild im selben Stil, nur ist der Knabe etwas älter, auch prächtiger gekleidet, und die Aufmachung hat etwas Kriegerisches an sich. Unter der Halsbinde fließt ein Spitzenjabot mit roten Bandrosetten auf einen gestickten Rock herab. Ludwig trägt ein bis zur Erde schleppendes Kleid. An seiner Seite liegen Panzer und Degen, und er stützt sich etwas linkisch auf eine zierliche kleine Pike mit vergoldeter Spitze. Übrigens ein hübscher kleiner Junge mit kastanienbraunem Haar. Die Lippen sind etwas stark, die mandelförmig geschnittenen Augen graublau. (Bemerkenswert ist die bereits wechselnde Farbe der Augen, die kaum wiederzugeben ist.) Trotz allem kriegerischen Zubehör sieht er noch sehr sanft, sehr friedlich aus, wie ein dickes, verschlafenes Baby. Aber man will der Welt bereits zeigen, daß er der zukünftige Herrscher eines Militärstaates ist.

Ebenso möchte man die Franzosen und besonders die Strengkatholischen daran erinnern, daß er der Nachkomme Ludwigs des Heiligen und der Älteste der Kirche ist. Deshalb wird er auf allen populären Bildern, die im ganzen Lande verbreitet werden, dargestellt, wie er von seiner Mutter, der „guten Königin Anna", der Jungfrau Maria präsentiert wird. Neben ihm steht sein kleiner Bruder, der Herzog von Anjou. Die Jungfrau Maria ist Notre-Dame von Paris in Person. Sie sitzt auf einer Wolke und hält in ihren Armen das Jesuskind. Vor ihr kniet im Purpurmantel, der aussieht wie ein Nachtgewand, der junge Prinz mit gefalteten Händen und niedergeschlagenen Augen. Er empfängt aus den Händen des Jesuleins selbst die Krone Frankreichs. In der bescheidenen, gesammelten Haltung sieht er aus wie ein sehr artiger, sehr frommer kleiner Knabe, der zum erstenmal kommuniziert.

Dieses fromme Bild ist sicherlich sehr erbaulich, aber das wahre Gesicht des kleinen Königs in jenem Alter ist wohl das des Porträts aus dem Prado, das man dem Onkel Philipp sandte. Jenes dicke Baby mit dem Lätzchen, dem glatten Häubchen und dem etwas verstörten Ausdruck

über die Haltung, die man es einnehmen ließ. Gewiß, er
hat nichts von einem sehr aufgeweckten Kinde an sich.
Man könnte ihn sogar für schrecklich dumm halten, und
nur ein ganz kluger Beobachter würde unter diesem schwer-
fälligen Äußeren besondere Intelligenz vermuten. Einst-
weilen bleibt Ludwig das stille Wasser, ein schlafender
Geist, der mit der Zeit allmählich erwacht, der indes bereits von einer kräftigen, reichausgestatteten Natur unterstützt wird.

*

Er steht nun in seinem vierzehnten Jahr. Man könnte meinen, er habe die Flegeljahre nie gekannt. Jedenfalls ist es
ein sehr schöner Jüngling, den uns ein anderes Gemälde
des Prado vor Augen führt. Es ist von Nocret unterzeichnet. Die reine Knabenstirn wird von den Locken einer
Perücke verdeckt, deren Geringel über einen prächtigen
Spitzenkragen rieselt. Das über und über goldgestickte
Wams hat geschlitzte Ärmel, unter denen weiße gepuffte
Hemdärmel hervorkommen, die am Handgelenk mit feuerroten Schleifen gebunden sind. In der derbbehandschuhten
Hand hält der junge König den Marschallstab. Er trägt
den Küraß über einer Kasacke von Büffelleder, die ihm
bis zur Hälfte des Oberschenkels reicht. Dieser kriegerische
Panzer verschwindet indes fast vollständig unter den vielen
Bändern und Schleifen, die von seiner Schulter herabwe-
hen, und unter der breiten weißen Seidenschärpe über seiner Brust.
Man ist ganz erstaunt, auf dieser martialischen Gestalt
einen Kopf mit fast weiblichen Zügen und unschuldigem,
bescheidenem Ausdruck zu sehen. Die Feinheiten der Rasse
sind auf diesem Bild weit mehr sichtbar als auf den erwähnten Kinderbildnissen. Es ist ein äußerst feines, aristo-
kratisches Jünglingsgesicht. Die runden Wangen und die
breiten Backenknochen erinnern noch immer an das Gesicht der Mutter. Aber das Oval des Gesichts wird durch
das schmale Kinn und die lange schmale Nase, die bereits
die Nase des Mannes ist, verlängert. Die ein wenig dicken
Lippen sind, wie die seines Vaters und seiner Mutter, rot

und sinnlich. Sie leuchten förmlich aus der feinen, durchsichtigen Haut hervor, dem „Teint wie Lilien und Rosen", den die Dichter der Zeit besangen. Keine Spur von Blatternarben auf diesem Bild, das ohne Frage idealisiert ist. Denn, wie man weiß, wurde Ludwig XIV. in seinem zehnten Jahr von der fürchterlichen Krankheit befallen, die damals sehr verbreitet war, und der nur wenige Menschen entgingen. Wenn er aber auch, wie Frau von Motteville sagte, „seinen blumenhaften Teint" dadurch einbüßte — jene Frische der Haut, die dem zartesten Teint einer Dame zu vergleichen war —, so haben die Pocken doch scheinbar nur sehr geringe Narben hinterlassen. Man mußte sehr genau hinsehen, um sie zu bemerken. Der Maler hat jedenfalls nicht einmal eine Ahnung davon auf seinem Bild wiedergegeben. Was darauf besonders auffällt, ist der außerordentlich sanfte Blick; Augen wie Samt schauen schmachtend unter den halbgeschlossenen Lidern hervor. Sie sind ein wenig schräg gestellt und erheben sich nach den Schläfen zu. Intelligenz und Willenskraft schlummern noch in dem schönen Jüngling, der nur zur Liebe und Wollust geschaffen zu sein scheint. Man könnte sogar finden, daß der sanfte Augenaufschlag etwas allzu Naives an sich hat, wenn nicht die feingebogene Nase — eine gespaltene Spürnase, die sich zu den fest geschlossenen Lippen neigt – nicht bereits den schlauen, verschwiegenen Fuchs verriete, zu dem er sich später entwickelt. Kurz, es ist das Bild des schönen Vetters, das nicht ohne Absicht der Kusine in Madrid verehrt wird. Denn es ist erwiesen, daß Anna von Österreich und Mazarin bereits sehr früh — vom Jahre 1646 an — daran dachten, ihn mit der Infantin Maria Theresia zu verheiraten. Auch sie dachte an ihn, sobald sie anfing von einem Mann zu träumen. Jedenfalls wird erzählt, daß sie sich von diesem Augenblick an als Braut ihres Pariser Vetters betrachtete. Vielleicht hatte auch jenes Bild von Nocret Einfluß auf die Gedanken der kleinen häßlichen Infantin, die nach vielem Hin und Her, nach endlosen Verhandlungen schließlich doch Königin von Frankreich und Navarra wurde. Jedenfalls kann man annehmen, daß sie sich manchmal, wenn sie durch die Salons von Alcazar oder

Buen Retiro schritt, heimlich vor das Bild des unbekannten Vetters, dieses jungen gepanzerten, federgeschmückten
Kriegers stellte und ihn verstohlen betrachtete.

*

Einige Jahre später haben sich die ein wenig weichlichen
Gesichtszüge merkwürdig vermännlicht. Allerdings gibt
auch noch der junge Ludwig nur einen unvollkommenen
Begriff von dem, was später der König ist. Aber man
braucht ihn nur anzusehen, um in ihm bereits den Gebieter zu erkennen, den Befehlshaber, der, von Natur aus
sanft und gutmütig, aus Prinzip und Pflichtgefühl hart,
beinahe brutal wird. Im Museum von Aix-en-Provence
steht eine außerordentlich schöne und künstlerisch wertvolle Büste, die man – natürlich – Puget zuschreibt und
für eine Büste Ludwigs XIV. im Alter von achtzehn bis
zwanzig Jahren ausgibt. Beides ist falsch. Jedenfalls bemühen sich angesehene Gelehrte und Künstler, zu beweisen, daß sie nicht von Puget ist. Sicherlich aber stellt sie
nicht Ludwig XIV. dar. Die eben beschriebenen Gesichtszüge
des jungen Königs haben nichts Gemeinsames mit denen
jenes jungen Römers mit den kurzgeschnittenen Haaren
der Büste von Aix. Und ist es auch wirklich ein Römer,
den der unbekannte Bildhauer darstellen wollte? Er sieht
eher wie ein Gallier aus der südlichsten Provence oder aus
den Pyrenäen aus. Mit den dünnen Lippen, der etwas
kurzen, breiten Nase ist er gerade das Gegenteil von Ludwig XIV. Besonders der Gesamteindruck des Gesichts erinnert in keiner Weise an das Gesicht des Königs. Wie es
scheint, wurde die Büste gemacht, um damit eine Nische
in irgendeinem öffentlichen Gebäude auszufüllen, aller
Wahrscheinlichkeit nach im Rathaus. Wenn dem so ist,
und wenn der Künstler die Absicht hatte, damit Ludwig XIV.
darzustellen, so handelt es sich um ein rein symbolisches
Werk. Dieser Imperator mit Küraß und Paludamentum,
dieser junge, kräftige, muskelstarke Feldherr mit der vom
Genie umstrahlten Stirn ist Frankreich selbst, wie es sich
die Franzosen vorstellten: die siegreiche Nation, der nichts
widersteht, weil sie Stärke mit Intelligenz vereint.

319

Die Wirklichkeit war anders. Der zwanzigjährige Ludwig war wohl ein Soldat, aber ein Soldat, der noch nichts vom Ruhme an sich hatte und sich noch ängstlich unter der rauhen Wirklichkeit des Soldatenberufs beugte. Für dieses Lebensalter kommt ein großes Gemälde in ganzer Figur der Wahrheit am nächsten, das seiner Kusine, Fräulein von Montpensier gehörte und jetzt im Besitz des Herzogs von Vendôme ist. Es ist sicher das realistischste Bild, das man vom König kennt, zum mindesten eins der originellsten und charakteristischsten. Wer ist der Maler? Wie immer spricht man von dem großen Mignard. Es ist indes besser, man gibt die Ungewißheit zu und beschränkt sich darauf zu sagen, daß es ein Meisterwerk ersten Ranges ist und einen noch höheren Wert als historisches Dokument besitzt.

Der König ist darauf in Kriegsrüstung dargestellt. Hohe Stulpenstiefel, die noch grau vom Pulverdampf und vom Schmutz des Grabens sind. Der König trägt eine Lederkasacke wie die Poilus von 1914, rote Hosen mit Goldtressen und hält den Marschallstab in der Hand. Das Wams, das er unter der Kasacke trägt, ist von gelbem Samt und sehr einfach. Nichts belebt den ziemlich ernsten Anzug, außer das blaue Band des Heiligengeistordens und ein um das Handgelenk geschlungenes fleischfarbenes Band, das an die jetzigen Armbanduhren erinnert. Was zuerst an diesem Gemälde die Aufmerksamkeit fesselt — und was vielleicht die seltene Originalität ausmacht —, sind die Pockennarben, die auf dem Gesicht ganz unverhohlen wiedergegeben sind, jenes typische Rosa des Teints mit den leichten mattweißglänzenden Flecken. Man sieht die narbige grießkörnige Haut, welche die schreckliche Krankheit hinterläßt. Die Augen sind braun oder scheinen braun, die vorstehenden Backenknochen betonen das runde Gesicht noch stärker. Sein Ausdruck ist entschlossener, die Haut scheint wie von der Luft gepeitscht und gerötet. Den großen Mund ziert ein kaum merklicher Schnurrbart. Das Ganze macht einen äußerst martialischen, ja brutalen Eindruck. Über dieses Herrschergesicht ist militärische Strenge gebreitet. Die Augen, die mit forschendem Blick in die Ferne schauen, scheinen verschleiert, vielleicht sorgenvoll; we-

nigstens konzentriert sich der Blick auf einen unsichtbaren
Punkt, und die Gedanken, die er widerspiegelt, sind vielleicht in quälende Projekte vertieft. Für diesen jungen
Mann mit den kotbespritzten Stiefeln und der sorgenvollen
Stirn ist der Krieg gewiß kein Vergnügen oder ein Turnier
mit Spitzenjabot und Spitzenmanschetten.
Nichts als dieses Bild rechtfertigt besser jene Gesamtbe-
schreibung eines Zeitgenossen, der den König wahrscheinlich mit eigenen Augen sah. Sie wurde in die unglaubwür-
digen Werke Bussy-Rabutins aufgenommen. „Er ist groß,"
heißt es darin, „die Schultern sind etwas breit, die Beine
schön geformt. Er tanzt gut und ist in allen körperlichen
Übungen sehr geschickt. Er hat ein beinahe königliches
Äußere und eine beinahe königliche Haltung. (Dieses „beinahe" ist bemerkenswert. Es beweist, daß der König sich
erst nach und nach die majestätische Haltung angewöhnte.)
„Die Haare sind fast schwarz. Er hat Pockennarben, sanfte,
glänzende Augen, rote Lippen. Bei alledem ist er sicherlich
nicht schön."
Gewiß, das Porträt in Neuilly ist nicht das Bild eines Ado-
nis. Ist es ähnlicher als die andern Bilder? Es kommen
mir die ärgsten Zweifel, wenn ich die berühmte Büste von
Bernini im Dianasaal von Versailles betrachte. Sie ist allerdings später entstanden als das eben beschriebene Porträt,
aber sie gibt uns einen Begriff von dem jungen König. Es
ist das Werk eines italienischen Künstlers, der sich weder
um absolute Ähnlichkeit, noch um die genaue Zeitepoche
gekümmert hat; ein Bravourstück, das ihm vollkommen
gelungen ist. Trotz aller inspiratorischen Begeisterung des
Bildhauers aber unterscheidet man doch die wesentlichsten
und uns vertrauten Züge der Rasse, die leidenschaftliche
Veranlagung eines bedeutenden Charakters, wie ihn uns
die Geschichte überliefert oder erkennen läßt. Da ist vor
allem das etwas breite und — geben wir es nur ruhig zu —
ziemlich vulgäre Gesicht, das wir bereits kennen: die vor-
springenden Backenknochen, der kleine Schnurrbart, die
wulstigen Lippen. Und noch etwas anderes! Diese Büste
ist das Erstaunlichste, wenn nicht das Schönste, was man
an Bildnissen Ludwigs XIV. kennt! Denn sie gibt wunder-

bar den Charakter und die Veranlagung des zwanzigjähri-
gen Königs wieder. Zuerst sein sinnliches Äußeres. Er
schäumt über von Lebenssaft und Kraft und Leidenschaft.
Die Augenlider sind fieberheiß, eine kleine verräterische
Falte zeigt sich an den Schläfen; die Nasenflügel scheinen
zu beben. Unter den Augen liegen dunkle Schatten. Die
Gesichtsmuskeln sind ein wenig schlaff, und über dem Ganzen liegt eine Mattigkeit, als habe ihn die nie gestillte Lie-
besgier erschöpft. Es ist der junge Geliebte der La Vallière,
ein von Wollust verzehrter und nach Genuß lechzender
Don Juan. Betrachtet man jedoch das Profil, so ist man
von der plötzlichen Verwandlung überrascht. Man hat sofort den Eindruck, daß er außerordentlich Bonaparte ähnelt,
dem vom Ehrgeiz verzehrten Korsen, dem jungen General,
dem Sieger von Arcole und Lodi. Ist es erstaunlich, daß
der Italiener Bernini sofort das in Ludwig XIV. erfaßte oder
ahnte, was Cäsarenhaftes an ihm war? Jedenfalls erinnert
dieser junge zwanzigjährige Herrscher, wenn auch nur
einen Augenblick, an das Herrscherprofil jenes anderen
Cäsaren: die eingefallenen Wangen unter den vorsprin-
genden Backenknochen, das energische, vorstehende Kinn,
die Adlernase, die kühn geschwungenen Augenbrauen, das
durchdringende, großaufgeschlagene und weitblickende
Auge, das ihm das Ansehen eines beutegierigen Raubvo-
gels verleiht. So erscheint neben dem Gesicht der Wollust das Gesicht des Ruhmes. Aber nochmals sei betont,
daß diese Büste ein viel zu idealisiertes Bild Ludwigs XIV.
wiedergibt, obwohl es auch nicht gerade unwahr ist. Denn
schon sieht man darin, wenn auch allzusehr unterstrichen
und ins Romantische übertrieben, die charakteristischen
Züge des Herrschers. Aber der wahre Ludwig XIV. war
viel zu zurückhaltend in diesem Alter, als daß er mit so
südlicher Leidenschaft und Heftigkeit sein Inneres verraten
hätte.
Der junge Herrscher, der seine Zeit abwartet, der den
Augenblick abpaßt, um auf der Weltbühne zu erscheinen, und bis dahin sich den Blicken entzieht, der seine innersten Gedanken und Gefühle ängstlich verbirgt, diesen
jungen König darzustellen ist Lebrun ausgezeichnet in ei-

nem kleinen Pastellbild gelungen, das jetzt im Louvre
hängt. Ein wundervolles, fast griechisches Profil, in dem
Nase und Stirn eine einzige, beinahe gerade Linie bilden,
ein Profil, das sofort an Monsieur, seinen Bruder, erinnert,
wie er auf dem entzückenden Bilde dargestellt ist, das sich
in der Sammlung des Herzogs von Vendôme befindet. Unter der sehr langen, schmalen, feingebogenen Nase wölben
sich purpurne, fleischige Lippen, die ein kaum merklicher
zarter Flaum beschattet. Die wagerecht stehenden Augen
mit ihrer malvengrauen Iris und beinahe schwarzen Pu-
pille haben einen ganz eigenartigen Blick. Die Haut ist
fein; nicht die geringste Spur von Pockennarben. Es ist
der klassische Teint „wie Rosen und Lilien". Die Nasenflügel, der Mund und die Augen drücken fast grausame
Sinnlichkeit und Wollust aus, aber dieser Ausdruck wird
sofort wieder durch die aristokratische Feinheit der Nase
und den scharfen Blick des Herrschers geadelt, schließlich
auch durch die gutmütigen, vollen, ein wenig zu dicken
und massiven Gesichtslinien gemildert. Nichts ist kompli-
zierter als dieses Gesicht. Es ist gleichzeitig der Ausdruck
der vulgärsten und der besten und edelsten Instinkte. Ein
unbeschreibliches Etwas, ein Geheimnis, eine Reserve, etwas Gefährliches und gleichzeitig etwas Berechnendes liegt
in diesem Gesicht. Welche Befehle mögen aus diesem sinnlichen Mund kommen? Welche Gedanken mag diese viel-
deutige, von der Perücke halb verdeckte Stirn bergen?
Noch immer ist er das stille Wasser, aber gleich einem
düsteren Pfuhl voll drohender Unwetter oder einem herrlichen See, in dem sich das Zauberspiel einer Illumination
oder eines Prachtfeuerwerks spiegelt.

*

Der fertige Mensch, der zu den größten Hoffnungen berechtigt, bekommt immer ernstere, charakterfestere Züge.
Man könnte glauben, je mehr er sich in seinem Beruf als
König vervollkommnet, desto größer wird sein Pflicht- und
Verantwortungsgefühl. Die Künstler der Zeit, die Inter-
preten des Traumes vom Ruhme der Nation, malen ihn
natürlich weiter als Sonnengott und Apollo. Aber der Mit-

arbeiter Colberts und Le Telliers, der Bürokrat, der täglich mehr als acht Stunden arbeitet, sah anders aus. Die untere Hälfte des Gesichts ist kräftiger, voller, runder geworden, ein wenig schwerfällig, wie bei den Köpfen der Römer. Die einst halbgeschlossenen Augenlider sind jetzt groß und weit geöffnet. Die Augen treten bisweilen stark heraus und erinnern an die Olympieraugen Goethes. Der volle Mund hat infolge der fehlenden Zähne ein wenig Neigung zum Einfallen. Die lange Spürnase scheint noch länger und feiner geworden zu sein. Während der mächtige Kopf nur Kraft und Schlauheit ausdrückt, ist der Blick, besonders auf dem berühmten Bild von Nanteuil, nachdenklich, ja fast schmerzhaft traurig. Oder Ludwig XIV. erscheint uns als ein höchst jovialer, hübscher, lebenslustiger Kerl mit flaumiger Lippe, sanften, lachenden Augen, wie auf dem von Vaillant ad vivum gemalten Bild. Seine von Warin geschaffene Büste stellt ihn als einen kräftigen jungen Menschen dar, halb Haudegen halb Metzger, den nur die mächtige Perücke und der Heldenpanzer verhindern, allzu vulgär zu wirken. Es ist der Geliebte der Montespan, der in Wollust schwelgt, nur Pferde kennt und von Krieg und Paraden berauscht ist.

Für diese Zeit existiert ein äußerst packendes und im gewissen Sinn offenbarendes anonymes Bild, das vor zwei oder drei Jahren mit einigen anderen Bildern aus den verstaubten Kammern der Gobelins hervorgeholt wurde, um bei Gelegenheit einer historischen Ausstellung im Versailler Schloß aufgehängt zu werden. Ludwig XIV. zu Pferd in Feldausrüstung mit dem Hut auf dem Kopfe. Hinter ihm Condé barhäuptig, und ebenfalls zu Pferd. Der Kontrast beider Gesichter ist ungemein packend. Der König mit seiner scheinbaren Ruhe, seinen abgemessenen und beherrschten Bewegungen, mit dem fast totenbleichen Gesicht und dem starren, harten Blick macht den Eindruck, als koste es ihn die größte Anstrengung, eine heftige innere Bewegung zu bekämpfen. Und hinter dieser furchtbaren, drohenden Ruhe das beinahe servile Gesicht Condés, der einen gemeinen Soldaten, wahrscheinlich einen Aufklärer befragt: der vom Fuchs gezähmte Löwe!

Der König kommt jetzt in die reiferen Jahre. Er steht in der Blüte der Vierzig, kurz vor jenen furchtbaren Operationen, die der Anfang zur Zerstörung seiner robusten Konstitution und seiner männlichen Schönheit sind. Um jene Zeit wird er von „Vapeurs", von den fürchterlichsten Zahnschmerzen, von Schlaflosigkeit und quälenden Träumen geplagt. Er träumt laut, gestikuliert im Schlaf, so sehr lasten Sorgen und Geschäfte auf ihn. Und dennoch sind die meisten seiner Zeitgenossen der einstimmigen Ansicht, daß der König niemals ruhigere, majestätischere Züge gehabt und niemals gleichmäßiger in seinem Wesen gewesen sei.

Das echteste Bild von ihm aus jener Zeit, allerdings in etwas idealisierter Ähnlichkeit, wie ihn sich die intelligenten Franzosen und Ausländer vorstellten, die in der Lage waren, die Größe seines Vorhabens, den außerordentlichen Wert als Politiker, seine reichen, vielseitigen Gaben zu verstehen, ist ohne Frage die wunderbare Büste von Coysevox, die jetzt im Saal des „Oeil de Boeuf" in Versailles auf einem Kamin steht. Man ist erstaunt und gleichzeitig entrüstet, daß dieses unschätzbare Meisterwerk noch heute beinahe unbekannt ist, jedenfalls nicht so gewürdigt und bewundert wird, als es es verdiente. Es stammt aus dem Jahre 1681, der ruhmreichsten Epoche seiner Regierung. Ludwig XIV. war damals 43 Jahre alt. Die Büste zeigt ihn in seiner ganzen olympischen Majestät, in seiner starken männlichen Schönheit, das Gesicht zwar ein wenig zu dick, aber verklärt durch Geist und geadelt durch die breite, strahlende Stirn. Ich kenne keine vollkommenere plastische Übertragung des Begriffs von der Königswürde, die hier als beständige Ausstrahlung von Macht, Klugheit, Schönheit und Güte aufgefaßt ist.

*

Schließlich kommt das Alter, der physische und geistige Verfall. Ludwig ist an Schicksalsschläge und Mißgeschick gewöhnt und auch an die langsame Auflösung, die zum Ende führt. Aber er hält durch. Er läßt sich nicht werfen. Noch immer läßt er sich als Soldat malen, oder besser, als Feld-

herr mit Küraß und Kasacke angetan, den Marschallstab
in der Hand. Aber sein zahnloser Mund ist welk, seine
Wangen hängen wie schlaffe Säcke zu beiden Seiten des
kahlen Kinns herab. Sein Gesicht erinnert jetzt ungemein
an das Gesicht Ludwig Philipps. Es scheint sogar, als habe
er eine gewisse Körperfülle angenommen, er, der stets so
schlank und so elastisch in seinen Bewegungen war!

Eins der Bilder in der oben erwähnten Ausstellung zeigt
ihn uns wahrscheinlich so, wie er in seinen letzten Lebens-
jahren aussah, und zwar mit einer Wahrheit, die kaum
durch die übliche offizielle Idealisierung gemildert ist. Das
Bild stellt die Heirat des Herzogs von Bourgogne dar.
Der hohe Großpapa des jungen Ehemanns steht im Vordergrund. Sein Gesicht ist rot wie das eines Landjunkers oder
Pächters aus der Normandie. Auf seinem feisten Bäuch-
lein glitzert und blinkt es golden unter dem Besatz seines
prächtigen Rockes. Man sieht deutlich, der König ist durch
das viele Essen schwerfällig geworden; sein Gesicht ist durch
übermäßigen Blutandrang hoch gerötet. Die fortwährenden
Jagden, die täglichen Wagenfahrten oder Spaziergänge in
der frischen Luft haben ihm eine sehr lebhafte Gesichts-
farbe verschafft. Neben ihm steht Madame (Liselotte von
der Pfalz) in großer Hoftoilette, sicher die am königlich-
sten aussehende Gestalt der Versammlung.

Dieser beinahe bäuerische Ludwig XIV. unterscheidet sich
auf den ersten Blick wesentlich von der majestätischen
Herrschergestalt im Krönungsornat, wie ihn Rigaud ungefähr um jene Zeit malte. Und doch ist es derselbe Mensch
mit dem eingefallenen Mund, den Hängebacken, dem starken Leibesumfang, den man unter den schweren Falten
des lilienbestickten Krönungsmantels mehr ahnt als sieht.
Es ist derselbe lebhafte Teint des Jägers, den nur der Pin-
sel des Malers etwas gemildert hat. Aber auf diesem Bild
großen Stils ist etwas, was auf dem andern eben beschriebenen fehlt. Der König möchte liebenswürdig erscheinen,
er bemüht sich zu lächeln, indes die Falten um Mund und
Nase, der trübe, fast schmerzliche Blick die Bitternis und
Enttäuschung eines langen Lebens und einer langen Regierung verraten. Es ist die Enttäuschung der Todesstunde,

die sich auf seinem Gesicht malt. Trotz allem aber hält der König von Frankreich durch bis zuletzt! Trotz allen Leids, trotz aller erlittenen Niederlagen will er den äußeren Schein wahren. Der Alte bleibt aufrecht und elegant wie ein Junger. Wie ungezwungen und vornehm steht er da, die Hand leicht in die Hüfte gestützt, sein elegantes Tänzerbein etwas nach vorn gestellt, als wollte er eben zu einem Curanto antreten oder irgendeine Tanzbewegung machen! Ein König hat nicht das Recht, traurig zu sein. Denn er ist der Spender der Freude, der Veranstalter von Festen, Spielen und Späßen.

Lieber ist er uns in einer anderen, einer intimeren und gleichzeitig außerordentlich erschütternden Darstellung, auf die ich noch die Aufmerksamkeit des Lesers lenken möchte. Es ist der Wachsabdruck des alten Königs, der der Koalition des ganzen Europas Widerstand leistet, des alten Gatten der Maintenon, mit dem blutleeren Gesicht, der narbigen Haut, dem schlecht rasierten Kinn, wie ihn Antoine Benoist so schonungslos modellierte. Die Augen sind wie von einem Nebel umschleiert, die Lippen bleich, buchstäblich blutleer, weil die Kurpfuscher ihm durch beständige Aderlässe das Blut aus den Adern sogen. Noch immer aber bewahrt er die königliche Haltung des Kopfes und seine stolze Miene. Er ist ein vom Podagra geplagter Mann, der nur mit Hilfe eines Stockes oder von Krücken sich fortbewegen kann, dessen schmerzende, unförmige Füße in großen Filzpantoffeln stecken, der aufs Reiten verzichten muß und in seinem kleinen Wagen wie ein Krüppel gefahren wird. So zeigt ihn uns ein unbekanntes Gemälde, das in Fontainebleau am Eingang zu den ehemaligen Gemächern Napoleons hängt. Welche Würde aber liegt noch immer in dieser lebenden Ruine! Und welcher Machtwillen! Unter dem rotausgeschlagenen Verdeck einer von vier Pferden gezogenen Kalesche sitzt der greise König im Hintergrund des Wagens, den Federhut auf dem Kopf, auf der Brust den Heiligengeistorden am blauen Band. Die weißbehandschuhten Hände halten die roten Zügel, denn er lenkt die Pferde selbst. Vorn auf dem Bock des leichten Gefährts sitzt auf ebenfalls rotgepolstertem Sitz ein ganz junger Kutscher, ein Groom, der, wenn der König allzusehr von der Gicht geplagt wird, die Zügel nimmt. An der Spitze, auf dem einen Vorderpferde, reitet ein fünfzehnjähriger Pikör. Und nun geht es fort in die dichten Wälder von Fontainebleau oder Marly. In der Stille und dem Halbdunkel des belebend duftenden Waldes vergißt der König, so gut er kann, die Belagerungen und Schlachten, alle gegenwärtige Angst und Qual.

Wie fern ist der einstige Sonnengott, der schöne Apoll, der die feurigen Himmelsrosse durch die weitgeöffneten Pforten Auroras im rasenden Lauf führt. Und dennoch: welcher Adel ist in diesem weißbehandschuhten Greis, der unter dem Verdeck seines kleinen Wagens ein so stolzes Äußere bewahrt! Ein Symbol des Endes seiner Regierung: Frankreich kann noch so krank sein, der König regiert noch immer!

NAMENREGISTER · BILDERVERZEICHNIS

INHALTSVERZEICHNIS

Luxembourg, François Henri de Montmorency, Herzog von, Marschall von Frankreich unter Ludwig XIV. 145, 154, 213

Luynes, Charles Philippe, Herzog von 141

M

Machiavelli, Nicolo, italienischer Staatsmann und Geschichtschreiber des 15. Jahrhunderts 44, 261

Maine, Louis Auguste de Bourbon, Herzog von, Sohn der Montespan und Ludwigs XIV. 167, 220, 239, 244, 308—311

Maintenon, Françoise d'Aubigné, Marquise von, zweite Gemahlin Ludwig XIV. 20, 132, 138, 145, 149, 153, 159, 204, 208, 220, 234, 235, 239, 241—243, 249, 267, 275, 285—287, 290, 295, 297, 327

Mancini, Maria, Fürstin Colonna, Geliebte Ludwigs XIV. 76, 77—95, 103, 157, 159, 242, 267

Mancini, Alfonso, Neffe des Kardinals Mazarin 70

Mancini, Lorenzo, Schwager des Kardinals Mazarin 78, 83

Mancini, Margueritta, Schwester des Kardinals und Mutter Marias Mancini 77—80, 124

Mancini, Olympia, Gräfin von Soissons, Oberintendantin der Königin, Schwester Marias Mancini 76—80, 86, 89, 124

Mancini, Philippo 154

Manicamp, Herzog von, Günstling Monsieurs 154

Mansart, Jules Hardouin-, Hofbaumeister unter Ludwig XIV. 137, 141

Maréchal, Leibchirurg Ludwigs XIV. 264, 295

Maria von Agreda, spanische Klosterschwester, Freundin Philipps IV. 59

Maria Anna von Österreich, Königin und Regentin von Spanien unter Karl II. 184, 308

Maria von Medici, Königin von Frankreich 68, 309

Maria Theresia, genannt von Österreich, Infantin von Spanien, Königin von Frankreich, Gemahlin Ludwigs XIV. 91, 92, 98, 115, 148, 153, 157, 162, 164, 166—168, 178, 181—185, 192, 193, 196, 236, 241, 318, 319

Marsy, französischer Bildhauer 173

Marteau, Pierre, Buchdrucker 14

Martinozzi siehe: Conti, Prinzessin von, und: Modena

Masearon, Jules, Prediger 287

Massillon, Jean Baptiste, französischer Kanzelredner 231, 232

Mazarin, Giulio (Mazarini), Kardinal und Staatsmann, Premierminister Ludwigs XIV. und Annas von Österreich 15—17, 20, 23, 26—31, 33—36, 44—53, 55—75, 77, 79—81, 86, 89, 91, 92, 94—96, 103, 108, 123, 124, 136, 180—182, 213, 247 280, 298, 314, 318

Mazarini, Pietro, Vater des Vorigen 57, 58

Mercoeur, Louis, Herzog von Vendôme, Herzog von, Vizekönig von Catalonien, später Kardinal 79

Mercoeur, Vittoria Mancini, Herzogin von, Nichte des Kardinals Mazarin und Gemahlin des Vorigen 79

Meilleraye, Marquis de la, Herzog von Mazarin 79

Meilleraye, Hortensia Mancini, Marquise de la, Herzogin von Mazarin, Nichte des Kardinals, Gattin des Vorigen 79, 80, 85, 86, 89, 93, 124

Mesme, Präsident von 267

Mézeray, französischer Geschichtschreiber 32, 111, 178

BILDERVERZEICHNIS

INHALTSVERZEICHNIS

—

Dritter Teil

Das Genußleben

Fünfter Teil

Der Mann, der sich mit Frankreich vermählte

Anhang

Namenregister, Bilderverzeichnis,

Inhaltsverzeichnis